가사의 쟁점과 미학

가사의 쟁점과 미학

김학성 저

도서출판 월인

머리말

우리의 고전시가는 크게 두 가지 영역으로 발전과 부침(浮沈)을 거듭해 왔다. 하나는 우리말 중심의 국문시가이고 다른 하나는 한문학의 양식에 맞추어 한자(漢字)라는 문자를 표기 수단으로 한 한시(漢詩)가 그것이다. 이 두 영역은 원래부터 병존(竝存)한 것이 아니라 우리 시가의 원류였던 상고시대에는 오로지 우리말 언어체계로 된 국문시가인 상대시가(上代詩歌)로 존재해 오던 것이 신라 시대에 이르면 향가가 출현하여 주옥같은 사뇌가로 결실을 맺으면서 그것을 표기할 수단이 아직 발견되지 않아 한자를 빌려와 향찰(鄕札)로 표기하는 불편을 겪기도 했다. 그러다가 조선시대로 넘어오면서 마침내 한글이 발명되어 그것과 한자를 혼용하는 시대를 맞으며 우리 시가는 의미의 깊이를 더해 더욱 빛나는 성취를 이루게 되었다.

이러한 과정을 겪으며, 신라 후기와 고려, 조선시대를 내려오면서 상층의 지식인들을 중심으로 한시에 경도되는 경향으로 빠져들어 한시 영역이 국문시가를 압도하는 불운의 시대를 맞기도 했지만, 그런 와중에서도 국문시가는 우리말의 맛과 결을 살리면서 꾸준히 발전을 거듭하여, 노랫말의 길이가 짧은 단가(短歌)와 길이가 긴 장가(長歌)의 두 가지 흐름을 이루면서 장르적 변화와 성쇠(盛衰)를 이어나갔던 것이다. 이를테면 향가 시대에는 길이가 짧은 단가를 중심으로 4구체 민요계 향가나 10구체 사뇌가가 주류를 이루는 한편, 그것과 병행하여 전쟁터에서 장렬한 최후를 마친 해론(奚論)의 죽음을 애도하는 장가가 자연스레 지어지고, 실혜(實兮)라는 인물이 참언(讒言)을 입어 궁벽한 시골로 추방되었을 때 지었다는 장가와, 월명사의

〈도솔가〉와 이름이 혼동되어 알려진 장형의 〈산화가(散花歌)〉 등 장가의 창작 전통도 꾸준히 이어갔던 것이다. 그리고 고려시대에 이르면 그 반대로 〈동동〉, 〈청산별곡〉, 〈서경별곡〉, 〈정석가〉, 〈쌍화점〉 같은 장가계의 속요가 주류를 이루고, 단가계의 속요라 할 〈가시리〉, 〈사모곡〉, 〈이상곡〉 등이 비주류로 밀리게 된다. 이러한 전통 속에서 고려 말에 이르면 단가계로 사뇌가의 전통을 이은 시조가 발생하여 조선시대에 발전과 융성을 거듭해나갔고, 장가계 또한 비슷한 시기에 가사가 발생하여 조선시대에 시조와 쌍벽을 이루며 대등한 흐름으로 발전과 융성을 거듭해나갔다.

이러한 문학사의 궤적 속에서 우리의 고전시가는 단가로는 시조가, 장가로는 가사가 우리 민족시의 대표 장르로 위상을 굳히게 되었다. 이 가운데 시조는 3장이라는 아주 절제된 짧은 형식으로 완결하면서도 그 간결하고 응축된 미학으로 우리 민족의 전 계층에 확산되어 향유되었을 뿐 아니라 오늘에 이르기까지 현대시조로 계승되어 서구의 소네트, 중국의 절구(絶句), 일본의 하이쿠와 어깨를 나란히 하는 정형시로 알려지면서 세계가 주목하는 독특한 미학을 인정받게 되고 마침내 우리 시가의 긍지로 자리하게 되었다.

이에 비해 가사는 시조처럼 우리 민족의 전 계층에 확산되어 오랜 세월 향유됨으로써 우리의 장가를 대표하는 민족시가로 성장해 왔으면서도 일제의 식민지시대와 해방을 거치면서 거의 명맥(命脈)이 끊어질 뻔한 비운(悲運)의 양식으로 전락하게 되었다. 그러한 상황에서도 근자에 전라남도 담양에 가사문학관이 설립되면서 그곳을 중심축으로 현대에 다시 웅비(雄飛)를 꿈꾸는 시가문학으로 작은 날갯짓을 펼치게 된 것이다. 이런 연유로 국문시가 연구 영역에서도 그동안 시조에 주력(注力)해온 탓에, 가사에 대한 깊이 있는 천착은 상대적으로 소홀해 왔던 것이 사실이다. 필자 또한 이러한 경향성에서 벗어나지 못해 시조에 대한 미학적 규명과 현대시조에 대한 비평적 분석에 열의를 쏟아 그 결과로 『현대시조의 이론과 비평』이라는 저술을 내었지만, 가사문학에 대한 천착은 연구 초창기에 장르론의 논쟁에 참여한 이후에는 이렇다 할 연구 결과물을 내지 못해 왔다. 그래서 가사에 대한 단독 저술을 꼭 펴내리라 마음먹은 지는 오래지만 그런 결심을 실행에 옮기지 못해 오다가 이제야 작은 결실을 내게 된 것이다.

우리가 국문학을 연구하는 궁극적 목표는 문학작품의 가치를 발굴해내는 일에 귀결된다. 전통문학 가치의 발견은 민족 정체성의 발견이고, 우리 민족의 존재 증명이면서 그 가치를 발견하는 일이 되기 때문이다. 그래서 이 저술의 목표를 가사의 민족문학적 가치 발굴에 두고 부족한 힘이나마 보태기로 했다. 그러기 위해서 먼저 가사의 가치 발굴에 기초가 되는 가사의 장르론을 비롯하여 명칭과 개념 문제, 발생론 그리고 현대적 계승을 위한 방향성의 정립을 위해 그동안 전개되어 왔던 쟁점을 중심으로 문제를 부각하면서 그 해결을 선명하게 모색해 보려 시도한 주제들을 제1부로 삼았다. 그리고 이러한 쟁점들의 해명을 바탕으로 가사문학의 본질적인 미적 가치를 발굴해내고 텍스트의 짜임을 통한 문학성의 내질을 찾아낸 것들을 제2부의 주제로 삼았다.

제1부에서의 성과라면, 그동안 우리 국문학 연구에서 가장 논란이 많았던 가사의 장르론을 재검토하여 그것이 교술이거나 복합장르가 아니라 '전술' 장르임을 확고히 했다. 교술은 문학의 정신이 될 뿐 문학의 형식이 될 수 없음을 분명히 한 것이다. 그리고 규방가사의 담당층들이 가사를 지을 때 '다정하게'와 '자상하게'라는 두 가지 진술방식을 동시에 충족함으로써 정감적 형식과 주제적 내용을 유기적으로 통합하고 일체화하는 서술을 필수요건으로 삼는다는 사실을 규방의 체험적 가사 인식을 통해 밝혀내었다. 가사의 발생론에서는 고려 말

의 삼화상(三和尙)인 경한과 보우, 혜근의 장르 운용을 대비적으로 분석하여 당대의 스타 승려였던 혜근이 상-하층을 아우르는 열정적 '중생교화'를 서술코자 가사 장르를 발생케 했다는 새로운 입론을 폈다. 그리고 전통가사의 현대화 문제도 유형별 특성을 감안하여 그 가능하면서 실제적인 방향이 어때야 하는지를 구체적으로 제시했다.

제2부에서의 성과라면, 가사의 화행(話行)짜임을 서술의 층위별로 의미단위를 고려하여 분석하는 방법을 제시한 점, 가사의 율격을 4음4보격이라는 음량률로 규정해야 하는 당위성을 보다 확고히 하는 과정에서 음량률에 대해서는 논리를 보강하고 아울러 음수율과 음보율로 보려는 입장에 대해서는 그 부당성을 명확히 논증해 보인 점이다. 그리고 그동안 학계에서 주목하지 않았던 가사의 율동론을 처음으로 이론화해서 그 유형과 미적 기능을 천착해 보았다. 또한 사대부의 중용적 인성과 '맑음의 미학'을 그 내용과 형식의 유기적 일체성으로 표현해낸 문학 텍스트가 바로 〈상춘곡〉을 비롯한 사대부 강호가사가 구현한 '청흥(淸興)의 미학'임을 한마디로 규명했다. 이러한 미학과 대조적으로 소위 서민가사라 일컫던 여항-시정가사의 미적 특성은 도시화되는 시정의 공간에서 속화(俗化)된 통속미학으로 나아갔음을 밝혔다. 마지막으로 그동안 논란이 많았던 〈성산별곡〉의 제작 시기와 찬미대상의 문제에 대해 송강이 구사한 고도의 서술전략을 통찰해냄으로써 잘못된 작품읽기를 바로잡았고, 또한 부당하게 폄하되었던 작품의 가치에 대해 올바른 평가 기준을 세워 강호가사의 새로운 국면을 개척한 걸작임을 입증해냈다.

이러한 시도가 필자의 연구 역량의 부족으로 얼마나 유효한 결실을 거두었는지는 미지수다. 다만 여러 동학(同學)의 가차 없는 질정(叱正)을 바랄 뿐이다. 필자가 대학에서 정년(停年)한 지도 어느새 10년 가까이 흘렀다. 그 적지 않은 기간에 필자의 평생 고질병인 극심한 두통과 불면증에 시달리면서도 우리 민족시가의 쌍벽인 시조에 관한 저술에 이어, 이번에 가사에 관한 저술을 내게 된 행운과 보람을 갖게 된 것은 오로지 주변의 적극적인 후원에 힘입어서 가능했다. 우선 이 저술을 낼 수 있도록 2년여 전부터 적극적으로 독려해준 한국어문회의 南基卓 교수에게 특별한 감사를 드린다. 한국어문회에서 우리의 어문연구 발전을 위해 온몸으로 헌신하고 있는 남기탁 교수의 특별한 요청이 없었다면 이런 결과물을 내지 못했을 것이다. 그리고 은퇴 후 무료(無聊)함에 빠지기 쉬운 기간에도 이미 수년 전 시조에 관한 저술을 낼 수 있었던 것은 유심시조아카데미 원장인 제자 홍성란 시인의 아낌없는 후원의 덕분이었고, 이번의 가사문학 저술은 전남도립대학에 있는 제자 최한선 교수의 진심을 다하는 따스한 뒷받침이 있었음도 밝힌다. 이 자리를 빌려 두 제자에게 마음 깊이 고마움을 표한다.

끝으로 이 저술이 어문총서의 하나로 세상에 빛을 볼 수 있도록 후원해준 한국어문회 成煥甲 이사장님께도 감사드리고, 이제 고령이 되어 매사에 게으른 필자를 도와 교정과 궂은일의 수고를 아끼지 않은 제자 양정화 박사에게도 고마움을 전한다.

2019년 가을이 저무는 날에
여주의 春塘書室에서
金學成 적음

차례

제2부
가사의 미학과 가치 탐색

제1부

가사의 쟁점과 해결 모색

가사의 전반적 개관

1. 가사의 개념과 명칭

고려 말에 발생하고 조선 초기 사대부계층에 의해 확고한 문학양식으로 자리잡아 조선조를 관통하며 지속성을 보인 문학의 한 갈래로서 4음4보격을 규준 율격으로 할 뿐, 행(行)에 제한을 두지 않는 연속체 율문(律文)형식을 갖고 있다. 주류 담당층은 사대부계층이지만, 장르 자체가 지닌 폭넓은 개방성으로 인하여 양반가(兩班家)의 부녀자, 승려, 중·서민(中·庶民) 등 기술(記述) 능력을 갖춘 모든 계층이 참여하였던 관습적 문학양식이다. 그 내용 또한 까다로운 장르적 제한 요건 없이 다채롭게 전개되었다. 명칭은 '가사(歌詞)·가사(歌辭)·가ᄉᆞ' 등이 향유층에 따라 관습적으로 통용되었으나, 오늘날에는 문학 장르 명칭으로 '가사(歌辭)'가 일반적으로 사용된다.

2. 가사의 장르론 추이

국문학의 장르규정에 있어서 가사(歌辭)만큼 많은 논의를 불러일으킨 문학양식도 찾기 어렵다. 이는 가사의 장르적 속성 규명이 결코 쉽지 않다는 것을 의미하는데, 그 근본적인 이유는 장르론 자체가 지향하는 이중적 목적 달성의 어려움 때문이라고 생각된다. 장르론은 문학 전체의 유기적 질서를 수립하는 이론적 체계여야 하며, 동시에 개별 장르의 역사적 운동성까지 투시하는 실질적 수단이 될 때 유효한 방법론이 되는 까닭이다.

결국 가사의 장르적 성격에 관한 논의는 가사 자체의 성격 파악에 그치는 문제가 아니며, 전체 국문학의 질서 체계라는 거시적 구도 아래 해명되어야 하기 때문에 그만큼 어려움이 따른다고 하겠다. 그러나 그동안 축적된 성과 또한 두터워서 이를 검토하면 가사의 장르적 특성은 대체로 파악될 수 있을 것이다.

기왕의 연구 성과는 크게 두 방향에서 정리될 수 있다. 그 하나는 질서와 규범의 체계로서의 장르론이며, 다른 하나는 개별 양식들의 속성 파악에 중점을 두는 다원적 질서로서의 양식론이다. 국문학의 여러 방면에서 두루 업적을 남긴 도남(陶南) 조윤제(趙潤濟) 선생[1]은 몇 차례의 수정·보완을 거치면서 가사와 국문학의 유형과 체계에 대한 논의를 벌였다. 처음에 가사를 '운율적 생활의 일부'라는 '시가(詩歌)' 개념으로 다루었으나, 이후 종래의 태도를 자기비판하면서 '시가는 운문이지만 운문은 시가가 아닐 수도 있다'고 전제하고, '가사는 형식상 시가이지만 내용상 문필'이기 때문에 시가와 문필 중에 어디에도 귀속될 수 없다고 보아 '시가, 가사, 문필'이라는 3분 체계를 세운다. 그 뒤 다시 '문필'이라는 개념의 모호성을 탈피하여 '시가, 가사, 소설, 희곡'이라는 4대 부문을 제시하는데, 이는 서구의 고전적 문학 3분 체계인 서정, 서사, 희곡을 의식하면서 동시에 국문학의 특수성도 함께 고려한 것이다. 연구 초기 조윤제 선생이 국문학의 체계를 세우는 과정에서 2분법, 3분법, 4분법으로의 수정 과정을 보이게 된 근본적인 이유가 '가사' 장르 때문이었음을 알 수 있는데, 이는 다른 한편으로 가사의 장르론은 곧바로 전체 국문학 체계에 직결된다는 점을 시사해 준다.

다음으로 조동일(趙東一) 교수[2]는 이러한 조윤제 선생의 논의를 바탕으로 이론적으로 체계화된 장르 이론을 세운다. 그는 '장르론의 원리는 장

---

1) 조윤제, 「가사문학론」, 『한국시가의 연구』, 을유문화사, 1948, 122면.

2) 조동일, 「가사의 장르규정」, 『어문학』 22집, 한국어문학회, 1969.

르 상호간의 관계론에 그치지 않고 각 장르 내부의 논리로 심화되어야 한다'고 하면서 분류론과 범주론의 차원에 머물고 있던 장르적 인식을 극복하는 포괄적 장르의 이론을 정립한다. 이러한 인식의 출발은 '가사의 장르 규정'으로부터 시작되는데, '가사'는 서구의 전통적 장르 구분법인 3분법으로 정리될 수 없는 복합적이고 특수한 성격을 지닌 것이라고 하면서 가사의 장르문제를 공시적 · 대비적 · 통시적 측면에서 다각적으로 검토한 후, '가사'는 '있었던 일을 확장적 문체로, 일회적으로, 평면적으로 서술해 알려주어서 주장한다'는 '교술' 장르류에 속한다고 했다. 여기서 '교(敎)'란 알려주어서 주장한다는 뜻이요, '술(述)'은 어떤 사실이나 경험을 서술한다는 뜻이라고 했다. 나아가 그는 교술은 '비전환표현'이며, 자아와 세계의 대립적 양상에 따른 거시적 4분 체계에서는 그것이 '작품 외적 세계의 개입으로 이루어지는 자아의 세계화'라는 장르적 특성을 지닌다고 했다. 조동일 교수의 이론은 '가사' 장르는 물론 여러 방면에 걸친 문학 이해에 많은 영향을 주고 있다. 조윤제 선생과 조동일 교수의 장르론이 규범성에 중점을 두어 질서로서의 문학의 체계를 세우려는 데 목적이 놓여 있었다면, 이러한 방법론 자체가 지니는 '지나친 규범성'을 극복하기 위한 대안으로 문학의 역동성을 중시하는 '다원적 양식론'이 논의되기에 이른다.

가사문학 논의에서 내적 형식으로서 문학의 본질을 가리킨 '양식' 개념의 도입은 장덕순(張德順) 선생[3]에 의해 시작된다. 장덕순 선생은 형태라는 용어와 대비하여 '양식'이란 용어를 '인간 정신이 문화적 생활을 형성해 가는 방식'이란 개념으로 사용하면서 이러한 양식 개념에 의해 문학을 '서정적 양식, 서사적 양식, 극적 양식'으로 구분하고, '가사'는 주관적이고 서정적인 가사와 객관적이고 서사적인 가사로 분별된다고 설명했다. 주종연(朱鍾演) 교수[4] 역시 가사를 유개념으로 서정적인 것과 서사적인 것으로

3) 장덕순, 『국문학통론』, 신구문화사, 1963, 41면.

4) 주종연, 「가사의 장르고」 『논문집』 3집, 서울대 교양학부, 1971, 「가사의 장르고 Ⅱ」, 『국어국문학』 62 · 63집, 1973, 「가사의 장르고 Ⅲ」, 『논문집』 12집, 국민대, 1978.

2분하고 종개념에서 수필로 규정했다가 뒤에 이를 다시 '서정적인 것, 서사적인 것, 교시적인 것'으로 3분하고 있다. 그러나 이들 논의의 한계는 '양식론'의 속성에 주목했음에도 불구하고 그것의 실제 운용에서 유개념과 하위 개념 사이를 분별 적용하지 못함으로써 하나의 역사적 장르인 가사를 2분 또는 3분해 놓는 결과를 가져왔다는 데 있다. 가사에 양식론적 사고를 원용하여 '문학적 진술방식'을 양식 개념으로 보아 이것을 기술적(記述的) 차원에서 수단화해야 한다는 실례는 김병국(金炳國) 교수[5]에 의해 시도되기도 하였다.

가사를 역사적인 관습 장르로 보아 가사의 '진술양식'의 복합성에 주목하여 양식론을 구체적으로 운용하는 실제는 필자가 특히 주목한 바 있다. 즉 필자는 공시적 관점에서 관습적 장르로서의 가사와 통시적 관점에서 역사적 장르로서의 가사라는 두 측면을 중시하고 가사는 서정적 지향(서정성), 서사적 지향(서사성), 교술적 지향(교술성)이라는 문학적 '정신'을 동시에 보이는 장르적 속성의 '혼합성' 내지는 '복합성'을 갖고 있으며, 4음4보격이라는 율격 장치의 손쉬움과 낯익음으로 계층을 초월하여 모든 계층에 개방되어 있는 '개방성'을 갖고 있다고 설명했다. 역사적 장르로서의 가사는 전·후기 가사의 동태적 변화에 주목하여 전기 가사는 서정·서사·교술성의 장르적 성격 가운데 어느 하나를 중심적 정신으로 삼고, 다른 둘을 보조적 장치로 포용하는 장르적 지향을 보이며, 이러한 장르적 복합성은 임·병 양란 이후 사회의 전면적 개편이 요구되면서 각 지향 간의 불균형으로 인해 그 서정성·서사성·교술성이 각각 극대화되는 방향으로 전개된다는 논의를 폈다.[6]

필자는 다른 논고에서 역사적 장르인 가사를 두고 그 가사를 포괄할 수 있는 원리를 '주제적 양식'이라는 진술방식에 있다고 보면서, '서정적·서

---

5) 김병국, 「장르론적 관심과 가사의 문학성」, 『현상과 인식』 겨울호, 현상과 인식사, 1977.
6) 김학성, 「가사의 장르성격 재론」, 『백영 정병욱선생 환갑기념논총』, 신구문화사, 1981.

사적 · 극적 양식'들은 그 주제적 양식이 실현되는 양태들로 파악하기도 했다.[7] 서구 장르론자인 헤르나디가 사용한 'Thematic mode'의 개념을 원용한 이 '주제적 양식'이란 용어는 조동일 교수의 '교술' 개념이 주는 부담감을 덜어준다는 측면에서 김병국 교수, 김대행(金大幸) 교수, 성기옥(成基玉) 교수, 김준오(金埈五) 교수 등 여러 학자에 의해 사용되기도 했다.

한편 김흥규(金興圭) 교수[8]는 '가사 작품들의 다양한 성향에 주목하여 그것을 여러 종류의 경험, 사고 및 표현 욕구에 대하여 폭넓게 열려있는 혼합 갈래의 일종으로 파악하고자 한다'는 의견을 내놓기도 했다. 이 논의는 '서정, 서사, 교술, 희곡'의 여러 성격이 가사에 복합 · 혼효되어 있다는 주장이라는 측면에서 양식론적 사고에 포함되기는 하지만 제5의 장르류인 그 '중간 · 혼합 갈래들'의 장르 설정의 기준이 다른 네 가지 장르류와 동질성을 갖지 못한 까닭에 논리적 설득력이 약하고, 실제로 구체적 문학작품의 대개가 어느 정도는 혼합성과 복합성을 지닌다는 점에서 그 혼합성의 정도가 주관적인 기준에 의해 판별될 가능성이 높다고 할 것이다.

근자에 성무경(成武慶) 교수[9]는 기존 장르론을 재검토하면서 새로운 장르론적 구도를 제시했는데, 그 구도는 문학의 다원적 질서를 중시하는 양식론적 사고에 서되, 네 가지 일원적 추상을 규범적으로 체계화하는 방향에서 정리하여 놓았다. 즉 그는 가사의 존재양식은 '노래하기라는 환기방식이 서술의 입체화를 방해하여 서술의 평면적 확장'을 이루는 '전술(傳述) 양식'이라고 하고, 그 '전술 양식'은 서술언어의 통사적 의미를 구조적으로 연계하는 특성을 보이며, 또 '나'라는 '인격적 서술주체의 목소리'로 진술되는 까닭에 서술의 신빙성을 확보하는 문학양식이라고 했다. 일반적 서술자 목소리의 신빙성은 소설적 세계관의 성립에 의해 그 신빙성이 의심받게 되고, 신빙성 있는 서술자 '나'로 진술되는 문학적 진술방식이 요청

7) 김학성, 「가사의 실현화과정과 근대적 지향」, 『근대문학의 형성과정』, 문학과지성사, 1983.
8) 김흥규, 『한국문학의 이해』, 민음사, 1986.
9) 성무경, 「가사의 존재양식 연구」, 성균관대 박사학위논문, 1997.

되었는데, 이것이 가사문학을 발생시킨 근본적 동인이라 보았다. 이 '나'에 의한 서술은 근대소설이 '1인칭 서사'를 실험하면서 소설의 서술 방식으로 자리잡자 그 신빙성을 보장받을 수 없게 되어, 근대 1인칭 소설의 등장과 함께 가사 장르의 양식적 존재 가치가 소멸된 것으로 설명했다. 이 논의는 기존의 가사 장르 논의가 안고 있던 몇 가지 모순을 명쾌하게 해결하고 있다는 점에서 주목되는 논의 구도를 지니고 있으나 이론과 역사적 장르의 가사 사이의 실제 적용이 두루 검증되지 않아 앞으로 이에 대한 검증이 요구된다.

이 밖에도 가사의 담론 특성을 통한 장르 논의나 향유방식을 포괄하는 역사적 장르로서의 가사에 대한 성격을 파악하고자 하는 논의들이 활발하게 진행되고 있다. 한편 전체 국문학의 질서 체계와 연관된 논의는 아니라 할지라도 가사가 지닌 '서정'의 문제는 가사문학 연구 초기부터 줄곧 논의되어 왔는데, '가사는 시가인 이상 엄연한 시(詩)'라고 하거나 '가사는 비연시(非聯詩)로서의 정형시'라고 할 때의 '시가' 또는 '시'는 가사가 '서정 장르'에 속한다는 표현이거나 적어도 '서정성'이 가사의 중심적 표현 원리라는 주장을 함축하고 있는 의견이라 하겠다. 또한 가사를 산문적인 '수필'이라고 보자는 견해와 가사의 독자성을 인정하여 '가사는 가사일 뿐'이라는 주장도 있는데, 이러한 의견은 가사 내용의 다양성 또는 독자적 특성을 살리려는 의도이기는 하나 체계적인 장르론에 입각한 것이 아니므로 재고의 여지가 있다. 가사의 장르적 성격은 이처럼 여러 각도에서 조망되고 있어, 앞으로 계속되는 연구들을 통해 더욱 정확한 실체로 드러날 것이다.

3. 가사의 담당층과 유형

가사문학에는 다양한 삶의 모습들과 다층적 세계관 및 이념들이 총체적으로 투영되어 있다. 기존에 가사의 유형을 내용별로 분류한 것을 보면 적게는 5종으로부터 많게는 32종류(138개 항목으로 나눈 경우마저 있다)에 이르기까지 유형 분류의 진폭이 아주 크다. 가사는 한 작품 안에서도 복합적인 성격을 지니는 작품이 많아, 단순 구분하면 가사의 전모를 구체적으로 이해하기 어렵고, 세분하면 유형의 가닥이 잡히지 않아 복잡성만 가중된다. 그러므로 학계에 일반적으로 통용되는 유형적 범주들을 토대로 교차 분류를 피하는 방향에서 몇 가지 유형을 묶어 그 내용을 살펴보는 것이 바람직한데, 현재로선 일정한 범주적 교차를 인정할 수밖에 없는 실정이다.

가사의 주 담당층이 양반 사대부계층이고, 작품의 양과 질에서, 또 작품세계에서도 양반 사대부의 세계관 투영이 지배적이라는 판단 아래 사대부가사(士大夫歌辭)를 중심으로 기술(記述)하고, 규방가사(閨房歌辭)와 서민가사(庶民歌辭)[10]를 부가적 항목으로 하여 각각의 내용별 유형을 살피기로 한다. 이 밖에 특정 시대를 배경으로 하고 주제적 기준에 의한 것이기는 하나, 종교가사 · 개화가사를 하나의 항목 아래 간략히 개관해 보기로 한다.

(1) 사대부가사

① 강호생활(江湖生活)

가사가 문학적 세련성을 획득하며 구체적인 유형으로 자리잡을 때 형성된 내용 유형으로, 자연과의 합일을 표방하면서 강호지락(江湖之樂)을 읊은 작품들이 있다. 강호한정(江湖閑情)과 안빈낙도(安貧樂道)가 주된 주제이다. 이런 가사로는 정극인(丁克仁)의 〈상춘곡(賞春曲)〉, 송순(宋純)의 〈면앙정가(俛仰亭歌)〉, 정철(鄭澈)의 〈성산별곡(星山別曲)〉, 차천로(車天輅)의 〈강촌별곡(江村別曲)〉, 이양오(李養五)의 〈강촌만조가(江村晩釣歌)〉, 박인로(朴仁老)의 〈사제곡(莎堤曲)〉, 〈노계가(蘆溪歌)〉, 허강(許橿)

10) '서민가사'라는 용어는 적절치 않아 뒤에 '여항－시정 가사'라는 용어로 수정하여 본격적으로 다뤄보기로 한다.

의 〈서호별곡(西湖別曲)〉, 정훈(鄭勳)의 〈수남방옹가(水南放翁歌)〉, 작자 미상의 〈낙민가(樂民歌)〉, 〈창랑곡(滄浪曲)〉, 〈안빈낙도가(安貧樂道歌)〉, 〈은사가(隱士歌)〉 등이 있다.

② 연군(戀君)과 유배(流配)

사대부란 관료서의 '대부(大夫)'와 독서인으로서의 '사(士)'가 복합된 명칭으로 정치적인 진퇴(進退)를 숙명적으로 반복한 계층이다. 이러한 정치 현실을 배경으로 사대부적 갈등을 읊은 가사에는 임금에 대한 그리움을 나타낸 연군가사(戀君歌辭)와 정치적 패배로 인해 유배를 당해 유배지에서 겪는 고난의 생활상을 기술하면서 우국지정(憂國之情)을 토로한 유배가사(流配歌辭)가 있다. 전자에는 정철의 〈사미인곡(思美人曲)〉·〈속미인곡(續美人曲)〉, 조우인(曺友仁)의 〈자도사(自悼詞)〉, 김춘택(金春澤)의 〈별사미인곡(別思美人曲)〉, 이진유(李眞儒)의 〈속사미인곡(續思美人曲)〉, 이긍익(李肯翊)의 〈죽창곡(竹窓曲)〉 등이 있고, 후자에는 조위(曺偉)의 〈만분가(萬憤歌)〉, 송주석(宋疇錫)의 〈북관곡(北關曲)〉, 이방익(李邦翊)의 〈홍리가(鴻罹歌)〉, 안도환(安道煥)의 〈만언사(萬言詞)〉, 김진형(金鎭衡)의 〈북천가(北遷歌)〉 등이 있다.

③ 유교 이념과 교훈

유교적 실천 윤리를 규범적으로 제시하거나 경세적(警世的) 교훈을 주제로 한 교훈가사류 작품들은 특히 봉건적 사회 질서가 흔들리던 조선 중·후기에 지배질서의 유지나 이념강화를 목적으로 많이 지어졌다. 이 유형에는 이름 높은 유학자가 지은 것이라면서 진술의 권위를 강조하는 조식(曹植)의 〈권선지로가(勸善指路歌)〉, 이황(李滉)의 〈도덕가(道德歌)〉·〈금보가(琴譜歌)〉·〈상저가(相杵歌)〉, 이이(李珥)의 〈자경별곡(自警別曲)〉·

〈낙지가(樂志歌)〉 등과 허전(許㙉)의 〈고공가(雇工歌)〉 및 이원익(李元翼)의 〈고공답주인가(雇工答主人歌)〉, 정훈(鄭勳)의 〈성주중흥가(聖主中興歌)〉, 이기경(李基慶)의 〈심진곡(尋眞曲)〉, 정인찬(鄭寅燦)의 〈삼강오륜자경가(三綱五倫自警歌)〉, 유영무(柳榮茂)의 〈오륜가(五倫歌)〉, 작자미상의 〈오륜가(五倫歌)〉, 김경흠(金景欽)의 〈삼재도가(三才道歌)〉 등이 있다. 넓게는 조선 후기에 여러 편의 경세류(警世類) 가사를 편집해 묶은 〈초당문답가(草堂問答歌)〉나 규방가사의 한 유형인 〈계녀가〉류(誡女歌類) 등도 이 유형에 교차적 범주를 갖는다.

④ 기행(紀行)

일상적 주거 환경을 벗어나 명승지나 사행지(使行地)를 기행하고 여정(旅程)을 중심으로 견문과 감회를 읊은 가사들로서, 이 유형은 국내 기행가사와 국외 기행가사로 나누어진다. 전자는 주로 관료들이 부임지(赴任地)에 이르는 과정을 기록하거나 임지(任地) 주변의 명승지를 유람하면서 경관을 읊은 것이고, 후자는 중국이나 일본에 사행을 다녀온 경험으로 견문의 기록성이 높다.

국내 기행가사로는 백광홍(白光弘)의 〈관서별곡(關西別曲)〉, 정철의 〈관동별곡(關東別曲)〉, 이현(李俔)의 〈백상루별곡(百祥樓別曲)〉, 조우인의 〈관동속별곡(關東續別曲)〉·〈출새곡(出塞曲)〉, 박순우(朴淳愚)의 〈금강별곡(金剛別曲)〉, 위백규(魏伯珪)의 〈금당별곡(金塘別曲)〉, 작자미상의 〈금강산유람록(金剛山遊覽錄)〉 등이 있으며, 국외 기행가사로는 박권(朴權)의 〈서정별곡(西征別曲)〉, 김인겸(金仁謙)의 〈일동장유가(日東壯遊歌)〉, 유인목(柳寅睦)의 〈북행가(北行歌)〉, 홍순학(洪淳學)의 〈연행가(燕行歌)〉, 작자미상의 〈연행별곡(燕行別曲)〉 등이 있다. 이방익(李邦翼)의 〈표해가(漂海歌)〉는 예기치 않은 표류로 인한 해외 경험을 읊은 것이다.

⑤ 전란의 현실과 비분강개

국내·외적 전란의 피해와 처참한 전쟁의 상흔(傷痕), 거기로부터 오는 비애와 의분(義奮)을 토로한 우국가사(憂國歌辭)류 작품들도 적지 않다. 전란을 배경으로 한 작품으로는 양사준(楊士俊)의 〈남정가(南征歌)〉, 박인로의 〈태평사(太平詞)〉·〈선상탄(船上嘆)〉, 최현(崔晛)의 〈용사음(龍蛇吟)〉 등이 있고, 전란 후 곤궁한 현실을 드러낸 작품으로 박인로의 〈누항사(陋巷詞)〉, 정훈의 〈우활가(迂闊歌)〉·〈탄궁가(嘆窮歌)〉 등이 있다. 애국 계몽기의 의병가사도 이 유형에 포함될 수 있다.

⑥ 영사(詠史)·풍속(風俗)·세덕(世德)

우리나라의 역사나 가문(家門)의 전통을 노래한 것, 중국 역사나 고사(故事)를 읊은 것, 또 지리(地理)·풍물(風物)·풍속(風俗)·인사(人事) 등 신변적 관심을 표현한 것들로, 신득청(申得淸)의 〈역대전리가(歷代轉理歌)〉, 작자미상의 〈해동만고가(海東萬古歌)〉, 박이화(朴履和)의 〈만고가(萬古歌)〉·〈낭호신사(朗湖新詞)〉, 여러 종류의 〈역대가(歷代歌)〉, 〈한양가(漢陽歌)〉, 〈농가월령가(農家月令歌)〉, 〈팔도읍지가(八道邑誌歌)〉, 〈팔역가(八域歌)〉, 〈광산김씨세덕가(光山金氏世德歌)〉, 〈전의이씨세덕가(全義李氏世德歌)〉, 김충선(金忠善)의 〈모하당술회가(慕夏堂述懷歌)〉, 정습명(鄭襲明)의 〈정처사술회가(鄭處士述懷歌)〉 등이 있다.

(2) 규방가사

규방가사는 부녀자들에 의해 향유된 가사로 내방가사(內房歌辭)라고도 불린다. 규방가사의 내용별 유형 구분 역시 논자에 따라 진폭이 있으나 크게 '교훈가사'와 '생활체험가사'로 나눌 수 있고, 전자는 다시 '계녀가류'

와 '도덕가류'로, 후자는 '탄식류'와 '송축류', 그리고 '풍류류'로 나누어진다. '교훈가사'의 주류는 '계녀가류'로 시집가는 딸에게 시집살이에 필요한 생활 규범을 가르칠 목적에서 《소학(小學)》 등의 유교적 규범을 전달하는 것이며, 그 내용이 13개 항목으로 전형화되어 구성된다는 특징이 있다. 〈계녀가〉라는 제목의 많은 작품들이 여기에 속한다. 또한 규범서에 바탕을 두지만 화자의 구체적 체험을 서술해 훈계하는 유형이 있는데, 〈김씨계녀사〉, 〈복선화음가〉 등이 여기에 해당한다.

한편 '도덕가류'는 특정인에게 주는 교훈이 아니라 일반 부녀자들이 지켜야 할 도리를 서술한 것으로 부덕(婦德)을 강조하는 〈도덕가〉, 〈오륜가〉, 〈나부가(懶婦歌)〉 등이 있다. 그러나 교훈가사의 '계녀가류'와 '도덕가류'는 한 권의 책에 같이 필사되거나 여러 장의 '두루마리'에서 같이 발견되므로 내용을 분석하여 세분할 때 구분되는 유형이지 엄밀한 유형구분은 힘들다.

'생활체험가사'는 〈화전가〉류 가사가 많으며, 시집살이의 괴로움과 신세한탄이 주류를 이룬다. '탄식류'는 시집살이의 어려움을 토로하거나 인생의 무상감을 읊은 것으로 〈사친가〉, 〈사향가(思鄕歌)〉, 〈여자자탄가〉 등이 있고, 남편의 사별, 노처녀의 한을 노래한 것으로 〈한별곡(恨別曲)〉, 〈원별가(怨別歌)〉, 〈청상가(靑孀歌)〉, 〈노처녀가〉, 〈춘규자탄별곡〉 등이 있다. '송축류'는 자녀의 장래를 축복해 주는 〈귀녀가〉, 〈재롱가〉, 〈농장가〉 등이나, 부모의 회갑이나 회혼을 맞아 장수를 송축하는 〈수연가(壽宴歌)〉, 〈헌수가(獻壽歌)〉, 〈회혼참경가(回婚參慶歌)〉 등이 있다. '풍류류'는 〈화전가(花煎歌)〉가 대표되며, 여행의 즐거움을 노래한 〈관동팔경유람기〉, 〈경주관람기〉 등이 포함된다.

(3) 서민가사

임·병 양난 이후 서민의식의 성장은 문학사뿐만 아니라 여러 분야에서 두루 확인되는데, 가사 작품에서도 그러한 지향을 보이는 작품들이 적지 않다. 서민가사는 서민에 의해 지어졌거나 서민의식이 투영된 가사를 말하는데, 담당층에 대한 개념이 모호해서 유형 성립에 문제점을 안고 있다. 서민가사의 주류는 '현실적 모순의 폭로와 비판'을 특징으로 하는 작품들인데, 〈갑민가(甲民歌)〉, 〈기음노래〉, 〈거창가(居昌歌)〉, 〈정읍군민란시여항청요(井邑郡民亂時閭巷聽謠)〉, 〈민원가(民怨歌)〉, 〈합강정가(合江亭歌)〉 등이 그것이다. 그러나 작품의 내용이 봉건적 지배 질서에 순응하지 않는 태도를 보인다고 해서 곧바로 이들을 '서민가사'라 할 수 있을지는 의문이다. 이 유형에 속한 작품의 대다수는 작자를 알 수 없는 것들로서 유교적 정신세계를 바탕에 깔고 있는 작품이 많기 때문에 오히려 탄력성을 두어 '현실비판가사'라는 유형으로 따로 묶어 다루는 것이 편리할 수 있다.[11] 이들은 대개 조선 후기 신분제의 동요가 심화되던 시기에 산출된 작품들로 생각되는데, 주지하듯 이 시기는 양반 계급이 수적 증가를 보인 반면 실질적인 권리는 상대적으로 약화되어, 양반층 내부에서도 체제 비판적이거나 현실 비판적인 목소리가 커지고 있었던 때이다. 이렇게 현실 사안에 대해 제한적 비판을 보이는 작품들보다는 기존 관념에의 도전과 인간 본능의 표출을 주제의식으로 하여 세계관적 변화를 보이는 작품들에서 서민들의 개방적 세계관을 읽을 수 있지 않을까 한다. 이 유형에는 〈청춘과부곡〉, 〈규수상사곡〉, 〈상사회답곡〉, 〈양신회답가〉, 〈단장사〉, 〈송녀승가〉, 〈재송녀승가〉, 〈거사가〉 등을 들 수 있다.

(4) 종교가사 · 개화가사

① 종교가사

종교의 교리를 세상에 널리 펴는 것을 주제로 한 가사로 경전의 교리를

11) 고순희, 「19세기 현실비판가사 연구」, 이화여대 박사학위논문, 1990에서 이들 작품의 작자층을 서민계층이 아니라 향촌의 몰락 사족층으로 논증한 바 있다.

가사체로 서술한 것, 신앙 정신에 입각하여 창작한 것, 전도를 목적으로 지은 것 모두 포함된다. 종교가사에는 불교가사, 천주교가사, 동학가사 등이 있다. 불교가사는 가사의 발생문제에 쟁점이 되어온 나옹화상(懶翁和尙)의 〈서왕가(西往歌)〉·〈승원가(僧元歌)〉 등에 이어 휴정(休靜)의 〈회심곡〉과 회심곡의 이본들, 침굉(枕肱)의 〈귀산곡(歸山曲)〉·〈태평곡〉, 지영(智瑩)의 〈전설인과곡(奠設因果曲)〉·〈수선곡(修善曲)〉 등이 있다. 천주교가사는 정약전(丁若銓) 등이 지은 〈십계명가(十誡命歌)〉, 이벽(李檗)이 지은 〈천주공경가〉, 도마 최양업(崔良業)의 〈사향가〉·〈삼세대의〉 외 20편, 김기호(金起浩)의 〈성당가(聖堂歌)〉 등이 있다.

동학가사는 천도교가사라고도 하는데, 후천개벽의 도래를 주창하면서 동학을 창시한 최제우(崔濟愚)의 《용담유사》 9편은 가사가 곧 동학의 경전이 된 작품이며, 김주희(金周熙)가 설립한 상주동학본부에서 수집·정리하여 간행한 동학가사 100여 편이 있다. 동학가사는 민중적 힘을 결집시킨 구국과 개혁의 사회적 이념이 자생적 근대 지향을 보인다는 점에서 그 의의가 크다. 종교가사는 세계관적 전환을 모색하면서 유교적 이념과 마찰을 빚기도 했는데, 근대로의 이행기(移行期)에 이들이 가사를 매체로 이념논쟁을 벌였다는 점이 특히 주목된다.

② 개화가사

갑오경장(1894) 이후, 한일병합(1910)에 이르는 소위 '개화기'를 배경으로 개화 문제를 중심화제로 삼은 가사들을 말한다. 이 유형은 개화 문제를 놓고 찬·반의 입장이 분명하게 갈리면서 치열한 논쟁을 벌였다. 서구와 일본을 문명개화의 모범으로 삼고 위로부터의 개혁을 내걸면서 계몽적 개화사상을 주장한 것으로는 〈애국가〉, 〈동심가〉, 〈성몽가〉 등이 있고, 반제구국(反帝救國)을 주장하면서 밑으로부터의 개혁을 의식하고, 신문화 수용을 비판한 것으로는 〈문일지십(聞一知十)〉, 〈일망타진(一網打盡)〉,

〈육축쟁공(六畜爭功)〉 등이 있다.

4. 가사의 역사적 전개

가사의 역사적 전개과정은 내용 · 형식 · 작가의식의 변모에 따라 대략 5기로 구분하여 살필 수 있다.[12]

(1) 제1기: 고려 말엽부터 조선 성종(成宗)조까지

가사가 발생하여 하나의 장르로 형성되는 시기이다. 가사의 기원과 발생 시기에 대한 견해는 다양하나 향찰(鄕札)로 표기된 나옹화상 혜근(1320～1376)의 〈승원가(僧元歌)〉와 신득청(申得淸, 1332～1392)의 〈역대전리가(歷代轉理歌)〉가 발굴되었고, 〈서왕가〉 등 나옹화상의 작품이 여럿 되는 것으로 보아, 가사의 발생 시기는 고려 말로 보는 것이 온당하다. 가사의 기원 문제는 경기체가로부터의 발생설, 시조로부터의 발생설, 악장체로부터의 발생설, 한시현토체로부터의 발생설, 교술 민요로부터의 발생설, 불교계 가요로부터의 발생설 등 여러 의견이 있지만, 4음보 민요의 율격적 낯익음과 대구(對句)형식인 사부(辭賦)의 영향, 그리고 불교의식에 쓰이던 화청(和淸) 등으로부터 가사의 관습적이고 개방적인 형식이 나타났다고 볼 수 있다. 이에 제1기 가사문학의 전개양상은 승려계층에 의해 발생된 가사가 몇몇 관료에 의해 수용되고 차츰 그들의 기호에 맞는 형식으로 자리잡아 조선 초기에 정극인의 〈상춘곡〉과 같이 세련된 작품으로 나타나게 되었다고 정리할 수 있다.

---

12) 가사의 역사적 전개에 대하여는 류연석, 「새로 쓰는 가사문학사」, 『오늘의 가사문학』, 가사문학관 발행에 연재된 논의가 좋은 참고가 된다.

(2) 제2기: 성종조 이후 임란(壬亂) 전까지

가사가 본격적인 문학양식으로 성장한 시기로 사대부가사의 절정기라 할 만하다. 이 시기는 역사적으로 퇴계, 율곡과 같은 대학자들에 의해 성리학 이론들이 완결되고 이를 바탕으로 유교적 세계관에 의해 사회가 안정되던 시기였던 만큼, 사대부의 이념을 바탕으로 강호자연을 관조하고 유유자적하게 자연미(自然美)를 완상(玩賞)한 작품들이 많이 창작되었고, 한편으로 정치적 패배에 따른 울분을 토로하면서 자신의 결백을 주장하는 가사들도 창작되는데, 뛰어난 형상성을 지닌 작품이 많다. 사대부적 삶의 즐거움을 노래한 이서(李緖)의 〈낙지가〉, 송순의 〈면앙정가〉, 허강의 〈서호별곡〉, 정철의 〈성산별곡〉 등과 임지(任地)를 여행하면서 얻은 감흥과 관료 생활의 즐거움을 읊은 백광홍의 〈관서별곡〉, 정철의 〈관동별곡〉 등이 대표적이다.

또한 정계에서 밀려난 후 사랑하는 임에 의탁하여 연군(戀君)을 드러낸 정철의 〈사미인곡〉·〈속미인곡〉과 적객(謫客)의 쓰라린 회포와 충의심(忠義心)을 토로한 조위의 〈만분가〉 등은 연군 및 유배가사의 전형이 되었다. 이 시기 가사의 형식적 특징이 가사 형식의 전형으로 인정되는데, 그것은 율동 실현이라는 범위 내에서 4음4보격의 안정적 율격을 비교적 온전히 지키고 있으며, 결구(結句)를 시조의 종장 형식으로 마감하는 형식적 완결성을 확보하고 있다. 이러한 가사의 형식적 특징은 가창(歌唱)과 음영(吟詠) 및 율독(律讀)이라는 향유방식을 동시에 갖는 사대부가사의 관습적 장르 수행으로부터 형성된 것으로 볼 수 있다.

(3) 제3기: 임란(壬亂) 이후 숙종(肅宗)조 전까지

사대부가사가 변모를 보이기 시작한 시기인데, 작가의 시선이 자연에 대한 관심으로부터 현실의 문제로 이동하는 특징을 보인다. 박인로의 〈누항사〉와 정훈의 〈우활가〉·〈탄궁가〉는 안빈낙도를 표방하지만 생활고가 사실적으로 묘사되어 있으며, 박인로의 〈태평사〉·〈선상탄〉, 채득기(蔡得沂)의 〈봉산곡(鳳山曲)〉, 최현의 〈용사음〉 등에서는 임·병 양란을 배경으로 왜(倭)나 청(淸)에 대한 적개심을 표현하면서 전쟁의 비참함이나 전쟁으로 인한 사회의 피폐상을 읊었고, 파당과 분쟁을 일삼으며 수탈을 자행하는 위정자들을 신랄하게 비판하기도 했다. 전쟁 포로로 일본에 끌려갔던 백수회(白受繪)는 〈도대마도가(到對馬島歌)〉·〈재일본장가(在日本長歌)〉 등에서 울분을 토로했고, 허전의 〈고공가〉와 이원익의 〈고공답주인가〉는 임란 이후 위정자의 부패상과 무력감을 은유적 수법으로 꼬집기도 했다. 불교가사도 여말 나옹화상의 작품을 잇는 휴정의 〈회심곡〉, 침굉선사의 〈귀산곡〉 등이 나왔다.

물론 이 시기에도 전기의 강호가사, 연군가사, 유배가사, 기행가사의 계통을 잇는 작품들이 지속적으로 창작된다. 강호가사로 고응척(高應陟)의 〈도산가(陶山歌)〉, 박인로의 〈사제곡〉, 윤이후(尹爾厚)의 〈일민가(逸民歌)〉, 조우인의 〈매호별곡(梅湖別曲)〉이, 연군가사로 조우인의 〈자도사(自悼詞)〉가, 유배가사로 송주석의 〈북관곡〉 등이 이어졌으며, 기행가사는 조우인의 〈출새곡〉·〈관동속별곡〉, 이현의 〈백상루별곡〉, 박권의 〈서정별곡〉 등이 창작되었다.

이 시기의 가사 형식은 4음4보격 율격을 이탈하면서 2음보를 기저 율격으로 하는 6음보 실현의 빈도가 다소 높아지는 현상을 보인다. 이는 가사 향유방식의 변모와 관계가 있어 보이는데, 내용의 전달에 관심이 높아지면서 가창보다는 음영이나 율독 쪽의 비중이 높아지는 현상을 반영한 것이라 생각된다.

(4) 제4기: 숙종조 이후 동학 창도 이전까지

가사의 담당층과 향유층이 크게 확대되어, 가사의 성격이 크게 변모하는 시기이다. 사대부가사의 영향을 받아 규방에서의 가사 창작과 유통이 활발해졌고, 시정(市井)문화가 확산되면서 계층을 넘어서 향유될 수 있는 서민적 취향의 가사가 생성된다. 규방가사는 허난설헌이 지었다는 〈규원가(閨怨歌)〉나 연안 이씨의 〈쌍벽가(雙璧歌)〉, 그리고 1802년에 지어진 〈부여노정기〉 등으로 미루어 적어도 18세기 후반에는 규방가사가 등장한다고 볼 수 있다.

또한 이 시기는 전통적 질서가 흔들리던 상황이어서 유교적 이념 강화를 주장하는 가사가 많이 지어졌는데, 이기경의 〈심진곡〉, 권섭의 〈도통가〉 등으로 전기 교훈가사를 잇고 있다. 새로 들어온 천주교 측에서 교리와 포교를 내용으로 하는 천주가사를 내놓았다. 정약전의 〈십계명가〉, 이벽의 〈천주공경가〉, 이가환의 〈경세가〉, 최도마 신부의 〈지옥가〉 등으로 이들은 18세기 말엽부터 교리의 전달과 포교에 사용되었다.

사대부가사도 지속적으로 창작되어, 남도진(南道振)의 〈낙은별곡(樂隱別曲)〉, 박리화의 〈낭호신사〉, 조성신(趙星臣)의 〈개암가(皆岩歌)〉 등이 강호가사의 맥을 이었고, 김인겸의 〈일동장유가〉, 이용의 〈북정가〉, 정재문의 〈화양별곡〉 등도 전기 기행가사를 잇고 있다. 연군가사로는 김춘택의 〈별사미인곡〉, 이진유의 〈속사미인곡〉 등이, 유배가사로는 안도환의 〈만언사〉, 김진형의 〈북천가〉 등이 창작되었다.

이 시기 가사 변모의 특징은 작품의 장편화 현상과 4·4조의 음수적 규칙을 고수하는 율격적 경직성을 들 수 있다. 장편 가사의 등장은 가사의 사유방식 가운데 율독의 비중이 높아져 가사가 독서물로 전환되기도 했다는 사실을 말해준다. 율격 경직의 원인은 주 담당층인 양반사대부 계층의 이념적 경직성으로부터 말미암은 현상이 아닌가 한다.

한편 시정 음악문화의 성행으로 가창 위주의 가사가 나타난 것도 이 시기 가사 변모의 한 특징인데, 오늘날 '12가사(歌詞)'라는 형태로 남아 있는 이 가창가사는 시정 음악문화권을 통해 '형성'된 작품들로서 가사의 외연을 넓히면서 잡가 장르 형성에 주요 동인이 되기도 했다. 기실 통속적 애정을 주요 주제로 삼는 서민적 취향의 작품들이란 대부분 이러한 시정의 음악문화권을 통해 형성된 것이다.

(5) 제5기: 동학의 창도와 개화기를 거쳐 1920년대까지

개화기의 격동하는 시대정신을 담아낸 작품들이 주로 창작되는 시기이다. 규방가사의 창작 및 유통이 활발해지고, 의병가사와 개화가사가 나타나기도 하지만, 이 시기는 가사의 쇠퇴기이기도 했다. 1860년 동학을 창도한 최제우의 〈용담유사〉가 창작되어 만민 평등사상과 외세에 대한 저항의식을 고취하였으며, 홍순학은 〈연행가〉에서 급변하는 동아시아 정세를 표현하기도 했다. 이어 뜨거운 항일 구국의식(救國意識)을 담아낸 유홍석(柳弘錫)의 〈고병정가사(告兵丁歌辭)〉, 신태식(申泰植)의 〈창의가(倡義歌)〉가 지어졌다. 이러한 의병가사에서는 역사에 대응하는 사대부 정신을 읽을 수 있다.

독립신문에 실린 개화가사는 개화기 지식인의 입장에서 자주독립과 개화사상을 고취했고, 대한매일신보에 실린 가사들은 무비판적인 신문화 수용을 반대하였다. 이들 개화가사는 〈우국가〉·〈애국가〉란 제목이 유독 많으며, 대부분 애국·계몽적 성격을 지닌다. 또 출판 매체를 활용하고 있다는 점이 특징이다. 이 밖의 유영무(柳榮茂)의 〈오륜가〉, 김경흔의 〈삼재도가〉 등 사대부가사들이 지속적으로 창작되고 있었다. 그러나 개화기의 근대교육과 1910·20년대 신문화의 확산, 그리고 일본 제국주의의 침탈로 말미암은 표현의 억압 등은 가사의 창작을 급속하게 위축시켰으며, 비교적 제약을 덜 받은 규방문화권에서 규방가사의 유통을 끝으로 가사는 쇠퇴하고 말았다.

그러나 전남 담양군에 가사문학관이 설립되어 그곳을 구심점으로 하여 가사의 창작층과 향유층을 넓혀감으로써 현대의 가사시로 부흥하여 웅비하려는 움직임이 활발하게 진행되고 있다.

가사 장르론의 쟁점과 장르 규정

1. 가사 장르론이 중요한 이유

국문학의 많은 장르 가운데 가사만큼 장르론적 쟁점이 컸던 장르는 찾아보기 어려울 것이다. 그렇게 된 가장 큰 이유는 가사라는 문학 장르가 향가나 속요, 경기체가, 시조와 같이 특별히 까다로운 형식적 조건을 갖추어야 하는 제약이 있는 것이 아니라, 그저 '4음4보격 연속체 율문'으로 '제한 없이(무제한)' 자유롭게 지어나가기만 하면 되는 시가여서 문학적 실현의 운동 폭이 그만큼 크고 다양했다는 점에 있다. 4음4보격(율격의 단위가 4음절량, 곧 4모라 크기의 음량으로 된 '음보가 4개'로 이루진 율격)이라는 율격 양식을 지켜야 한다는 점이 제약인 것처럼 보이나, 4음절(4모라) 크기의 음량은 우리말의 조어(造語)가 명사나 어간(語幹)이 2~3음절로 된 단어가 절대 다수이고 여기에 1~2음절로 된 조사(助辭)나 어미(語尾)가 붙어 자연스럽게 문장을 이루는 발화(發話)구조로 되어 있어 특별히 신경 쓰지 않아도 저절로 지켜지며, 그러한 크기의 음보 단위를 4개, 즉 4음보로 구성하여 하나의 행(行)을 이루는 것 또한 지키기 어려운 형식요건으로 작용하지는 않는다. 4음4보격을 지키는 율격 양식이 우리 시가에서 가장 널리 보편화된 양식이라는 점이 그것을 증명해 준다. 즉 4음4보격이란 율격 양식은 우리 시가의 모태 장르인 민요를 비롯해서, 무가, 판소리, 단가, 시조, 잡가에 이르기까지 두루 실현되어 왔던 가장 친숙한 율격이기 때문이다.

이렇게 친숙한 4음4보격으로 된 보편화된 율격 양식을 율격 행(行)으로 하여 그것을 '제한 없이 연속체'로 운용하는 가사의 형식 요건은 작품의 '길이'에 있어서도 특별한 제약 없이 가장 자연스러운 길이로 하나의 작품을 이룬다는 것을 의미한다. 여기서 '제한 없는 무제한 연속체'라고 했을 때 '무제한'이란 말에 오해 없기 바란다. '무제한'이란 말의 뜻은 '무한대'란 의미가 아니라 글자 그대로 '제한이 없음'이라는 뜻이다. 즉 4음4보격의 행이 '무제한'으로 연속된다는 의미는 '무한대'로 늘일 수 있다는 것이 아니라 글자 그대로 특정한 '제한이 없이' 연속할 수 있다는 의미다. 실제로 현존 가사 작품을 살펴보면, 19행이라는 아주 짧은 길이로 된 〈매창월가〉가 있는가 하면, 무려 4천행이 넘는 〈일동장유가〉 같은 초장편으로 된 가사가 존재한다. 그만큼 가사는 길이에 있어서 특정한 '제한 없이' 자유롭다는 의미에서 '무제한 연속체' 시가다.

이와 같이 가사는 형식 요건이 전혀 까다롭지 않고 자연스러웠던 까닭에 이런 4음4보격 율문체 양식은 "15세기 말엽 이래 조선조 말엽에 이르기까지 대다수의 율문들에서 거의 예외 없이 나타난 '시대적 · 집단적 문체(양식)'였기 때문에 가사만의 변별적 특징이라 할 수 없다"[1]는 지적이 있었다. 그래서 이능우 교수는 가사를 가리켜 "많은 복잡성이 깃든 문학으로서 일률적으로 정의하기는 어려우며, 이 가(歌)며 사(詞)는 어쩌면 우리말로 구성지게 씌어진 문학적 작품들이라면 몰아쳐 붙여졌던 당시의 한 관례일지 모른다"[2]라고 했으며, 더 나아가 김병국 교수는 "과연 가사라는 것이 일종의 장르 개념이기는 한 것이었던가부터 다시 물어보아야 할 것이다"[3]라고 했다. 그 정도로 가사라는 장르는 까다로운 혹은 다른 장르와 변별되는 독특한 율격 양식을 갖추고 있지 않아 장르적 정체성을 의심 받을 정도로 자연스럽게 표출된 장르였던 것이다. 그렇다면 가사라는 장르의 독자

---

1) 성호경, 『조선전기시가론』, 새문사, 1988, 36면.

2) 이능우, 『가사문학론』, 일지사, 1977, 102면.

3) 김병국, 「장르론적 관심과 가사의 문학성」, 『현상과 인식』 통권 4호, 한국인문사회과학원, 1977, 18면.

성은 없는가?

가사가 다른 장르와 '변별되는 형식'이 없어서 독자적인 장르로 인정받기 어렵다는 이들의 주장은 자기만의 독특한 '형식'을 갖춰야 비로소 장르로 인정받을 수 있다는 잘못된 논리에 기반하고 있어 수긍하기 어렵다. 모든 장르가 다 독자적 형식을 갖는 것은 아니기 때문이다. 가사가 하나의 역사적 장르가 될 수 있느냐 없느냐의 판별은 독자적인 '형식'을 갖추었느냐 아니냐의 문제가 아니라, 설령 보편적이고 집단적인 형식을 공유하더라도 그것을 어떤 '담화(진술)체 양식'으로 독특하게 실현했느냐에 달려 있기 때문이다. 이를테면 시조나 단가, 잡가 장르는 같은 4음4보격 율격 양식을 활용했으면서도 '서정적' 담화양식으로 실현된다는 점에서 가사와 장르상의 차이를 보인다. 또한 민요나 무가는 '서정이나 서사, 교술, 혹은 극적' 담화양식으로 다양한 갈래를 보인다는 점에서 가사와 차이를 드러낸다. 판소리는 '서사적' 담화양식으로 표출된다는 점에서 가사와는 장르를 달리한다. 가사는 이들과 비록 형식적으로는 4음4보격을 공통으로 활용해 왔지만 그 담화양식에서는 독자성을 보여 왔기 때문에 장르적 정체성을 인정받을 수 있는 것이다. 가사가 구체적으로 어떠한 독특한 담화양식을 보여 왔느냐의 문제는 뒤에 가사의 장르론을 살펴보는 과정에서 명확하게 드러날 것이다.

가사가 장르적 독자성을 갖느냐 아니냐의 문제는 가사를 단순히 다른 장르와 구분하여 범주화하고 체계화하는 데 목적이 있는 것이 아니다. 생물의 분류학에서는 동식물을 단순히 분류하여 범주화하고 체계화함으로써 생물의 종(種)들 간에 '질서화' 하는 수준으로 만족하지만, 문학의 장르론은 질서화 자체보다 장르가 어떠한 독자적인 '질서화의 원리'를 가지고 있느냐 즉 그 장르가 갖고 있는 '본질'과 '속성'을 찾는 데까지 나아가야 한다는 점에서 큰 차이가 있다. 또한 문학의 장르는 단순히 '표현 장치'에 머무는 것이 아니라 '세계상을 바라보는 수단과 방법'이라는 점을 잊어서는 안 된다. 이를테면 시조와 가사는 같은 사대부계층의 세계관과 미의식을 표현하는 장르로 즐겨 선택되지만, 시조를 통해 노래하는 것과 가사를 선택하여 노래하는 것과는 그 표현하고자 하는 수단과 방법에서 상당한 거리를 보인다는 것이다. 그 차이만큼 시조와 가사가 풍기는 맛과 멋은 다를 수밖에 없다. 따라서 가사의 장르론을 애써 펼치려 하는 이유는 가사만의 독특한 맛과 멋을 탐색해내려는 작업이며, 나아가 가사의 문학성을 밝혀 보고자 하는 의도와 닿아 있는 것이다. 그런 점에서 가사의 장르 성격을 탐색하는 것은 가사의 본질과 속성을 밝히는 것이고, 나아가 가사의 문학성과 가치를 발굴해내는 첫걸음이 되는 것이다.

2. 가사 장르론을 펼친 계기

애초에 필자가 가사의 장르론에 관심을 갖게 된 계기는 가사의 질서화 원리를 찾아 그 본질과 속성을 밝혀내 보겠다는 그런 거창한 사명감을 가져서가 아니었다. 필자가 대학원 박사과정에 다니던 시절 스승이신 정병욱 선생께서 "가사는 시조와 함께 우리의 고전시가를 대표하는 장르인데, 시가 장르를 조동일 교수가 교술 장르라고 규정하는 것이 말이 되냐?"라고 하시면서, "자네가 그 논리를 반박하는 이론을 제시해 보게." 하시는 엄명(?)을 받으면서 시작되었다. 스승의 그러한 말씀 이면에는 가사는 '시가'의 한 종류이고, 시가라면 당연히 서정 장르에 해당할 것인데, 조동일 교수가 용어도 생소한 '교술 장르'라는 제4의 장르로 보는 것이 못마땅하다는 판단을 하고 계셨던 것으로 짐작되었다.

스승께서 가사를 서정 장르로 보시는 가장 큰 요인은 초창기 장르론이 문학작품이라면 서정이나 서사, 희곡의 3대 장르로 실현된다는, 소위 미문학(美文學)만이 문학이라는 전제가 깔려 있었다. 따라서 3대 장르로 가사를 바라보면 율문으로 표출된 가사는 서사나 희곡이 아니라 서정에 포용될 수밖에 없는 것이다. 그러나 조동일 교수는 3대 장르에 들어갈 수 없는 서간문, 기행문, 연설문, 수필, 명상록, 일기, 종교인의 설교, 신문의 사설, 웅변, 속담, 격언 등등 실용성을 띠는 글들은 비록 '문예성을 띠는 글' 곧 미문학에 들지는 않지만 엄연히 문학의 종류, 곧 장르에 들어갈 수 있다고 보고 이들 비문예적 글들을 포용하여 제4의 장르로 묶어 교술문학이라는 새로운 장르 명칭을 붙였다. 그래서 그의 장르론은 직접 언급은 하지 않았지만 동양에서 시(詩)가 아닌 문(文)의 종류에 들었던 사(辭), 부(賦), 논(論), 책(策), 서(序), 기(記), 발(跋), 명(銘), 록(錄) 같은 글들도 문학의 장르에 드는 길을 열어 놓았다. 이렇게 4대 장르로 볼 때 가사는 교술 장르에 든다고 보고 장르론을 펼친 것이다.

조동일 교수의 이런 관점은 문학이란 당연히 미문학이어야 한다는 종래의 협소한 문학관에 기초한 3대 장르론을 넘어서는 실로 획기적인 것이었다. 그에 반해 미문학이 전제된 협소한 장르론은 문학은 당연히 순수장르를 지향하는 것으로 보았다. 그래서 서정문학은 순수서정(서정적 서정)으로 표출되는 것으로, 서사문학은 순수서사(서사적 서사)로, 극문학은 순수극문학(극적 희곡)으로 실현되는 것으로 장르 성격을 이해했던 것이다. 이러한 3대 장르론에 입각한 순수장르론의 좁은 시야로 바라볼 경우 가사는 서정 장르에 해당될 수밖에 없었다. 다시 말해 서정 장르라면 으레 서정적 서정 곧 순수서정만이 인정되었지, 서사적 서정이나 극적 서정이 있을 수 있다는 가능성은 아예 배제되었던 것이다.

그 당시를 되돌아보면 조동일 교수는 국문학의 장르 가운데 가장 논란이 많은 장르를 중심으로 본격적인 장르론을 펼쳐 국문학의 장르체계를 새로이 수립하는 의욕에 찬 작업을 수행하고 있었다.[4] 그 과정에서 장르 판별 문제로 논란이 많았던 판소리는 희곡이나 서정 장르가 아니라 서사 장르로 규정하고, 가사와 경기체가는 서정 장르가 아니라 교술 장르라는

4) 조동일, 『한국문학의 갈래이론』, 집문당, 1992, 198면.

새로운 용어로 규정했던 것이다. 나아가 '소설'을 중심으로 더욱 정교한 장르론을 펼쳤는데, 특별한 점은 장르를 분석하고 이해하는 틀을 서구이론에 기대지 않고 이기론(理氣論)의 성리철학을 원용하여 문학 장르를 '자아와 세계의 대립적 관계 양상'에 따라 범주화하고 체계화했다는 것이다. 그리하여 서정, 서사, 교술, 희곡이라는 4가지 기본 장르체계를 구축하면서 가사는 "작품외적 세계의 개입으로 이루어지는 자아의 세계화"에 해당하므로 교술 장르에 드는 것으로 그 장르 성격을 이해했다. 이는 "작품외적 세계의 개입이 없는 세계의 자아화"를 지향하는 서정 장르와 정반대 성격을 갖는다는 것이다.

조동일 교수의 이러한 장르론적 체계는 명쾌하고 탄탄한 이론을 바탕으로 하고 있어 난공불락의 성(城)처럼 당시의 국문학 연구자들 앞에 가로놓여 있었다. 이런 상황에서 아직 학문적 초심자에 지나지 않았던 필자에게 감히 그 높디높은 이론의 장벽을 넘어서서 가사가 서정 장르임을 확고히 하는 입론을 구축해 보라고 하시는 스승의 엄명은 쉽사리 받들기 어려운 난제였다. 더욱이 고대나 중세에 있어서 문학의 제시 형식은 산문이 아직 발달하지 않은 터라 동양이나 서양을 불문하고 그것이 서정 양식이든, 서사 양식이든, 희곡 양식이든, 일단 노래 혹은 시로 표현되었기 때문에, 가사의 제시 형식이 시가로 실현되었다 해서 무조건 서정 장르로 보는 것은 논리가 성립되기 어려웠던 난감함이 있었다. 서구를 보더라도 일찍이 호메로스의 『일리아드』나 『오디세이』같은 거대장편이 시가로 제시되었지만 서사 양식에 들고, 17세기 초반까지 살았던 셰익스피어 시대에도 희극이나 비극 작품이 시가로 제시되었지만 희곡 양식에 들고, 밀턴의 『실락원』도 제시 형식이 시가이지만 서사시가 아닌가. 한마디로 시(詩)라고 해서 다 서정시가 아니고, 서사시와 극시도 얼마든지 있다는 것이다.

그럼에도 필자는 무리인 줄 알지만, 일단 가사가 시가(詩歌)인 이상 시(詩)에 속하고 시는 서정을 장르 본질로 한다는 스승의 견해를 따라 가사가 서정적 성격을 기본 축으로 하고 있음을 제시하는 논의를 어떤 방식으로든 펼쳐 보기로 마음먹었다. 그럴 즈음 서구의 장르 이론을 체계적으로 정리하면서 그것을 바탕으로 자신의 장르체계를 새롭게 구축한 헤르나디(Paul Hernadi)의 최신 저술인 『장르를 초월하여(Beyond Genre)』라는 책자 속에 소개된 기야르(Guérard)의 장르 이론 틀을 빌려와 가사의 서정성을 해명하는 논의를 펼쳐 보았다. 그렇게 해서 만들어진 논문이 필자의 「가사의 장르성격 재론」[5]이었다.

이 논문에서 필자는 기야르(Guérard)가 문학적 환기(喚起) 양식으로서의 형식(form)과 상상적 세계로서의 정신(spirit)을 구분하여 문학작품은 서정적, 서사적, 극적 정신이 각각 서정, 서사, 희곡 형식의 옷을 입고 나타난다고 보는 장르 틀을 수용하면서도, 그 이론은 '교술적 정신'을 드러내는 작품은 제외되었으므로 그것을 보완하여 가사의 장르론을 재론해 보았다. 그리하여 "모든 가사는 4음4보격이라는 율문으로 표출되는 정감적인 서정 형식의 옷을 입고 실현되는 것이되", 거기에 담긴 상상적 세계로서의 '정신'을 따라 〈서왕가〉 같은 종교가사는 교술적 정신을 투영한 서정 곧 '교술적 서정'으로, 〈상춘곡〉 같은 사대부적 서정을 정신으로 담은 가사는 '서정적 서정' 곧 순수 서정으로, 〈관동별곡〉 같은 여행의 일정을 따라 서술해 나간 서사적 정신을 담은 가사는 '서사적 서정'으로 장르 성격을 규정할 수 있다고 보았다. 이렇게 해서 필자는 가사가 궁극적으로 서정의 형식으로 실현되는 까닭에 그 정신이야 어떠하든 일단 서정 장르로 수렴된다는 논리를 폄으로써 스승의 견해를 대변할 수 있었다.

그러나 지금 생각해 보면, 가사를 서정 장르로 규정하는 것은 잘못이라 판단된다. 왜냐하면 가사에 서정성으로 가장 크게 작용하는 것처럼 보이는 4음4보격이라는 율문 표출은 서정 장르의 본질인 '노래하기'를 지향하는 본질로 작용하기보다, 어떤 '설명'하고자 하는 혹은 '전달'하고자 하는

5) 김학성, 「가사의 장르성격 재론」, 『백영 정병욱 선생 환갑기념 논총』, 신구문화사, 1982 수록

메시지(주제)를 보다 다정다감하게 정감적 효과로 서술하고자 하는 서술전략에 지나지 않음을 알게 되었기 때문이다. 같은 4음4보격을 활용하는 시조와 비교해 보면 가사의 서술전략이 시조와는 정반대 방향으로 일어남을 확인할 수 있다. 즉 시조는 4음4보격이 하나의 시행(詩行) 단위가 되어 서술을 통제하고 제어함으로써 초장과 중장, 종장을 각각 이루면서 서술을 차단하는 효과를 가져오며, 이로 인해 정감을 고조시키고 짧은 단위 속에 많은 의미를 내포하는 함축적 언어가 되도록 작용하고 있다. 이에 비해 가사의 4음4보격은 특별한 제한을 받지 않고 연속됨으로써 서술을 리듬감 있게 '확장'하는 데 오히려 도움을 줌으로써 전달하고자 하는 정보나 메시지를 마음껏 펼쳐낼 수 있게 된다.

이런 반대 작용으로 인해 시조는 서술의 통제와 제어로 인해 단가(短歌)가 되고, 가사는 서술을 의도하는 만큼 리듬감 있게 확장할 수 있어 장가(長歌)가 된 것이다. 따라서 가사에 작용하는 4음4보격이라는 율문 형식은 가사를 서정 장르로 실현하는 데 작용하는 것이 아니라 전달하고자 하는 메시지를 효과적으로 표출하는 '문학성'의 고양으로 작용할 뿐이라는 사실을 깨달음으로써 가사의 장르 성격을 원점에서 다시 검토해야만 했다. 다시 말해 가사는 시가 형식을 빌리고는 있지만 그 율문 형식을 문학성을 드높이는 데 활용하고 있을 뿐 서정 장르의 본질로까지 나아가는 것은 아니라는 사실을 깨달았다는 것이다.

3. 기술 장르론으로의 전환

이에 가사는 어떤 장르적 본질을 갖는지 전면적으로 새로이 검토되어야 할 필요성이 제기되었다. 그러기 위해서는 조동일 교수의 장르론이 갖는 문제점을 극복하는 일이 가장 시급한 과제였다. 그의 장르론이 갖는 문제점이나 한계점은 그 무렵 유행되기 시작한 기술(記述) 장르론에 의해 많은 지적이 따랐다. 사실 가사는 그 형식적 제약 조건이 까다롭지 않아 우리말의 발화(發話) 구조상 가장 자연스러운 형식인 4음4보격의 연속체 율문으로 표출되기만 하면 가능했으므로 그 작품의 실현 양상은 실로 다종다양했다. 종교적 이념과 포교를 위한 가사가 있는가 하면, 사대부의 풍류와 한적(閑寂)을 노래하거나 혹은 기행(紀行)이나 교훈을 노래한 가사가 있고, 부녀자의 생활 체험이나 지켜야 할 도리를 서술한 가사가 있는가 하면, 향촌의 몰락 사족이 지은 현실 비판가사 등등 실로 다양해 보이는 서술이 많은데, 조동일 교수는 이들을 하나로 묶어 교술 장르라 지정했던 것이다.

따라서 조동일 교수의 가사 장르론은 지나치게 일원론적이고 규범적이라는 비판이 제기되었다. 즉 가사는 그 텍스트 성격이 다종다양하게 실현되었는데 교술 장르라는 하나의 장르 성격으로 일원화하여 장르를 규범적으로 추상화하는 것이 과연 타당성이 있느냐는 비판이 제기된 것이다. 그래서 도입된 것이 가사의 다원적 양식론이다. 가사의 다종다양한 성격을 따라 그 성격에 맞추어 있는 그대로의 특징을 보다 엄밀하고 세밀하게 기술(記述, descriptive)해내는 기술 장르론이 훨씬 더 유용해 보였기 때문이다.

가사를 다원적 양식으로 보는 태도는 가사의 성격이 단일하거나 규범적 장르로 통일되어 있지 않고 복합성을 드러내고 있다고 설명한다. 그래서 가사를 교술이라는 명사 개념의 단일성 장르로 파악하지 않고, 형용사 개념을 도입하여 그 다양한 성격을 기술적으로 드러내고자 하는 방향으로 나아갔다. 하나의 예를 들면, '인간'의 속성이나 본질을 기술적으로 드러내려면 '인간'이란 명사보다는 '인간적'이라는 형용사 개념이 훨씬 더 설명력을 가진다고 보는 것이다. '인간' 가운데는 인간다운 인간도 있고, 인간보다 못한 짐승 같은 인간도 있고, 짐승보다 못한 더 흉악한 인간도 있어 다종다양한데 '인간'이란 명사형으로는 이러한 다양한 성격의 인간을 기술해내지 못하므로 '인간적'이란 형용사형 개념을 쓴다면 '인간다운 인간' 즉 인간의 속성을 드러내는 말에 잘 어울리는 설명력을 확보할 수 있다는 것이다. 그래서 기술 장르론에서는 서정, 서사, 희곡, 교술이라는 명사형보다 서정적, 서사적, 극적, 교술적이라는 형용사 개념어를 선호하게 된 것이다.

이러한 유행을 따라 필자 역시 기술 장르론을 도입하여 다종다양한 가사의 장르 성격을 분석해내는 것이 훨씬 더 설명력을 가질 수 있다고 보고 「가사의 실현화 과정과 근대적 지향」[6]이란 논문을 새로이 발표하게 되었다. 여기서 필자는 가사의 장르적 성격이 헤르나디(Hernadi)의 장르 개념을 따라 전반적으로 주제적(thematic) 양식에 기반하면서도 그 세부적으로 실현화된 양상을 보면 다양한 것으로 파악했다. 그래서 〈상춘곡〉, 〈사미인곡〉 같은 계열의 사적(私的) 진술방식을 보이는 가사는 의사(擬似)서정적(quasi-lyric) 진술을 보이는 주제적 양식으로, 〈관동별곡〉, 〈일동장유가〉 같은 계열의 이중적(二重的) 진술방식을 보이는 가사는 의사 서사적(quasi-epic) 진술을 보이는 주제적 양식으로, 〈속미인곡〉, 〈임천별곡〉 같은 대화적 진술방식으로 표출된 가사는 의사 극적(quasi-dramatic) 진술을 보이는 주제적 양식으로, 〈서왕가〉, 〈권선지로가〉 같은 이념이나 교의적(敎義的) 진술 방식을 보이는 가사는 교술적(didactic) 주제 양식으로 파악하여 다양한 성격을 가진 것으로 설명했다.

이렇게 하여 조동일 교수가 가사의 성격을 지나치게 단일화하여 교술이라는 명사 개념어로 설명하는 규범적 장르론보다 훨씬 더 가사의 다종다양한 성격을 그 본질에 맞게 파악한 것으로 생각했다. 교술이란 명사 개념어로 묶는 것보다 '주제적'이라는 헤르나디의 용어가 더 넓은 범위를 포괄할 수 있고, 여기에다 문학적 진술(담화) 방식을 감안하여 서정적, 서사적, 극적, 교술적이라는 장르적 성향을 끌어넣어 가사의 실현화 양상을 폭넓게 설명할 수 있었던 때문이다. 그러나 이 역시 가사의 장르 성격을 온당하게 파악하여 제시했다 하기에는 많은 문제가 발견되었다. 언뜻 보면 기

6) 김학성, 「가사의 실현화 과정과 근대적 지향」, 『근대문학의 형성과정』, 문학과 지성사, 1983에 수록

술 장르론이 훨씬 더 설명력이 있어 보이지만 형용사적 기술체계는 실제에 있어서는 모호성을 보다 강하게 띠고 있기 때문이다.

이를테면 '서사적'이라는 용어는 장르 개념으로서의 서사(epic)라기보다는 문체(style)개념으로서의 서술(narrative)적 진술을 의미하는 경향을 띠고 있기 때문이다. 그리고 가사에 관여하는 서정적, 극적, 교술적이라는 장르 성향의 형용사적 개념도 작품의 성격을 본질적으로 드러내는 장르성을 갖는다기보다는 작품의 '구성요소'나 '서술전략'으로 작용하는 것이어서 단순한 기법 차원의 이런 요소들을 장르 성향을 띠는 장르 개념어로 설명하는 것은 오히려 혼란을 가져오기 십상이었다. 무엇보다 기술 장르론의 약점은 장르론을 본질적 속성을 선명하게 드러내는 원리로 나아가기보다 그것을 철저히 수단화하여 현상을 설명하는 데 급급하다는 약점을 보인다는 점이다. 이러한 지적은 성무경 교수에 의해 개진된 바 있다. 따라서 그 다양한 수단화의 바탕에 깔려 있는 일정한 원리나 규칙을 발견해 내야 하는 것이 중요하다. 그렇지 않으면 장르를 선명하게 드러내기보다 '장르 해체'로 나아갈 위험성마저 있다.

그렇긴 하나 기술 장르론은 문학작품을 폐쇄적으로 보는 순수 장르론을 넘어서 다양하고 역동적인 텍스트로 이해하는 데 기여한 면이 있기는 하다. 특히 가사 작품처럼 문체적으로 여러 가지 장르적 색깔을 띠는 것처럼 보이는 장르를 놓고, 순수하게 서정 장르로만 실현된다든지, 순수하게 서사로만, 혹은 교술 장르로만 실현되는 것으로 보는 순수 장르론 혹은 규범 장르론으로는 설명력에 한계가 있기 때문에 그 다양한 스펙트럼을 가능한 있는 그대로 기술적으로 체계화하려는 시도를 보였다는 점에서 가사의 다양성을 밝혀내는 데 공(功)이 있다 할 것이다.

여기서 더 나아가 문학작품의 이러한 비순수성을 지나치게 의식한 나머지, 종래의 4분 체계(서정, 서사, 희곡, 교술)로 장르 구분이 곤란한 것들을 '중간·혼합적 갈래'라는 또 하나의 큰 범주(제5의 장르)로 몰아넣어 장르의 본질이나 성격 파악보다 그 좌표를 지정하는 정도로 체계화하는 시도가 있었던 것도 주목된다. 이에 해당하는 예로 김흥규 교수가 비순수문학으로서의 가사의 다양성에 무게를 두고 가사 장르를 중간·혼합 갈래에 귀속시킨 사례를 들 수 있다.[7]

그는 가사라는 문학작품들이 순수하게 하나의 단일성 장르로만 실현된 것이 아니라 〈상춘곡〉, 〈사미인곡〉, 〈속미인곡〉 같은 '서정적' 작품들이 〈연행가〉, 〈일동장유가〉 등의 체험기술적 기행가사와 공존하는가 하면, 〈노처녀가〉, 〈거사가〉 같은 '서사적' 작품과 〈권선지로가〉, 〈천주공경가〉 같은 이념적·교훈적 작품이 공존하는 장르 현상을 보였으므로 서정과 서사, 서사와 교술 등이 병존(竝存)하는 비순수의 '혼합 장르'에 해당한다면서 제5의 범주로 체계화했다. 이는 기존의 장르론이 보여줬던 3분 체계나 4분 체계로는 가사의 이러한 혼합 현상을 제 위상에 맞게 설정해 줄 수 없다는 취지를 반영한 새로운 입론이었다. 그러나 가사의 장르 성격 규명이 이처럼 좌표의 설정에 머문다면, 가사의 본질이나 속성을 탐구해내는 데 도움을 주지 못한다는 아쉬움이 있다. 즉 그는 서정이나 서사, 희곡, 교술 같은 장르류(類)를 '큰 갈래'라 지칭하면서, 이들 큰 갈래는 우리 문학사에서 구체적으로 산출된 역사적 산물인 '작은 갈래' 곧 장르종(種: 향가, 시조, 경기체가, 가사, 판소리 같은 역사적 장르)들의 이해를 위한 '좌표적 개념틀' 정도로만 받아들이고 있어, 장르론이 갖는 의의를 지나치게 축소한 것이 문제라는 것이다.

4. 가사 장르론의 확정

이렇게 가사의 장르 성격을 두고 순수 장르론(서정)으로 해명할 것인가, 규범 장르론(교술)으로 해명할 것인가, 기술 장르론(서정적, 서사적, 극적, 교

7) 김흥규, 『국문학의 이해』, 민음사, 1986.

술적)으로 해명할 것인가, 아니면 장르의 4분 체계(서정, 서사, 희곡, 교술)를 벗어나는 제5의 장르론(혼합 장르)으로 설명할 것인가라는 백가쟁명(百家爭鳴)의 혼란에 빠져 있을 때, 필자가 재직하고 있던 성균관대의 제자 성무경 교수가 가사의 장르론이 갖는 혼란스러움을 말끔하게 평정하는 장르론으로 박사학위 논문을 써보겠다는 야심찬 기획을 가지고 지도교수인 필자의 허락을 받으러 왔다. 그는 먼저 기존의 장르론이 갖는 한계나 문제점을 극복하고 새로운 장르체계를 수립하려면 지도교수의 장르론도 어쩔 수 없이 비판의 대상이 될 수 있는데 그 점을 양해해 주신다면 성심을 다해 쓰겠다고 했다. 이에 필자는 가사의 장르론을 해명하는 데 크게 기여하는 논지라면 기꺼이 용인하겠다고 했다. 청출어람(靑出於藍)의 학문적 성취가 나온다면 그 또한 맹자가 말한 군자삼락(君子三樂)의 세 번째 드는 기쁨이 아니겠는가. 이렇게 해서 성무경 교수의 학위논문 「가사의 존재양식 연구」[8]가 제출되었다.

지도교수의 자격으로 맨 처음 성무경 교수의 가사 장르론을 받아본 소감은 한마디로 '경탄' 그것이었다. 그의 장르론은 지도교수는 물론, 조동일 교수의 장르론을 비롯하여 그동안 국내 학자들이 내놓은 가사 장르론들이 갖는 문제점을 조목조목 명쾌한 논리로 비판하고, 나아가 슈타이거, 기야르, 헤르나디, 람핑 등 쟁쟁한 서구 이론가들의 장르론이 갖는 문제점이나 한계점도 날카롭게 비판하고 보완하여, 이제 더 이상 국문학의 장르론이 혼란을 겪지 않아도 될 명쾌한 장르 이론의 모형(模型)을 구축해내었다. 우선 그의 장르론이 갖는 강점은 장르류(이론 장르, 큰 갈래)와 장르종(역사적 장르, 작은 갈래)을 통합하여 일원화하는 '존재양식'이라는 개념을 사용하고 있음이 주목된다. 그리하여 기존에 이론 장르로 제출된 규범 장르론의 독단성이나 기술 장르론의 모호성을 모두 극복하고, 역사적 장르로서의 변화성마저 투시하는 새로운 방법적 구도를 제시함으로써 츠베탕 토도

8) 성무경, 『가사의 시학과 장르실현』, 보고사, 2000에 수록됨.

로프가 지적한 실제와 이론, 경험과 추상이라는 두 종류(이론적 장르와 역사적 장르)의 요청이 동시에 충족되어야 한다는 미덕도 아울러 갖추게 된 것이다.

그의 장르론은 전체 작품의 유기적 질서 원리를 이루는 '진술양식'을 기준으로 각 장르의 양식화 원리를 다음과 같이 4분 체계로 설정한다. '서정'은 노래하기라는 환기 방식에 이끌려 '서술의 억제'를 이루는 양식으로, '전술'(교술, 주제적 양식에 해당함)은 노래하기라는 환기 방식이 서술의 입체화를 방해하여 '서술의 평면적 확장'을 이루는 양식으로, '서사'는 행동하기라는 환기 방식이 서술의 평면화를 방해하여 '서술의 입체적 확장'을 이루는 양식으로, '희곡'(극)은 행동하기라는 환기 방식에 이끌린 '행동의 재현'을 이루는 양식으로 개념을 지정했다. 이러한 구도를 따라 가사는 '전술' 양식 곧 종래에 교술 혹은 주제적 양식으로 불렀던 제4의 장르에 해당한다고 결론을 내렸다. 여기서 전술 양식이라는 새로운 용어를 쓴 것은 교술이라는 용어는 문학작품의 교훈성이나 이념성이란 색깔을 지나치게 강하게 띠고 있어서, 그리고 주제라는 용어는 장르 개념을 지정하는 '특수어'로 받아들이기에는 너무나 일반화된 '보편어'여서[9] 적절치 못하다는 점에서 잘 선택한 용어라 볼 수 있다.

이렇게 해서 가사는 우선 '서술하기'라는 환기 방식을 장르적 본질로 한다는 점에서 '행동하기'(대화 중심의 행동언어)를 적극 활용하여 그것을 본질로 삼는 희곡 양식과는 변별된다. 그리고 '서술하기'를 언어적 진술의 본질로 한다는 면에서 서정과 서사도 전술과 동일하지만, 서정은 '노래하기'라는 환기 방식에 강하게 이끌려 '서술의 억제'를 보인다는 점에서, 전술은 그와 반대로 서술을 억제하지 않고 '서술의 확장'을 지향한다는 점에서 차이를 보이는데 가사는 후자 쪽에 해당하니 전술 양식이라는 것이다. 또한

---

9) 예컨대 서정이나 서사, 희곡 같은 다른 모든 장르 양식에도 주제(theme)는 있으니까 이런 보편적 용어를 장르 개념어로 쓰는 것은 적절치 않다.

'서술을 확장'한다는 점에서는 전술은 서사 양식과 언어적 진술을 공유하지만, 전술은 서술을 '평면적'으로 확장함에 비해 서사 양식은 '입체적'으로 확장한다는 점에서 차이를 보이며 가사는 전자 쪽의 진술특성을 보이므로 전술 양식에 해당한다는 결론이다.

이러한 명쾌한 논리로 그동안 혼미를 거듭했던 가사의 장르론은 성무경 교수에 의해 일단락되었다고 보아도 좋을 것이다. 다만 그의 가사 장르론은 개념의 엄밀성과 논리성을 고도로 추구하다 보니 이해하는 데 상당히 난해함을 보여주고 있다. 그런 탓으로 그의 이러한 성과를 잘못 이해하거나 피상적으로 받아들이는 경우를 볼 수 있다. 그리하여 애써 구축한 장르론적 성취를 부당한 비판을 통해 마구 훼손하거나 억지 논리를 펴서 오히려 가사의 장르론을 다시 혼란 속으로 몰아넣는 경우[10]가 보이는데 이는 가사문학 발전을 위해 극히 불행한 일이 아닐 수 없으니 완전히 합리적이거나 획기적인 장르론이 아니라면 자제할 필요가 있다.

그래서 필자는 성무경 교수의 논리를 참고하면서 문학의 장르론은 무엇보다 그 양식화의 원리를 언어적 진술(담론: 談論, discourse) 양식의 특성에 초점을 맞추어야 한다는 진리를 따라, 보다 쉽게 이해할 수 있는 장르 구도를 다음과 같이 제시하고자 한다.

> 서정: 어떤 상황(정황)을 '노래하기'로 서술하는 진술양식
> 전술: 어떤 사실(화젯거리)을 '전달하기'로 서술하는 진술양식
> 서사: 어떤 사건을 '이야기하기(플롯)'로 서술하는 진술양식
> 희곡: 어떤 행동을 '재현하기'(행동언어)로 보여주는 진술양식

여기서 유념할 것은 서정 양식의 환기 방식에서 '노래하기'를 '노래'와 혼동해서는 안 된다는 것이다. '노래'는 음향적 율동과 가락에 얹어 부르는 것을 의미하지만, '노래하기'는 언어의 의미 생산적 율동화를 비롯해서 고

10) 예를 들면, 박연호, 『가사문학 장르론』, 다운샘, 2003이 그 대표적 예이다.

도의 생략이나 비약, 함축적 언어, 비문법적 표현, 설명적이거나 부연(敷衍)적 서술의 배제 같은 통사 의미 구조를 차단하는 서술 방식을 적극 활용하는 진술방식이라는 점에서 차이를 갖는다. 그리고 서사 양식의 환기 방식인 '이야기하기'는 단순히 '서술의 줄거리(story)'만을 이루는 수준의 이야기를 의미하는 것이 아니라, 줄거리에 응집력을 탄탄히 갖춘 플롯(plot) 수준의 서술 구성력을 보이는 진술양식으로서의 이야기를 의미한다. 이러한 장르론적 구도의 실제 적용은 앞으로 가사 작품을 구체적으로 분석하는 자리에서 검증해 볼 예정이다.

끝으로 필자의 장르 구도가 가사를 비롯한 문학작품의 본질과 속성을 파악하고 작품의 가치를 발굴해내는 데 자그마한 보탬이 되었으면 하는 것이 소망이다. 물론 인문학에서 영원한 진리란 있을 수 없듯이, 언제든 보다 명쾌한 문학의 장르론이 새롭게 구축되어 가사의 문학성을 보다 만족스럽게 드러내는 장르 구도가 수립되었으면 하는 것이 필자의 궁극적인 바람이다.

가사의 발생 환경과 선승의 장르 운용

1. 가사 발생의 담당층과 세계관

가사라는 역사적 장르가 고려 말에 새로운 장르로 발생한 데 대한 동인(動因)을 설명하는 방법에는 두 가지 시각이 존재해 왔다. 하나는 장르론적 시각에서 접근하는 것으로, 가사의 발생 계기를 그 이전에 존재했던 경기체가, 악장, 시조 같은 기존 장르에 주목하여 그것의 양식적 변용을 통해 생성되었을 것이라는 가설을 설정하는 것이고[1], 다른 하나는 장르 발생의 단초(端初)가 된 담당층의 이념적 시각을 통한 접근으로, 그들의 이념이나 세계관을 표현하는 수단으로 한 장르 운용에 초점을 맞추어 가설을 세우는 시각이다. 이 가운데 가사의 발생론은 전자의 시각으로 집중되어 논의되고 후자의 설명 방법은 상대적으로 소홀히 다루어져 왔는데, 가사의 효시 작품을 고려 말의 나옹화상 혜근이 지은 〈서왕가〉 같은 불교가사에서 잡는다면, 나옹화상이 시조나 경기체가 같은 기성 장르나 외래의 사부 양식에 특별히 심취하거나 창작조차 해본 경험이 있는 것 같지 않다는 점에서 그런 기성 장르의 영향을 받아 가사를 창출했다는 전자의 접근시각은 어느 정도 한계점을 가지는 것으로 보인다.

그런 면에서 가사 발생의 단초를 제공한 담당층의 이념적 동향과 장르 운용의 상관관계를 천착해 보는 것은 이 문제의 해결에 중요한 단서를 제공해 줄 것으로 예상되어 여기서는 후자의 접근시각으로 논의해 보고자

1) 이러한 기존 장르 외에도 기층장르인 교술민요에서, 혹은 외래의 장르 양식인 중국의 사부(辭賦)와 불교가요인 화청(和請)에서 가사가 유래되었다는 가설도 제기된 바 있다.

한다.

잘 알려진 바와 같이 가사의 중심 담당층이 사대부계층이라는 데에는 누구나 동의하고 있지만, 그 발생의 실마리는 고려 말의 선승 나옹화상 혜근이 지었다는 〈서왕가〉나 〈승원가〉 등으로 지목되어 통설화되다시피 되었다. 물론 원작자 시비 문제가 완전히 일단락된 것은 아니지만, 향찰로 표기되어 전하는 〈승원가〉의 존재는 비록 창작 당시의 모습을 온전하게 전하지 못하고 있지만 전승 수단으로서의 가능성을 인정해 주는 측면이 있다. 그리고 〈서왕가〉나 〈심우가〉, 〈낙도가〉, 〈승원가〉 같은 나옹화상 혜근의 다른 가사 작품도 후대에 국문표기로 최종 정착되긴 했지만 전승 계보가 비교적 확실하다는 면에서 자료의 신빙성을 인정해 주는 경향이다.

이러한 추세에 힘입어 여기서는 가사의 효시 작품을 일단 혜근의 것으로 인정하는 바탕 위에서 그가 살았던 시대환경과 담당층의 장르 운용의 추이를 보다 면밀하게 천착해 봄으로써 가사라는 역사적 장르가 고려 말의 선승에 의해서, 그것도 유독 혜근에 의해서 발생하게 되었나를 탐색해 보기로 한다.

가사 장르의 발생을 고려 시대의 선승들의 장르 운용 추이와 연결시켜 논의한 것으로는 조동일 교수가 이미 선편을 잡은 바 있다. 그에 의하면 충지(沖止)의 〈비단가(臂短歌)〉를 시발(始發)로 하여, 보우(普愚)가 지은 『태고화상어록』의 게송(偈頌) 대목 중간쯤에 실린 선시(禪詩) 〈석가출산상(釋迦出山相)〉을 인용하면서 형식이 일반 한시 양식을 벗어나 자유로운 것을 감안하여 "말을 다듬는 데에 유의하지 않고 입에서 나오는 대로 늘어놓은 것 같다. 이런 노래를 스스로 부르는 데 그치지 않고, 다른 사람들에게 전해서 퍼지게 하려면 외우기 좋게 할 필요가 있었을 것이다. 그러다 보면 한 줄이 네 토막(4음보를 지칭)이고, 한 토막이 대체로 넉 자(4음절을 지칭)인 가사 형식을 민요에서 가져다 쓰는 것이 유리하다고 판단했을 수 있다"[2]라고 하여 가사와 선시의 연결고리를 설명하고 있다. 나아가 혜근(慧勤)이 지은 〈나옹삼가(懶翁三歌)〉, 곧 〈백납가〉·〈고루가〉·〈완주가〉

를 들고 이 세 편은 모두 한 줄을 이루는 글자 수가 일정하지 않은 형식으로 이어지는 긴 노래인데 스스로 깨닫는 바를 나타내서 제자나 다른 승려들도 즐겨 읊고자 이런 노래를 지었다고 보았다. 그리고 가사로 지은 〈승원가〉는 불교의 깊은 이치를 선종 특유의 역설과 비유로 나타내는 것을 이해하지 못하는 일반 신도를 위해 따로 지은 것이라 했다. 그래서 고급 불교의 노래는 선문답(禪問答) 같은 사설로 엮어야 본령에 이를 수 있다고 생각했지만, 하급 불교의 노래는 교리나 수행에 관한 초보적인 사항을 알기 쉬운 말로 풀이하지 않을 수 없었다는 것이다. 고려 말의 선종은 교종에 맞서서 아주 파격적인 인식과 표현의 방법을 개척하는 한편 하층의 신도를 광범위하게 끌어들이고자 했으므로 두 가지 노래가 함께 필요했다고 보았다.[3]

여기서 우리는 중요한 지침을 얻을 수 있다. 즉 〈나옹삼가〉 같은 고급 불교의 노래는 불교의 깊은 이치를 선문답 같은 특유의 역설과 비유로 표현하여 제자나 다른 승려들도 즐겨 읊도록 지었고, 〈승원가〉 같은 가사는 하급 불교의 노래로 교리나 수행에 필요한 사항을 알기 쉽게 풀이하여 하층의 신도들을 끌어들이는 목적으로 지었다고 본 관점이다. 그런데 여기서 언급한 고급 불교의 노래는 모호한 개념이어서 좀 더 정교하게 선승들이 지은 선시(禪詩)와 선가(禪歌)로 구분하여 이해해야 가사라는 신종 장르가 생성될 수 있는 배경과 동인을 더 명확하게 파악해낼 수 있으므로 본고에서는 이를 구분해 접근하고자 한다.[4] 그리고 가사를 하층의 신도를 끌어들이기 위한 방편으로 이해하는 것도 좀 더 세밀한 이해를 필요로 한다. 그래야 신흥사대부층인 신득청의 〈역대전리가〉와 정극인의 〈상춘곡〉으로 가사 장르가 자연스럽게 이행되는 과정이 파악될 수 있기 때문이다. 이들 사대부층의 작품은 반드시 하층만을 대상으로 삼지 않았기 때문이다.

---

2) 조동일, 『한국문학통사』 2(제3판), 지식산업사, 1994, 212면.

3) 조동일, 위의 책, 213면.

4) 선시와 선가에 대한 구분은 이종찬, 『한국의 선시－고려편』, 이우출판사, 1985, 53면 참조.

그런데 조동일 교수는 충지 · 보우 · 혜근이 지은 노래가 원래 구송가사(口誦歌辭)였다고 보고, 한문으로 번역해 기록하는 과정에서 본래의 모습을 잃었다고 했다. 그래서 한문 특유의 어법을 따르지 않을 수 없었고, 선시를 한문으로 지을 때 쓰는 문구를 다수 받아들였던 관계로 변칙 선시로 승려들 사이에 읽혀 가사로서의 의의를 상실했다는 것이다. 〈승원가〉 또한 원래는 구송가사였는데 한문이 아닌 향찰로 표기되어 그런 변질을 겪지 않았다고 보았다.[5] 과연 그의 주장대로 보우나 혜근의 선가들이 원래는 말로 지어지고 말로 전승되는 구송가사였던 것이 한문으로 번역되어 전하는 것일까. 그리고 〈승원가〉도 구송가사였던 것이 향찰표기가 일찍 이루어져 기록가사와 공존하게 된 것일까? 그렇다면 가사의 출발은 기록문학이 아니라 구비문학이었단 말인가. 그리고 그 기원도 한역가로 전하지 않았더라면 혜근보다 100년이나 앞선 충지의 〈비단가〉까지 끌어올릴 수 있다는 것인가. 뒤에 상론하겠지만 선가는 애초에 한시 양식을 보다 자유롭게 한 장가(長歌)로 지어진 것이지 우리말로 된 노래를 한역한 것이 아니다. 그리고 〈승원가〉 같은 가사문학은 원래부터 기록문학이지 구술로 지어지고 구술로 전승되는 구비문학의 종류가 아니다. 그것이 필요에 따라 암송될 때만 말로 연행되는 것이지 기록으로 지어지고 기록으로 전승되는 기록문학인 것이다. 구비문학이라면 후대의 표기로 변질되긴 했지만 표기가 번거롭고 어려운 향찰문자로 굳이 기록해 둘 이유가 없는 것이다. 시조도 기록문학이지만, 필요에 따라 가창 혹은 음영으로 연행될 때만 구연되는 것이므로 구비문학이라 할 수 없는 것과 마찬가지다.

승려층의 한문가요와 가사 장르의 연결고리를 찾으려는 시도는 박경주 교수의 논의가 주목된다. 그는 고려시대 선승(禪僧)들의 한시체 가요 창작 방식이 정통 한시에서 형식적 일탈을 하여 장형화된다는 사실을 지적하고, 나아가 '일반 한시가 시로서 인식된 것과는 달리 노래로 인식되면서

---

5) 조동일, 앞의 책, 213~214면.

가창이나 음영의 방식으로 노래 불린 순한문체나 현토체 표기방식의 작품' 이란 개념으로 '한문가요'라는 용어를 사용하면서 이 문제를 본격적으로 검토한 바 있다.[6] 이 논의에서 가사가 3 · 4자를 기본으로 하는 것과 장편의 선가 작품들이 7언을 위주로 하여 6 · 8언 등 다양한 자수를 보이는 점을 직접 연결하여, 가사의 3 · 3구는 선가의 6언으로, 3 · 4구는 7언으로, 4 · 4구는 8언으로 비슷한 자수를 보이게 된다는 점을 발생의 근거로 삼고, 또한 선가에 나타났던 구어적 표현은 가사의 구어체가 나타날 기반이 되었다고 했다. 이렇게 해서 장편의 선가와 민요가 접맥되면서 가사가 탄생했다고 결론 내었다.

이 견해의 문제점은 선가의 진술방식으로서의 양식적 특성 곧 서정 양식으로서의 특성은 간과한 채, 자수의 운용방식이 다른 한시체 선가 양식을 곧 바로 가사의 자수와 일치되는 점을 직결시켜 발생관계의 연결고리로 설명하고 있다는 점이다. 가사는 3 · 3(6언)조나 3 · 4(7언)조 혹은 4 · 4 같은 자수율로 운용되는 것이 아니라 하나의 음보가 4모라 크기로 등가적 반복성을 갖는 음량률로 운용되므로 율격체계를 전혀 달리하는 선가와 직결시켜 논의의 근거로 삼는 것은 맞지 않다. 즉 우리말의 운율구조에 기반을 둔 가사에서 자수(음절수)는 한시체에서 운용되는 자수와는 질적으로 전혀 다른 것이므로 이런 논지는 설득력을 갖기 어려운 것이다. 그런 까닭에 우리는 글자 수의 연결 관계가 아니라 고려 말 선승들의 선시와 선가 작품들에서 '진술방식'에 주목하면서 그 변화를 예리하게 감지해내고, 그러한 변화가 선승의 세계관적 인식의 변화와 어떻게 연결되어 가사 장르의 생성을 가져오게 되는가를 탐색할 필요가 있다.

---

6) 박경주, 「고려조 승려층의 한시체 가요 창작방식」, 『고전문학연구』 8집, 고전문학회, 1993 참조.

2. 고려 말 선승의 선시 운용

고려 말에 혜근에 의해 가사 장르가 창출되기까지 그 전사(前史)로서 담당층인 선승들의 문학세계의 변화기류를 탐색해내기 위해서는 진술방식의 변화에 초점을 두어 읽어낼 필요성이 우선적으로 제기된다. 그러기 위해 우선 선승들의 선시 운용의 특성과 세계관의 상관성을 예의주시하며 진술방식의 변화 조짐을 살펴보기로 한다.

고려 말이라는 시대적 특수성의 가장 큰 특징은 당대의 세계질서를 지배하는 이념이 종교(불교)에서 철학(성리학)으로 전환되어 간다는 시점에서 담당층의 세계관에 있어서도 극심한 파동을 예상할 수 있게 한다. 이러한 시기에 진각국사 혜심(慧諶)과 원감국사 충지 등이 이룩한 불가(佛家)의 선시를 계승하면서 발전시킨 고려 말 삼화상(三和尙)의 문학세계는 우리의 특별한 관심을 끌기에 충분하다. 삼화상은 바로 백운화상 경한(景閑), 태고국사 보우, 나옹화상 혜근을 가리킨다. 다음의 선시를 보자.

啞子高聲說妙法	벙어리는 높은 소리로 묘법(妙法)을 설(說)하고
聾人遠處聽微言	귀머거리는 먼 곳의 속삭임을 듣는다.
無情萬物皆讚歎	무정한 만물이 모두 다 찬탄하니
虛空趺坐夜來參	허공에 가부좌(跏趺坐) 틀고 밤새도록 참선한다.[7]

고려 말 충렬왕 말년에 우리 땅에 들어와 머물기도 했던 인도 마갈제국 왕자 출신 고승 지공화상(指空和尙)의 선시인데 이 작품이 그를 스승으로 모셨던 경한의 어록에 진찬(進讚) 2수로 실려 있어 경한의 작품으로 오인되기도 했다.[8]

7) 경한, 「白雲和尙語錄」, 『한국불교전서』 6, 고려시대편 3, 1984, 643면.

8) 조동일, 『한국문학사상사시론』, 지식산업사, 1979, 99면에서 이 시를 경한의 작품으로 보았다.

경한은 이 시를 인용하여 거론하면서 "이것은 사(事)에 의탁하여 이치를 드러내고 물(物)에 붙여 마음을 밝히려는 것이 아닌가. 이것은 기언묘구(奇言妙句, 기이한 말과 묘한 글귀)로 이상하게 노래하고 아득하게 보이려는 것은 아닌가"라고 반문한 다음 "이러한 해석은 모두 올바른 풀이가 아니다"라고 했다.[9]

선불교의 종지(宗旨)를 '직지인심(直指人心)', '견성성불(見性成佛)', '교외별전(教外別傳)', '불립문자(不立文字)'라 할 때 지공화상의 언어는 경한이 반문한 '기언묘구'로 전락하고 만다. 이 '기언묘구'는 문자가 아닌 별전(別傳)이 무엇인가에 대한 고민이며, 어떤 사물이나 진실은 일상 언어로 접근할 수 없다는 '언어회의(言語懷疑)'의 결과로 이해된다. 인간의 언어사용 태도에 있어서 '언어회의'는 언어의 통사구조를 분열시키며 서술을 차단(遮斷)하게 된다. 이런 결과로 선시는 시어(詩語), 곧 서정시의 언어와 가장 가까운 발화 형태가 된다. 즉 선시는 불교계의 서정시라 할 수 있어 장르상으로는 서정 양식을 운용한 셈이 된다. 앞에 인용한 지공의 선시는 그런 특징을 잘 보여준다.

石女忽生兒	돌계집이 홀연 아이를 낳으니
木人暗點頭	허수아비가 가만히 고개를 끄덕인다.
崑崙騎鐵馬	곤륜산이 무쇠 말을 타니
舜若着金鞭	순임금이 황금 채찍을 쥔 듯하다.
兩箇泥牛鬪	두 마리 진흙 소가 싸우다가
哮吼走入海	소리치며 바다에 뛰어들더니
過去現未來	과거 현재 미래가
科掉無消息	아무리 헤쳐도 소식이 없다.[10]

지공의 선시와 마찬가지로 경한 역시 '돌계집이 아이를 낳는다'는 등 '허

---

9) 경한, 「白雲和尙語錄」, 『한국불교전서』 6, 고려시대편 3, 참조.
10) 위와 같은 책, 660면. 〈上指空和尙〉 가운데 하나.

수아비가 고개를 끄덕인다'는 등, '진흙 소가 싸우다가 바다에 뛰어든다'는 등 모순 투성이의 선어(禪語)를 마구 사용하고 있다. 거기다가 운과 평측을 맞추지도 않고 있다. 오언절구(五言絶句) 형식이라 할 수 있지만 근체시의 운율에 맞지 않으니 절구라 할 수도 없고 오언고시(五言古詩)라 하더라도 압운은 있어야 하는데 그마저도 없으니 고시라 할 수도 없다. 형식상의 격식이나 통사-의미상의 맥락이나 논리를 따지지 않고 선리(禪理)의 깨달음을 자유자재한 불립문자로 표출한 것이라 하겠다.[11]

박이문 교수는 시의 언어에 대해 "시는 궁극적으로 언어를 통해서 언어로부터 해방되려는 언어를 씀으로써 언어를 쓰지 않는 언어가 되려는 불가능하고 모순된 노력에 지나지 않는다. 따라서 시적 언어는 비정상적인 '비틀린 언어'로 되기 마련이다"[12]라고 했다. '언어를 씀으로써 언어를 쓰지 않는 언어가 되려는' 모순은 '언어의 부정을 통해서 선리의 별전(別傳)을 달성하려는' 선어(仙語)의 모순과 일치한다. 이는 마치 시인을 견자(見者, 예언자·승려)의 서열에 올려놓은 보들레르적 사고의 역(逆)과 같이 이해된다. 이 때문에 선승의 시는 작품으로 평가받으려 한 것은 아니었어도 풍부한 의미론적 에너지를 가진 문학성을 획득하게 된다.

지공과 경한의 언어는 표현된 문자에 집착해 보면 그야말로 '말장난' 곧 기언묘구(奇言妙句)에 불과하다. 실세계 사물로서 '벙어리'는 말할 수 없고, '귀머거리'는 들을 수 없으니, '고성(高聲)으로 묘법을 설하고', '먼 곳의 미언(微言)을 듣는다'는 표현은 아예 성립되지도 않는다. '석녀(石女)가 아이를 낳고', '진흙 소가 싸움을 한다' 역시 일상 언어의 통사구조를 파탄시키고 있다. 그런데도 그들의 언어가 실세계 의미 너머에 존재하는 선리(禪

11) 그렇다고 경한의 모든 선시가 형식상의 격식을 무시하거나 통사-의미상의 맥락을 깨뜨려 모순 투성이로 되는 것은 아니다. 예를 들면 〈거산(居山)〉이란 제목 아래 수십 수의 작품이 있는데 어떤 작품은 오언절구나 칠언절구 형식에 맞추어 압운도 넣고 있고, 평측도 평기식(平起式)정격을 벗어나지 않는 작품도 가끔 보여주고 있다.

12) 박이문, 『시와 과학』, 일조각, 1975, 122면.

理)의 묘어로 감지되는 이유는 무엇일까? 단순히 그 이유를 '통사구조의 파탄' 때문이라고 말하기는 어려울 것이다. 지공과 경한의 시에는 실세계를 넘어서는 고도의 상징 기법인 알레고리, 곧 우의를 사용하고 있다는 데 주목해야 할 것이다. 알레고리는 본래부터 삶의 가치를 추구하면서 교훈적 성격을 내포하고 있어 선승들의 세계에 대한 태도 표명, 즉 선적(禪的) 세계관의 형상화로 표현한 것이라고 보면 단순한 언어파탄이 아닌 선리의 깊은 세계를 감지할 수 있게 된다.

'불립문자'라는 선의 명제(命題)는 우리가 특히 주목하려는 나옹화상 혜근의 언어에 대한 생각과 사용 태도를 역시 지배하고 있음이 확인된다.

元來妙道體虛然	원래 묘한 도는 본체가 비었거니
向用揮毫亡示人	무엇하러 망령되이 붓을 휘둘러 보일 것인가
一念未形前薦得	일념으로 이전의 일을 깨닫게 되면
奇言妙句盡爲塵	기언묘구는 모두다 티끌이 될 뿐[13]

선승들은 말이나 글이 헛된 집착을 떨쳐버리지 못하기에 방해가 되기 일쑤라고 하면서 '불립문자'를 표방한다. 말이나 글을 철저히 불신한다 해놓고 말을 물리치기 위해서는 말을 해야 하고, 헛된 침묵을 깨기 위해서도 말을 해야 한다고 했다. 그래서 선승들은 많은 저작을 남겼는데 그것을 문집(文集)이라 하지 않고 어록(語錄)이라 강조하는 것은 이러한 뜻이 담겨 있다. 혜근 역시 '기언묘구'가 되지 않도록 하는 데 모든 힘을 쏟았으며 그리하여 언어로부터의 해방은 다음과 같이 표출된다.

南北東西虛豁豁	동서남북 텅비어 시원하게 트였거니
十方世界更何遺	시방세계가 또 어디 남았을까
虛空拍手羅羅理	허공이 박수치며 라라리 라라리
石女和聲舞不休	돌계집이 성음에 맞춰 쉬지 않고 춤을 춘다.[14]

13) 혜근, 〈원선자구송〉, 『나옹화상가송』, 주7)과 같은 책, 734면.

‘허공이 박수치며 라라리’라니, 거기다 ‘돌계집이 성음에 맞춰 쉼 없는 춤을 춘다’는 것은 무슨 의미인가. 시방세계가 적멸의 순간 법열(法悅)에 들떠 환희의 탄성을 지르는 것인지? 해석을 한다는 자체가 부질없는 일이다. 형식상으로도 한시의 격식에 전혀 맞지 않게 의성어(擬聲語) 그대로 ‘라라리’란 구어(口語)도 거침없이 쓰고 있다. 혜근의 다른 선시에는 또 ‘대지(大地)와 산하(山河)가 거꾸로 달리고, 물속에서 불이 되어 허공을 사른다’거나, ‘죽은 뱀을 풀어놓아 산 용을 삼키게 한다’고도 했다.[15] 그것은 공간적인 경계를 뛰어 넘고, 생사(生死)의 분별마저 사라진 초월계를 직지(直指)한 것이라 볼 것이다.

이러한 표현들은 모두 선리의 직접적 진술이 아니라 선리를 통하여 형성된 세계관의 매개적 혹은 형상적 진술로 이해될 필요가 있다. 그럼에도 불구하고 혜근의 선시는 이전 시기에 혜심이나 충지가 보여주었던 시문(詩文) 자체로서의 우수성보다는 선리적 요소가 강한 것으로 지적되고 있다.[16] 이는 그의 세계관이 이념의 지배를 보다 강하게 받아 형성되었기 때문이라 볼 수 있다. 시문에서 선리적 요소가 강하게 나타나는 현상은 비단 혜근에게서만이 아니라 경한과 보우의 경우도 마찬가지다. 물론 이러한 판단은 앞 시대의 혜심, 충지 등의 시문과 비교했을 때 근거한 것이다. 그렇게 된 이유는 고려 말 삼화상이 활동하던 시기가 앞 시기의 선승들과는 다른 경쟁적 이념이 대두했던 시기였다는 차이 때문일 것이다. 즉 이 시기는 성리학이 새로이 출현한 신흥사대부층에 의해 이론적 체계화를 도모하는 과정에 있었으므로 국사(보우)와 왕사(혜근) 혹은 그들과 대등한 지위(경한)에 있었던 이들이 그러한 시대 변화의 현상을 포착한 결과로 이해될 수 있을 것이다.

이들 삼화상의 세계관이 앞 시대의 선승들보다 강한 이념성을 띤다는

---

14) 혜근, 〈無餘〉, 앞의 책, 741면.

15) 혜근, 〈瓊禪者求揭〉 및 〈途蘭禪者之江南〉, 같은 책, 738~739면.

16) 이종찬, 앞의 책, 19면 참조.

것은 그들이 자신의 이념을 세계화하려는 '교술적 정신'[17]도 그만큼 강하게 지니고 있었음을 의미한다. 자아의 이념을 세계화하려는 정신에 충만해 있을 때 서정 양식에 해당하는 선시 양식으로는 그러한 이념적 서술에 적합하지 않다. 선리를 설(說)하려면 '주석적(注釋的) 말하기' 즉 설명적 진술이 적합한데 이런 방식은 다시 '불립문자'라는 선(禪)불교의 명제에 위배된다. 교종(敎宗)의 입장에 선 이론 불교는 경전을 풀이하고 번거로운 문제점을 자세히 풀어 밝히는 것을 중요한 임무로 삼았지만, 선종은 종파적으로 이를 부정하면서 고려 후기 불교 사상계의 교권(敎權)을 장악하고 있었으므로 이치를 따지는 선리의 주석적 진술을 선시에서 되풀이할 수는 없었을 것이다. 이러한 사정을 이해하고 보면, '불립문자'는 언어에 대한 완전 부정일 수는 없으며, 따라서 선어(禪語)가 왜 문학적 언어의 형태를 취하지 않을 수 없는가 하는 이유를 간파할 수 있는 것이다. 그래서 선시는 문학사에서 서정시의 한 종류로 다룰 수가 있는 것이다.

3. 고려 말 선승의 선가 운용

고려 말기의 삼화상은 선시 양식뿐만 아니라 통상 '——가(歌)'라는 제목을 붙여 보다 외우기 쉽고 때로는 유장하게 음영(吟詠) 할 수 있는 형식의 작품도 남겼는데 이를 선시와 구별하여 선가(禪歌)라는 용어로 차별화해 접근하면 가사의 발생 환경에 한 걸음 더 접근할 수가 있다. 선승들의 가송관(歌頌觀)을 검토해 보면 '송(頌)'이 선시라고 말해지듯 무엇보다 내

17) 여기서 '교술적 정신'이라 표현한 것은 문학 형식에 해당하는 용어가 아니라 문학 정신에 해당하는 것임을 분명히 해둔다. 이는 '자아의 세계화'를 이루기 위한 정신으로 문학에서 이념, 즉 세계관의 표현으로 드러나는 것이지 조동일 교수가 장르론으로 체계화한 교술 장르가 된다는 것은 아니다. 그가 적용한 '비전환 표현'으로서의 교술은 '문학양식'이 아니라 '문장양식'에 해당한다 해야 온당하다. 이런 비전환 표현의 교술 양식은 정도전이 모범으로 보인 「불씨잡변(佛氏雜辨)」 같은 이념적 글이 대표적인 글인데, 그것은 문학이 아니라 논변에 해당한다.

용의 함축미를 중시하는 게송(偈頌)의 정격 양식이라 할 수 있고 짧은 형식이라면, '가(歌)'는 노래로 읊조릴 수 있어 형식을 일탈하기 일쑤이고 장편화의 경향을 띠게 된다. 먼저 경한이 남긴 선가부터 검토해 보자.

白雲澹泞　　깨끗한 흰 구름은
出沒於太虛之中　　허공에 있다 사라졌다 하고
流水潺湲　　잔잔히 흐르는 물은
東注於大海之心　　큰 바다 복판으로 든다.
水也遇曲遇直　　물은 굽거나 곧은 곳을 만나도
無彼無此　　이렇다 저렇다 말하지 않고
雲也自券自舒　　구름은 스스로 감고 스스로 풀어
何親何疎　　친하다 서먹하다 하지 않는다.
萬物本閑　　만물은 본래 한가로워
不言我靑我黃　　푸르다 누르다 말하지 않는데
惟人自鬧　　오직 사람만이 스스로 시끄러워
强生是好是醜　　이것은 좋다 이것은 나쁘다 억지 쓴다.
觸境心如雲水意　　경계에 부딪혀도 마음이 구름이나 물 같다면
在世縱橫有何事　　세상에 살아도 자유로와 아물일 없다.
若人心不强名　　사람의 마음이 억지로 이름짓지 않는다면
好醜從何而起　　좋고 나쁨이 무엇을 따라 일어나리.
愚人忘境不忘心　　어리석은 이는 경계를 버리되 마음은 안 버리고
智者忘心不忘境　　지혜로운 이는 마음은 버리되 경계는 안 버린다.
忘心境自寂　　마음을 버리면 경계가 저절로 고요해지고
境寂心自如　　경계가 고요하면 마음은 저절로 움직이지 않네.
夫是之謂無心眞宗　　이것이 이른바 무심의 진종이라[18]

이 작품은 경한의 〈무심가(無心歌)〉라는 선가인데, 총 21구로 되어 있고, 4, 5, 6, 7, 8언이 모두 쓰인 특징을 가졌다. '산은 산이요, 물은 물이다'[19]라는 식의 한두 구절 게송으로도 무심선(無心禪)의 경지에 들 수 있

18) 경한, 앞과 같은 책, 663면.

19) 경한의 선시에 "法法不相到(법과 법은 서로 상관하지 않으니)山山水是水(산은 산이요 물은 물일세)"라는 작품이 있다.

는데, 굳이 이렇게 장형의 선가에 담아서는 고도의 시적 긴장감을 기대하기는 어렵다. 긴장이 남아 있다면, 4,7 4,7／ 6,4 6,4／ 4,6 4,6／ 7,7 6,6／ 7,7 5,5／ 8이라는 다소 의도적인 자수 배열이 내용을 통어한다는 점, 거기다 사물에 집착하는 인간의 마음을 자연의 무심한 경지와 대조해 표현한 점 등이 될 것이다. 총 구수(句數)가 홀수(21구)로 마무리되고, 8언으로 된 마지막 하나의 구가 전체 내용을 포괄하여 맺는 형식은 비교적 형식이 자유롭다는 한시의 장단구(長短句)에서도 찾아보기 힘든 파격을 보여준다. 특히 이 마지막 구의 진술 내용으로 보면 이 〈무심가〉의 진술방식이 '서술의 억제'를 지향하는 '서정' 양식이 될 수 있는가를 반문하게 만든다. '夫是之謂無心眞宗'이라면 앞의 모든 서술 내용은 무심진종(無心眞宗)에 대한 설명적 진술이었다는 말이 된다.

서정은 서술 언어의 억제를 통한 의미의 차단을 지향점으로 삼는다. 그런데 이 〈무심가〉에서는 장단구라는 한시체 율문 장치가 서술 언어의 통사적 흐름을 그다지 효율적으로 차단하지 못하는 것으로 보인다. 경한은 서술의 억제 범위에 놓여 있는 한시체 양식을 선택하여 선리의 설명적 진술을 하고 있는데, 이는 장단구, 즉 서술의 억제로부터 보다 개방적인 양식을 선택한 것부터가 의도적이라 볼 수 있으며, 나아가 짝수구로 마감하는 한시체 양식과 달리 홀수구로 마감함으로써, 서정형식의 완결성마저 파괴하는 선가를 이루어 놓았다고 볼 수 있다. 한시의 장단구가 갖는 형식의 자율 조정을 최대한 이용하면서 선리의 설명적 진술이 비문학적 진술이 아닌 형상적 진술이 되게 했다는 점에서 이 노래의 진술양식은 '노래하기'라는 환기 방식에 이끌린 '전술' 양식에 상당히 접근해 있다고 볼 수 있다. 그렇다고 가사처럼 전술 양식의 범주까지 간 것은 아니고 여전히 서정 양식을 벗어났다고 할 수는 없다. 이 작품을 문학정신으로 말하자면 전반부는 '서정적 정신'에, 후반부는 '교술적 정신'에 이끌린 진술을 보이고 있으며,[20] 여기에 비유로 끌어들인 '백운(白雲)'과 '물'은 교훈적 성격을 내포하는 알레고리 기법의 형상물이기도 하다.

이 대목에서 강조하고 싶은 것은 '교술'을 교훈적 서술의 줄인 말로 볼 때 작품의 내용이나 정신에 있어서는 교훈성을 띨 수 있어도 형식으로는 교훈성을 띨 수가 없다는 점에서 교술은 진술방식의 기준이 되는 양식적 명칭으로는 적합하지 않음을 분명히 알 수 있다. 도대체 교술적 형식이란 어떤 형식을 말하는가를 반문해 보라. 자아를 세계화한다고 교훈성을 띠는 서술이 되는가. 자아를 세계화하면 그것은 문학 텍스트가 아니라 기록물에 불과할 뿐이다.

吾往此庵吾莫識　내가 사는 이 암자가 어딘지 나도 몰라
深深密密無壅塞　깊고 깊고 은밀해도 옹색함이 전혀 없다.
函盖乾坤沒向背　하늘 땅 뒤덮어서 앞뒤를 모르거니
不住東西與南北　동서남북 사방 어디에도 머물지 않네.
住樓玉殿未爲對　구슬누각 옥궁전을 어이 차마 견줄손가.
少室風規亦不式　소림사의 옛 풍규도 본받지 않았다네.
爍破八萬四千門　팔만 사천 온갖 문을 모조리 쳐부수니
那邊雲外靑山碧　저 건너 구름밖에 청산은 푸르다.
山上白雲白又白　산 위의 흰 구름 희고 또 희고
山中流泉滴又滴　산 속의 흐르는 샘 방울져 잇는다.
誰人解看白雲容　누가 흰 구름의 모습을 이해하랴
晴雨有時如雷擊　개이고 비오고 때로는 우레 치는 것을.
誰人解聽此泉聲　누가 샘물의 소리를 들을 줄 알랴
千回萬轉流不息　천 번 만 번 굽고 돌아 쉴 줄 모르는 것을

…… (중략) ……

閑來**浩唱太古歌**　한가로이 **태고가를 호탕하게 부르면서**
倒騎鐵牛遊人天　무쇠 소 거꾸로 타고 인천(人天)을 노니니

---

20) 필자는 장르 양식의 효율적 이해를 위해 일찍이 기야르의 장르론을 빌어 와 문학적 형식(form)과 정신(spirit)을 구분할 것을 제안한 바 있다. 즉 문학적 환기의 양식으로서의 '형식'과 상상적 세계로서의 '정신'을 구분함으로써 교술 장르로 오해해 왔던 문학작품에서의 교훈성 문제를 합리적으로 풀 수 있음을 논의한 바 있다. 이에 대하여는 졸고, 「가사의 장르 성격 재론」, 『국문학의 탐구』, 성균관대출판부, 1987, 136~7면 참조.

兒童觸目盡伎倆	아이들 눈에는 모두 큰 재주 같지마는
曳轉不得徒勞眼皮穿	끌고 몰기 잘 안되어 눈꺼풀만 피로하다.
庵中醜拙只如許	이 암자가 이렇게 추하고 못났거니
可知何必更重宣	다 아는 일 무엇하러 중언부언 말하겠는가.
舞罷三臺歸去後	삼대(三臺)에서 춤이 끝나 돌아간 뒤면
青山依舊對林泉	푸른 산은 옛처럼 임천을 마주보네.[21]

이것은 보우가 삼각산 중흥사의 태고암에 머물렀을 때 산중선미(山中禪味)를 80구의 장편으로 유유히 노래 부른 〈태고암가(太古庵歌)〉라는 작품이다. 작품에 굵은 글씨(고딕체)로 표기한 데에 드러나듯이 보우는 이 작품을 지어 '호탕하게 노래 부르면서' '무쇠 소를 거꾸로 타고' 인간계와 천상계(天上界)를 오가며 노닌다고 했으니, 태고암이라는 작은 암자의 한정된 현실공간을 넘어 초월계로까지 무시로 넘나드는 선적(禪的) 체험 — 그는 이 선적 체험의 과정을 '무쇠소를 거꾸로 탄다'라는 말로 알레고리적으로 표현하고 있다 — 을 노래한 것이다. 상당히 긴 작품을 노래 부른다고 했으니 실제로는 작품 전체를 완창하기보다 부분 창을 시창(詩唱) 방식으로 하든가 음영하는 형태로 불렀을 것이다. 가창(시창 포함)과 음영은 둘 다 선율(멜로디)과 박자(리듬)를 넣으며 노래 부르는 형태이고 그 음역(音域)도 크게 차이가 나지 않는다고 하는데,[22] 다만 가창이 좀 더 고급화되고 전문적인 요소를 갖춘 노래 방식이라면 음영은 누구나 따라 부를 수 있어 대중적인 요소를 갖춘 노래 방식이라는 점에서 이런 장편 가요는 부분창의 가창보다 음영 방식으로 향유했을 것이다.

보우의 제자 유창(維昌)은 그의 행장(行狀)에서 〈태고암가〉를 '發爲**長歌** 冷冷然雅調彌高'라 하였는데, 이는 〈태고암가〉의 장르 귀속이 '장가'에 수렴되고 있음을 말해준다. 노래 분위기는 냉랭하면서도 우아하고 두루 높은 음조를 유지하는 것으로 되어 있다. 그리고 이 작품을 당시 현명

21) 보우, 「태고국사어록」, 『한국불교전서』 6, 고려시대편 3, 682면.

22) 국악학자인 한양대 김영운 교수가 알려준 내용임.

선사(玄明禪師)가 보고 공경하고 감탄한 것으로 행장에 쓰고 있는 것으로 보아 당시 고승들에게 높이 평가되었음도 알 수 있다. 이로써 보면 이러한 한시체 장단구로 된 장가 형태의 선가는 그 향유층이 작자 주변의 선승들이거나 제자 정도의 한정된 범위에서 선리도 이해할 줄 알고 한시체 양식에도 익숙한 식자층(識者層)에 한정됨을 알 수 있다. 그리고 보우가 중국에 있는 천호암(天湖庵)에 가서 그곳 고승 석옥화상(石屋和尙)으로부터 전법(傳法)을 승인 받을 때 〈태고암가〉를 내놓아 보이니 석옥은 그 노래를 읊어 보고 이를 극찬하여 말미에 사(詞)를 지어 발문으로 써주었다고 하니 그 선리의 높음이 짐작이 간다. 이렇듯 이 작품의 향유층은 선미(禪味)를 아는 식자층에 한정된다.

인권한 교수는 보우의 문학세계가 '선객(仙客)의 소요자재성(逍遙自在性)을 보여주는 시선일여(詩禪一如)의 경지'를 이루었다고 평가했는데,[23] 시적 형상화의 긴장이 작품 전편에 걸쳐 배분되고 있어 그런 높은 경지를 느끼게 한다. 주로 7언에 기조하고 있으면서 간혹 6언, 9언, 10언도 쓰고 있어 정제된 형식에서 일탈을 보이기도 한다. 이 작품을 의미론적 통사구조로 보았을 때 시적 긴장은 집중화되어 있지 않고 긴장과 이완이 반복되어 있는 것으로 포착된다. 그 이유는 아무래도 80구라는 장편의 분량이 자체로 안고 있는 '서술성' 때문인 것으로 보인다. 보우는 〈태고암가〉와 같은 서정적 정신에 이끌린 선가의 이념을 세계화하려는 욕구가 가득 차 〈잡화삼매가(雜華三昧歌)〉라는 선가도 지었다. 인용하면 다음과 같다.

大方廣佛華嚴經	대방광불 화엄경은
是誰言語無音聲	누구의 말씀인지 음성 없이 설하셨네.
本師瞿曇老知識	우리 스승 석가모니 부처께서
所證境界重重明	인증하신 그 경계 거듭 밝혀주었네.

23) 인권환, 『고려시대 불교시 연구』, 고려대 민족문화연구소, 1983, 182면.

…… (중략) ……

三昧三昧明	삼매로다. 삼매로다. 그 밝음이여.
遮那法體顯原性	비로자나 법체가 진여를 다투었네.
好也好也三昧多	**좋도다 좋도다 삼매의 많음이여.**
好好也三昧三昧成	**좋고 좋은 삼매여, 삼매가 이루어졌도다.**

…… (중략) ……

啊**耶**啊**耶如是如是**	**아야 아야 이렇구나 이렇구나**
還恐今人作意求	이제 와서 사람들이 구하여고 애쓰겠지
此花不逐溪流出	복사꽃이 물을 따라 흐르지 않았던들
爭識秦人桃源遊	진인(秦人)이 숨은 도원 뉘라서 알았으리
愁人莫向愁人說	근심 많은 사람 근심 많은 사람에게 말하여 무엇하리
說向愁人愁復愁	근심 많은 사람에게 말 건넴은 근심만 더욱 깊어
我今親提無盡筆	**이제 내가 정성으로 다함없는 붓을 들어**
공양십방무진불	**시방세계 다함없는 부처님께 공양하오**[24]

이 작품은 77구로 되어 있고 선가의 작시(作詩) 전통을 따라 7언이 중심을 이루고 5언, 6언, 8언, 9언, 10언 등의 일탈을 보이고 있지만 그 빈도수가 훨씬 잦은 일탈을 보여 다른 선가보다도 자수에 크게 구애받지 않고 지었음을 알 수 있다. 거기다가 고딕체로 표시한 부분 '好也好也三昧多好好也三昧三昧成'이라든가 '啊耶啊耶如是如是' 등에서 보듯이 구어(口語)가 한 구를 이루는 경우도 보여 지극히 구송 위주의 노래로 지어진 모습도 확인하게 된다. 이런 언술 태도 때문에 조동일 교수는 앞 시기 충지가 지은 〈비단가(臂短歌)〉에 '용이어(用俚語)'라고 하여 우리말을 사용했다는 주석을 붙여놓은 것을 근거로 들어 "우리말로 지었다는 뜻이 아닌 다른 무엇일 수 없다"라고 확대 해석을 한 바 있다. 그러나 이어(俚語: 항간에 쓰이는 속된 말)를 사용했다고 했지 이어로 지었다거나 이어로 지은 것

24) 보우, 『태고화상어록』, 『한국불교전서』 6, 고려시대편 3, 683~4면.

을 번역했다고 하지는 않았다. 그는 나아가 이런 선가들을 구송가사(口誦歌辭)였다고 보고 이를 한문으로 번역해 기록하는 과정에서 본래의 모습을 잃었다고 했다. 이런 연결선상에서 가사의 효시 작품으로 일컫는 혜근의 〈승원가〉 같은 가사도 원래 구송가사였다고 보아 가사의 발생 기반을 설명하고 있다.[25]

이런 논리에 힘입어 박경주 교수도 〈잡화삼매가〉에 보이는 '啊耶啊耶如是如是' 같은 지극히 구어적인 한문투가 보이는 점과 특히 대중을 설득하는 어투가 자주 나타나는 점을 들어 이 노래가 대중을 상대로 한 노래였음을 입증한다고 보고, 종래 지식층만의 향유물로 내려온 선가 계열의 노래를 대중에게 전파하려 한 시도라 해석했다. 그래서 이런 노래를 기본적인 한문 지식이 없던 대중이 뜻도 모르는 채 무작정 노래를 외어 부르는 데는 한계가 있었을 것이고, 혜근의 삼가(三歌)에서 다시 이런 시도가 계속되지만 역시 효과를 거두기는 힘들었을 것이므로 우리말로 된 노래를 지어 대중 포교에 이용하려는 새로운 시도로 혜근의 시기에 가사가 출현한 것으로 논의를 폈다.[26]

그러나 이런 선가가 원래 구송가요였던 것이 한역되었다거나 한문을 모르는 대중에게 전파하려는 시도로 지어졌을 것이라는 추정은 사리에 맞지 않아 동의하기 어렵다. 그 이유는 이 〈잡화삼매가〉의 마지막 두 구(고딕체 부분)에 명시되어 있듯이 말로 지어진 것이 아니라 "붓을 들어" 지은 것이고 용도는 부처님께 바치는 '음성공양(音聲供養)'이었다는 것이다. 이는 애초부터 한시체 가요로 지어진 것이고 그것을 부처님께 공양으로 바치는 것이므로 대중을 상대로 지은 것이 아니라 그런 음성공양을 필요로 하는 승려들이나 지식인층을 위해 지은 것이라 해야 온당하다. 이런 고려시대 선가류의 기원은 중국의 영가대사(永嘉大師)가 쓴 〈증도가(證道歌)〉가

25) 조동일, 『한국문학통사』 제3판, 지식산업사, 1990, 211~3면.
26) 박경주, 『한문가요연구』, 태학사, 1998, 168면.

유입되어 크게 유행한 데서 찾을 수 있다. 이 작품은 7언이 중심이 되고 간혹 3언, 6언을 쓰기도 했는데, 총 266구의 장편 선불교 가요인 것이다. 우리의 선가류가 7언이 중심이 되고 5언, 6언, 8언, 9언, 10언까지 다양한 일탈을 섞어 쓴 것도 좀 더 우리말 서술어법을 반영한 표현으로 토착화하는 과정에서 일어난 변이로 이해할 수 있다.

이러한 〈증도가〉에 표준을 둔 장단구 한시체 가요는 그 향유층이 참선하는 수행자들이거나 한시를 아는 지식인층이어서 내용도 모르고 무조건 암송하는 일반 대중을 의식하고 지어진 것이 아니라는 것이다. 〈증도가〉의 용도가 참선하는 선승이 실제로 깨친 마음의 상태를 그 마음 그대로 '글'로써 표현한 내용이라서 머리로써 이해하는 것과는 전혀 차원이 다른 것으로, 참선하는 수행자들이나 선(禪)에 관심을 둔 지식인들의 마음을 울리는, 글로써 지어지고 그 마음을 노래로써 부처에게 음성공양으로 바치는 장단구체 한시 작품인 것이다.

그런데 이 〈잡화삼매가〉는 보우의 다른 선가들, 즉 앞에서 다룬 〈태고암가〉를 비롯하여 〈산중자락가〉, 〈백운암가〉 등에 보이는 소요자재(逍遙自在)한 선취(禪趣)와는 달리 교술성이 두드러지는 작품이다. 즉 서정 정신보다 교술 정신이 더 충만해 보인다는 것이다. 그러고 보면 보우의 선가 4편은 형상성이 돋보이는 작품과 이념성이 충만한 작품으로 분별된다고 볼 수 있다. 문학작품에 있어서 작가가 자신의 이념을 세계화하려는 정신에 충만할 때 작품은 '부족한 거리조정'으로 나타나기 일쑤이고, 부족한 거리조정은 지나친 이념의 노출로 말미암아 독자로 하여금 작가의 의도를 좀 더 빨리 눈치채게 한다. 언어예술이라는 심미적 견지에서 보면 이런 작품은 미적 가치가 떨어진다고 말할 수도 있을 것이다. 그러나 그 '미적 가치'란 대단히 주관적이고 그만큼 상대적인 개념이어서 이 〈잡화삼매가〉의 경우, 불교적 세계관을 지닌 사람은 고려 말기 요승 신돈(辛旽)의 등장으로 개탄스러운 암울한 현실과의 무매개적이고 직접적인 관계를 통해서 교술성이 좀 더 강렬해지는 체험을 원할 가능성도 크며, 노랫말에 이끌려진여(眞如)의 삼매경에 들어 숭고한 미적 체험을 맛볼 수도 있을 것이다.

실제로 보우의 행적을 보면 당대의 권문세도가이자 신흥사대부 출신 관리이면서 독실한 거사(居士)였던 채홍철(蔡洪哲)의 사제(私第) 별장에서 묵으며 선을 닦아 도를 깨치는가 하면, 이색(李穡)과도 교유가 깊어 그의 탑명(塔銘)을 지은 바 있다. 이렇게 보우는 수행자나 제자, 거사, 사대부층 같은 지식인층과의 교유가 깊어 그들에게 자신이 깨우친 선리를 함께 향유하려 했지만 일반 대중의 교화에는 별 관심을 갖지 않은 것으로 파악된다. 보우의 다음 선시에서 그 점이 잘 드러난다.

白日雲爲伴	한낮에는 구름과 벗을 삼고
淸宵水作隣	청명한 밤에는 물과 이웃이 된다.
無窮世外樂	한없는 세상 밖의 즐거움
共樂有誰人	함께 즐길 사람 누구가 있나.[27]

그런데 보우와 함께 고려 말의 선승으로 높이 추앙 받았던 혜근은 사뭇 달랐다. 그는 당대의 선승 가운데 가장 활달한 분으로 평이 나 있다. 그의 선가 3수는 〈완주가(翫珠歌)〉, 〈백납가(百衲歌)〉, 〈고루가(枯髏歌)〉인데 통상 '나옹삼가'라 부른다. 이제 이 작품들을 살피면서 가사의 발생 기반과 동인을 논의해 보기로 한다.

4. 혜근의 가사 창출 동인

혜근 역시 선가 3수는 〈증도가〉의 한시체 전통에 바탕을 두어 서술의 억제 장치로부터 자율성을 보장 받는 '장단구'로 지어졌다는 점에서, 향유 대상을 일반 대중이 아닌 참선 수행자나 선리를 계승하는 제자, 혹은 이념

27) 보우, 『태고화상어록』 게송 〈雲澗〉 참조.

적으로 불교에 너그러워 아직 배불(排佛)의식까지는 가지 않은 고려 말 신흥사대부층 같은 지식인층을 의식하고 지은 것으로 보인다. 그럴 만한 근거로 우선 '나옹삼가'에 대한 적극적인 반응과 수용을 보인 예로는 혜근의 바로 뒤 시기의 법장(法藏) 스님이 한 구(句)마다 시 한 편으로 계작(繼作)하여 '나옹삼가'보다 더욱 장편화한 작품을 지었다는 사실과, 무엇보다 신흥사대부층에 해당하는 이색이 「나옹삼가후(懶翁三歌後)」에서 작품에 대한 논평과 해설을 달았다는 점을 들 수 있다.

'나옹삼가'는 작품의 소재를 불성(佛性)이나 불도(佛道)를 상징하는 세 가지 사물인 '구슬', '마른 뼈', '장삼'을 들어 고도의 알레고리로 각각 노래한 것이라는 점에서 지식인층이 아니면 이해가 쉽지 않은 선가이다. 이색은 '나옹삼가'에 대해 다음과 같은 해설을 달고 논평을 낸 바 있다.

> '구슬'은 방향을 따라 빛을 반사하기 때문에 사람들이 미혹되는 것이다. 하지만 그 맑고 깨끗한 것이 불성(佛性)을 표상한 것이다. '마른 뼈'는 영기(靈氣)가 흩어지고 육체가 썩어 사람이 내다버린 것이지만, 생존했을 때는 불도(佛道)를 행하던 것이다. '백납'은 비단을 버리고 해어진 것은 꿰매어 살을 가리고 더위와 추위를 막을 뿐이다. 그러나 이것이 아니면 장엄한 위의(威儀)로서 대중들을 편안히 머물게 하고 불도에 들어 불성을 보지 못한다.
>
> 나옹의 문장은 손 가는 대로 맡기고 미리 초(草)하는 일은 없으나, 진실한 이치를 토해내고 찬연히 써내며 운어(韻語)가 빛난다. 그러나 세속의 문자를 그다지 깊이 알지 못하는 것도 또한 볼 수 있다. 이 나옹삼가는 마치 두 사람의 손에서 나온 것 같으니, 반드시 애를 쓰고 깊이 생각해 지은 것이리라. 그렇지 않다면 어찌 **영가(永嘉)의 구법(句法 : 노래형식)을 본떴겠는가**. 다른 날 서역(西域)에 전해지면 반드시 알아주는 사람이 있을 것이다.[28]

---

28) 이색, 「나옹삼가후」, 『나옹집』

이색의 해설을 참조하여 '나옹삼가'를 읊조려 보면 훨씬 더 선불교의 깊은 이치를 깨닫게 되고 세 가지 소재가 표상하는 알레고리의 교술적 의미가 선명하게 빛을 발하게 된다. 지식인들은 이러한 선불교적 의미의 깊음에 심취하여 작품을 음미했을 것이다. 여기서 주목되는 것은 고딕체로 표기한 부분이다. 이런 노래 형식이 영가대사의 〈증도가〉 형식을 본받은 것이라 명시하고 있기 때문이다. 그런데 우리의 선가가 〈증도가〉를 본받은 것은 사실이지만 그것을 토착화하는 데 있어서 그 형식, 즉 구법(句法)의 운용 방식은 청자(독자)를 어느 정도 의식하면서 작시하느냐와 서정적 정신에 무게 중심을 두느냐, 교술적 정신에 무게 중심을 두느냐에 따라 상당히 다른 양상을 보인다는 것이다.

앞에서 우리는 영가대사의 〈증도가〉는 7언을 절대적 위주로 하면서 6언과 3언을 간혹 섞어 쓴 것에 비해, 경한의 선가인 〈무심가〉는 4, 5, 6, 7, 8언을 다양하게 운용했다는 점과 의도적 자수 배열을 한 점에서 청자를 크게 의식하지는 않고 자아가 체험한 선리 표출에 비중을 두는 양상을 살폈다. 그리고 보우의 경우 〈태고암가〉는 증도가의 전통을 따라 7언을 기조로 하면서 간혹 6, 9, 10언을 다양하게 운용하는 것을 보았는데 이는 서정적 정신에 무게 중심을 둔 경우다. 이에 비해 〈잡화삼매가〉는 서정적 정신에 이끌린 선가의 이념을 세계화하려는 정신에 충만하여 7언을 중심으로 하면서 5, 6, 8, 9, 10언에 걸쳐 더욱 다양하게 자수를 운용하고 구어체 사용에도 비중을 두는 양상을 보았다. 이는 지식인 독자층의 음성공양을 돕기 위한 배려에서 나온 것일 터이다.

이러한 선가 운용에 비해 혜근의 '나옹삼가'는 〈증도가〉의 형식 전통을 충실히 계승하면서도 독자층이 암송하기 쉽게 형식을 보다 기계적인 율동으로 단순화시키는 운용을 보인다는 특징을 보인다. 〈완주가〉를 인용하면 다음과 같다.

這靈珠 極玲瓏　　저 영특한 구슬 몹시 영롱하구나
體遍河沙內外空　　항하사(恒河沙)에 두루 찬 본체 안팎이 비었네.
人人俗裡堂堂有　　사람마다 마음 속에 떳떳이 가지고도
弄去弄來弄莫窮　　놀리며 갔다 놀리며 와서 끝이 없구려.

…… (중략) ……

也無頭 也無尾　　머리도 없고 꼬리도 없지만
起坐明明常不離　　서거나 앉거나 항상 떠나지 않고 밝네.
盡力趕他他不去　　힘을 다해 쫓아도 가지 않고
要尋知處不能知　　있는 곳 알려해도 알 수가 없네.

阿阿阿 是何物　　아아아 이 어떤 물건인고
一二三四五六七　　일이삼사오륙칠이네
數去飜來無有窮　　세어보고 뒤쳐보아도 끝이 없네
摩訶般若波羅蜜　　마하반야바라밀이네.

이 작품에서 확인되듯 형식이 〈증도가〉의 전통을 따라 7언이 기조를 이루면서도 매 첫 구는 예외 없이 6언(3+3언)으로 시작하고 이어서 7언으로 세 번 자수의 고정성을 보이는 구조로 정연하게 짜여 있는 데다, 이렇게 6, 7, 7, 7언의 4구 구조가 하나의 단락을 이루면서 계속 이어져 나가는 장편의 선가를 이루었다. 이러한 형식의 정제된 통일성은 〈백납가〉와 〈고루가〉에도 예외 없이 그대로 엄격하게 지켜지고 있는 것으로 보아 '나옹삼가'가 다른 선가보다 훨씬 더 지식인 독자층의 음성공양에 소용될 수 있도록 작자의 의도적인 배려로 지어진 것이 아닌가 생각된다. 글자 수와 구수(句數)의 통일성에 의한 기계적 반복은 아무리 장편 가요라 하더라도 작품 전체의 통일적 분위기를 조성하여 기억과 환기가 용이(容易)하게 하는 효과를 가져오므로 독자들이 쉽게 암송하여 선리를 깨닫고 음성공양으로 바치는 데에 유리하게 작용할 것이기 때문이다.

이렇게 혜근은 장르 운용에서 같은 장편의 선가를 짓더라도 경한이나 보우와 달리 그 형식을 보다 정제된 통일성을 보여 작시함으로써 지식인 독자층으로 하여금 보다 쉽게 텍스트에 다가가고 음성공양에서 암송하기 쉽게 배려를 아끼지 않은 것으로 보인다. 그 결과물이 '나옹삼가'였던 것이다. 혜근의 이와 같은 독자층 혹은 청자층에 대한 배려는 그로 하여금 당대의 선승들 가운데서도 대중들에게 가장 큰 인기를 끌었던 요인으로 작용한 것으로 보인다. 『나옹화상어록』 중에 있는 그의 행적을 적은 「행장(行狀)」[29]에 보면, 혜근이 54세 때, 자신이 젊은 시절 중국에서 스승으로 모셨던 지공화상이 고려 본국으로 돌아가 삼산양수간(三山兩水間)을 택하여 거(居)하면 불법(佛法)이 저절로 흥왕할 것이라는 가르침을 준 것을 회상하여, 서울 근교 경기도 양주에 있는 회암사(檜巖寺)에 주지로 들어가 전각을 다시 세우는 등 중수(重修)를 하고 불교의 전파와 흥왕에 특별히 심혈을 기울이는 모습을 보이기도 했다.

이러한 불교 포교에 대한 열정은 그가 머무는 사찰에 대중을 널리 불러들이는 결과를 가져왔다. 그것은 그가 57세 때인 1376년(우왕 2년)에 회암사의 공사를 마치고 낙성식을 올리니 사중(士衆)들이 구름같이 모였다는 행장 기록이 증언한다. 이에 대간(臺諫)인 사헌부(司憲府)와 사간원(司諫院)의 논평에서 회암사가 도성(都城)과 가까워 사중들의 왕래가 밤낮으로 끊이지 않으니 그러다 혹 폐업하지 않을까 염려된다고 할 정도였다는 것이다. 그래서 왕은 혜근을 멀리 경상도 밀양에 있는 영원사(塋原寺)로 옮기도록 조처하는 일이 벌어졌다. 이로써 보아 혜근은 고려 말의 난세에 중생들을 정신적으로 구제할, 그런 욕구가 팽배한 사회에서 대중들의 인기를 한몸에 지닌 당대의 스타 승려였던 것이다.

혜근의 이와 같은 불교 포교와 중생 구제에 대한 남다른 열정은 불교의 오묘한 이치를 깨닫는 '상구보리(上求菩提)'보다 대중을 교화하고 구제하는 '하화중생(下化衆生)'에 역점을 두는 경향성을 두드러지게 보인다. 이

29) 혜근의 제자인 각굉(覺宏)이 연보처럼 시대 순으로 기록했다.

러한 그의 남다른 지향성이 경한이나 보우 같이 스승이나 동료, 제자 등 선의 수행자들과 나누는 선시에 머물거나 당대의 지식인을 위한 음성 공양으로서 선가를 짓는 데 멈추지 않고, 선가나 선시를 이해하지 못하는 일반 중생들의 교화와 구제를 위해 '가사'라는 신종 장르를 창안한 것으로 짐작된다. 그 장르의 형태는 지식인층을 위해 한시체 장편의 노래로 지은 '선가'에 대응되게 일반 대중을 위한 우리말 장편의 노래로서 '가사'를 창안하게 된 것이니, 대중들에게 뜻의 전달과 가르침을 펴기 쉬운 서술로 하되 음영하면서 암송하기 좋도록 하는 조건이 필수였다.

가사가 선불교 수행자나 상층의 관료 계층을 위한 시가가 아니라 일반 대중을 청자로 하는 장르 양식이었음을 혜근이 지은 향찰표기의 〈승원가〉에서 분명히 확인할 수 있다. 해당 부분을 인용해 보면 다음과 같다.

> 有識無識 貴賤間厓 所業乙 弊治末古
> (유식무식 귀천 간에 소업을 폐치 말고)
> 農夫去加隱 農事何面 遊難口厓 阿彌陀佛
> (농부거든 농사하며 노는 입에 아미타불)
> 織女去加隱 績三何面 遊難口厓 阿彌陀佛
> (직녀거든 길쌈하며 노는 입에 아미타불)

이처럼 작품의 청자를 농사짓는 농사꾼이나 길쌈하는 부녀자들로 설정하여 이런 필부필부(匹夫匹婦)들을 대상으로 교화를 펼치고 있는 것이다. 한편 그의 중생 교화에 대한 의욕은 이러한 필부필부에 머물지 않고 당대의 지배계층에까지 확장되고 있음을 뒤의 글 〈서왕가〉의 청자 설정에서 다시 분석하고자 한다.[30] 즉 청자가 두 번 설정되어 있는 부분, "염불 마는 중생들아……이욕(愛慾)의 즘겻는다"에서는 중생들을 상대로 '~해라'체로 되어 있고, "이보시소 어르신네……죵졔션근(種諸善根) 시무시소"에

30) 이 책의 제2부 「발생기 가사의 교훈성 지향과 문학성」 제2장 참조.

서는 어르신네를 상대로 경어체를 사용하여 각기 어법을 달리하고 있는데, 이는 이 작품의 청자를 일반 백성에 한정하지 않고 지배계층까지 아우르고 있음을 의미한다.

이런 조건에서 다수 계층을 아우르는 수많은 중생들을 상대로 주제를 전달하고 가르침을 효율적으로 펼치기에는 서술을 억제하여 함축적인 표현을 많이 활용하는 서정 양식보다 서술을 확장하여 전달하려는 메시지를 설명하고 설득하기에 알맞은 전술 양식의 선택이 당연한 것이라 하겠다. 그리고 그 전술 양식을 보다 '다정하게' 운용하여 대중들에게 감성적으로 다가감으로써 감화력을 증폭시키는 데는 딱딱한 산문보다는 노래하기나 음영하기 좋은 율문이 효과적이므로 신종 장르의 창출에 있어서 '율문으로 표출하는 전술 양식'이 선택됨은 필연적이었다 할 것이다. 그리고 율문 가운데서도 우리말의 발화구조에 가장 잘 어울릴 뿐더러 말의 자연스러움을 훼손시켜야 하는 부담이 가장 적어서 우리 민족이 늘 즐겨 사용해왔던 가장 보편적이고 전형적인 대표 양식인 4음4보격[31]으로 표출하는 율격 양식이 채택됨으로 해서 혜근이 의도하고자 했던 대중 교화를 위한 메시지 전달을 극대화할 수 있었던 것이다. 이런 사정으로 혜근이 창안한 가사의 형태는 '4음4보격 연속체로 된 장가 형태의 전술 양식'이 될 수밖에 없었던 것으로 보인다.

이처럼 가사는 선불교에 관심과 지식을 가진 고급 독자층을 대상으로 한 선시나 선가와는 달리, 일상의 생업과 탐욕에 빠져 있는 상하층을 아우르는 중생들(일반 대중)을 설득하고 감화시키는 데에 목적을 둔 장르 양식으로 채택된 것이므로 거기 표현된 형상화의 수준이나 문학성은 자연스럽게 격을 낮추어 범용화함으로써 대중의 눈높이에 맞추는 것이 필연이었을 것이다. 이런 사정을 감안하지 않은 채 강전섭 교수는

31) 율격 양식으로서 4음4보격의 이런 특징에 대하여는 성기옥, 『한국시가 율격의 이론』, 새문사, 1986, 215면 참조.

나옹화상이 지었다고 전하는 〈서왕가〉, 〈낙도가〉, 〈승원가〉 등이 풍기고 있는 격조라든지 작품의 밑바닥에 깔려 있는 가의(歌意) 내용은 '나옹삼가'의 높은 격조와 시상에 도저히 미치지 못하는 평범, 저속한 작품이라는 것을 미루어 알 수 있다. 즉 〈서왕가〉와 〈낙도가〉, 〈승원가〉는 후세인들의 의작(擬作) 또는 안작(贋作)이요, 작자미상 작품의 작자 부회일 뿐 나옹화상과는 아무런 상관성이 없는 불교 중흥기의 시대적 산물인 불교가사라는 것을 추단할 수 있을 것이다.[32]

라고 하여 혜근이 지었다고 전하는 가사 작품이 그가 지은 '나옹삼가'에 비해 격조와 시상이 떨어지는 평범하고 저속한 작품이므로 단호하게 그 작자가 아니라고 했다. 이에 대해 정재호 교수도 "비유나 어휘 구사에 격이 높은 〈완주가〉나 〈백납가〉 등을 지은 나옹이 이러한 가사를 짓지 아니했을 가능성이 매우 크다"[33]라고 동조한 바 있다. 이러한 주장들은 가사가 청자 지향 중심의 '전술 양식'이라는 장르상의 특징을 전혀 고려하지 않은 잘못된 판단이라 할 것이다. 왜냐하면 만약 어떤 소설가가 고급 독자를 대상으로 '순수소설'을 쓰고 또 이어서 어린이를 대상으로 한 '아동소설'을 썼다면 두 작품의 독자가 다름을 전혀 고려하지 않은 채로 무조건 같은 평면에 놓고 어휘 구사력이나 작품의 수준과 격조의 높낮이를 단순 비교해서 동일인의 작품이 아니라고 오판하는 것과 다름이 없기 때문이다.

요컨대 가사 양식은 불교가 말폐 현상을 드러내던 고려 말기라는 시대 환경에서 혜근이라는 유별나게 중생 교화에 열정을 쏟았던 선승이 대중을 깨우치고 제도하겠다는 목적으로 창안해낸 율문으로 된 전술 양식이었다 할 것이다.

---

32) 강전섭, 『한국시가문학연구』, 대왕사, 1986, 102면.

33) 정재호, 「나옹작 가사의 진위고」, 『사대논집』 11호, 고려대 사범대, 1986, 156면.

가사의 시대적 변화와 가사 명칭

1. 가사 명칭과 장르와의 상관성

작품을 창작하고 향유함에 있어서 장르란 작자에게는 '글쓰기의 본(本)'이 되고, 수용자(독자, 청자)에게는 '기대(期待) 지평'으로 다가온다. 우리가 다루려는 가사라는 장르도 그것을 지어 보려는 작자에게는 이미 선행의 가사 작품이 글쓰기의 본이 되어 그 본보기를 따라 습작을 하게 마련이며, 가사 작품을 즐겨 감상하고 읽어 보려는 독자에게는, 가사란 형식상으로는 4음4보격의 연속체 율문 곧 시가(시)로 읽혀질 것으로 기대하게 되고, 담화방식으로는 어떤 화젯거리(topics, 혹은 subject)나 메시지를 세세하게 펼쳐 서술하고 조목조목 갖추어 전달하고자 하는 방식으로 진술될 것이라는 기대를 갖고 수용하게 된다. 그래서 가사를 수용하는 순간 어떤 내용의 메시지가 담겨 있으며 그것이 얼마나 시적으로 호소력을 가지면서 문학성을 획득하고 있는가에 관심을 갖는다. 가사가 창작되어 널리 인구(人口)에 회자(膾炙)되면서 향유되는 작품일수록 그만큼 기대 지평을 충족하는 호소력을 가진다는 것이다.

그런데 하나의 역사적 장르가 처음부터 어떤 특정의 '명칭'으로 불리면서 그 형식(form)과 담화체 양식 곧 진술양식이 모두 갖추어져 생성되고, 그것을 모범으로 삼아 어떠한 일탈도 없이 교조적으로 수용되는, 그런 규범적 장르란 찾아보기 어렵다. 대체로 새로운 장르의 생성은 무(無)에서 출발하는 것이 아니라 기존의 장르를 '양식적으로 변용(modal transformation)'하여 창조적으로 수용하는 데서 이루어지는 것이므로, 장르 발생 초기와 발전기에는 독자적인 장르 명칭을 획득하지 못하고 기존의 관습적 장르 명칭으로 일반화되는 경우가 허다하다. 따라서 특정의 장르와 그에 붙여지는 관습적 명칭을 동일시해서는 안 된다. 특히 어떤 명칭들은 대단히 일반화되어 있어서 그 일반화된 명칭을 장르의 명칭으로 인식해서는 안 된다는 것이다.

이를테면, '단가'라는 명칭은 노래의 길이가 짧은 형식으로 된 작품에 붙이는 널리 일반화된 명칭으로 사용되어 왔다. 따라서 단가라는 같은 명칭을 사용한 작품이면 모두 같은 장르로 인식해서는 옳지 않다는 것이다. 예를 들면 가곡창이나 시조창으로 부르는, 문학적으로 초-중-종장의 3장 형식으로 구조화된 단가와, 그런 형식과는 장르 속성이나 구조가 다른 판소리 허두가로 부르는 짧은 형식의 노래인 단가를 명칭이 동일하다 하여 장르상으로도 동일 범주에 든다고 봐서는 안 된다는 것이다.

단가에 대응되는 '장가'라는 명칭도 대단히 일반화된 개념어로 쓰여 왔다. 저 신라시대에 불렸다는 〈실혜가〉와 〈해론가〉 같은 장편의 시가도 장가라 했고, 고려 말부터 향유가 시작된 어부사 계통의 장가가 있는가 하면, 궁중의 속악 악장으로 불려진 〈동동〉, 〈정석가〉, 〈청산별곡〉 같은 가요도 장가라 했다. 나아가 가곡의 변격 혹은 파격으로 불려진 만횡청류 같은 사설시조 계통도 장가라 칭했다. 그뿐만 아니라 우리가 여기서 장르 개념어로 사용하고자 하는 '가사(歌辭)' 계통의 노래도 장가라는 범칭을 사용하는 경우가 허다했다. 그러한 사례를 가사 계통의 작품과 결부된 경우에서 찾아보기로 하자.

> 우리나라의 **가사**는 방언을 섞어 써서 중국의 악부와는 견줄 수가 없으니 근세의 송순, 정철이 지은 것이 가장 좋으면서도 인구에 회자되는 데에 그쳤으니 안타깝도다! **장가**는 곧 〈감군은〉, 〈한림별곡〉, 〈어부사〉가 가장 오래 되었고, 근세의 〈퇴계가〉, 〈남명가〉, 송순의 〈면앙정가〉, 백광홍의 〈관서별곡〉, 정철의 〈관동별곡〉, 〈사미인곡〉, 〈속미인곡〉, 〈장진주사〉가 세간에 성행하고 있다. 그 밖에 〈수월정가〉, 〈역대가〉, 〈관산

> 별곡〉, 〈고별리곡〉, 〈남정가〉 같은 따위가 매우 많다. 나도 또한 〈조천전후2곡〉이 있으니 희작(戲作)일 뿐이다.

이수광이 1614년(광해군 6년)에 지은 『지봉유설』의 문장부(文章部) 가사조(歌詞條)에서 언급한 내용이다. 여기서 사용한 일반화된 명칭은 두 가지가 주목된다. 하나는 앞에서 살펴본 **장가**라는 일반화된 명칭이고, 다른 하나는 이들 장가를 묶어 한편으로는 **가사**(歌詞)라고 부르기도 했다는 점이다. 앞의 인용문에서 '장가'라는 이름으로 거론된 작품을 장르적인 관점에서 살펴보면, 〈감군은〉은 국문 악장에 드는 작품이고, 〈한림별곡〉은 경기체가에 들며, 〈어부사〉는 아직 장르 이름을 부여받지 못한 유형이어서 장르가 제각각이다. 다만 〈퇴계가〉에서부터 〈조천전후2곡〉에 이르기까지에 인용된 작품들은 모두 가사 장르에 해당하되, 그 가운데 〈장진주사〉는 가사가 아니라 사설시조에 속한다. 〈장진주사〉가 어찌하여 가사가 아니라 사설시조에 장르가 귀속되는지에 대한 상론은 다음 장에서 다루기로 한다. 여하튼 '장가'라는 용어는 그 범주에 국문악장, 경기체가, 속요, 가사, 사설시조 등 제각기 다른 장르들을 두루 포괄하고 있어서, 단지 작품 길이가 단가에 비해 '길다'는 의미 외에는 장르적 변별력을 전혀 갖지 못하는 일반화된 관습 장르 개념어임을 확인할 수 있다.

한편 앞에 인용한 글에서는 장가라는 명칭과 함께 '가사(歌詞)'라는 명칭을 대등한 개념으로 사용함으로써 그 둘을 동일시하여 사용하기도 했음이 눈에 띈다. 여기 거론된 '장가'들을 묶어 가사조(歌詞條) 항목으로 지정했기 때문이다. 이로써 볼 때 여기서 사용된 '가사(歌詞)'라는 명칭 역시 가사 장르만 특정해 지칭한 것이 아니라 대단히 일반화된 명칭으로 사용되었음을 알 수 있다. 가사 장르 외에 사용된 예를 더 들면 고려시대에 속악으로 부른 **악장**계통 노래도 가사(歌詞)라 범칭했고, 심지어 이형상이 저술한 『지령록』에는 **평시조**인 〈포은가〉와 〈야은가〉를 가사(歌詞) 2결(二闋)이라 소개하면서 정몽주의 〈단심가〉와 길재가 지었다는 "삼동에 베

옷입고 암혈에 눈비 맞아……”(시조를 모은 각종 가집에는 이 작품의 작자를 조식, 양응정이라 표기한 경우가 압도적임)를 가사(歌詞)라 지칭하고 있다.

여기에 더하여 송강 정철의 시가 작품을 모아 간행한 『송강가사(松江歌辭)』는 가사(歌詞)라는 용어를 사용하지 않고 굳이 ‘가사(歌辭)’라 하여 ‘사’라는 글자를 달리 쓰고 있는데, 이 용례에서도 정철이 지은 단가로 시조를 묶고, 장가로 사설시조 및 가사를 함께 묶어 이들을 통합한 용어로 가사(歌辭)라는 명칭으로 책의 제목을 삼은 것으로 보아 가사(歌辭)를 가사(歌詞)와 혼용해서 쓰는 것 또한 당대의 관례였음을 알 수 있다. 따라서 가사라는 명칭에서도 가사(歌詞)와 가사(歌辭)라는 두 가지 용례를 보이는데,[1] 이 둘 사이에는 가사의 장르 운용에서 어떤 차이가 있는지 보다 세밀히 밝혀야 할 과제다.

2. 가사 담당층의 변화와 장르 성향

이처럼 장르적으로 다른 부류를 관습적으로 동일한 범주로 지칭하여 사용해 왔으므로, 우리는 작품을 해당 명칭에서가 아니라 구조적 특징과 담화체 양식[2]의 차이, 다시 말해 속성의 차이에서 장르를 구분해야 할 필요가 제기된다.

앞에서 언급한 바와 같이 대부분의 장르가 그러하지만, 가사도 처음부터 장르의 규범이 확정되어 그것을 글쓰기의 본으로 삼아 향유되고 독자의 기대 지평과 완전히 부합하는 장르 명칭으로 시종일관 지속되었던 것은 아니다. 가사는 시대를 초월하는 추상적 장르로 존재해온 것이 아니라

1) 근대 학문연구기에 와서도 가사 장르를 지칭할 때 가람 이병기 선생은 가사(歌詞)라는 용어를, 도남 조윤제 선생 등은 가사(歌辭)라는 용어를 선호해 썼다.

2) 담화체 양식과 장르의 상관관계를 간단히 요약하면, 노래하기-서정, 이야기하기-서사, 전달하기-교술, 행동으로 재현하기-희곡으로 정리할 수 있다.

그것을 향유하는 시대의 사회 · 문화적 실체로서 지속과 변화를 겪어온 역사적 장르이기 때문에 그 시대의 정치 · 사회 · 문화의 변동에 민감하게 반응하고 그러한 시대적 감성과 미감(美感)을 반영하여 향유자의 기대 지평을 따라 가사의 관습적 명칭도 상당한 변화를 겪었던 것이다.

따라서 가사의 명칭은 그냥 관습적으로 혹은 임의적으로 붙여지는 이름이 아니라 시대의 변화를 반영한 것이라 볼 때, 그 명칭을 통해 가사를 향유한 시대의 중심 담당층이 갖는 문학적 기호(嗜好)와 음악적 기호를 감지할 수 있고, 그들의 기대 지평이 어떠한 방향으로 작동하는지를 알아낼 수 있게 된다. 우리의 고전시가가 모두 그러하듯이, 가사는 시(문학)이면서 가(음악)인 '시가'였으므로, 문학적 향유와 음악적 향유를 동시에 충족해 왔기 때문에, 그 시대 중심 향유층의 미감 변화에 따른 기대 지평을 읽어낼 수 있다는 것이다. 그러므로 우리는 가사의 명칭을 그것을 향유한 시대의 담당층의 변화와 연계해서 살펴보아야 가사라는 역사적 장르의 변화상을 제대로 파악해 낼 수 있다. 그런 점에서 지금까지 가사의 명칭 문제를 너무 소홀하게 다루지는 않았는지 반성하게 된다.

이를테면 가사는 담당층 변화에 따라 다음과 같은 단계의 시대적 변화를 겪는다. ① 사대부층이 중심 향유층이 되는 **가곡 주도 시대의 가사**(조선 초에서부터 17세기 후반까지), ② 가사의 향유층이 중인 서리층으로, 혹은 규방의 부녀자층으로 확대되고, 중심 향유층이던 사대부층의 신분 동요에 따라 중앙관료층(경화사족)과, 재지사족층(향촌사족), 몰락사족층으로 분화되면서 그들의 현실 대응 인식의 차이에 따른 가사의 변화 등, **향유층 확산 시대의 가사**(17세기 후반부터 19세기 초반까지), ③ 도시의 발달과 함께 유흥문화, 소비문화가 가사의 향유에 침투하여 하층민인 전문적 소리패에 의해 **잡가 전성 시대**를 이룬, **저변화 시대의 가사**(19세기 중후반부터 20세기 중반까지), 그리고 이 시대와 병행하여 ④ 가사가 지닌 송독물(誦讀物)로서의 효용적 기능을 극대화 시킨 새로운 종교가사(기존의 불교가사 외에 천주교 가사, 동학가사)의 대두와 함께 가사가 대량 생산의 인쇄 매체에 수록

됨으로써 가창 혹은 음영물에서 눈으로 묵독(黙讀)하는 제시 형식의 근본적 변화를 보인 **개화기 이후 근·현대의 가사**(19세기 중후반부터 21세기 오늘날까지)가 그 변화상이다. 이러한 변화 기류는 가사라는 장르에 요구되는 기대 지평이 상당히 다를 수밖에 없으며, 그에 따른 장르 성향의 운동 폭 또한 상당히 큰 진폭을 그리게 된다는 것이다. 여기서는 우선 가곡 주도 시대의 가사 향유층과 장르 명칭의 상관성을 살펴보고자 한다.

그런데 장르적 시각에서 작품을 접근하는 방법은 두 가지다. 주어진 시대의 자료들을 관찰해 나가는 데서 장르의 존재를 확인해 나가는 귀납적 방법과, 문학적 담화체의 이론을 가지고 그로부터 장르의 존재를 추정해 나가는 연역적 방법이다. 장르는 각각의 시대 내부에서 하나의 체계를 이루고 있어서 상호 관계 속에서만 정의될 수 있다. 문학사의 각 시대에서 공존하는 다른 장르(특히 시조, 잡가, 민요, 한시 같은 인접 장르)와의 관계에 따라 정의되고 파악되어야 한다. 이런 관점에서 가사의 장르 운동 양상을 그 명칭과 장르 교섭 관계에 유의하면서 파악함으로써 가사의 장르성향과 그에 따른 문학성을 보다 면밀히 들추어낼 수 있다고 본다.

3. 가곡 주도 시대의 장가와 가사의 분별

14세기 고려 말에 나옹화상(懶翁和尙) 혜근(慧勤)의 〈서왕가〉, 〈승원가〉 등과 신득청의 〈역대전리가〉에서 출발한 가사문학은 조선시대로 넘어오면서 17세기에 이르기까지 유가이념을 기반으로 한 사대부 중심의 장르로 발전해 가면서 그들 계층이 향유했던 시가 양식에 따라 여러 관습적 명칭으로 불리어 왔다. 특히 이 시대는 사대부층이 가장 애호하며 즐겨 향유했던 장르가 시조를 5장의 단창(短唱)으로 부르는 **가곡**이었던 관계로, 시가 장르에서 음악문화적으로 가장 고급화한 '가곡'이 시가의 표준이 되고 그것이 주도했던 시대였다. 따라서 가곡이란 명칭이 다른 어떤 장르 명칭보다 흡인력이 강한 것으로 나타나게 되었다. 이러한 가곡 주도 시대에 가사의 명칭도 이들 계층에게는 개별 장르로서의 가사문학의 정체성을 인정하여 별도의 명칭으로 불리기보다는 '가곡'의 범주에 드는 것으로 통칭해 부르는 경향이 강했다.

예를 들면 비록 현재 전하지는 않고 그 서문(序文)만 남아 있지만, 김천택보다 한 세대 앞서 시조 가집을 최초로 엮어 『청구영언』과 『이원신보』라는 이름으로 2책을 펴낸 바 있는 홍만종의 경우도[3] 그의 저술 『순오지』(1678)의 '가곡' 항목에서 다음과 같이 언급하고 있어 그 대표적인 경향을 볼 수 있다.

> 우리나라 사람이 지은 **가곡(歌曲)**은 오로지 방언만 사용하고 간혹 문자를 섞었으나 대개가 언문으로 된 것이 세상에 전하고 있다. 대개 방언을 사용하는 것은 그 나라 풍속에 있어서 그렇지 않을 수가 없기 때문이다. 그러니 그 가곡이 중국의 것과 비등하지는 못하다 할지라도 또한 **볼 만하고 들을 만한** 것이 전혀 없지도 않다. …… 내가 우리나라 **장가(長歌)** 중에서 표표히 세간에 성행한 것을 취하여 아래와 같이 간략한 평가의 말을 덧붙이기로 한다. 〈역대가(歷代歌)〉는 진복창이 지은 것이다.……

이렇게 진복창의 〈역대가〉를 필두로 〈권선지로가〉, 〈만분가〉, 〈면앙정가〉, 〈관서별곡〉, 〈관동별곡〉, 〈사미인곡〉, 〈속사미인곡〉, 〈장진주〉, 〈강촌별곡〉, 〈원부사〉, 〈목동가〉, 〈맹상군가〉 등 14작품을 묶어 **'가곡'**이라 칭하고 있다. 그러면서도 "내가 우리나라 **장가**(長歌) 가운데서 표표(表表)히 세간에 성행한 것을 취하여 간략한 평어(評語)를 붙이기로 한다"라고 하여 장가라는 명칭도 가곡과 구분 없이 사용하고 있다. 여기서 이들 14편

3) 이에 대한 상론은 김학성, 「홍만종의 가집 편찬과 전환기 시조의 형식전변」, 『한국고전시가의 전통과 계승』, 성균관대출판부, 2009 참조.

의 장가가 다른 계층의 참여 없이 모두 사대부계층의 작품이라는 점에서 확인되듯이, 가사문학은 조선 초에서 17세기에 이르기까지는 사대부의 전유물이라 해도 과언이 아닐 정도로 그들이 창작하고 그들이 향유했던 장르임을 알 수 있다. 다시 말하면 17세기에 이르도록 사대부들은 고급의 음악문화로 **가곡**을 전적으로 향유했으며, 그 가곡으로서 단가는 시조로, 장가는 가사로 향유하면서 이 두 장르를 양대(兩大) 장르로 발전시키고 독점해 왔던 것이다.

홍만종이 가곡이라 통칭하면서 '장가'라는 용어를 구분 없이 사용한 것도 이런 음악문화의 분위기를 반영한 것이라 할 것이다. 가사문학을 장가라 칭하면서도 가곡이라는 이름으로 통칭한 것은 그 당대의 가사문학의 이상형(ideal type)이 가곡이었음을 말해주고, 그만큼 가사문학의 격(格)을 높이 보고 향유해 갔다는 증거이기도 하다. 당대 최고의 품격을 가진 시가 장르가 시조를 5장의 고급음악으로 부르는 가곡이었기 때문에 가사도 그와 같은 명칭을 쓸 만큼 동급의 반열에 오르는 시가로 인식했다는 것이다. 그래서 가사는 가곡, 시조와 함께 '정가(正歌)'의 반열에 두었으며, 민요, 잡가, 무가, 타령 등의 민속악 계통은 '잡요(雜謠)'라 하여 차별화했던 것이다.

이렇게 가사를 가곡의 반열에 올려 동일 현장에서 동일 계층이 향유하다 보니 사설시조 계통의 장가와 가사 계통의 장가가 같은 장르는 아니지만 같은 유형(type)의 노래로 인식하고 있다는 점을 사대부층의 관습화한 명칭을 통해 알아낼 수 있다. 앞의 인용문에서 홍만종이 장가의 가곡으로 언급한 14편 속에 이 두 장르가 차별 없이 혼용되어 있는 것에서 확인된다. 즉, 14편 모두가 유형으로는 장가에 들지만, 장르상으로는 12편만 가사에 들고, 〈장진주〉와 〈맹상군가〉 2편은 장가이기는 하되 장르적으로는 사설시조에 들기 때문이다. 여기서 우리는 장르와 유형을 그 관습적 명칭에 혼동되지 않게 구분할 필요가 제기된다.

이러한 명칭의 혼용 탓인지, 어떤 이들은 가곡 작품을 모아 엮은 김천택의 『청구영언』에 〈장진주사〉와 〈맹상군가〉가 초삭대엽, 삼삭대엽, 낙시조 같은 가곡의 분류 항목에 소속되지 않고 작품 이름을 별도의 독립 항으로 설정하고 있다는 점에 주목하여 이 두 작품을 가곡계통 악곡과는 다른 성격의 노래 — 즉 "십이가사, 혹은 잡가계 노래와 오히려 더 친연성이 큰 노래"라고 추정하기도 한다.[4] 그러나 김천택의 『청구영언』은 십이가사계나 잡가계 노래 같은 저변층 속가(俗歌)는 단 한 편도 수록하지 않은, 가곡계의 단가와 장가 노래만 실은 고급 가집이라는 점을 명심할 필요가 있다. 가집 체재를 살펴보면 그 점이 잘 드러난다. 즉 정성(正聲) 계통의 노래인 초삭대엽과 이삭대엽[5]에 해당하는 작품을 먼저 싣고, 이어서 무명씨의 작품과 삼삭대엽을 수록함으로써 본가곡 계통 작품은 일단락을 지어 놓았다. 그리고 다음으로 본가곡의 정격에 들진 않아 파격의 음성(淫聲)이긴 하지만 노랫말의 정형을 대체로 지켜 단가(평시조)로 볼 수 있는 낙시조[6]를 실어 놓음으로써 단가의 가곡을 마무리해 놓았다. 그리고 이어서 소가곡의 장가에 드는 〈장진주사〉와 〈맹상군가〉를 끝에 실어 본가곡과 소가곡의 체재를 완결한 것이다. 그런 점에서 〈장진주사〉와 〈맹상군가〉를 십이가사 혹은 잡가계 노래와 같은 계통으로 보는 것은 두 작품의 격을 낮추는 일종의 모욕이라 할 수 있다.

이렇게 단가 가곡에 이어 마지막으로 장가로 된 가곡으로 악곡이 다듬어져 공인되어 왔던 〈장진주사〉와 〈맹상군가〉는 별 문제 없이 수록할 수 있었다. 그런데 김천택은 이 두 장가 작품 외에, 같은 장가 가곡에 속하는 노래지만 아직 강조(腔調, 노래의 곡조)가 다듬어지지 않아 악곡이 거친데다가 노랫말마저 음왜(淫哇)하고 뜻이 보잘것없어 가곡의 고급 음악으로

---

4) 강명관, 「사설시조의 창작향유층에 대하여」, 『민족문학사연구』 4호, 1993, 민족문학사연구소. 김용찬 등도 이런 관점을 취하고 있다.

5) 이삭대엽이 표기되어야 할 자리인 이 항목에 가집에는 곡목표기가 되어 있지 않은데, 실제로 이삭대엽으로 불리든 불리지 않든 상관없이 유명씨 작품의 평시조이면 모두 작자별 연대순으로 이 항목에 수록한 탓으로 악곡 표시는 하지 않은 것이라 추정할 수 있다.

6) 여기서 낙시조란 용어는 '낙'+'시조'의 합성어로 당대에 새로 유행하는 '낙'계통의 노래란 뜻

서는 도저히 모범으로 삼을 수 없는 '만횡청류'를 수록할 것인가 아닌가의 고민에 빠진 것이다. 수집된 작품 분량으로 보면 그 유래가 오래되어 향유의 역사가 긴 탓에 무려 116수나 되는데 이들을 어떤 명분을 얻어 수록할 것인가가 문제였다. 그래서 당대의 상류층 가객이었던 마악노초 이정섭[7]에게서 이론적 뒷받침(『시경』의 정풍(鄭風)과 위풍(衛風)에 해당하는 '자연의 진기(眞機)'에서 나온 노래)이 되는 발문(跋文)을 받아 가집의 맨 마지막에 '특별히' 부록으로 수록해 넣는 방법을 택했다.

〈장진주사〉와 〈맹상군가〉를 비롯하여 '만횡청류'가 가곡계 장가, 곧 사설시조임을 확실히 할 수 있는 자료는 이형상(李衡祥)이 지은 『악학편곡』(1706)의 '지령록'이다. 이 책에 '금속행용가곡(今俗行用歌曲)'이라 하여 그 당대에 유행되고 있는 가곡계 시조 작품을 편집했는데, 먼저 금보(琴譜, 거문고 악보)의 3조인 평조, 우조, 계면조로 나누어 '단가'(평시조) 55수를 한역하여 정리했다. 그리고 이어서 '장가' 4수를 노래 제목과 함께 한역해 놓았는데 〈장진주〉, 〈옹문주〉(맹상군가), 〈구마련〉, 〈탄식애〉가 그것이다. 이 가운데 〈탄식애(歎息噯)〉는 그 한역가로 볼 때 진본 청구영언에서 사설시조를 모아놓은 '만횡청류'에 실려 있는, 아래에 인용한 작품(청진 541번)의 이형태(異形態, version)가 확실하므로, 이 작품을 살펴보면 이 장가가 가사계 장가가 아니라 만횡청류에 속하는 가곡계 장가, 곧 사설시조라는 것이 확인된다.

> **窓 내고쟈**/ **窓**을 **내고쟈**/ 이 **내 가슴에**/ **窓 내고쟈**//
> 고모장지 셰살장지 들장지 열장지/ 암돌져귀 수돌져귀/ **빅목**걸새 크나큰 쟝도리로 **뚱닥** 바가/
> 이 **내 가슴에 窓 내고쟈**//
> **잇다감**/ 하 **답답ᄒᆞᆯ** 제면/ **여다져** 볼가/ ᄒᆞ노라//
> (/는 통사-의미 단위구, //는 장 구분)

7) 이정섭은 신분상으로는 왕실 종친으로 경화사족층에 들지만 김수장이 편찬한 『해동가요』에 수록된 '古今唱家諸氏'에는 가객 명단에 들어 있다.

우선 이 작품의 노랫말 형식이 다른 '만횡청류'와 마찬가지로 평시조보다는 늘어나 있지만, 그 큰 틀에서는 시조의 기본형식인 초-중-종장의 3장을 갖추고 있고, 각 장은 4개의 음보 대신 그보다 큰 단위인 4개의 토막(통사-의미단위 구)으로 구성되고, 종장은 첫 음보가 3음절로, 둘째 음보는 과음보로 되어 있어 시조의 정형(整形)을 준수하는 사설시조로서의 내적 질서를 견지하고 있다는 점에서 가사가 아니라 사설시조임이 판명된다. 그뿐 아니라 이 작품이 다음과 같은 평시조의 형식으로도 충분히 의미 전달이 완결됨에도 불구하고 그에 만족하지 않고, 거기다 말 수를 늘이거나 촘촘하게 엮어 짜 넣는 '사설시조' 특유의 '말 늘임' 혹은 '말 엮음'의 방식(사설체, 곧 2음보격 연속체)을 택하고 있다는 점에서 사설시조의 노랫말 화법(話法)과 일치하므로 가곡계 장가, 곧 사설시조임이 분명해진다.

> 窓 내고쟈/ 窓 내고쟈/내 가슴에/ 窓 내고쟈
> 빅목걸새/ 뚱닥 바가/ 내 가슴에/ 窓 내고자
> 잇다감/ 답답홀 제면/ 여다져 볼가/ 흐노라

이렇게 앞의 사설시조 작품을 굵은 글씨부분으로 재편성해보면 온전한 평시조 작품으로 환원될 수 있다는 자체가 만횡청류, 곧 사설시조의 장르 실현이 본가곡(평시조)의 기본 장단(10점 16박)을 유지하면서 한 배(tempo)만 빨라지는, 혹은 보다 빠른 편장단(編長短, 10점 10박)에 노랫말을 촘촘하게 엮어 짜나가는 방식으로 텍스트화되었다는 사실을 증명해 준다. 이는 사설시조의 확장 방식이 가곡창에서 평시조나 사설시조 모두 16박 한 장단을 기본 장단으로 하되, 사설을 늘일 때는 그 늘어난 만큼 장단의 수를 늘리거나 사설을 촘촘히 박아서 배열하는 방법을 쓰며, 이때 8박(반각이라 함) 2개를 하나의 선율형으로 하여 사설을 확장하기 때문에 노랫말이 율격적으로는 2음보 연속체로 되면서 장형을 이루게 된다는 생성 메커니즘과 일치한다.

앞에 인용한 〈탄식애〉도 중장이 특히 늘어났는데, 그 사설 엮음의 방식이 2음보 연속체로 된 것은 이러한 사설시조의 장단 방식이 반영된 결과라는 것이다. 중장이 특히 늘어나는 것도 사설시조의 관행적 사설짜임이지만, 문학적으로 2음보 연속체는 '형상의 연쇄적 병치'에 해당하면서 '세계상의 감정 확장' 효과를 가져오는데, 이러한 감정 확장이 장르적으로 전술(교술)에 드는 가사의 담화체 양식이 아니라 감정, 곧 정서를 동력으로 삼는 서정시의 담화체 양식에 드는 사설시조의 속성임을 확인케 한다. 즉 억울하고 답답한 속내를 가슴을 활짝 열어 시원하게 털어내지 못하는 차폐(遮蔽)된 감정을 어떤 방식으로든 해소해 보려는 안간힘이 열거와 과장의 수사(修辭)로 한껏 정서화되어 표출함으로써 서정 담화양식을 잘 보여준다. 다만 그 해소 방식이 진정성을 가지고 진지하게 토로되는 것(평시조의 방식)이 아니라 과장의 언어와 희화화된 방식을 통해 유희적으로 토로됨으로써 사설시조 특유의 미학을 드러내고 있다. 이러한 노랫말 짜임방식은 이형상의 '금속행용가곡'에서 '장가'라고 관습적 명칭을 붙여 나란히 소개한 정철의 〈장진주사〉에서도 확인할 수 있다.

> ①**ᄒᆞᆫ 盞(잔) 먹새그려**ˇ/ **②ᄯᅩ ᄒᆞᆫ 盞** 먹새그려ˇ/ ③곳 것거 算(산) 노코ˇ/ 無盡無盡(무진무진) 먹새그려//
> **이 몸이 주근 後(후)에**ˇ/ 지게 우희 거적 더펴ˇ 주리혀 ᄆᆡ어가나ˇ 流蘇(유소) 寶帳(보장)에ˇ 萬人(만인)이 우러네나ˇ 어욱새 속새ˇ 덥가나무 白楊(백양)수페ˇ 가기곳 가면ˇ/ 누른 ᄒᆡ 흰 달ˇ ᄀᆞᄂᆞᆫ 비 굴근 눈ˇ 쇼쇼리 ᄇᆞ람 불 제ˇ/ **뉘 ᄒᆞᆫ** 盞 먹자 ᄒᆞᆯ고//
> **④ᄒᆞᄆᆞᆯ며**/ ⑤무덤 우희ˇ **ᄌᆞᆫ나비 ᄑᆞ람 불 제**ˇ/ **뉘우ᄎᆞᆫ들**/ 엇지리//
> (/는 토막(의미 단위구), //는 장 구분, 밑줄은 음보, ˇ는 2음보격 단위 표시)

숫자는 현행(現行) 여창가곡을 따라 표기한 것인데, 이처럼 그 사설이 5장의 가곡창 장 구성 속성에 자연스럽게 일치하는 것을 보면 전통적으로 가곡창[8] 장단과 가락으로 불렸을 것이고, 이 작품을 문학적 어법에 따라 표기하면 위와 같이 평시조의 3장 체계 형식 단위를 그대로 따르면서 다만 말 수를 늘여 '2음보 단위로 확장'(2음보격 연속체)한 것에 불과하다는 사실을 알 수 있다. 그리고 굵은 글씨로 표기한 것만 뽑아 새로이 재편하면 〈탄식애〉처럼 다음과 같이 완벽하게 평시조로 환원된다는 것이다.

> ᄒᆞᆫ 盞∨ 먹새그려/ 또 ᄒᆞᆫ 盞∨ 먹새그려//
> 이 몸이∨ 주근 後에/ 뉘 ᄒᆞᆫ 盞∨ 먹쟈 ᄒᆞᆯ고//
> ᄒᆞ믈며∨ 진나비 ᄑᆞ람 불 제/ 뉘우츤들∨ 엇지리//
> (∨표는 마디, /표는 구(句), //표는 장(章)을 구분한 것임)

또한 〈장진주사〉는 **가곡창** 반주를 위한 각종 금보(琴譜)에 실려 있다는 점[9], 그리고 〈장진주사〉가 실린 가집마다 작품에 이어 첨부하는 권필의 〈과송강묘유감(過松江墓有感)〉이란 한시의 결구(結句)에 "昔年歌曲卽今朝(옛적에 부른 가곡이 바로 오늘을 말함이군요)"라고 표현한 데서도 이 노래가 가곡계통에 드는 장가, 곧 사설시조임을 확인해 주고 있다. 가집 『고금가곡』에는 '가사(歌詞, 한시 사부(辭賦)와 가창가사를 실음) — 가곡(歌曲)'이라는 전체 체계의 편집구도로 엮어져 있는데, 그러한 구도 내에서 만횡청류는 '가사' 쪽이 아니라 '가곡'의 하위 체계로 단가에 이어 장가의 항목명으로 제시되어 있다는 점에서도 만횡청류가 가곡계 장가, 곧 사설시조임이 드러난다.[10] 또한 『근화악부』란 가집에도 '만횡청류' 항목에 귀속시키고 있어 가사가 아니라 사설시조임을 분명히 하고 있다.

가집에 독립적 편목으로 수용되는 경우라도 편가(編歌), 즉 '가곡 한 바탕' [歌曲一通] 의 짜임에서 '〈장진주〉와 대(臺)'(「空山落木 雨蕭簫ᄒᆞ니~」를 부름), '편가 전체와 가필주대(歌畢奏臺)'(〈태평가〉를 부름)로 구성된 대

8) 현행은 여창으로 불리지만 송강의 시대에는 남녀창 구분 없이 불렀을 것이다.
9) 예를 들면 『삼죽금보(三竹琴譜)』에 장단과 악조가 장별로 표기되어 있다.
10) 김천택이 편찬한 『청구영언』의 말미에 수록된 '만횡청류' 116수는 그 노랫말의 구조를 살펴보면 모두 가곡창의 5장 구조로 짜여 있다는 점이 이러한 추정을 뒷받침해준다.

응의 쌍(編:解의 대응 - 19세기 연창방식임)을 이루면서 가곡의 레퍼토리로 연행되었다는 점에서 시조 권역에 놓인 사설시조로서의 장르 정체성이 드러난다. 더구나 그 담화체 양식에서도 '정서'가 중심 동력이 되는 '노래하기'의 담화방식으로 화행짜임이 이루어져 있는 것이지, 인생무상의 메시지를 효과적으로 '전달하기'의 담화방식으로 화행이 직조되어 있지 않다. 다만 19세기 말 20세기 초에 〈장진주〉가 가사창(가창가사)으로 밀려나기도 했던 정황은 그 시기에 잡가 전성 시대를 맞아 그동안 중심 장르였던 가곡, 가사, 시조가 단일성을 일탈하고 다기화(多技化)되면서 여러 가창장르가 서로 경쟁하면서 장르 교섭 현상을 보이고, 나아가 다른 가창방식으로 실현되는 응용적 일탈을 관습적으로 일으킨다는 점에서 장르 운동의 융통성으로 이해될 수 있을 것이다.

아무튼 이형상의 '금속행용가곡'에서 장가의 가곡으로 레퍼토리화된 4수 가운데 〈장진주〉와 〈탄식애〉 2수가 사설시조로 판명된 이상, 나머지 〈옹문주〉(맹상군가)와 〈구마련〉도 사설시조일 것이 확실시된다. 이제 더 이상 〈장진주사〉 같은 사설시조를 『송강가사』에 다른 '가사' 작품과 함께 장가 쪽에 실렸다 하여 가사로 보아서는 안 될 것이다. 〈장진주사〉는 가사가 아니라 소가곡으로 향유되어 왔던 사설시조인 것이다.

4. 사대부층의 장가 향유와 장르 관습

장르상으로 가사와 사설시조를 혼동한 예는 다른 작품에서도 상당히 찾아볼 수 있다. 예를 들면 이상보가 편저한 『한국가사선집』(집문당, 1979)에는 〈안인수가〉를 가사로 보아 편집해 넣었는데, 이로 인함인지 『한국민족문화대백과사전』에서도 이 작품을 가사로 소개했다. 왜 이런 혼동이 일어났을까? 이는 가곡 주도 시대에 사대부층이 가곡을 짓는 관행으로 사설시조계 장가와 가사계 장가를 지었기 때문일 것이다. 다시 말해 가사의 작시 관습과 시조의 작시 관습이 혼용되어 텍스트화됨으로 해서 오늘날 그 장르 구분이 모호해지는 요인이 된 것으로 보인다. 즉 작품의 서두부를 가사처럼 시작한다든지, 혹은 마지막 결구를 시조처럼 마무리하는 작시 관행이 생겨남으로 해서 과연 가사인지 사설시조인지 헷갈릴 수 있다는 것이다. 〈안인수가〉가 그런 모습을 전형적으로 보여준다.

어와 셜온지고 ᄉᆡᆼ각ᄒᆞ니 더옥 슬ᄑᆡ
萬里 外이어 이 어디라 혼자 와셔
ᄆᆞ음의 ᄆᆡ친 님을 ᄭᅮᆷ의나 보려ᄒᆞ여 客窓을 지혀시니
헌ᄉᆞ로운 淸風은 碧海ᄅᆞᆯ 지내 불고
외로운 明月은 板屋이 빗겨시니
ᄆᆞ음이 閑暇ᄒᆞ여 ᄌᆞᆷ이 조차 아니온다.
아니 오ᄂᆞᆫ 님은 ᄏᆞ니와 오던 ᄌᆞᆷ은 어ᄃᆡ 간고
ᄌᆞᆷ조차 無情히 되니 더옥 슬퍼 ᄒᆞ노라

이 작품은 임진왜란 때 왜국의 포로로 끌려갔던 백수회가 일본 교토에서 시가로 화답하면서 사귀던 안인수라는 사람이 지은 작품이라 한다. 그러나 그의 신원이 미상이어서 자세한 텍스트 상황은 알 수 없다. 그러나 작품을 통해 그 정황을 추정해 본다면 안인수 역시 일본에 포로로 끌려간 신세로 보인다. 낯선 땅 머나먼 곳으로 끌려와서 혼자 외로이 잠 못 이루는 처연한 정황을 서럽고 슬픈 감정으로 토로하고 있기 때문이다. 거기다 고국에 두고 온 탓에 마음에 맺힌 임, 곧 임금님을 뵙지 못하는 '결핍의 정서'가 강렬한 서정성으로 드러나 있어 담화체 양식이 자신의 이러한 처연한 신세를 남에게 알리고 전달하기 위한 전술(교술) 양식이 아님을 알 수 있다. '결핍의 정서'는 전술이 아니라 서정시의 가장 중요한 감정 양식이기 때문이다.

그럼에도 이 작품을 가사 장르에 드는 것으로 오인케 한 요인은 첫 서두부가 "어와 셜온지고 ᄉᆡᆼ각ᄒᆞ니 더옥 슬ᄑᆡ~"로 시작되어, 가사 장르에서

흔히 보는 서두부의 관습적 어투인 "어와 슬프구나 이내 사설 들어보소~"와 너무나 유사하기 때문일 것이다. 그리고 무엇보다 본사부에서 "ᄆᆞ음의 미친 님을 삶의나 보려ᄒᆞ여~"에서부터 "아니 오ᄂᆞᆫ 님은 ᄏᆞ니와 오던 줌은 어듸 간고"까지는 송강의 〈관동별곡〉, 〈사미인곡〉, 〈속미인곡〉을 연상케 하는 모티프 설정과 표현 어투로 짜여 있어 가사의 관습적 어법과 분위기를 충분히 보여주고 있다. 아마도 이런 요인 때문에 가사 장르로 오인케 했을 것이다. 거기다 마지막 결구 부분도 송강의 가사에서 흔히 보듯 시조 종장의 관습을 끌어왔으므로 그것이 가사 장르로 오인하는 데 방해가 될 수는 없었을 것이다.

그러나 이 작품은 사설시조의 형식을 전형적으로 보여주고 있어 장르상 헷갈릴 이유가 없다. 우선 "어와 셜온지고 싱각ᄒᆞ니 더옥 슬픠"가 초장에 해당하고, 그다음 행부터 "오던 줌은 어듸 간고"까지가 중장에 해당하며, 마지막 "줌조차 無情히 되니 더옥 슬펴 ᄒᆞ노라"가 종장에 해당되어 시조의 3장 형식을 그대로 잘 갖추고 있다. 그리고 이 작품 역시 사설시조의 작시 관행을 따라 중장이 특히 길어져 있는데, 그 사설 확장의 원리는 2음보격 연속체의 '말 늘임' 혹은 '엮음' 방식을 택하고 있다. 마지막으로 종장의 종결 법칙 또한 첫 음보를 3음절로 고정시키고, 둘째 음보를 과음보로 하는 형식을 그대로 준수하고 있어 사설시조로서의 형식을 충실하게 보여준다. 다만, 사설시조 특유의 과장적 열거나 희화화의 수법은 보이지 않고 있지만, 외롭고 서러운 감정을 철저하게 통어하지 못하는 정서 과잉의 수사는 사설시조의 장르 성향에 그대로 닿아 있어 문제가 되지 않는다.[11]

이제 명칭과 관련하여 장르 문제를 논의할 때, 사대부층의 향유 관습과 주도적 장르와의 상관성, 그들의 작시 관행과 표현 어법, 그리고 무엇보다

---

11) 〈안인수가〉는 사설시조의 두 가지 서술 확장 유형 가운데 희화화가 중심이 되는 '놀이기능'이 아닌, 마음에 맺힌 것을 한껏 풀어내는 '풀이 기능'에 해당하는 사례에 해당함. 사설시조의 두 가지 기능에 대하여는 김학성, 「사설시조의 시학적 특성」, 『한국고시가의 거시적 탐구』, 탐구당, 1997 참조.

형식의 짜임과 담화체 양식의 특징 등을 종합적으로 고려하여 명칭의 혼동에서 오는 장르의 오인을 더 이상 되풀이해서는 안 된다는 점을 유의해야 하겠다.

서민가사의 개념과 담론기반

1. 서민가사의 개념과 범주

조선 후기의 우리 문학사를 기술함에 있어서 임·병 양난 이후 '서민의식의 성장'이라는 말은 문학사를 풀어가는 핵심어(key word)이자 화두로 자리해 왔음은 주지의 사실이다. 이는 문학사의 전개가 중세의 봉건적 징후를 떨쳐내면서 근대문학을 향해 나아가는 방향으로 설정되고 그것을 추동하는 힘을 서민층에서 찾아 그들을 문학사의 새로운 담당층으로 설명하려는 데서 오는 필연적인 결과라 할 것이다. 이러한 문학사의 전개 방향은 가사문학사의 경우도 예외가 아니어서 조선 전기의 양반사대부를 중심으로 창작·향유되어 온 가사와 세계관적으로나 미의식에 있어서 대립 혹은 차이를 보이는 조선 후기 작자 불명의 일련의 가사 작품에도 그대로 적용되어 왔다. 즉 이들 가사의 작자층이 중인 이하 서민층이거나, 서민층이 아니더라도 몰락양반층 등이 현실비판적인 서민의식을 반영하였다고 보아 '서민가사'로 유형을 설정하고 거기에 탈중세적 혹은 반봉건의식의 성장이라는 가치를 부여하여 작품의 의미를 찾으려는 경향이 주류를 이루어 왔던 것이다.

서민가사는 이와 같이 문학사의 전개 방향에서 근대문학을 향한 새로운 담당층의 출현이라는 문학사 기술상의 요구에 부응하여 설정되었던 관계로 그 개념과 범주화에서부터 문제점을 내재하고 있었다. 이를테면 서민가사의 유형화를 본격적으로 시도하여 연구의 토대를 마련한 김문기 교수의 다음과 같은 개념 규정을 보면 그 점이 선명하게 드러난다.

> 서민가사란 서민이 짓거나 서민적 사고방식, 즉 서민의식을 바탕으로 하

> 여 이룩된 가사를 뜻한다. 서민에 의해서 지어진 가사나 서민의식을 바탕으로 하여 지어진 가사는 자연히 서민의 사상·감정과 서민의 생활상을 잘 반영해 주는 것이 될 것이다. …… 그렇다면 서민적 사고방식이란 무엇일까? …… 결국, 양반적 사고가 관념적이고 인습적인 데 비해 서민적 사고는 현실적이고 경험적이며, 양반적 사고가 보수적이고 폐쇄적인 데 비해 서민적 사고는 진보적이고 개혁적이며, 양반적 사고가 긍정적이고 순종적인 데 비해 서민적 사고는 부정적이고 비판적이라 할 수 있다. 그러므로, 서민가사는 중인 이하 양민 및 천민들이 직접 지어 향수했거나 서민의 현실적·경험적이고 진보적·개혁적이며 부정적이고 비판적인 의식을 바탕으로 하여 지어진 가사라 할 수 있다.[1]

양반적 사고와 서민적 사고의 이와 같은 양항대립에 의한 이분법적 파악은 조선 후기의 역사적 주역을 서민층 및 그들과 의식이 통하는 일부 계층에서 찾으려는 선입견이 작용한 것으로 그 실상과는 거리를 가지는 도식적 이해라는 혐의에서 자유로울 수 없다. 필자 역시 초기 연구에서 서민가사를 양반사대부가사와 대립되는 양항대립적인 구도로 파악하여 이해한 바 있는데[2] 이러한 민중사관적이고 도식적인 이해방식으로는 이른바 서민가사라고 하는 유형의 실체에 다가갈 수 없다는 사실을 근자에 깨닫게 되었다. 왜냐하면 조선 후기 역사의 중심부에서 선도(先導) 역할을 한 서울에 거주하는 경화사족(京華士族)층이나, 현실의 경험을 중시하고 실용적 사고를 가짐으로써 관념론적 성리학에 반기를 들고 나온 실학파들은 상당수가 양반사대층임에도 불구하고 위의 이분법적 이해에서 나열한 양반적 사고보다는 서민적 사고에 더 가깝거나 그들과 의식이 통하는 존재들이라는 점에서 벽에 부딪히기 때문이다.

그런데 김문기 교수를 비롯한 서민가사 유형을 설정한 논자들은 실제 작가가 신분적으로 서민이냐 아니냐는 그리 중요하지 않다고 봄으로써 이

1) 김문기, 『서민가사연구』, 형설출판사, 1983, 14~20면.

2) 김학성, 「조선후기 시가에 나타난 서민적 미의식」, 『한국인의 생활의식과 민중예술』, 성균관대 대동문화연구원, 1984, 271~292면.

런 문제를 피해가는 길을 터놓고 있기는 하다. 예컨대 유탁일 교수는 조선 후기 '서민의 의향'이 투영된 일련의 가사 작품을 '서민성 가사'라 하고, 서민들이 향유했던 가사들이 '서민 또는 서민 신분에 가깝거나 그들을 대변하는 사(士)들'에 의해 씌어진 것[3]이라 하여 양반사대부층 작가까지 포괄하고 있다. 김문기 교수도 서민가사가 서민적 사고를 드러내되, 서민적 사고는 '사고의 주체인 인간이 서민이냐 아니냐에 구애받지 않는다. 양반도 서민적 사고를 할 수 있다'는 윤성근 교수의 논리를 수용함으로써 양반층까지 확대할 수 있는 길을 열어두었다. 윤석산 교수는 여기서 한 걸음 더 나아가 〈갑민가〉, 〈노처녀가〉 등을 '평민가사'로 지칭하면서 그 작가층을 집권세력에서 제외된 한미(寒微)한 양반, 곧 잔반(殘班) 또는 일정한 지식수준을 지닌 중인 또는 평민이라 보았다.[4]

그러나 신분 관련 용어인 서민가사라는 명칭을 사용하면서 신분계급을 파기하고 양반사대부가사까지 모두 포괄하는 열린 개념으로 사용한다면 용어와 맞지 않는 측면을 드러내고 있어 서민문학 이해에 오히려 걸림돌이 될 수 있으므로[5] 윤미선은 '서민화지향가사'라는 용어로 바꿔 사용하고 있다. 그러면서 그는 '작품에 드러나는 의식과 세계관이 서민화를 지향하며, 이를 작품에서 표현과 관련하여 서민미학에 기반을 두고 형상화하고 있는 일련의 작품들'로 범주화한다고 했는데, '서민가사'라는 용어보다는 유연성을 가지나 이 역시 '계급지향적' 요소를 완전히 떨치지 않고 있어 이른바 서민가사라는 유형이 갖는 탈신분적 성격과는 여전히 맞지 않는 용어라는 문제점을 지닌다. 기왕에 서민가사 혹은 서민화지향가사로 지정된 가사는 뒤에서 밝히겠지만 대체로 신분계급과는 무관하게 상층의 고급

---

3) 유탁일, 「조선후기가사에 나타난 서민의 의향」, 『연민 이가원 박사 육질송수기념논총』, 범학도서, 1977, 64면.

4) 윤석산, 「평민가사연구 - 작자층을 중심으로」, 『한국학논집』 16집, 한양대 한국학연구소, 1989, 13~17면.

5) 윤미선, 「조선후기 서민화지향가사의 운율적 변주와 그 의미」, 이화여대 석사학위논문, 1996, 15면.

문화적 요소와 하층의 서민문화적 요소를 통합하여 서울을 비롯한 도시에 거주하는 불특정 다수 집단인 대중에 의해 여항—시정문화적 요소로 재창조된 성향을 갖는 것이어서[6] 서민화 지향이라는 일방통로로 그 성격을 지정할 수는 없기 때문이다.

용어개념보다 더욱 문제되는 것은 과연 서민가사라는 범주 설정이 가능한가라는 근본적인 의문을 표시하는 견해들이 속속 제출되고 있다는 점이다. 이전까지 서민가사로 믿어 의심치 않았던 〈거창가〉나 〈합강정가〉 같은 현실비판가사의 작자층이 당대 현실에 비판적인 서민층이 아니라 '지방하층사족층'이라는 견해[7]가 제출됨으로 해서 그 입지가 흔들리기 시작했다. 이어 김대행 교수에 의해 실제 가사 텍스트에 구현된 주제나 언어 운용 능력, 향유의 시간적 · 경제적 여유 등으로 볼 때 양인이나 천인 같은 '서민'이 이런 소양과 능력을 갖춘 계층이라 하기 어려우므로 '중인 계층'으로 보는 것이 설득력이 있다는 견해[8]가 나오기도 했다. 작자층을 중인층으로 단일화해서 보는 것 역시 신분 계층에 얽매인 견해여서 동의하기 어렵지만, 서민층이 아닐 것이라는 판단은 설득력을 갖는다 할 것이다. 설령 서민의 극히 일부가 가사를 창작하고 향유할 만한 문화적 소양과 자질을 갖추어 창작 · 향유하는 사례가 구체적으로 발견되었다 하더라도, 그럴 경우 이미 서민의 문화취향이나 서민화 지향과는 거리가 멀어졌다고[9] 할 수 있어 문제가 되기는 마찬가지다.

이런 의문점에 그치지 않고 최근에 강경호 교수는 '서민가사'라는 용어의 개념과 범주 설정의 모호성을 비판하고, 그 사상적 기반이나 내용적 특질에서 '서민성'에 근간을 둔 것이 아니라는 점, 작자성이 상실되고 다양

6) 여항—시정문화의 탈신분적 성격에 대하여는 김학성, 「18 · 19세기 예술사의 구도와 시가의 미학적 전환」, 『한국시가연구』 11집, 한국시가학회, 2002, 10~17면.

7) 고순희, 「19세기 현실비판가사 연구」, 이화여대 박사논문, 1990.

8) 김대행, 「가사 양식의 문화적 의미」, 『한국시가연구』 3집, 1998, 409~414면.

9) 강경호, 「서민가사의 실체성 연구」, 성균관대 석사학위논문, 2002, 8면.

한 이본을 파생하며 향유된 이들 텍스트가 시정—도시문화권에서 일반 대중들로부터 대중성을 획득하며 향유된 '시정 · 대중적 성격의 가사'로 보아야한다는 점을 들어 서민가사의 실체성에 의문을 제기하는 데까지 이르렀다.[10]

서민가사의 개념 문제가 흔들리고 있는 만큼 그것을 범주화하는 일도 역시 문제를 안고 있다. 김문기 교수는 서민가사의 하위 범주로 크게 음영가사와 가창가사로 나누고 가창가사는 12가사, 잡가, 판소리의 허두가사로 나누어 이들에서 '4음보 연속체'라는 형식 요건을 갖춘 경우는 모두 서민가사로, '분련체'인 경우는 잡가로 처리하여 실제 잡가로 다뤄야 할 많은 작품들을 가사에 포함시키는 문제점을 보였으며, 판소리 허두가(단가라고도 지칭함)도 광대라는 천민이 부르고 형식 요건을 갖추었다고 보아 가창가사로 다루는 문제점을 보이고 있다. 그러나 잡가와 판소리 허두가인 단가는 가사와 변별되는 각각의 장르 정체성을 갖는 별개 장르들이므로 가사의 범주에서 당연히 제외해야 할 것이다. 이들은 사설(辭說)의 조직 원리나 음악적 특성에서 가사와 차이를 보이기 때문이다.

여기서는 서민가사에 대한 이러한 의문들에 유의하면서 우선 가사의 장르적 특성과 그 문화적 기반의 변화에 따른 담론기반을 명확히 하고 그 바탕 위에서 이런 유형의 가사가 갖는 미학적 특성을 살펴보는 데 디딤돌 역할을 맡기로 한다.

2. 서민가사의 담론기반

주지하다시피 17세기 이후 조선 후기에 이르면 가사 장르는 그 이전 시기의 양상과는 확연히 다른 면모를 보여준다. 그러한 현상은 가사뿐이 아

10) 강경호, 앞의 논문 참조.

니라 시조를 비롯한 다른 장르에도 두루 나타나며, 문학뿐 아니라 예술·문화 전반에 걸쳐 패러다임을 바꾸는 전면적인 변화가 일어나게 되는 것이다. 이는 18세기부터 급격하게 상업도시로 발달한 서울을 중심으로 자유롭게 예술과 문화를 즐기는 여항(閭巷)—시정(市井)의 분위기가 형성되고, 이에 따라 도시인의 유흥에 대한 수요를 충족시키는 서비스업의 발달, 시정인들 사이에서 신분이나 계급에 상관없이 여가생활에서 다양하게 상품화된 유흥을 즐기는 가운데 상층의 고급문화와 하층의 민속문화가 상호 교류하며 새로운 여항—시정 문화를 창조해내는 것과 관련되는 것이다. 판소리의 도시 공연과 흥행, 만횡청류, 곧 사설시조의 본격적인 향유, 야담과 소설의 성행 등도 신분과 계급을 초월하는 불특정 다수 집단의 취미와 기호가 반영된 것이다.

이러한 여항—시정의 대중문화적 기류는 그러한 문화 내지 문학 텍스트들을 마치 시정의 상품처럼 수요와 공급의 '유통' 관계로 전환시키는 탓에 텍스트 자체를 향유하는 것이 중요한 것이지 그것을 누가 지었는지, 향유 대상은 누구여야 하는지가 중요하지는 않게 된다. 이옥(李鈺, 1760~1813)의 희곡 『동상기(東廂記)』의 첫머리에 부친 김신사혼기(金申賜婚記) 제사(題辭)의 말을 유념해 보자.

> 아이 종이 저자에서 돌아와 들은 것을 이야기해 주는데, 전혀 새로운 것이었다. 나는 그것을 듣고 "기이하도다. 거룩하도다! 그리고 나의 한가로움을 물리칠 수 있겠다"라고 하고, 몸을 일으켜 붓을 놀려 한편의 희곡을 지으니 손이 조금 풀리고 눈이 조금 맑아짐을 느꼈다. …… 행여 관객이 계신다면 사건이 혹 거짓인가 묻지 말 것이며, 또한 모름지기 작자가 누구인지도 묻지 말 것이다. 다만 한가함을 해소하는 데 소용이 된다면 또한 반나절의 도움이 될 것이다.[11] (밑줄은 필자)

11) 실시학사 고전문학연구회 역주, 『이옥전집』 2, 소명출판, 2001, 322면. 여기서 작품의 제목 '동상기'에 주석을 달면서 가람본을 제외한 모든 이본에 중국의 유명한 희곡 『서상기(西廂記)』를 의식하여 '동상기(東廂記)'라고 되어 있지만 그 말은 작품과 아무런 의미

이에 따르면 『동상기』의 작품 소재는 아이 종이 저잣거리에서 들어온 이야기로, 1791년 왕명(정조)에 의해 노총각 김희집(金禧集)과 노처녀 신씨(申氏)의 혼인이 성사된 일을 듣고 사흘 만에 완성했다는 것인데, 성무경 교수에 의하면 이 작품은 『삼설기』 소재 〈노처녀가2〉의 표현을 그대로 옮겨온 것이 상당히 발견된다는 것이다.[12] 그리고 이덕무에 의해 〈김신부부전〉이란 전기(傳記)로도 지어진 바 있는 당대 저잣거리에 널리 알려진 화젯(話題)거리로 이런 '화제 중심 텍스트'는 이옥의 말대로 작자가 누구인지를 따져 물을 일은 아니고 다만 한가함을 해소하는 '재밋거리'로 향유하면 되는 것이었다.[13] 이와 같이 여항—시정의 화젯거리를 단형서사체로 엮은 야담의 작자를 알 필요가 없고, 만횡청류의 작자를 굳이 밝힐 필요가 없으며, 〈노처녀가〉 같은 가사 작품도 작자를 드러낼 필요가 없었던 관행은, 텍스트 그 자체를 향유하면 되었던 여항—시정문화의 기류 탓이다.

굳이 이들 텍스트의 작자를 따져 들어가면 일부 중인 이하 서민층의 경우도 없지는 않겠지만 대개의 경우 경화사족[14] 같은 양반층으로 판명나게 되는 것으로 보인다. 만횡청류의 경우 이정보보다 한 세대 앞선 경화사족층인 이덕수(1673~1744), 이광덕(1690~1748)이 사설시조를 주로 얹어

연관이 없으므로 혼인을 의미하는 동상(東床)을 취해 '동상기(東床記)'로 제목을 달아놓았는데, 이는 잘못으로 보인다. 이옥의 『동상기』가 4장의 한문희곡으로 되어 있고 이옥이 공감해 마지않던 김성탄의 평점(評點)및 개작을 거친 『서상기』가 4장의 한문희곡으로 되어 있어 『동상기』가 『서상기』의 영향을 받았다는 지적을 참고한다면 『서상기』와 대응되는 명칭으로는 『東廂記』가 적절하기 때문이다. 조윤제, 『국문학사』, 탐구당, 1974, 326~327면 참조.

12) 성무경, 「노처녀 담론의 형성과 문학양식들의 반향」, 『조선후기, 시가문학의 문화담론 탐색』, 보고사, 2004, 177~207면 참조.

13) 물론 작가 이옥을 상정하고 텍스트를 바라보면, 거기에는 여성을 렌즈로 삼아 '진정(眞情)'에 도달하려는 이옥만의 독특한 글쓰기 방식을 맛볼 수는 있다.

14) 사족층 가운데 누대에 걸쳐 서울에 세거하면서 관료의 지위를 누리고 상업유통적으로 가장 발달된 경화의 문물을 공유하는 문화적 동질집단을 가리키며, 향촌사족과 대응되는 개념이다. 당색은 주로 노론계이며 정조대에 이들의 견제 세력으로 등장한 남인계도 포함한다.

부르는 농, 낙, 편의 작품을 다수 지었다는 기록으로 보아[15] 그들의 사설시조 작품이 다수 만횡청류에 실렸을 가능성이 큼에도 불구하고 우리가 사설시조의 작가인 줄조차 알지 못해왔던 것도 '텍스트 중심 향유'라는 관행 탓일 터이다. 역시 18세기 전반에 활동한 김춘택(1670~1717)의 사설시조가 만횡청류의 570번과 578번 작품으로 실려 있음에도 그 작자의 정보를 후대의 가집인 『병와가곡집』에서야 확인할 수 있는 것도 경화사족층의 만횡청류 창작·향유(익명의 방식으로)를 뒷받침해 주는 근거가 된다.

따라서 여항—시정의 저잣거리에서 소재를 취해와 텍스트화한 이 시대의 많은 작품은 신분과 계급을 초월하여 향유한 것이어서 텍스트에 투영되어 있는 의식이나 사고, 어법이나 표현의 특징을 가지고 그 작자의 신분계층을 추정한다는 것은 판단의 오류를 가져올 가능성이 크다 할 것이다. "간밤의 자고간 그놈 아마도 못이져라……" 같은 작품이나, "중놈이 졈은 사당년을 얻어……", "일신(一身)이 사쟈훈이 물것계워 못 살니로다……" 같은 사설시조 작품이 『병가』, 『해일』, 『해주』 등에 역시 경화사속인 이정보의 작품으로 분명히 제시되어 있음은 차치하고, 다음의 가사 작품에서 그 점을 확인해 보자.

게 있는가 주인할멈	ᄂᆡ말 잠간 드러보소
어제밤 서리후의	참도 출사 구돌이야
한멈의 아릐목은	덥고 차기 엇더ᄒᆞ고
진 조반 마른 음식	죠셕으로 지어ᄂᆡ니
늙으니 허물ᄒᆞᆯ가	나 조금 드러가세
어져 거 뉘신고	유셩 손임 아니신가
나그ᄂᆡ 치오시니	쥬인이 무료ᄒᆞ오
누추흠을 어믈 말고	이리 드러 오오소셔
어허 무던ᄒᆞ다	궁둥 쓧쓧 ᄒᆞ여온다

15) 이에 대한 상론은 신경숙, 「18·19세기 가집, 그 중앙의 산물」, 『한국시가연구』 11집, 2002, 33면 참조.

밍셰치 오늘밤은　　나가지 못홀노다
한멈의 쪅국사발　　몃그릇 되엿는고
한멈의 옷가숨의　　손 조금 너허보셰
어져 놀나고야　　흉악흉악 바라볼가

이 작품의 작자를 누구인지 모르는 채로 순전히 텍스트 자체만을 놓고 작자를 추정할 경우, 앞에서 거론한 양반적 사고와 서민적 사고를 양항대립으로 보는 기준에 따른다면 서민적 사고를 서민적 어법으로 표현한 영락없는 서민가사로 판정하게 될 것이다. 실제로 이상보 교수는 이 작품의 해설에서 '서민가사'로 소개하고 있기도 하다.[16] 타지(他地)에서 온 늙은 할아범이 늙은 할멈의 옷가슴에 손을 넣어 보려고 수작을 건네는 장면이나 이들의 티격태격하는 사랑싸움은 양반적 사고라고는 찾아볼 수 없는, 아니 서민적 순박성과 인정세태의 모습을 물씬 풍기고 있기 때문이다.

그러나 이 작품의 작자는 한산 이씨 명문거족의 사대부인 이운영(1722~1794)으로 한양에 거주하면서 형조정랑, 면천군수 등 내외직을 거친 경화사족층에 해당한다. 『계서야담』의 작가 이희평이 그의 조카였던 점과 경화사족층 일반의 문화취향을 감안할 때[17] 그는 여항—시정의 이야기를 풍부하게 향유했을 것이고, 앞에 인용한 〈임천별곡〉을 비롯하여, 〈순창가〉, 〈착정가〉, 〈세장가〉 등 여항—시정의 생활이나 서민취향의 가사 작품을 다수 남길 수 있었던 것으로 보인다. 그렇다고 이 작품을 서민가사로 지정할 수는 없을 것이다. 같은 시대에 경화사족층들은 또 민요 취향의 한시 작품을 대거 창작·향유하게 되는데[18] 이들의 민요 취향의 한시를 서민한

---

16) 이상보, 『18세기 가사전집』, 민속원, 1991, 36면에서 이 작품을 "지은이가 70세 때인 정조 16년(1792)에 지은 가사이니, 한 할아버지와 할머니 사이의 사랑을 희학적인 대화체로 나타낸 서민가사이다"라고 소개했다.

17) 경화사족층의 문화취향에 대한 상론은 남정희, 「18세기 경화사족의 시조향유와 창작양상에 관한 연구」, 이화여대 박사학위논문, 2002를 참조.

18) 이에 대한 상론은 이동환, 「조선후기 한시에 있어서의 민요취향의 대두」, 『한국한문학연구』 3집, 한국한문학연구회, 1978 참조.

시라 할 수 없는 것과 마찬가지다.

그러므로 조선후기의 시조나 가사 작품을 텍스트의 언어적 표현이나 거기 나타난 의식이나 사고만 가지고 작자의 신분층을 추정한다는 것은 '판단의 오류'를 범할 가능성이 너무나 큰 것이다. 탈신분적 성향의 담론을 신분계급과 연관시켜 이해하려는 자체가 텍스트의 실체와 어긋나는 접근법이 되는 것이다. 이런 이유로 필자는 조선 후기에 출현한 여항—시정 담론을 담은 일련의 탈신분적 성향의 가사를 묶어 유형화하고자 할 때는 신분 계급적 용어에서 자유롭지 못한 '서민가사'라는 용어를 버리고 '여항—시정가사'라는 용어로 대치할 것을 제안하고자 하는 것이다.

3. 가사와 여항–시정문화 담론

그러면 여항—시정문화 담론과 연관된 일련의 가사 작품들을 어떻게 이해해야 타당한 접근법에 이를 수 있을까? 여항—시정가사를 제대로 이해하려면 무엇보다 텍스트에 표현된 언어를 단어의 의미 차원이나 순수하게 발화 상황과 관련시키는 화용론적 층위의 '담화' 차원에서가 아니라, 사회·문화적 실천 층위의 '담론' 차원에서 이해해야 한다는 것이다. 담론은 어떤 사물이나 사상을 지시하는 '언어'와 대비되는 '행위'개념으로, 담론에 참여하는 개인들이 특정한 방식으로 삶과 의식에서 의미를 만들고 재생산하는 사회적·문화적·제도적 과정을 포괄하는 개념으로,[19] 텍스트가 생성되고 향유된 맥락 위에서 그 의미의 다양화와 역동적인 기능을 파악하는 시각을 마련해 줄 수 있기 때문이다.

이를 위해 그러한 담론이 가능했던 사회·문화적 기반이 먼저 파악되어

---

19) 김학성, 「가사의 정체성과 담론 특성」, 『한국 고전시가의 정체성』, 성균관대 대동문화연구원, 2002, 239면.

야 할 것이다. 이덕수, 이광덕, 김춘택, 이정보 같은 경화사족이 만횡청류의 사설시조를 다수 지어 향유하고, 이운영 같은 역시 경화사족의 관료가 서민적 취향과 어법의 가사 작품을 다수 남길 수 있었던 바탕에는 그러한 여항—시정 담론을 가능하게 했던 담론기반이 있었을 것이기 때문이다. 이제 18세기를 전후하여 이른바 서민가사라 불러왔던 여항—시정 담론을 담은 가사 작품이 어떻게 출현할 수 있었던가, 그 담론기반부터 살펴보기로 한다.

첫째, 인간 성정의 자연스런 분출 혹은 인간본성의 추구가 경화사족층을 중심으로 한 천기론(天機論)의 이론적 지원에 힘입어 가능했다는 것이다. 종래 인간본성의 추구는 조선시대 양반적 관념의 굴레에 얽매여 있던 서민층이 이 시대에 와서 의식의 각성을 통해 기존 관념에 도전하면서 이루어진 것으로 이해되었다. 그러나 그 이론적 바탕은 사족층에서 찾을 수 있다. 예컨대 그 싹은 이미 하늘로부터 부여받은 본성인 '남녀의 정욕'이 성인의 가르침인 '분별(分別) 윤기(倫紀), 곧 예교(禮敎)보다 우선한다는 허균의 발언(『택당집(澤堂集)』 참조)에서 찾을 수 있지만, 그보다 본격적인 논리의 뒷받침은 널리 알려진 바 있는 마악노초 이정섭(경화사족에 해당함)의 만횡청류에 대한 옹호론에 잘 드러나 있다.

> "정(情)을 따라 발하는 것은 우리말로써 표현하여 읊조리는 사이에 유연히 사람을 감동시킨다. 이항(里巷)의 노래에 이르러 강조(腔調)가 비록 바르게 다듬어지지 못했으나 무릇 그 즐거움과 원망, 탄식하고 미쳐 날뛰며 거칠게 구는 모습과 태깔은 각각 자연의 진기로부터 나온 것이다." (『靑丘永言』 後跋)

라고 한 바에 잘 드러나듯이 '자연의 진기' 곧 천기론에 입각한 가치 평가가 그것이다. 또한 정제두를 비롯한 양명학파가 옛 성인의 말씀과 틀에 박힌 예절에 속박되어서는 안 된다는 주장과 함께 인간생활의 기본 욕구인 '식색(食色)'과 '이해(利害)' 문제도 경시하거나 외면해서는 안 되고 차원 높은 실천의 문제로 정립해야 한다는 주장[20]도 인간본성의 추구라는 사회 · 문화적 분위기와 가치관에서 나온 것일 터이다.

자유분방하고 천진스런 감성의 가치 발견은 도시적 유흥풍의 풍류를 더욱 다채롭게 하는 든든한 뒷받침이 되었을 뿐 아니라[21] 이 시대에 새로이 등장한 김천택과 김수장 같은 중간층의 시인 가객에게 영향을 미쳐 만횡청류를 가집에 넣어 편찬하거나 더 나아가 그런 유흥풍의 양식을 직접 창작하여 향유하는 데까지 나아가지만 이러한 도시적 유흥풍은 가사문학에도 영향을 미쳐 그러한 분위기를 애정가사에 직접 담거나, 아니면 그 유흥의 도가 지나친 도시적 일탈군상들을 계도해 보려는 의도를 드러내기에 이른다.

둘째, 경화사족층의 민족어 노래, 곧 시조 · 가사 · 민요 같은 국문시가의 가치에 대한 인식이 뒷받침되었다는 것이다. 이에 대한 입론은 역시 경화사족층인 김만중과 홍만종을 거쳐 홍대용에게서 심화된다. 이에 대하여도 이미 널리 알려져 있듯이 김만중이 『서포만필』에서

> "여항간에 나무하는 아이나 물 긷는 아낙네가 "아아" 하면서 서로 화답하는 노래는 비록 천박하다고 하지만, 만약 진실과 거짓을 따진다면, 참으로 학사, 대부의 이른바 시(詩)니 부(賦)니 하는 것들과 함께 논할 바가 아니다"

라고 한 발언을 필두로, 홍만종의 『순오지』에서 국문시가를 다루는 데에서 나타나는 자주의식[22]에 잘 드러나 있다. 특히 후자는 가사문학(장가(長歌)라 지칭)을 중심 대상으로 세상에 회자되고 있는 가치의 발견이 주목

---

20) 김길락, 「조선후기 양명학에 있어서의 근대정신」, 『동양학학술회의 강의초』, 단국대 동양학연구소, 1993, 69~71면.

21) 삭대엽의 다양한 변조로의 분화와 가곡의 여러 악곡을 '엇결어' 부르는 새로운 풍류 양식으로 나타나는 현상을 가리킨다.

22) 조동일, 『한국문학사상사시론』, 지식산업사, 1978, 226~227면 참조.

된다.

그리고 홍대용의 『대동풍아(大東風雅)』 序에

> "노래는 정(情)을 말로 한 것이다. 정이 말에서 움직이고, 말이 글을 이루면 노래라고 한다. 『시경(詩經)』에 이른 풍(風)이라는 것도 본디 풍속을 노래한 보통말이었다. 그렇다면 그 당시에 듣던 자도 지금사람의 노래를 듣는 것처럼 아니 하였으리라는 것을 어찌 알겠는가. 오직 그 입에서 부르는 대로 노래가 이루어진다 하더라도 말이 마음에서 우러나오고, 혹 곡조에 알맞게 되지 못했다 하더라도 천진(天眞)이 드러나면 초동과 농부의 노래라 할지라도 또한 자연에서 나온 것이니, 말은 비록 옛것이나 그 천기(天機)를 깎아 없앤 사대부로서 이것저것 주어모아 지은 것보다는 오히려 나을 것이다."

라고 한 데에서 천기론을 바탕으로 한 국문시가의 가치론이 이론적으로 심화되어 드러난다. 즉 '가(歌)는 정(情)의 발현'이고, '가(歌)는 말로 이루어지'며, '가(歌)는 참됨을 나타낸다'라는 가요관은 국문시가에 대한 가치 평가와 함께, 민족문학론에 대한 진수를 보여준다 할 수 있다.[23] 이러한 민족문학론의 기류에서 경화사족층이 서민 취향의 혹은 일상적 구어체의 담론으로 국문시가를 창작하는 것은 자연스런 결과라 할 수 있다. "중놈이 졈은 사당년을 얻어……" 같은 비속한 일상어를 구사하는 사설시조를 이정보가 짓고, 앞에서 인용한 순수 구어체의 〈임천별곡〉 같은 가사 작품을 이운영이 지은 것이 그 좋은 보기가 된다.

셋째, 실학파들과 경화사족층을 중심으로 현실적 · 실질적 · 실용적 지향의 리얼리즘적 기풍이 팽배하게 되었다는 것이다. 경화벌열 가문인 박지원의 연암 그룹 사유방식에서 잘 드러나듯이 주지주의적인 절대적 세계관과 관념적 세계관에서 벗어나 인식의 상대성과 현실주의적 사고를 보여줌이 그러한 사례일 것이다. 그 대표격인 박지원(1737~1805)의 「영처고

23) 신동현, 「홍대용과 本居宣長 歌論의 민족문학관 비교 연구」, 서울대 석사학위논문, 1994, 9~72면.

서(嬰處稿序)를 보자.

> 산천, 풍기(風氣)의 지리가 중국과 다르고, 언어와 노래의 습속이 한당(漢唐)의 시대가 아니다. 만약 중국의 수법을 본뜨고 한당의 문체를 답습하려 한다면, 우리는 수법이 고상할수록 뜻이 실제로 비속하게 되고, 문체가 한당과 비슷할수록 말은 더욱 거짓이 되는 결과를 볼 뿐이다. …… 우리나라의 방언을 문자로 옮기고, 우리나라의 민요를 운율에 맞추기만 하면 자연히 문장이 이루어지고 진기(眞機)가 발현된다. 답습을 일삼지 않고, 남의 것을 빌려오지 않고, 현재 있는 그대로를 가지고 온갖 것들을 표현해 낼 수 있다.

수법이 고상할수록 뜻이 실제로 비속하게 되고, 문체가 한당과 비슷할수록 말은 거짓이 되는 결과를 볼 뿐이라고 한 것은, 고상하고 비속한 것을 판단하고 진실과 허위를 평가하는 기준이 '현실'에 있기 때문이며, 현실을 나타내면 무엇이든지 고상하고, 실제로 말하고 노래 부르는 대로 표현하면 진실해질 수 있다는 것이다.[24] 그리하여 그는 고상한 것에서가 아니라 '하찮은 것'들을 주목하고 거기서 도(道)의 실재를 찾는다. 〈예덕선생전〉에서 '엄행수'를 주인물로 내세워 똥을 져 나르는 천한 역부(役夫)이건만, 연암은 그를 '우도(友道)'가 타락할 대로 타락한 당세에서 진정으로 결교(結交)할 만한 참다운 인간으로 제시하면서, "자신의 덕을 더러움 속에 감춘 채, 속세에 숨어 사는 위대한 은자"로 칭송하는[25] 가치나 인식의 상대성과 함께, '똥' 같은 하찮은 것도 주옥(珠玉)인 양 소중히 모아 활용하는 이용후생(利用厚生)의 실용 정신, 나아가 리얼리즘 정신을 잘 드러내고 있다.

연암의 하찮은 것에 대한 이 같은 가치 인식은 '도'를 조야(粗野)하기 짝이 없는 민중적인 것, 토속적인 것, 시정적(市井的)인 것 등에서 찾게

24) 조동일, 앞의 책, 269면.

25) 김명호, 『박지원 문학 연구』, 성균관대 대동문화연구원, 2001, 170~171면.

되고, 그리하여 '도'는 더 이상 지고(至高)하고 정신적인 형이상학적 존재가 아니고 이러한 자질구레하고 저속하고 물질적인 것들을 통해서 비로소 발현되는 것으로 인식하게 된다. 민요와 방언, 수수께끼, 각종 민속과 서민들의 생활상 등 '비리한 데서 언어를 살피고 누추한 데서 수집한' 『순패(旬稗)』라는 책을 칭송하는 서문을 써 주는가 하면, 거지 출신의 비천한 인물이 일약 '신의(信義)의 화신(化身)'으로 명망을 얻게 되는 경위를 그린 〈광문전〉도 하찮은 것에서 도를 발견해내는 좋은 예가 된다.[26] 그리고 양반직도 매매되는 도가 어긋난 현실에 대하여는 날카로운 현실인식에 의한 통렬한 비판을 〈양반전〉에서 보여주었다.[27]

현실 모순의 폭로와 비판에 의한 리얼리즘 정신은 다산 정약용의 사회시 같은 한시에서 한층 극렬하게 드러난다.[28] 당시의 군정(軍政)제도에 대한 모순과 그에 따른 민(民)의 고통을 사실적으로 그려내었다고 평가되는 「애절양(哀絶陽)」을 비롯하여, 살인옥사(殺人獄死)를 트집 잡아 농민들을 괴롭히는 관리(아전)들의 횡포를 승냥이와 이리에 견주어 처절하게 묘사한 「시랑(豺狼)」 등이 대표적 사례에 해당한다. 특히 후자는 덕산(德山)의 한 나무꾼이 부르는 노래를 듣고 다산이 이를 개작한 것이라고 해서 『목민심서』에 밝혀놓았는데 이처럼 작품의 소재를 여항간의 노래에서 취해 오는 경우가 천기론이나 민족어문학론의 대두와 함께 일반화되었음을 알 수 있다. 여하튼 19세기에 현실비판가사가 출현할 수 있었던 문학내적 기반도 이러한 현실모순의 개선 정신과 상관될 것이다.

넷째, 18세기 이후 경화사족층을 중심으로 문학의 '세속화 경향'이 심화되어 갔다는 데 있다. 이러한 경향은 시정에서의 삶의 다양한 양태와 인간 군상을 형상화하는 것으로 나타나는데 조선 전기에 도심(道心)을 구현하

26) 김명호, 앞의 책, 171~172면.

27) 이에 대한 상론은 김학성, 「양반전의 작품구조와 주제」, 『한국고시가의 거시적 탐구』, 집문당, 1997, 505~532면 참조.

28) 이에 대한 상론은 송재소, 『다산시 연구』, 창작사, 1986, 57~92면 참조.

기 위해 '아(雅)'를 추구하던 것과는 패러다임을 달리하는 심미적 지향으로 '속(俗)'을 추구하는 것으로 나타나게 된 것을 말한다. '속'은 직설 · 솔직함 · 비속함 · 참신함으로 표현되는데, 그것은 다시 광기(狂), 기이함(奇), 재미(趣)로 나눌 수 있다.[29] 이 가운데 우리의 주목을 끄는 것은 '재미', 곧 '풍취'이다. 조선 후기 문학의 세속화 경향은 재미를 추구하는 것이 대종을 이루기 때문이다. 소설 · 야담 · 전 · 패사소품 등이 그런 경향을 농후하게 보이고, 일부의 사설시조(송실솔이 불렀다는 〈황계곡(黃鷄曲)〉 등) · 가사문학(대중취향의 가창가사)에도 그 영향이 미치게 된다.

이러한 문학적 경향은 중국의 영향이 큰데, 즉 명대 중 · 후기 이후 도시의 발달과 함께 시민이 성장함에 따라 본능에 대한 긍정이 대두되고, 속된 것을 미학의 최고 경계로 내세우게 되는 사조가 생겨나게 된 것이다. 여기에다 자유연애를 다룬 〈서상기〉와 108명의 영웅호걸들의 활약상을 흥미진진하게 담은 〈수호지〉, 그리고 〈삼국지〉, 〈서유기〉, 〈금병매〉 같은 이른바 4대기서(四大奇書)가 독서계를 풍미하는 지경까지 나아간다. 이러한 영향을 당대의 경화벌열 가문으로 유명한 홍봉한가(家)의 홍직영(1782~1842)이 쓴 『동패낙송』의 발문(跋文)에 잘 드러나 있다.

> 나는 어려서부터 세속에 돌아다니는 패설(소설 또는 야담) 듣기를 좋아하여 객이 오면 반드시 그로 하여금 낭송을 시켜 여러 번 시작을 바꾸어 그 가진 바를 다하게 하였다. 객은 피곤하여 졸음이 쏟아졌으나 그래도 그치지 못하게 하였다.

소설뿐 아니라 한시에서도 이러한 경향이 보이는데, 이덕무의 『청장관전서』에서,

> 문인 재사가 통속(通俗)을 모르면 극도로 아름다운 재주라고 이를 수

29) 장파(유중하 등 역), 『동양과 서양, 그리고 미학』, 푸른 숲, 1999, 359~365면.

없다. 여기 몇 사람들은 그 묘를 곡진히 하였으니 만약 속되다고 하여 그것을 배척한다면 인정이 아닐 것이다.

라고 인정물태를 형상화한 시들에 대해 언급한 바 있는데, 여기서 세속화 경향이 문인 지식층의 당대 소통 담론으로 어느 정도 평가받았는지 알 수 있게 한다.

다섯째, 텍스트의 향유문화가 개인적 · 국지적 수준에서 집단적 공유의 대중화된 문화로 급격한 변화를 이루었다는 데 있다. 이는 이 시기의 텍스트가 사적(私的) 담론에서 여항—시정문화의 영향으로 인해 '공동담론화' 하는 특성을 보여줌을 의미한다. 따라서 작자가 누구인지 알 바 아니며, 문화의 집결 · 교환 · 뒤섞임이 이뤄지는 도시를 중심으로 텍스트의 작자성 상실은 더욱 관례화되고, 탈신분적 · 탈계급적 지향의 텍스트가 많이 나타나게 된다. 조선 후기의 가사 작품이 대부분 작자 불명으로 나타나는 현상도 이러한 공동 담론으로서의 향유 관행의 변화와 연관된다 할 것이다. 다시 말해 문학의 세속화 경향, 집단적 공유의 공동 담론으로 변화한 텍스트 향유문화의 대중화로 인해 이 시대에 많은 가사 텍스트가 작자성을 상실하면서 실명(失名), 의명(擬名), 익명(匿名), 무명(無名)화 현상이 보편화 · 관습화되고 그에 따라 많은 이본들이 파생된 것도 이러한 담론기반의 특징과 상관된다고 할 것이다.

4. 가창문화의 변화와 텍스트의 대중화

텍스트 향유의 대중화는 '가창문화'의 경우, 다양한 성향의 텍스트 혹은 레퍼토리의 개발을 가능하게 했고, 공급이 수요자의 문화 취향에 맞추어 이루어졌으며, 이에 따라 기존의 텍스트들은 고조(古調)의 그것으로 밀려나고, 신조(新調) · 신번(新飜) · 신성(新聲) · 금조(今調) 등으로 지칭된 새로운 텍스트들이 탄력을 얻어 널리 향유되기에 이른다. 김천택, 김수장 같은 창작과 연행을 겸한 전문 가객이 등장하고 연창 대본인 가집을 만들게 된 것도 이러한 수요에 부응한 것일 터이다. 그리고 수요가 더욱 폭발함과 더불어 이세춘, 송실솔, 조옥자, 지봉서, 박세첨 같은 연행 전문 가객의 수가 급격히 늘어나고 그들의 활동이 번성해 갔음은 『해주(海周)』의 '고금창가제씨' 56인의 명단에서 확인할 수 있다.

여기에 더하여 가창문화에 대한 수요의 폭발은 레퍼토리의 다양화를 촉진했는데, 가곡의 농 · 낙 · 편의 분화 발달과 그것들을 기존의 악곡과 '엇결어' 부르는 방식의 개발, 악조에서 우/계면조로의 재편, 남/여창의 분화 등이 그것을 증거해 준다. 여기에다 가곡의 레퍼토리는 단가로만 구성되었으므로 장가를 곁들이는 방식이 채택되어 가사를 이어 부르게 되고, 가곡의 더욱 대중화된 형식인 시조창이 개발되어서는 가곡, 가사, 시조 순으로 부르는 레퍼토리가 생겨나고 뒤에 잡가가 출현하여 대중의 인기를 끌게 되었을 때는 잡가도 중요한 레퍼토리의 일부를 차지하게 되는 현상이 각종 가집에 수록된 가집 부기 가사나 잡가를 곁들인 가집, 시조창 가집, 가곡과 시조를 함께 엮은 가집들에 반영되어 있는 것이다.

텍스트 향유의 대중화는 이와 같은 가창문화에서뿐만 아니라 '볼거리(읽을거리)'로서의 필사문화에서도 찾을 수 있다. 근대적 활판 인쇄술이 발달하기 이전에는 텍스트를 필사하여 향유하는 것이 중요한 수단이 되었음은 주지하는 바와 같다. 우리가 주목하는 가사의 경우는 소설과 함께 필사문화의 대종을 이루는데, 단순히 기존 텍스트를 암기하여 그대로 옮겨 놓는 수준의 '단순 필사'에서부터, 기존 텍스트를 분석적으로 비평적 안목을 가지고 살펴서 일부를 자기 의도에 맞게 새롭게 개작하는 수준의 '분석 · 비평적 필사'에 이르기까지 여러 양상을 보이며, 여기서 더 진전하여 아예 새로운 창작으로 나아가는 '창조적 필사'를 보이는 사례도 상당히 보인다.[30]

지금까지 조선 후기에 소위 서민가사라 불리어졌던 작자 불명의 가사를 중심으로 우선 그 개념과 범주화의 문제점을 살펴보고, 이에 따라 이들 작품들이 서민층이 짓거나 서민의식이 반영되거나 서민화 지향을 보이는 것이 아니라, 여항—시정이라는 상·하층의 소통 공간에서 상층의 고급문화적 요소와 하층의 민속문화적 요소를 포괄·통합하여 새로이 산출된 문화 담론의 산물임을 밝혔다. 그리고 이들 가사의 상당수가 여항—시정인의 의식과 미적 취향을 반영한 것으로 보아 '여항—시정가사'라는 이름으로 범주화해야 함을 제안했다.

이어서 그러한 담론이 가능했던 기반을 다섯 가지로 정리했다. 천기론 등의 이론적 지원에 힘입은 인간 성정의 자유로운 분출, 민족어문학론의 뒷받침에 의한 국문시가의 가치 발견, 현실적·실질적·실용적 가치 지향에 따른 리얼리즘 기풍의 팽배, 경화사족층을 중심으로 문학의 세속화 경향, 집단적 공유의 공동 담론으로 변화한 텍스트 향유문화의 대중화가 그것이다. 이 시대에 많은 가사 텍스트가 작자성을 상실하면서 실명, 의명, 익명, 무명화되고 그에 따라 많은 이본들이 파생된 것도 이러한 담론기반과 상관된다고 보았다.

30) 교훈가사에 있어서 필사 향유의 구체적인 양상은 육민수, 「조선후기 교훈가사의 담론특성 연구」, 2003, 성균관대 박사학위논문 참조.

성산별곡의 논쟁점 검토

1. 성산별곡의 세 가지 쟁점

가사 작품 가운데 〈성산별곡〉만큼 많은 논란을 불러일으킨 작품은 아마도 드물 것이다. 우선 ① **'작자 문제'**에서부터 송강 정철의 작품이라는 일반론(김사엽 교수를 비롯한 대부분의 논자)에 대하여, 석천 임억령의 작품이라며 강력한 반론(강전섭 교수)이 제기된 바가 있고, 작자가 송강이라는 데에 이의가 없는 경우라 하더라도 ② 작품의 **'제작 시기'**가 관련 문헌에 따라 다르게 기록되어 있어, 어느 문헌을 기준으로 삼느냐에 따라 송강의 25세 때(김사엽 교수) 혹은 28세 이후(김동욱 교수), 30세 전후(박준규, 정익섭 교수)라 하여 공통적으로 젊은 시절에 지은 것으로 보는가 하면, 그게 아니라 40세 되던 해부터 45세 사이의 장년에 지은 것으로(서수생 교수) 보기도 하고, 그것도 부정하면서 50대 이후 만년(晩年)에 지은 작품(이병기 교수)으로 보기도 하여 제각기 다른 입론을 편 바 있다. 거기다가 이 작품의 서술 내용이 작자인 송강이 성산의 승경 속에서 신선 같은 풍류생활을 하고 있는 서하당–식영정 주인을 흠모하여 찬미한 것이라 할 때 그 ③ **'찬미 대상'**에 해당하는 서하당–식영정 주인을 김성원으로 볼 것인가(김사엽 교수 등 대부분의 논자), 임억령으로 볼 것인가(이가원, 정익섭 교수)로 팽팽하게 갈라져 있어 쉽사리 결론을 얻지 못한 바 있다.

이러한 여러 논란을 거치면서 문제가 더욱 난항으로 접어든 때에 최한선 교수가 이 세 가지 쟁점들을 하나하나 해명하기 위해 관련 문헌의 기록들을 치밀하게 대교(對校)하고 고증해 나가는 실증주의적 방법으로 해결을 시도하였을 뿐 아니라 그때까지 아무도 주목하지 않고 있던 〈성산별곡〉 작품 자체의 서술기법과 미학까지 예리하게 분석해 냄으로써 명쾌한 해결을 시도하여 반론으로 제시한 바 있다.[1] 그럼에도 불구하고 아무도 이러한 반론에 주목하지 않고 있어 『한국민족문화대백과사전』에 기술되어 있는 다음의 내용이 통설처럼 굳어져 있는 것이 오늘날의 답답한 현실이다. 이 사전은 우리의 민족문화 자산에 대한 지식을 공기관(한국학중앙연구원)이 주체가 되어 책임성 있게 기획·편집하여 내놓은 책인데다가 그 내용은 해마다 중요 참고자료가 되어 2019년 EBS 수능대비 특강 자료에까지 그대로 수용되어 전국의 대학입시 수험생들이 그것을 진실인 양 학습자료로 삼고 있어 더욱 심각한 문제가 아닐 수 없다. 이 사전의 〈성산별곡〉 항목을 보면

> 성산은 전라남도 담양군 창평면 지곡리에 있는 지명이다. **정철이 25세 이후**에 당쟁으로 정계를 물러나 이곳에서 살 때 **김성원(金成遠)을 위하여 이 작품을 지었다고** 한다. 당시의 문인 김성원이 세운 **서하당(棲霞堂)·식영정(息影亭)을 중심으로 계절에 따라 변하는 경치와 김성원의 풍류를 예찬한 노래**이다.
> 본래 이 작품은 당시 성산동 식영정에 모인 사선(四仙), 즉 김성원·정철·임억령(林億齡)·고경명(高敬命)이 같은 제목과 압운으로 지은 **한시 〈식영정잡영(息影亭雜詠)〉 20수를 부연·설명하고 탈태(奪胎)시켜 만든 것이다. 따라서 엄밀히 말하면 정철 자신의 순수한 창의라고 할 수는 없다.**

라고 기술되어 있어 작자가 송강 정철이라고 보는 관점 외에는 최한선 교수가 명쾌하게 제시한 반론을 전혀 반영하지 않고 있음을 확인할 수 있다. 이로 인해 수많은 전국의 대입 수험생들이 이런 잘못된 이해를 바탕으로 해마다 공부하고 있다는 사실을 생각해 보면 답답하기 그지없다. 그뿐만 아니라 끝부분에서 〈성산별곡〉의 문학적 가치에 대하여 한시 〈식영정잡영〉

1) 최한선, 「성산별곡과 송강 정철」, 『고시가연구』 제5집, 한국고시가연구회, 1998.

에 담긴 내용을 바탕으로 그것을 부연·설명하고 탈태시켜 만든 수준이어서 순수한 창작이라 하기는 어렵다고까지 작품을 심각하게 평가절하하고 있어 가사의 문학성에 대한 이해가 어느 수준인지 형언하기 어려울 정도다.

이에 필자는 이러한 잘못된 통설에 대한 예리한 반론을 편 최한선 교수의 입론을 중심으로 〈성산별곡〉의 작자 문제와 제작 시기 및 찬미 대상에 대한 그간의 논란들을 전면적으로 재검토하고 재논의하면서 그 해결점을 모색해 보고자 한다. 이러한 논란에 대한 해결점이 분명히 서지 않고서는 〈성산별곡〉의 작품 분석을 온당하게 해낼 수 없기 때문이다. 〈성산별곡〉을 둘러싼 기본 문제를 확고히 한 토대 위에서 송강의 서술전략과 문학성 탐색을 통해 세 가지 쟁점을 보다 확고히 해명하고 뒷받침해 나가는 방향으로 논의를 펼 수 있을 뿐 아니라 나아가 작품의 진정한 가치를 파악해 낼 수 있을 것이다.

2. 성산별곡의 작자 문제

우선 첫 번째 쟁점인 〈성산별곡〉의 작자를 송강이 아니라 굳이 석천 임억령으로 보려는 강전섭 교수의 주장[2]에 대한 타당성 여부를 살펴보자. 이런 견해는 『송강가사』가 간행된 숙종시대(송강의 현손(玄孫)인 정호(鄭澔)에 의해 숙종 22년(1696)에서 24년에 걸쳐 의성본(義城本)이 처음 간행됨) 이전에는 〈성산별곡〉을 송강이 지었다는 어떤 기록이나 증언 혹은 전설 따위를 찾아볼 수 없다는 이유를 들어 의문을 표한 데서 근거한 것이다. 이에 대하여 최한선 교수는 『송강가사』보다 18년이나 먼저 지어진 『석천집(石川集)』의 〈행적기략(行蹟紀略)〉(1678)과 김성원의 경신(庚申) 연보(1560)

2) 강전섭, 「성산별곡의 작자에 대한 存疑」, 『한국고전문학연구』, 대왕사, 1982.

및 행장(行狀)의 기록 모두 작자에 대하여는 송강이 지었다고 한 점을 들어 그런 의문을 가질 필요가 없음을 분명히 했다.

이러한 반론에 덧붙여 〈성산별곡〉이 석천의 작품이 아니라 송강이 지은 것이 확실하다면 작품 자체에 그것을 판정할 수 있는 근거가 어떤 방식으로든 문학적 표현으로 녹아 있는 부분을 찾아낼 수 있을 것이다. 가사는 허구적 진실을 추구하는 서사 양식이 아니라 실제 작자와 구분이 필요 없는 사실의 보고와 감정의 진실을 목적으로 하는 전술 양식이므로, 작품의 서술특징은 실제 작자와 구분되는 허구의 서술주체를 내세워 발화하는 것이 아니라 작자라는 실존적 존재의 인격적 발화가 중심이 되면서 문학성을 획득하는 표현 특징을 가지기 때문이다. 그런 점에서 실제 작자의 존재를 가늠할 수 있는 대목을 찾아보면 작품의 결사(結詞) 부분에서

엇그제 비ᄌᆞᆫ술이　　어도록 니건ᄂᆞ니
잡거니 밀거니　　슬ᄏᆞ장 거후로니
ᄆᆞᄋᆞᆷ의 ᄆᆡ친시름　　져그나 ᄒᆞ리ᄂᆞ다
거믄고 시욹언저　　風入松 이야고야

라고 한 진술을 눈여겨볼 필요가 있다. 마음에 맺힌 시름을 적으나마 풀어지게 하기 위해 술과 음악을 즐기는 작자의 호탕한 풍류를 노래한 부분인데, 이러한 발화는 송강을 작자로 보아야 더 어울리는 것이지 탈속고매(脫俗高邁)한 인물로 흠모되던 석천에게 어울리는 진술로 보기는 어렵다는 점을 우선 들 수 있다. 그보다 더 결정적인 것은 거문고 줄을 직접 타면서 〈풍입송〉을 연주하며 즐기는 모습은 궁중의 연향을 담당한 부서인 장악원(掌樂院)의 제조(提調) 벼슬을 지낸 것으로 알려진, 그리고 거문고 연주 실력이 뛰어난 것으로 알려진 송강이 아니고서는, 석천으로서는 도저히 불가능한 풍류라는 점에서 더욱 그러하다. 이러한 호탕한 풍류는 김성원

에게서도 마찬가지로 불가능함은 말할 것도 없다. 따라서 〈성산별곡〉의 작자를 송강으로 보는 데 의문을 가질 이유는 전혀 없는 것이다.

3. 성산별곡의 제작 시기와 찬미 대상

이렇게 작자를 송강으로 확정짓고 보면 이제 가장 논란이 많았던 제작 시기를 추정하는 일과, 성산의 승경 속에서 풍류를 즐기고 있는 서하당–식영정의 주인, 곧 찬미 대상이 누구인가에 대해 설득력 있는 논증이 요청된다. 이 두 문제에 대해 논란이 컸던 이유는 일차적으로 관련 문헌인 『서하당유고』와 『석천집』의 기록이 작자를 송강으로 지목하는 데는 일치하지만 제작 시기와 찬미 대상에 대해서는 서로 다른 기술을 보인다는 데 연유한다. 즉 김성원의 문집 『서하당유고』에서는 송강의 25세 때인 경신(1560)년 연보에 김성원이 성산 기슭에 서하당과 식영정을 짓고 당대의 어진 사대부들을 맞이하여 도의와 풍류를 즐겼는데 송강이 그러한 김성원의 맑고 깨끗하며 출진한 모습을 찬미하여 〈성산별곡〉을 지었다고 기록하고 있다.

그러나 임억령의 문집 『석천집』에 실린 김수항이 쓴 〈행적기략(行蹟紀略)〉과 이가원이 쓴 〈신도비명(神道碑銘)〉에서는 석천이 창평에 있는 성산의 수석(水石)이 아름다운 곳을 사랑한 나머지 몸소 서하당과 식영정을 지었으며 문집 말미에 붙은 연보에서 송강의 28세 때인 계해(1563)년에 당시 서하당–식영정 주인으로 있던 임억령을 찬미한 것처럼 기록하고 있어 혼란의 근원이 되었던 것이다. 그렇긴 하나 두 문헌 모두 제작 시기에 대해서는 송강이 20대의 젊은 시절에 지었다는 기록에서 일치한다. 이에 근거하여 〈성산별곡〉의 제작 시기를 송강이 '25세 이후' 창평에 내려와 있을 때 지은 것이라는 추정이 통설화되어 『한국민족문화대백과사전』에서도 그렇게 기술되었던 것이다.

그런데 『석천집』의 말미에 붙은 석천 연보의 기록을 좀 더 면밀히 따지면서 거기다 〈성산별곡〉이 순전한 창의가 아니라 〈식영정 20영〉과 〈서하당 8영〉 같은 한시를 바탕으로 지어진 작품이라는 관점을 중시하여 송강이 28세 때인 명종 18년 계해에 〈식영정기(息影亭記)〉가 완성되고 그 찬미 대상이 석천이므로 그 이후 석천이 생존해 있던 송강 33세 이전의 작품으로 보는 박준규 교수[3]의 견해가 나오기도 했다. 한편 이들 문헌 실증적 방법과는 달리 〈성산별곡〉의 텍스트 내용 자체를 중시하여 작품에 눈물을 머금은 처완(悽惋)함과 임금을 그리는 지극한 정이 보이지 않는 점, 격정과 흥분이 나타나지 않는 점, 청랑하고 아리따운 산수미가 곡진하게 읊어져 있다는 점 등을 들어 송강이 40세 되던 해부터 45세 〈관동별곡〉을 지을 때까지 사이에 창평 성산에 있을 때 지은 것으로 보는 서수생 교수[4]의 견해가 제출되기도 했다.

이러한 논란들에 대해 최한선 교수는 〈성산별곡〉이 지어진 시기는 작품의 주제가 성산의 사시 풍경의 변화와 그곳에서 산수미를 누린 서하당—식영정 주인의 풍류를 노래한 것이므로 작품에서의 화자로 설정된 성산을 지나는 '어떤 나그네'와 청자로 설정된 '서하당—식영정 주인'이 누구인가를 밝혀내는 것이 무엇보다 중요하다는 관점을 취하면서 송강가사의 대화적 기법을 중시하고 텍스트에 형상화된 내용과 일치되는지의 여부를 따져 그 제작 시기를 가늠해내는 획기적인 방법을 통해 문제를 풀어내고 있다. 그리하여 『서하당유고』와 『석천집』이 서하당—식영정 주인을 각기 다르게 지목하고 있는 것은 그 후손의 입장에서 바라본 관점이 반영된 것이므로 그 기록을 액면 그대로 받아들이는 것은 바른 이해가 아니라 하고, 작품의 내용, 문체, 분위기, 진술 상황, 발화 내용, 작자의 정치 현실적 상황

3) 박준규, 「성산의 식영정과 성산별곡」, 『국어국문학』 94호, 국어국문학회, 1985.
4) 서수생, 「송강의 성산별곡의 창작연대 是非」, 『어문학』 24호, 한국어문학회, 1971.

등을 종합적으로 고려하여 판단해야 한다는 태도를 취함으로써 기존 통설과는 판이하게 다른 결론에 이르고 있다.

그의 입론에 의하면 작품의 서두에서 화자로 등장하는 '어떤 나그네'의 정체가 청자로 등장하는 '서하당－식영정 주인'과 다르지 않으며, 이는 나그네가 곧 서하당－식영정 주인으로서 성산동의 진선(眞仙)임을 암시해주는 대목이 바로 결사 부분의 마지막 부분에 잘 드러나 있다고 보아 결국 나그네와 주인은 동일인으로 작자인 송강 자신을 형상화한 것이라는 주장을 폈다. 그 근거로 결사 부분에서,

> 손인동 主人인동　　다니저 ᄇᆞ려셔라
> 長空의 ᄯᅧᆺᄂᆞᆫ鶴이　　이골의 眞仙이라
> 瑤臺 月下의　　힝여 아니 만나신가
> 손이셔 主人ᄃᆞ려 닐오ᄃᆡ　　그ᄃᆡ권가 ᄒᆞ노라.

라고 진술한 부분을 특히 주목한 것이다. 이 부분에서 작품의 서술주체는 "손인동 주인인동 다니저 ᄇᆞ려셔라"라고 발화함으로써 주객일여(主客一如)의 태도를 보여주고 있고, 이러한 〈성산별곡〉의 진술방식, 곧 대화적 기법은 송강가사에 두루 확인되는 그의 서술전략의 하나로서 특히 〈사미인곡〉과 〈속미인곡〉에서 그 대화적 서술전략이 구체화되어 있는데 그 대화의 상대는 모두 작자인 송강 자신의 형상화였다는 점에 주목하여 그 입론을 뒷받침하고 있다. 이러한 주장은 당시로서는 서하당－식영정 주인을 당연히 김성원이나 임억령으로 보는 기존 통설을 완전히 뒤엎는 혁신적인 것이어서 쉽게 받아들여지지 않았던 것이다. 앞에서 살핀 바와 같이 관련 문헌 기록들에 따르면 김성원이 창평 성산 기슭에 서하당을 짓고 그 산수승경 속에서 서적에 침잠하며 깨끗하고 맑은 풍모로 벗들과 풍류를 즐기는 신선 같은 삶을 살았다는 사실, 그리고 스승이자 장인인 석천을 위하여 정자를 지어 식영정이란 이름을 받아 석천이 그곳에서 신선 같은 삶을 누

릴 수 있도록 거처를 제공해 준 사실이 널리 알려져 있었으므로 작품 속의 서하당과 식영정의 주인은 으레 김성원 아니면 석천이 될 것임을 누구도 의심치 않았던 것이다.

필자 역시 그러한 통설에 견인되어 아무런 비판의식 없이 받아들이는 선입견 탓에 최한선 교수의 그런 혁신적 주장을 흘려 넘기고 있다가 이번 기회에 〈성산별곡〉의 문학성을 탐색해 보자는 취지에서 작품을 다시 깊이 있게 음미해 보니 그의 주장이 예사롭지 않음을 확인하게 되었다. 작품 속의 서하당–식영정 주인이 누구냐의 문제는 〈성산별곡〉의 제작 시기와 맞물려 이해할 때 더욱 선명히 드러나는데, 최한선 교수 역시 그 해결점을 작품의 깊이 있는 천착을 통해 제작 시기를 밝혀내는 방법을 취했다. 그의 입론을 텍스트 자체의 검증을 중심으로 타당성 여부를 다시 전면적으로 재검토해 보기로 한다.

4. 쟁점에 대한 재검토와 해결점

〈성산별곡〉은 성산의 승경을 공간적 배경으로 하여 서하당–식영정 주인이 누리는 풍류를 중심으로 노래한 것이므로 그 제작 시기는 당연히 송강이 담양의 창평에서 거주할 때이거나, 벼슬살이를 하러 나아갔다가 당쟁의 소용돌이와 탄핵 등으로 인해 창평으로 낙향하여 지낼 때 지었을 것임은 말할 것도 없다. 그런데 문제는 송강이 창평과 인연을 맺으며 이러한 낙향살이를 한 시기가 무려 다섯 번이나 거듭되었으므로[5] 그 가운데 어느 시기에 〈성산별곡〉을 지었을 것인가를 판단해내기가 쉽지 않다는 것이다. 그래서 20대라는 설, 30세 전후라는 설, 40대 장년이라는 설, 50대 만년이

5) 송강의 거듭된 창평으로의 낙향은 이미 최한선 교수의 앞의 논문에서 상론하고 있지만, 송강의 전체 연보를 통한 자세한 정보는 박영주, 『송강평전』, 중앙M&B, 1999에 잘 정리되어 있어 함께 참고할 만하다.

라는 설이 설왕설래(說往說來) 되었던 것이다.

이러한 제설(諸說)에 대해 최한선 교수는 먼저 김성원의 『서하당유고』에서는 그 후손의 입장이 반영되었으므로 김성원을 찬미하기 위해서 송강이 25세 되는 경신 이후 몇 년 사이에 지었다고 하고, 임억령의 『석천집』에서는 역시 그 후손의 입장이 반영되었으므로 임억령을 찬미하기 위해서 송강이 28세 되던 계해에 지었다고 하는, 가문을 칭양하게 마련인 문집 편집의 속성상 엇갈린 기록이 나올 수밖에 없었음을 문헌 비판적 관점으로 타당성 있게 해명하고, 이어서 〈성산별곡〉의 다음 대목을 들어 그러한 기록들의 문제점을 날카롭게 비판한다.

하ᄂᆞᆯ 삼기실제　　곳無心 ᄒᆞᆯ가마ᄂᆞᆫ
엇디ᄒᆞᆫ 時運이　　일락배락 ᄒᆞ얏ᄂᆞᆫ고
모ᄅᆞᆯ일도 하거니와　　애ᄃᆞᆯ옴도 그지업다
箕山의 늘근고블　　귀ᄂᆞᆫ엇디 싯돗던고

이러한 화자의 진술은 "김성원, 임억령 그 누구에게도 해당하는 말이 될 수가 없다. 『서하당유고』, 『석천집』 등을 볼 때 두 사람은 정치현실에 뜻을 두지 않았던 사람들이다. 특히 임억령은 담양부사를 끝으로 스스로 성산의 임천(林泉)에 안긴 인물이기에 더욱 가사의 내용과는 거리가 있다. 김성원 역시 벼슬 따위엔 별 흥미가 없었다. 따라서 위의 가사 내용은 송강 자신이 스스로에게 한 말이 분명하며, 가의(歌意)의 의미상 그가 환해(宦海) 현실을 떠나서 고생할 때 지은 것이 아닐 수 없겠다"라고 텍스트를 예리하게 분석해냄으로써 찬미의 대상이 통설처럼 김성원이나 임억령이 아니라 송강 자신임을 밝혀내고 있다.

그렇다면 왜 『서하당유고』와 『석천집』에서는 〈성산별곡〉의 진술과 어긋나게 사실이 왜곡되어 있는 것일까? 이에 대하여는 일찍이 필자가 『삼국유사』의 설화를 분석하면서 '역사의 설화화'가 어떻게 이루어지는가를 도식화하여 설명한 바를 참고할 수 있겠다.[6] 즉, 애초에 ① 근거가 되는 역사적 사실, 곧 사실담(事實譚)이 있고, ② 그 사실에 대해 세상 사람들의 흥미와 호기심, 곧 흥미소(興味素)가 작동하여 사실과는 다른 설화적 해석의 텍스트(전설이나 민담)가 만들어지고 ③ 여기에 담당층의 세계관이나 목적의식을 효과적으로 혹은 합목적적으로 제시하기 위해 효용소(效用素)와 목적소(目的素)가 작동하여 그 설화를 효과적으로 유포시키고 혹은 목적에 맞게 널리 확산시키는 텍스트로 재구성·재창작되는 과정을 거치게 된다는 요지다.

이러한 도식을 〈성산별곡〉의 텍스트 내용과 『서하당유고』 및 『석천집』의 관계에 적용해 보면, 애초에 〈성산별곡〉이 송강이라는 작자가 자신의 정치적 환해풍파를 겪고 창평에 낙향해 있을 때 그곳 성산의 승경과 풍류를 즐기면서 서하당-식영정 주인으로서 신선적 삶을 인정받고자 자술적(自述的) 언술을 대화체 기법으로 노래한 것이 역사적 사실(事實譚)이고, 이 작품이 세상에 전해지면서 세상 사람들의 흥미소가 작동하여 인구에 회자되고 널리 확산되자 김성원의 후손과 임억령의 후손들이 각기 자기네 가문의 효용과 목적에 맞게 효용소와 목적소를 작동시켜 〈성산별곡〉에서 서하당-식영정의 주인이면서 진선(眞仙)으로 확인받는 신선적 풍류가 그들 몫이라고 '전설화'하여 각기 자기네 가문의 편집 의도와 효용에 맞게 '재해석'한 기록이 그들 가문의 문집에 기술된 것으로 이해하면 될 것이다. 이렇게 두 가문의 문헌 전설적 기록이 만들어질 수 있었던 요인으로는 〈성산별곡〉에 형상화된 송강의 대화기법이 워낙에 고도의 서술전략을 바탕으로 한 것이어서 텍스트 속의 서하당-식영정 주인의 정체, 곧 찬미대상이 누가 될지를 직접적으로 드러내지 않고 '산옹'이나 '학' 혹은 '진선' 같은 문학적 형상어로만 기술했기 때문에 그 정체를 자기네 가문에 유리

6) 김학성, 「삼국유사 소재 설화의 형성과 변이과정」, 『한국고전시가의 연구』, 원광대출판국, 1980.

한 인물로 특정할 수 있었을 것이다.

한편 정익섭 교수는 송강이 30세를 전후한 몇 년 사이에 성산에 들르러 왔는데, 그때까지도 속세를 등지고 식영정에 우거하면서 신선처럼 풍류를 즐기고 있는 석천을 보고 감동을 받은 나머지 〈성산별곡〉을 짓게 되었다는 추론을 폈는데,[7] 이에 대하여 최한선 교수는

人心이 ᄂᆞᆺᄀᆞᆺᄐᆞ야	보도록 새롭거ᄂᆞᆯ
世事ᄂᆞᆫ 구롬이라	머흐도 머흘시고
엇그제 비ᄌᆞᆫ술이	어도록 니건ᄂᆞ니
잡거니 밀거니	슬ᄏᆞ장 거후로니
ᄆᆞᄋᆞᆷ의 ᄆᆡ친시ᄅᆞᆷ	져그나 ᄒᆞ리ᄂᆞ다
거ᄆᆞᆫ고 시ᄋᆞᆲ언저	風入松 이야고야
손인동 主人인동	다니저 ᄇᆞ려셔라

이러한 텍스트 진술에서 보듯이 그의 30대에 지어진 것이라면 "이때는 순탄하게 벼슬살이를 하던 시절인데 송강에게 맺힌 시름은 도대체 무엇이며, 유유자적하게 임천에서 풍류를 즐기며 신선처럼 지내는 석천의 시름은 과연 무엇이기에 실컷 술을 마신 뒤에 제자와 스승의 본분을 잊어버릴 정도였을까"라고 의문을 표하면서, 존경해 마지않았던 40세 연상의 석천에 대하여 '손인동 주인인동 다 잊어버릴' 만큼 만만하게 대할 수 있는 처지가 아니라는 관점에서 사리에 맞지 않는다고 합당한 비판을 가했다.

그리고 서수생 교수가 송강이 40세 되던 해부터 45세에 〈관동별곡〉을 지을 때까지 사이에 고장(故庄) 성산에 있을 때 서하당 김성원을 위하여 〈성산별곡〉을 지은 것이라 한 주장에 대해서는, 이때는 고작 넉 달 동안의 체류 기간밖에 되지 않았는데 어떻게 춘·하·추·동의 승경을 노래하는 일 년간의 일을 술회할 수 있었는지 납득이 되지 않는다고 비판했다.

이러한 예리한 비판과 반론 끝에, 최한선 교수는 여러 사정을 종합해

7) 정익섭, 「석천집과 성산별곡」, 『한국문학연구』 12집, 동국대 한국문학연구소, 1989.

볼 때 〈성산별곡〉의 제작 시기는 송강이 50세 때 판돈령(判敦領)이 되고 같은 해에 양사(兩司)의 논척을 받고 고양에 머물다 곧이어 창평으로 돌아온 후 그로부터 54세 때인 을축년 11월에 특명으로 우의정이 되어 다시 환로(宦路)로 나가기까지 4년여의 기간 사이에 시조와 가사, 한시 등 주옥 같은 작품을 많이 남기게 되는데 바로 이때에 지었을 것으로 추정된다고 했다. 그러면서 더 구체적으로 〈성산별곡〉의 여러 표현 수법이나 작품의 분위기를 고려할 때 〈사미인곡〉과 〈속미인곡〉의 양 미인곡은 선조 20년(1587년)인 52세에 지어졌을 가능성이 높고, 〈성산별곡〉의 진술 태도는 양 미인곡에 비해서 절박하지 않음을 보여주기 때문에 양 미인곡보다는 먼저 제작된 것으로 짐작된다고 결론지었다.

이러한 최한선 교수의 통설에 대한 비판과 제작 시기에 대한 최종 결론은 논리상으로 어떠한 모순점이나 무리가 발견되지 않는 정당한 것이어서 그에 대한 새로운 비판이나 반론의 여지가 없어 보인다. 그렇다면 이제 남은 과제는 그가 얻어낸 제작 시기와 찬미 대상을 바탕으로 하여 〈성산별곡〉이라는 문학 텍스트의 서술 속에서 송강의 서술전략에 따른 형상화 기법이 어떤 양상으로 작품에 문학성을 띠고 녹아 있는가를 정교하게 탐색해내는 일이라 하겠다. 이에 대하여는 제2부에서 본격적인 작품 분석을 하면서 다루기로 한다.

현대가사의 명칭에 대한 관견

1. 현대가사의 명칭 논란

전남 담양에 있는 가사문학관을 발원지로 하여 전통가사를 현대에 계승하자는 열기가 뜨겁다. 이를테면 가사문학관 주최로 해마다 전국 가사 창작대회를 열고 학생부와 일반부로 나누어 실력을 겨루게 한다든지, 한국가사문학 대상 작품을 공모하여 우수한 가사 작품을 선정해 포상한다든지, 역량 있는 현대 시인들로 하여금 가사 창작집을 낼 수 있도록 창작 기금과 출판비를 지원한다든지, 계간지 『오늘의 가사문학』을 통해 참신한 신작 가사를 언제든 발표할 수 있는 지면을 누구든 가리지 않고 제공한다든지 하는 등등의 모습들이 그 열기를 말해준다. 이에 더하여 김종 시인 같은 자유시와 현대시조를 능숙하게 쓰는 유명 시인이 본격적인 가사 창작집을 펴내었고, 이어서 앞으로 창작 지원을 받은 이지엽, 이달균, 홍성란, 이정환 같은 유명 시인들의 가사 창작집이 속속 출간 예정임을 계기로 가사의 현대적 계승은 본궤도에 오를 전망이다. 그동안 시조와 더불어 우리의 전통시가 장르를 대표하던 가사문학이 개화기 때만 해도 애국계몽가사 등으로 번창하는 듯했으나, 근대 자유시가 주류 장르로 부상하면서 거의 소멸 직전까지 가다가, 이제 가사문학관을 구심점으로 다시 현대의 가사로 소생하여 발전을 향해 나아가려는 중대한 전환점에 온 것이다.

이러한 전환점에서 현대에 창작되어 향유되는 가사문학의 명칭을 어떻게 지정할 것인가를 두고 두 가지 견해가 팽팽하게 맞서 있어 주목된다. 현대에 지어진 가사이니 그냥 범박하게 '현대가사'라는 명칭을 쓰자는 일반론적 제안이 그 하나이고, 다른 하나는 전통시대 가사는 수성(隨聲)가락에 얹어 읊조리는 '노래'로 지어졌지만, 오늘날의 가사는 노래의 음영 가락에 실리지 않고 순전히 언어로써 4음4보격 연속체 율문으로 표출하는 '시'로 지어지는 것이므로, 전통의 가사 명칭에 '시'라는 말을 덧붙여 '가사시'라는 특수 명칭을 사용해야 그 장르 성격이 보다 분명하게 드러날 수 있다는 최한선 교수를 중심으로 한 제안이다. 이렇게 오늘의 가사를 '현대가사'로 부를 것인가, '가사시'로 부를 것인가의 문제가 논란의 중심에 서 있는 것이다.

장르의 명칭은 전통시대에는 기존에 관습적으로 일반화되어 불러오던 명칭을 별 문제의식을 가지지 않은 채 그대로 수용하는 경향이 주류를 이루어 왔지만, 문학 장르를 의식적으로 공유하는 오늘날에는 장르 명칭을 아무런 문제의식 없이 그냥 관습에 맡길 것이 아니라, 장르의 발전을 위한 방향 설정에 중대한 영향을 미친다고 보아 어떠한 명칭이 더욱 합당하고 전향적인지를 검토하고 성찰할 필요가 있다고 본다. 그런 점에서 장르의 명칭부터 짚고 넘어가야 가사문학의 발전을 위해 확실한 지표를 삼을 수 있지 않을까 생각한다. 장르의 명칭은 명목상의 그것으로 끝나는 것이 아니라 '장르 표지'의 역할을 하면서 해당 작품을 그러한 표지에 따라 읽고 이해해야 한다는 길잡이가 되어 주기 때문이다. 예를 들면, 서정주의 다음에 인용한 작품은 그 외형적 형식으로만 보면 4음4보격을 기조로 하는 3장 6구의 형식을 갖추고 있어 현대시조 작품이라 해도 무방할 정도이다.

해와 하늘빛이
문둥이는 서러워

보리밭에 달 뜨면
애기 하나 먹고

꽃처럼 붉은 울음을 밤새 우렀다.

- 서정주, 〈문둥이〉[1]

그런데 이 작품은 오로지 자유시로만 구성되어 있는 『화사집(花蛇集)』(1941)에 수록되어 있고, 시인 자신도 자유시로 쓰고 발표한 것이 분명한데, 그 형식 틀이 시조와 같다 하여 다른 시들과 달리 유독 이것만을 시조로 보아 시조 장르로 이해하고 감상해야 하는지는 극히 의문이다. 아니, 자유시집 속의 하나로 수록되었으므로 시조가 아닌 자유시로 읽으라는 '장르 표지'를 달고 있는 셈이므로 반드시 자유시로 읽어야 하는 것이다. 그럼에도 어떤 시조시인[2]은 이 작품을 시조로 보면서 "시조 형식에 완벽하게 부합하거나 완벽에 가깝게 나타나는" 유형으로 간주하여 이해하고자 한다.

그러나 이 작품을 시조로 읽을 때와 자유시로 읽을 때는 미학적 기대범주가 전혀 다른 차원에 놓임을 유념해야 한다. 즉, 이 작품의 중심 의미가 생명에의 질박한 충동과 그런 욕구를 충족할 수 없는 상황의 처절함을 노래한 것이지만, 자유시로 읽을 경우 그 처절한 울부짖음이 더욱 불안과 고독에 휩싸이게 하는 분위기를 조성하지만, 시조로 읽을 경우는 표현이 절제된 양식이므로 그런 처절한 슬픔과 생명의 욕구가 담담하게 절제되고 안정되게 다스려져 불안과 고독이 그만큼 상쇄된 의미로 읽혀질 것이다. 따라서 이 작품은 자유시로 읽어야 장르 표지에도 부합하고, 그 분출하는 생명에의 충동적 욕구를 더 생생하고 맛깔스럽게 읽을 수 있는 것이다. 그만큼 장르 표지는 중요성을 가진다. 따라서 오늘의 가사를 '현대가사'라는 명칭으로 범박하게 장르 표지화할 것인가, 아니면 '가사시'라는 보다 장르의 지향성을 강하게 갖는 명칭으로 독특하게 장르 표지화할 것인가는 중대한 문제가 아닐 수 없다.

---

1) 『미당시전집』 1권, 민음사, 1994, 37면.

2) 박기섭, 「자유시 속의 시조 읽기」, 『열린시학』 2004년 여름호.

2. 현대시 장르체계에서 가사의 위상

오늘의 가사 명칭을 '현대가사'로 할 것이냐 '가사시'로 할 것이냐의 판가름은 장르의 이론적 성찰을 토대로 하여 무엇보다 그 장르체계상의 위상과 장르 지향성에 적합한 명칭으로 결정되어야 한다. 하나의 역사적 장르는 각각의 시대 내부에서 다른 장르들과 하나의 체계를 이루고 있어서 동시대 다른 장르와의 상호 관계 속에서 파악되고 정의되어야 하는 것이 장르 이론의 첫 번째 요건이기 때문이다. 그런 점에서 오늘의 가사문학은 자유시, 현대시조와 더불어 '현대시' 장르의 한 종류로 위치하고 있으므로, 우리 시대의 현대시 장르체계 속에서 그 위상을 파악해 보면 그 명칭이 어떠해야 장르 경쟁력을 가질 수 있는지 판단의 기준이 나올 것이다.

잘 알다시피 우리 시대의 시가 장르는 자유시가 주류 장르로서 군림하고 있으며, 그것과 경쟁 장르로 현대시조가 위치하고 있지만, 현재로서는 자유시의 위세에 눌려 현대시조는 변두리 장르에 머물고 있다. 여기에 현대의 가사가 뒤늦게 경쟁에 뛰어들게 되었는데, 아직은 그 세력이 극히 미미하여 현대시조보다도 더 변두리 장르로 자리매김하고 있는 게 현실일 수밖에 없다. 이러한 현재의 형국으로 보아서 오늘의 가사는 자유시를 따라잡기에는 너무나 먼 거리에 있고, 다만 현대시조와 어깨를 나란히 하는 정도로 발전해 나가는 것이 현재의 목표라면 목표라 할 것이다.

그렇다고 아주 절망적인 것은 아니다. 오늘날의 주류 장르로 군림하고 있는 자유시가 그 형식과 시적 운용에 있어서 지나치게 방만하고 난해한 데다, 기괴함까지 보이고 있어 대중과의 소통이 원활하지 못한 처지에 놓여 있다. 이로 인해 자유시는 독자를 많이 상실하고 있는 반면, 전통 장르를 계승한 현대시조는 창작에 참여하는 시인의 수가 괄목할 정도로 늘어나고 있고 시조 전문 잡지도 상당수 확보하고 있어 그 위세가 날로 확장되어 가는 추세여서 대조적 현상을 보이고 있다. 이러한 현상은 자유시가 형식에서 지나치게 자유를 추구한 나머지 율격의 괴멸 현상까지 보여주며 더욱 불안정한 혼란 속으로 빠져들어 가고 있음에 비해, 현대시조는 안정적인 율조와 미학으로 다듬어져 장르 경쟁력에서 자유시를 넘어설 자질을 충분히 갖추고 있음을 말해주는 것이어서 앞날이 기대되는 장르라 할 수 있다.

현대시조가 전통시조로부터 이어져온 이러한 안정적 율조와 미학적 강점을 갖고 있어 자유시에 충분한 경쟁력을 갖추고 있다는 점은, 우리 시대의 가사 역시 전통가사로부터 이어져온 안정적 율조와 미학을 갖고 있다는 점에서 자유시에 대한 장르 경쟁력을 태생적으로 갖추었다고 해야 할 것이다. 그런 점에서 현대가사의 장르적 발전을 위해 고무적이라 하지 않을 수 없다. 다만 현대시조나 현대의 가사가 다 같이 자유시와의 '경쟁 장르'로 자리 매김하면서 전통 장르를 계승하여 현대의 정신과 감성에 호소력을 갖는 장르로 발전 경로를 잡는다는 면에서는 서로 겹치는 부분이어서 두 장르 사이의 새로운 경쟁 관계가 성립될 수 있을 법도 하다.

그러나 현대시조는 3장 6구 12음보로 완결하는 '단형의 서정 장르'이고, 현대의 가사는 4음4보격 연속체로 행을 얼마든지 늘여갈 수 있는 '장형의 교술(전술) 장르'이므로, 서로 장르 성향을 판이하게 갖고 있어, 경쟁 장르가 아니라 상호 '보완 장르'로서 나란히 발전해 갈 장르 여건을 갖추고 있다는 점에서 그러한 염려는 하지 않아도 될 것이다. 다만 가사는 장형의 교술 장르인데다 메시지 전달에서 상당히 자유로움을 갖는데, 이런 장르 조건은 현대 수필 장르 또한 공유하고 있어서 이 두 장르 간의 경쟁을 생각할 수 있을 것이다. 하지만 그 또한 기우에 불과하다. 현대수필은 '산문'으로 표출되는 교술 장르이고, 현대의 가사는 '율문'으로 표출되는 교술 장르이므로, 이 또한 상호 보완 관계에 있는 장르이지 경쟁 관계의 장르가 될 수 있는 것은 아니다.

이처럼 현대의 가사가 현대시조나 현대수필과는 '경쟁 장르'가 아니라 상호 보완 관계에 있는 '인접 장르'라는 점에서, 세 장르 간에는 앞으로 긴밀한 유대 관계가 펼쳐질 것으로 예상된다. 하지만 현대시조와 현대의 가사는 다 같이 자유시와는 그 반대 장르 성향을 갖고 있으므로, 자유시와는 끝내 긴밀한 유대관계를 가질 수는 없을 것이다. 따라서 현재시조나 현대의 가사와 대립 관계에 있는 자유시는 어쩌면 영원히 화동할 수 없는 경쟁 장르 관계여서 그 장르로서의 경쟁은 어느 한쪽이 압도당할 때까지 계속될 것으로 보인다. 왜냐하면 현대시조와 현대의 가사는 전통시가의 문화적 패러다임과 노래하기 전통에서 구축해온 시적리듬을 충실히 계승하면서 변용하는 방향으로 현대화의 길을 가고 있음에 반해, 자유시는 어떤 유파(類派)의 경향화(傾向化)된 흐름으로 가든, 개인의 고독한 내면으로 가든, 전통시가의 노래하기 전통에서 구축해온 시적리듬을 철저히 거부하고 그로부터 일탈하여 '자유율'이라는 이름으로 무한정 자유롭게, 그것도 아주 '개성적'으로 성취하려는 방향으로 전개되고 있기 때문이다. 그로 인해 자유시는 시에서 개성적 성취의 자유로움은 얻었으나 민족적 감성에 호소하는 영혼의 울림, 곧 시적 감동의 면에서는 더욱 멀어져 가는 모습이 주류를 이루었다. 자유시의 이러한 자유율적 시형(詩形)의 시도는 중세적 정형의 틀에서 완전히 벗어난 새로운 운율의 창안이라 할 터이지만, 그것이 시적 내용과 상관하는 내면적 정서와의 결합으로 생겨난 '살아 있는 리듬'이 아니라는 점에서 공감이나 감동을 얻을 수는 없었다. 그 결과 자유시는 다수 대중의 독자를 상실하게 된 것이다.

현대 자유시가 독자를 상실한 연유는 시인 오규원이 "자유시 예술은 중도라든지, 타협이라든지, 모범이라든지 하는 것에 있지 않고 극단에 있습니다. 대중도 없고, 환호도 없고, 독자도 없는 곳으로 가십시오. 그곳에 자리잡으면 독자가 새로 창조될 것입니다"[3]라고 한 말에 집약되어 있다. 자유시가 기존의 모든 시적 성취를 모범으로 삼거나 타협하기를 거부하고 독자적인 고독한 길로 가다 보면 새로운 독자가 생겨날 것이라는 잘못된

3) 오규원, 『현대시작법』, 문학과지성사, 2003 참조.

낙관적 전망이 깔려 있는 것이다. 독자의 호응이 없는, 그리하여 고독한 길로 가는 자유시는 결국 도태의 운명을 맞을 수밖에 없는 것이다. 현대시의 장르체계라는 질서 속에서 자유시의 이러한 도태할 운명의 전망은 반대로 그와 경쟁 관계에 있는 현대시조와 현대의 가사에 있어서는 오히려 장르 발전의 기회가 될 수 있음을 말해준다.

또한 자유시 가운데 오늘날까지 잊히지 않고 오래 기억되어 심금을 울리는 명작은 자유시의 그 자유율적 표현이 전통 리듬과는 무관한 고립의 길로 가기보다, 고전시가의 '노래하기' 전통에서 오랜 세월 시적 리듬으로 가꾸어 온 민족적 리듬을 그대로 수용하거나 여러 형태로 변주한 데서 찾을 수 있다는 점을 주목할 때 현대가사의 발전 가능성을 예단(豫斷)할 수 있게 한다. 이를테면 김소월의 많은 명시가 고려 속요에서 양식화된 3보격 리듬을 그대로 수용한 것이고, 한용운의 『님의 침묵』에 보이는 산문적 명시들도 2보격과 3보격, 4보격 같은 전통 리듬을 변주 형태로 수용하거나 교묘히 배합하는 모습을 보이고, 박두진의 〈해〉는 4보격을, 조지훈의 〈낙화(落花)〉는 2보격을, 서정주의 〈동천(冬天)〉은 3보격을, 김수영의 〈풀〉은 2보격을, 정진규의 산문시 〈들판의 비인 집이로다〉는 4보격을, 오규원의 〈골목에서〉는 3보격을 기조로 하거나 심층에 깔면서 그 전통 리듬을 개성적 리듬으로 변주하여 활용함으로써 심금을 울리는 명시(名詩)가 될 수 있었다.

이런 사실로 미루어 볼 때 자유시가 산만함을 벗어나 영혼을 움직이는 힘을 얻으려면 고전시가에서 성취한 전통적 리듬을 서정적 울림의 동력으로 삼아야 가능하며, 그래야 우리의 심금을 울리면서 오래도록 기억하게 하는 명시로 남게 된다는 것이다. 그런데 현대의 가사는 이미 전통적 리듬인 4음4보격을 기저 율격으로 표출하기로 이미 장르상으로 약정되어 있으므로, 리듬을 통한 시적 울림은 보장되어 있는 터이다. 그러나 전통 리듬의 계승만으로는 자동적으로 독자의 심금을 울릴 수 있는 요건을 충분히 갖추었다 하기 어렵다. 리듬에 더하여 현대시로서의 포에지(poesie), 곧 시성(詩性)을 갖추어야 비로소 자유시와의 경쟁에서 살아남을 수 있거나 발전의 길을 열어갈 것이다.

대개의 자유시는 전통적 리듬을 철저히 거부함으로써 리듬을 통한 시적 울림의 경쟁력은 상실했지만, 그 대신 현대시로서 갖춰야 할 포에지만은 풍부하게 갖춤으로써 장르 경쟁력을 확보하고 있어서 쉽사리 현대시의 주류 장르 위치를 내줄 가능성은 희박하다 하겠다. 그렇다면 현대가사가 처한 이러한 악조건, 즉 장르상의 취약한 위상을 고려할 때 무엇보다 우선해야 할 것은 바로 포에지를 갖추어야 한다는 것이다. 포에지를 갖추지 못한 현대의 가사는 자유시의 경쟁 상대가 될 수 없다는 말이다.

3. 현대가사의 경쟁력 있는 명칭

지금까지의 논의를 통해서 우리는 현대의 가사가 장르적 경향성을 확고히 하고 다른 장르와의 경쟁력을 탄탄하게 가지려면, '장르 표지'를 분명히 하면서 '포에지', 곧 시로서의 문학성을 갖추어 독자의 호응과 감동을 불러일으켜야 한다는 두 가지 조건이 필요함을 살펴보았다. 이제 이 두 가지 조건에 비추어 현대의 가사 명칭을 검토해 보기로 하자.

먼저 현대의 가사 명칭을 그냥 범박하게 '현대가사'라 칭하는 것이 자연스럽고 무난할 것이라는 견해다. 그런데 이 명칭은 현대라는 시대적 명칭에 가사라는 장르 명칭을 결합한 것이어서 어느 시대에 가사가 소통된 것인지를 알려주는 것 외에는 다른 의미망을 갖지 못하는 문제점을 갖는다. 아니 더 큰 문제는 현대라는 시대적 명칭에서 그 현대라는 것이 언제나 현대로 남아 있질 않고, 언젠가는 과거로, 즉 '근대'로 편입되는 날이 올 것이라는 것이다. 즉 우리는 오늘날 현대가사라는 명칭을 아무런 구애 없이 쓰게 된다 하더라도, 미래의 어느 날엔가 가사의 제시 형식이 변화되는 날이 올 경우 그 시대의 현대와 오늘의 현대는 그 제시 형식의 전환으로 인해 장르의 성향이 크게 달라질 것이다. 따라서 그 미래 시대에서 바라보는 지금 우리 시대의 가사는 '읽는 시'로 제시 형식이 전환되어 향유되던 소통방식이 중요할 것이므로, 읽는 시로서의 가사 명칭, 곧 '가사시'라는 장르 명칭으로 호칭될 날이 올 것으로 예측된다.

그렇다면 언젠가는 현대라는 명칭을 쓸 수 없는 시대에 호칭될 '가사시'라는 명칭을 앞당겨 쓰는 것이 현명한 처사가 아닐까 한다. '가사시'라는 명칭을 쓰자는 주장은 오늘의 가사가 전통가사의 구태(舊態)에서 벗어나 현대시의 일원으로서 자유시나 현대시조와 더불어 어깨를 나란히 하여 그들과 경쟁력을 확보하자는 장르의식이 강렬하게 투영된 명칭을 쓰자는 의도가 깔려 있다고 하겠다. 즉 '가사시'라는 명칭은 가사라는 장르 표지에 '시'라는 명칭을 덧붙임으로써 '포에지'를 확보하는 장르로 발전시켜 나가자는 장르 지향의 목표의식이 뚜렷한 명칭으로 되는 것이다. 따라서 '가사시'라는 명칭은 앞에서 언급한 '장르 표지'와 '포에시'라는 두 가지 조건을 아울러 충족하는 것이 되므로 '현대가사'라는 범박한 명칭보다 자유시와의 경쟁에서 훨씬 더 경쟁력 있는 장르 명칭이 될 것임이 확실시 된다.

잘 알다시피 현대의 가사는 가사를 가창(노래하기)이나 음영(읊조리기) 같은 '음악적'으로 향유하던 시대는 끝나고, 눈으로 읽고 머리로 생각하는 '문학적' 향유 시대로 제시 형식이 근본적으로 변하게 되었다, 따라서 오늘의 가사를 대하는 현대의 독자라면 가사를 통해 우선적으로 시로서의 문학성을 충족하는 방향으로 기대 지평이 작동될 수밖에 없는 것이다. 더욱이 오늘의 가사가 위치하고 있는 현대사회는 옛날의 가사가 향유되어 왔던 전통사회와는 문화적 · 미적 패러다임을 근본적으로 달리할 정도로 엄청나게 달라졌다. 따라서 전통사회의 문화적 패러다임이나 미의식에 안주하여 가사 장르라는 형식만 갖추어 현대의 삶이나 정서를 표출하려 한다면 현대 독자의 공감과 뜨거운 호응을 받기가 어렵게 될 것이다.

예를 들면, 『소정가사(素亭歌辭)』라는 이름으로 가사집을 5권이나 낸 이휘 여사 같은 분이나, 조애영, 고단 같은 영남지방 부녀자층을 중심으로 한 현대의 가사는 '법고(法古)'에만 치우친 나머지 현대의 독자들을 감동시킬 만한 포에지, 곧 '현대시로서의 문학성'을 갖추지 못하고 있어 현대 독자들에게 공감력을 획득하기에는 역부족임을 누구나 인정할 것이다. 따라서 이들의 현대가사 작품이 가사의 전통을 이어간다는 점에서는 표창감이 되고 칭송의 대상이 될 터이지만, 현대가사의 모델이 될 수는 없는 것이다. 다시 말해 이들 작품은 현대인의 심금을 울리는 문학 텍스트로서의 기대 지평을 충족하지 못하고 있다는 것이다. 그 이유는 그들의 가사가 현대의 미적 감수성과 시적 정취인 '포에지'를 갖추지 못하고 있어, 마치 전통가사를 읽는 기분에서 한 치도 벗어날 수 없다는 데 문제가 있는 것이다. 이들의 가사를 현대에 지어졌다고 해서 현대가사라 칭하면서 장르적 모범으로 삼는다면 자유시와의 경쟁에서 과연 살아남을 수 있겠는가.

가사를 가창이나 음영 같은 음악적으로 향유하던 시대인 전통사회에서도 가사의 포에지, 즉 시로서의 문학성은 중요시되었다. 이를테면 조선시대에 가장 널리 인구(人口)에 회자(膾炙)되고 가장 높은 평가를 받았던 송강 정철의 가사 작품을 생각해 보면 알 수 있다. 이선(李選)이 쓴 『송강가사』의 서문을 보자.

> 위 작품은 송강 상국 정문청공이 지은 것이다. 공의 시(詩)와 사(詞)가 청신(淸新)하고 빼어나서 사람들의 입에 오르내렸고, 가곡은 더욱 절묘하여, 지금도 옛 장편과 단가가 크게 전하고 있다. 비록 굴원의 초사와 이소, 소자첨의 사(詞)와 부(賦)라도 이보다 낫다고 할 수 없을 것이다. 매양 그것을 목소리를 가다듬어 높이 가영하는 것을 듣노라면 성운이 청초하고 그 뜻이 빼어나서 그 표표함이 부드러운 바람을 타고 허공에 날개가 달린 신선처럼 날아오르는 것 같음을 깨닫지 못하였다. 그 임금을 사랑하고 나라를 사랑하는 정성이 지극한즉, 또한 **노랫말에서 신하가 심력을 다하는 모습이 드러나, 사람으로 하여금 마음이 아파옴을 느끼게 하고, 탄식을 일으킨다.** 진실로 하늘이 낸 충의가 아니라면 세상의 풍류 사이에 그 누가 능히 이렇게 할 수 있겠는가.[4]

진한 글씨로 표기한 데서 드러나듯, 송강의 작품이 뛰어난 점은 노랫말에서 심력을 다하여 사람으로 하여금 깊은 감동을 불러일으켜 마음이 아파오게 하고 탄식을 일으킬 정도로 노랫말의 포에지를 고도화했던 탓에 굴원의 초사와 이소, 소식의 사와 부보다 낫다고 평가하고 있는 것이다. 이처럼 전통가사에서도 노랫말의 포에지, 곧 시적 정취가 탁월하여 사람을 감동시킬 때 인구에 널리 회자되고 높은 평가를 받았던 것이다. 그래서 김만중은 송강의 미인곡을 영중(郢中)의 고상한 백설곡(白雪曲)이라 평가하고, 우리나라의 진문장(眞文章)은 송강의 가사 3편이라 말했던 것이다.

이처럼 문학작품은 많은 사람에게 '소통'이 되어 깊은 감동과 뜨거운 호응을 얻는 것이 무엇보다 중요하다. 그렇다면 소통을 극대화하기 위해서는 가사라는 장르를 통해 '무엇'을 소통할 것인가보다 '어떻게' 소통할 것인가에 중점을 두어야 할 것임은 자명하다. 즉 가사에 무슨 내용을 담느냐보다 그 내용을 '어떻게' 담론화하여 고도의 소통을 성취할 것인가에 현대가사의 앞날이 달린 것이다. 노래로 실현되지 않고 눈으로 읽는 시내에 가사를 보다 '시적'으로 소통해야 노래에 버금가는 현대의 가사로 실현될 수 있다는 점에서, 현대의 가사 명칭을 '가사시'로 하자는 제안의 이면에는 이러한 염원이 담긴 것으로 보인다. 옛 전통가사는 음악적 향유의 리듬을 타기 때문에 소통의 미학적 바탕이 언어적 표현 이전에 마련되어 있지만, 현대가사는 '읽는' 소통이기 때문에 오직 언어를 통해 미적인 소통을 담보해야 한다는 점은 누구나 동의할 것이다. 그러므로 현대의 가사는 포에지를 고도화하는 '시적 차원'으로 장르가 실현되어야 현대시로서의 장르 경쟁력을 확보할 수 있다는 점에서, '가사시'로 장르 명칭을 삼아야 한다는 주장이 훨씬 더 타당해 보인다. 문학 텍스트의 가장 효율적인 소통을 염두에 둔 현대가사의 명칭이기 때문이다.

여기서 문제는 현대가사는 노래의 한 종류가 아니라 시의 한 종류이므

4) 『송강가사』 의성본, 李選 序

로, 시의 하나라는 점을 강조하기 위해 '가사시'라는 용어를 쓰자는 주장에 대해 반론이 있을 수 있다. 즉 시조를 '시조시'라 부르자는 주장과 일치하는 면이 있기 때문이다. 실제로 현대의 시조를 두고 '시조시'라는 명칭과 '현대시조'라는 명칭이 경쟁하다가 '시조시'라는 명칭은 도태되고 '현대시조'라는 명칭으로 확정되어 오늘날에 이르고 있음은 주지의 사실이다. 시조의 이러한 사례를 근거로 '가사시'라는 명칭도 언젠가는 '현대가사'라는 명칭에 밀려 도태될 날이 오지 않을까 하는 전망도 가능하다. 그에 더하여 '현대시조'와 대응되는 장르 명칭으로는 '가사시'보다는 당연히 '현대가사'가 더 적절하므로 현대가사라는 명칭을 사용하는 것이 자연스럽고 편리할 것이라는 입론도 나올 수 있다.

그러나 현대시조와 현대의 가사는 그 장르상의 성격을 판이하게 달리하므로 두 장르를 같은 논리로 바라봐서는 곤란하다. 왜냐하면 현대시조는 단형의 서정 장르이므로 시조의 3장 형식에 정감을 표출해 담으면 '서술 억제'에 의해 이미 그 안에 거의 자동적으로 시성(詩性), 곧 포에지를 갖추게 되어서, 굳이 시조에 '시(詩)'자를 붙여서 '시조시'라는 명칭을 사용할 필요성이 없이 포에지를 지향하게 되고 그렇게 실현화되는 것을 이상으로 삼는다. 따라서 현대시조에는 '시조시'라고 하여 굳이 '시' 자를 붙일 필요성이 없는 것이다.

이에 반해 현대의 가사는 장형의 교술 장르이므로, 전달하고자 하는 메시지를 서술 확장의 진술방식으로 제한 없이 늘여가다 보면, 포에지를 상실하기 쉽게 되어 있다. 따라서 가사라는 전통 장르의 양식을 그대로 답습해서는 안 되고, 현대의 감수성에 맞는 포에지를 끊임없이 확보해야 현대의 가사가 될 수 있다는 취지의 장르 표지와 목표의식을 분명히 해야 한다는 점에서 '시' 자를 붙여 '가사시'로 명칭을 삼는 것이 장르 경쟁력 면에서 우월성을 가질 수 있다고 본다.

결론적으로 현대의 가사는 현대시의 장르체계에서 자유시와 경쟁할 수 있는 장르로 우뚝 서기 위해서 무엇보다 시로서의 포에지, 곧 시성을 확보하는 것이 관건이므로, '가사시'라는 명칭이라야 장르적 성향과 목표를 분명히 하는 데 견인차 역할을 할 것으로 기대된다.

가사의 전통 유형과 현대화 방향

1. 가사에 제기된 논란들

가사라는 문학양식에 대한 논란은 그 형식과 장르적 성격에서부터 장르의 출현 시기와 소멸 여부, 그리고 향유방식에 이르기까지 국문학계의 끊임없는 쟁점이 되어 왔음은 주지의 사실이다. 가사의 형식 문제는 대체로 **'4음4보격의 무제한 연속체'**라는 데 동의하지만 그럴 경우 가창가사의 일부 작품과 개화가사(애국계몽가사 혹은 계몽가사라고도 지칭)의 절대다수는 연속체가 아닌 분련체로 되어 있다는 점에서 이의를 제기한다. 그렇다면 가사의 형식적 특징은 연속체인가 아니면 분련체도 가능한 포용성 있는 '열린 장르'로 보아야 하는가의 문제가 대두된다.

가사의 장르적 성격은 단일성 장르로 보아야 하는가 복합성 장르(혹은 혼합 장르)로 보아야 하는가로 견해가 맞서 왔다. 단일성 장르로 보는 경우도 교술 장르로 보는 경우,[1] 주제적 장르로 보는 경우,[2] 전술 장르로 보는 경우[3]로 갈라지는데, 그 용어상의 차이뿐만 아니라 장르적 개념 규정을 달리하고 있다. 복합성 장르로 보는 경우도 어떤 이는 작품에 따라 서정적 양식의 본질로, 혹은 서사적 양식의 본질로, 혹은 주제적 양식의 본질로

---

1) 조동일, 「가사의 장르규정」, 『어문학』 22집, 한국어문학회, 1969에 처음 사용한 이래 대부분의 후학들이 이 용어를 따르고 있다.

2) 이 용어는 단일성 장르로 보는 경우에는 사용한 예가 없고 김병국, 「장르론적 관심과 가사의 문학성」, 『현상과 인식』 4호, 한국인문사회과학원, 1977에서 처음 사용하고 복합성 장르로 보는 김학성, 성기옥, 박연호 교수 등이 따르고 있다.

3) 성무경, 「가사의 존재양식 연구」, 성균관대 박사학위논문, 1997에서 이 용어를 장르개념으로 지정했다.

다양하게 드러난다고 보기도 하고,[4] 다른 이는 역사적 전개에 따라 전기 가사는 서정적 양식이 대부분이고 일부 주제적 양식이 보이기도 하다가 후기 가사에 오면 주제적 양식이 지배적이고 일부 서정적 양식과 서사적 양식이 나타나기도 한다[5]고 차이를 보인다. 또 다른 이는 기본적으로 가사는 서정 형식의 옷을 입고 나타나되 역사적 전개에 따라 서정적 서정으로, 혹은 교술적 서정으로, 혹은 서사적 서정으로 장르적 복합성을 보이며 나타난다고 보거나,[6] 뒤에 이를 수정하여 가사는 기본적으로 주제적 양식에 기반하되, 역사적 전개에 따라 서정적 주제 양식의 극대화, 서사적 주제 양식의 극대화, 교술적 주제 양식의 극대화라는 방향으로 실현된다[7]고 본다. 그리고 또 어떤 이는 가사는 기본적으로 서정적 양식과 주제적 양식이 복합된 것으로 보아야 한다고 주장하고,[8] 다른 이는 가사를 서정적 작품과 서사적 작품, 이념적 · 교훈적 작품이 공존하는 혼합 장르로 보기도[9] 하여 견해가 분분했다.

가사 장르의 출현 시기는 주지하는 바와 같이 고려 말의 나옹화상 혜근이 지은 〈서왕가〉와 〈승원가〉 등에서 잡는 경우와 조선 초기 정극인의 〈상춘곡〉에서 잡는 경우로 논란이 있었는데, 대체로 전자에 동의하는 경우가 대세이며, 가사가 장르상의 사명을 다하고 소멸했는가의 문제는 1860년에서 1918년의 시기에 가사가 집중적으로 창작되는 것을 '마지막 불꽃'으로 보고 그 후로 가사는 문학이 지녀야 할 유연성에 근거한 재창조와 새로운 의미 부여의 가능성이 사라지고 오로지 일의적으로 고형화된 경직 현상으로 인해 종언을 고했다고 보는 견해[10]와, 가사는 마지막 불꽃 이후

4) 김병국, 앞의 논문, 『한국고전문학의 비평적 이해』, 서울대출판부, 1995, 167-168면.
5) 박연호, 「장르 구분의 지표와 가사의 장르적 성격」, 『가사문학장르론』, 다운샘, 2003, 53-54면.
6) 김학성, 「가사의 장르성격 재론」, 『백영 정병욱선생 환갑기념 논총』, 신구문화사, 1982.
7) 김학성, 「가사의 실현화 과정과 근대적 지향」,『근대문학의 형성과정』, 문학과지성사, 1983.
8) 성기옥, 「국문학 이해의 방향과 과제」, 『국문학개론』, 새문사, 1992, 39면.
9) 김흥규, 『한국문학의 이해』, 민음사, 1986, 34면.
10) 김대행, 「가사의 종언과 문학의 본질」, 『고시가연구』 1집, 전남고시가연구회, 1993, 1-5면.

로도 현재까지 남북한과 연변 지역에 걸쳐 가사를 창작하고 있음을 들어 현재도 살아 있는 장르로 계승하고 활성화할 필요가 있다고 보는 견해[11]가 맞서고 있는 형편이다.

가사의 향유방식, 곧 제시 형식에 대해서는 가창과 음영, 완독(율독이란 용어도 사용)의 세 가지로 실현되어 왔다고 인정하지만 그 구체적인 실현 양상에 대하여는 견해의 차이를 보인다. 대부분의 견해는 숙종조 이전의 전기 가사는 음악의 반주에 의한 가창으로 향유하다가 그 이후의 후기 가사에서는 음영으로 향유하고, 개화가사에 이르러서는 독서물로서 율독으로 향유한 것이 가사의 구체적 실현태라고 본다.[12] 이와 달리 어떤 이는 전기 가사도 가창으로만 향유된 것이 아니라 음영으로도 향유되는 복수 실연 양상을 보였을 것이라 하고,[13] 다른 이는 가사 향유의 본질태는 음영이되 그때그때의 필요에 따라 가창으로 혹은 음영으로 혹은 완독으로 향유되었다는 견해를 펴기도 한다.[14]

이처럼 가사를 둘러싼 논란거리가 한두 가지가 아니어서 그 정체성 파악을 더욱 어렵게 할 뿐 아니라 그 올바른 계승 방향을 정립하는 데에도 커다란 장애요소가 되고 있는 것이다. 그렇게 된 요인은 각각의 문제들에 대한 이론적 투시의 미흡에 기인하는 바 크지만 그에 못지않게 이들이 서로 깊이 연관되어 있음에 대한 통찰력 부족에도 있는 것으로 사료된다. 이론적 투시의 미흡은 문학과 비문학의 경계와 변별에 대한 인식의 불철저와 문학 용어에서 '형식'·'양식'·'장르'·'유형' 같은 비슷한 개념에 대한

11) 정병헌, 「가사 교육의 현황과 창작의 필요성」, 『고시가연구』 21집, 한국고시가문학회, 2008, 296-304면.

12) 이런 견해는 이혜순, 「歌詞·歌辭론」, 서울대 석사학위논문, 1966, 20면과 이능우, 『가사문학론』, 일지사, 1977, 13-40면에서 다소 차이를 보이던 것을 임재욱, 「가사의 형태와 향유방식 변화의 관련양상 연구」, 서울대 석사학위논문, 1998, 14-37면에서 치밀하고 예리한 논리로 체계화했다.

13) 성호경, 「16세기 국어시가의 연구」, 서울대 박사학위논문, 1986, 55면.

14) 김학성,「가사의 정체성과 담론 특성」, 『한국고전시가의 정체성』, 성균관대 대동문화연구원, 2002, 224-237면.

명확한 분별력을 기초로 하지 않은 데 따른 접근시각의 혼란이 주된 요인으로 보인다. 이러한 용어 개념의 명확한 인식을 분석 도구로 삼아 이들 상호간의 통합적이고 연관적인 투시와 천착을 통해 가사에 접근했을 때 비로소 그 정체성이 제대로 온당하게 파악될 수 있으며, 가사의 정체성이 온전하게 파악되어야 가사의 올바른 계승 방향이 정초될 수 있다고 보고 본고에서는 그 점에 유의하여 여러 쟁점들에 대한 문제를 풀어 보고자 한다.

2. 가사의 하위 장르와 그 유형

가사는 우리의 구체적인 역사와 사회문화 속에 독특한 모습으로 존재해 온 경험적 산물이므로 우리 문학사가 낳은 역사적 장르의 하나이다. 그런데 하나의 역사적 장르는 긴 세월을 거쳐 오는 동안 생성 - 발전 - 전성 - 쇠퇴 - 소멸을 겪기 마련이다. 문학 장르는 불변의 실체가 아닌 까닭이다. 그것은 역사와 사회 · 문화 변동을 겪으며 부단한 운동을 계속하면서 끝없이 변모한다. 그 과정은 처음 어느 시기에 맹아(萌芽)의 상태로 존재하기 시작하다가(생성기 혹은 발생기에 해당), 점차로 자신만이 갖고 있는 '내재적 가능성'을 실현시켜 나감으로써 장르의 발전기를 거쳐 전성기를 맞게 되고, 그 최전성기에 이르러서는 마침내 그 견고한 **구조적 구각(舊殼)**을 벗어나지 못하게 되면서 더 이상 발전에의 가능성을 상실하게 되어 쇠퇴의 길을 걷게 되고 끝내는 창작자나 향유자(수용자)의 지속적인 지지를 획득하지 못하게 되면서 소멸의 길로 접어들게 된다.[15]

또한 '기존 장르'는 직접적으로는 '양식(mode)'을 낳으며 그 양식의 중개

---

15) 이러한 논리는 Alastair Fowler, "The Life and Death of Literary Forms" *New Directions in Literary History,* Ralph Cohen ed. London: Routledge & Kegan Paul, 1974, 92면 참조.

를 통하여 간접으로는 '새로운 장르'를 창출한다. 이 경우 '양식'이란 이미 존재하고 있는 구체적인 역사적 장르로부터 추상화되는 것으로 보며, 역사적 '장르'란 특정의 사회적 형식과 밀접하게 결속되어 있기 때문에 그 사회적 형식의 변모와 더불어 쉽사리 변모하며 사멸에 이르기도 한다. 그에 비해 '양식'은 보다 **영원하고 지속적인 시적 태도**(petic attitude)에 대응하는 것이어서 사회적 형태가 변모한 시기에도 그 **다양한 응용력**(application)에 의해 새로운 '장르'를 생성하는 계기를 마련하는 것으로 본다. 그리고 역사적 장르는 특정한 '문학적 형식(literary form)'을 갖게 마련이며, 문학상의 '형식'은 일상적인 언어소통(ordinary communication)으로부터 문학을 변별하게 하는 것이라 하고, 따라서 **형식**은 일상의 언어보다는 더욱 정제된 것으로서 **양식 · 장르**[16] · 모티프 · 화제(topics) · 서술장치(narrative device) · 구조의 균형 · 수사(rhetoric) · 율격(meter)과 같은 다양한 **관습적 '유형**(type)'들을 포괄하는 개념으로 이해한다.[17]

이에 따라 본고에서 **형식**은 양식으로부터 율격 유형에 이르기까지 문학의 모든 관습상의 유형적 요소들을 포괄하는 폭넓은 개념으로, **장르**는 역사적 장르라는 개념으로 한정해서 사용하고, **양식**은 역사적 장르로부터 추상화된 것으로 영원하고 지속적인 시적 태도에 대응하는 개념으로,[18] **유형**은 형식을 이루는 각각의 개별적인 관습적 요소(바로 앞에서 인용한 양식에서부터 율격에 이르기까지)들 가운데 용어의 중복을 피하기 위해 양식과 장르만을 제외한 나머지 요소들(모티프 · 화제 · 서술장치 등)을 지칭하는 개념으로 명백히 구분하여 사용키로 한다. 이 네 가지 용어의 선명한 구분과 상호관련을 바탕으로 할 때 가사의 실체와 역사적 운동상에 대한 예리한

---

16) 여기서 '장르'라는 개념은 '역사적 장르'를 의미하며 앞으로 본고에서도 이런 개념으로 사용한다.

17) Alastair Fowler, 같은 책, 78-93면 참조.

18) 장르론에서 양식과 장르의 관계를 이렇게 '추상적 실체'와 '구체적 실현태'의 관계로 이해하는 것은 언어이론에서 랑그와 빠롤의 관계로, 율격론에서 율격과 율동의 관계로 이해하는 것과 상응된다 할 것이다.

투시와 통찰이 가능할 것이기 때문이다.

그럼 이러한 관점에 따라 가사문학을 둘러싼 제반 논란거리를 통합적 시각으로 풀어 보기로 하자. 가사라는 장르의 운동 양상을 추적하기 위해서는 최초의 가사 작품이 언제 어떤 계기에 의해 어떤 문학적 형식으로 출현했나를 살피는 일이 무엇보다 중요하다. 그런데 주지하다시피 가사의 효시 작품을 고려 말 나옹화상 혜근(1320~1376)의 〈서왕가〉 등에서 잡느냐, 아니면 조선 성종 3년(1472) 무렵에 정극인이 지었다는 〈상춘곡〉으로 잡느냐가 논란이 있어 왔다. 문제의 〈서왕가〉는 1704년 예천 용문사 판본 『보권염불문』에 실린 것이 처음이어서 시대적 상거가 너무 멀어 신빙성이 의심되고, 〈상춘곡〉도 18세기 말 정조대에 와서야 『불우헌집』이 간행되어 거기에 실렸으므로 역시 먼 후손에 의해 의작(擬作)으로 지어 넣었을 것으로 의심하기도 한다. 그리하여 이 둘을 다 부정하고 중종대의 이서(李緖)가 지은 〈낙지가〉를 효시 작품으로 보기도 한다.

그러나 근자에 〈서왕가〉의 전승 계보가 유성의 법맥에 의해 구비전승되다가 판각되었음이 소상하게 밝혀짐에 따라[19] 고려 말의 작품이라도 수 세기 동안 얼마든지 전승되어 기록될 수 있음을 확인해 주었다. 다만 그 논의에서 문제점은 구비전승에 지나치게 집착한 나머지 전승 과정에서 원전의 내용 변개가 상당히 있었을 것으로 상정하여 원전 재구의 가능성까지 보이려는 과잉 욕구이다. 〈서왕가〉가 구비전승되어 왔다고는 하나 민요나 무가와 같은 순수구비문학에 바탕을 둔 '구술성'의 전승과 기록문학에 바탕을 둔 '암송'에 의한 전승은 큰 차이가 있기 때문에, 〈서왕가〉에서 내용의 관습성이나 구비공식구 혹은 민요적 율격 같은 순수 구술성의 층위를 밝혀내는 일은 큰 의미를 갖지 못하며, 더구나 원전을 상정해 보려는 작업은 나옹의 원작 그대로를 완벽하게 재구할 수 없는 이상 연구자에 의

19) 김종진, 「서왕가의 전승 계보학과 구술성의 층위」, 『한국시가연구』 18집, 한국시가학회, 2005, 78-108면.

해 또 하나의 이본을 재생산하는 결과밖에 되지 않으므로 불필요한 작업임을 유의해야 할 것이다.

〈서왕가〉가 수백 년을 휴정 같은 큰스님의 법맥을 통해 전승해오는 과정에서도 작자가 휴정으로 대체되지 않고 일관되게 나옹으로 전승된 것은 가사문학이 '실존적 작자의 인격적 목소리'에 의한 기록문학으로서의 성격을 갖고 있는 것이어서 작자를 함부로 교체할 수 없음을 의미하고, 그 전승은 순수구술성에 의한 것이 아니라 외워서 음영하는 '암송'의 과정을 거쳤음이 확실하므로,[20] 구술성의 층위로 밝힌 내용의 관습성이나 공식구, 대구와 동어반복구 같은 것들은 대중들의 암송이 편리하도록 작시(作詩)한 작자와 전승자의 배려로 보아야 할 것이다. 그리고 2음보의 민요적 율동감이 부분적으로 보인다고는 하나 그것도 온전한 2음보격의 연속으로 볼 수 있는 경우는 극히 드물고 작품의 서두부터 대부분 안짝(2음보)과 바깥짝(2음보)이 안정적으로 결합된 4음보의 유장한 리듬이 작품의 중심이 됨은 말할 것도 없다. 가끔씩 실현되는 2음보는 민요적 율동감과는 관계없는 외짝구(척구, 隻句)가 실현된 것으로, 이는 4음보의 안정된 리듬에 외짝구가 더 붙어 6음보가 되어 호흡이 더욱 길어지는 경우가 대부분이고, 아니면 외짝구에 의한 파격으로서 해당 부분의 의미의 비중을 강화하거나 메시지의 전달 효과를 높이기 위한 서술전략으로 이해된다.

따라서 이러한 잘못된 구술성의 층위와 민요적 율동을 근거로 하여 가사의 생성이 "장편의 선가(禪歌)와 민요가 접맥되면서 탄생했다"[21]는 논리에 좌단(左袒)하는 것은 문제가 있다. 가사의 발생을 고려 말의 경한이나

---

20) 이 점은 〈나옹화상셔왕가〉의 표제 밑에 "크게 쓴거슨 대문을 써시니 외오고, 또 잘게 쓴거슨 집픈쓰들 써시니 볼만ᄒᆞ다"라는 미주(微註)가 달려 있음에서 잘 드러난다. 이는 〈서왕가〉의 본문은 큰 글씨로 썼으니 외워서 의식(儀式)을 집전할 때 활용하라는 것과 신앙의 깊이를 위해 일반대중들도 암기하여 매일같이 부를 것을 주창하는 내용으로 〈서왕가〉 전승과정에 내재된 암송의 과정을 드러낸 것이라 해석한다.(김종진, 앞의 논문, 86-87면)

21) 박경주, 『한문가요연구』, 태학사, 1998, 219면.

보우, 혜근(나옹화상) 같은 선승들의 선가에서 맥을 찾는 것은 타당성이 있어 보이나 민요와 관련시키는 것은 근거가 희박하기 때문이다. 선승들은 원칙적으로 불립문자를 표방하지만 선리(禪理)를 불가피하게 언어화하려면 부득이 불립문자에 위배되지만 그에 가까운 표현인 문학적 언어 형태를 취할 수밖에 없고 그리하여 그들은 단형으로 선시(禪詩)를 짓고, 장형으로 선가를 짓게 되었던 것이다. 그런데 장형의 선가는 한문가요 형태여서 "념불마는 듕싱들"에게 대중적 설득력이나 감화력을 갖기 어려우므로 장형의 선가에 대치할 우리말로 암송하는 형태인 새로운 장르가 필요하게 되었을 것이니, 그것이 바로 〈서왕가〉 등의 가사 양식으로 실현된 것이라 할 것이다.

그렇다고 장형의 선가 하나의 맥으로 가사의 발생을 말할 수는 없다. 그것만으로는 왜 하필 〈서왕가〉의 문학적 형식이 4음4보격 연속체를 택하게 되었나를 설명할 수는 없기 때문이다. 가사의 그러한 형식은 오히려 우리말 불교가요인 '화청(和請, 4음4보격 연속체로 됨)'에서 그 맥을 찾을 수 있다. 그러나 화청과 나옹의 가사는 중대한 차이가 있다. 전자는 작자층이 화청승이고, 청자는 불보살이며, 주제는 극락왕생의 기원에 있음에 비해 후자는 작자층이 고승으로서의 인격을 갖춘 선승이고, 청자는 교화 대상의 대중(중생)이며, 주제는 극락왕생의 길을 깨우침(감화에 의한 설득과 유도)에 있기 때문이다. 따라서 가사의 효시라 할 〈서왕가〉는 고도의 선을 수련한 선승의 인격적 목소리가 배인 오묘한 선리(禪理)나 설법을 담은 문학적 표현으로 세련화되어 있어 화청보다는 문학적 차원이 내밀하고 고도화됨으로써 대중을 설득하고 유도하더라도 여러 정제된 형식들 — 대중에게 가장 친숙한 율격 양식인 4음4보격, 자신의 신앙적 역정의 체험과 깨달음을 알레고리적 이야기 형식에 담은 서술장치, 화자의 이원화에 의한 서술구조의 양면성, 여러 수사적 기법, 안짝과 바깥짝의 대구(對句)에 의한 서술구조의 균형 등 — 을 다양하게 구사함으로써 직접 설교와는 차원이 다른 감화력을 보이고 있는 것이다.[22]

이로써 보면 **가사는 고려 말의 선승에 의해 세속의 대중들에게 선리를 설하기 위한 음성 설법의 수단으로 기존 장르인 장형의 '선가'와 '화청'을 양식적으로 변용하여 새로운 장르를 창출함으로써 발생하게 되었음**을 알 수 있다. 그리하여 가사는 작자의 인격적 목소리로 독자(혹은 청자)인 대중에게 선리의 깨달음이라는 '메시지(傳言)'를 주석적 말하기로 설하되 그 감화력과 설득력을 고도화하기 위해 '문학적'으로 정제된 형식으로 언술된다는 점도 알게 되었다. 즉 **가사는 작자가 의도하는 메시지를 독자에게 전달하는 문학양식이어서 명시적이든 묵시적이든 반드시 독자를 의식하는 진술방식을 가지며 그 전달 효과를 고도화하기 위해 여러 정제된 문학적 형식**(율격, 서술장치, 수사, 모티프, 구조의 균형, 문체 등)**들을 활용한다**는 것이다. 따라서 가사는 작자가 의도하는 메시지를 독자에게 분명하게 전달해야 하는 의도가 강하게 드러나는 장르이므로 '서술의 억제'에 의한 함축적이고 모호한 표현을 하거나, 고도의 생략이나 서술 차단을 통한 통사적 의미 구조의 일탈이나 비약을 가능한 제어하거나 피하고, 화행(話行)들을 '세세하게' 연계적이고 논리적으로 짜나감으로써 '서술의 확장'을 지향하게 된다.

가사의 형식이 장형으로 실현되고, 선인들이 가사를 논평할 때 '술(述, 서술함)', '기(記, 기록함)', '설진(說盡, 빠짐없이 다 설명함)', '포장(鋪張, 자세하게 펼쳐 늘임)', '역거(歷擧, 차례로 듦), '성론(盛論, 성대하게 논의함)', '비술(備述, 두루 갖추어 서술함)', '비설(備說, 두루 갖추어 설명함)', '비록(備錄, 두루 갖추어 기록함)' 등의 평어(評語)를 말하는 것은 이러한 서술확장 지향을 지적한 것에 다름 아니다. 가사가 이렇게 서술의 억제를 피하고 전달하고자 하는 메시지를 자세하게 평면적으로 서술하다 보니 수필 양식과 가장 접근해 있다. 그러나 가사는 4음4보격이라는 율격 양식으로 실현되고 절대다수의 가사 작품 제목에 '-가(歌)', '-곡(曲)', '-사(詞)'라는 접미어가 붙

22) 조태영, 「〈서왕가〉의 문학적 가치」, 『한국고전시가작품론』, 집문당, 2000, 586-594면.

는 바에서 드러나듯이 **노래하기**와 친연성을 갖는 장르 관습을 또 하나 갖고 있어 수필과는 분명한 차이점을 갖는다. 즉 가사는 '노래하기 지향'도 무시할 수 없어 그 반대 지향인 서술확장의 지향과 교묘한 융합을 이루어낸 독특한 문학양식으로 그 정체성을 지적할 수 있는 것이다. 이런 특징을 우리 선인들은 '다정하게 짓기'와 '자상하게 짓기'라고 말한 바 있으며, 이 두 가지 지향을 포용·융합시킨 문학양식이 가사인 것이다.[23]

그러므로 가사는 전달하고자 하는 메시지를 세세하게 조목조목 말하고자 하는 **서술확장** 지향과 메시지 전달 효과를 다정다감하게 하여 감화력과 설득력을 높이기 위한 **노래하기** 지향이 함께 추구되기에 두 지향의 중간 영역에 있으면서 그 대립을 중화시킴으로써 미감을 창출하는 장르로 굳어지게 된 것이다. 만약 가사가 노래하기 지향으로만 치달았다면 장르상으로 서정 시가가 되었을 것이고 서술의 평면적 확장으로만 치달았다면 율격의 통제와는 무관한 교술(전술, 주제적) 산문, 곧 수필 장르가 되었을 것이다. 가사는 이 둘을 함께 융합하는 진술양식을 보이기에 서정시가도 아니고 산문 수필도 아닌 중간 영역에 위치하여 다정하게 말하기와 자상하게 말하기를 동시에 충족할 수 있었던 것이다. 〈서왕가〉의 출현도 당시에 선승들의 서정시가 장르로 선시(단형)와 선가(장형)가 있었고, 나옹화상 자신도 선시와 선가(〈완주가(翫珠歌)〉, 〈백납가(百納歌)〉, 〈고루가(枯髏歌)〉)를 짓고 또 〈수륙재육도보설(水陸齋六道普說)〉 같은 산문수필을 남겼음에도 굳이 이런 가사 작품을 창출한 것은 두 가지 지향을 동시에 충족할 수 있는 중간 영역의 새로운 장르가 필요했던 것으로 설명된다.

가사는 이처럼 서정시가로도 충족하지 못하고 산문수필로도 충족하지 못하는 문학적 욕구를 표현하기 위해 창출된 장르로서 후대에까지 하나의 규범적 양식으로, 즉 글쓰기의 본(本)으로 추상화되어 담당 계층이나 문화

23) 이에 대한 상론은 김학성, 「가사의 장르적 특성과 현대사회의 존재 의의」, 『고시가연구』, 한국고시가문학회, 1992, 154-160면.

권에 밀착되면서 가사의 구체적인 여러 **하위 장르**를 낳게 된다. 그리하여 조선 전기에는 주로 강호자연에서 심신 수양과 한적을 즐기는 사대부층에 의해 수용되면서 '강호가사'로 실현되고, 또 한편으로 그들의 기행 체험이나 사행 혹은 유배 체험을 담은 '기행가사'와 '유배가사'로 이어지고, 조선 후기와 말기에 이르면 사대부층의 가사는 경화사족에 의한 '경화사족가사'와 향촌사족에 의한 '향촌사족가사'로 분화되는가 하면, 규방문화권의 부녀층에 의해 적극 수용되어 '규방가사'를 낳게 되고, 몰락사족층에 의해 현실을 신랄하게 비판·고발하는 익명성의 '현실비판가사'가 출현했다. 또한 여항—시정 문화권에서 불특정 다수를 대상으로 하는 익명의 '시정가사'('서민가사'로 지칭하나 그 창작-향유층이 서민계층에 한정하여 실현된 것이 아니므로 이렇게 수정함[24])가 나오고, 풍류방을 중심으로 하는 가창문화권에서는 12가사로 레퍼토리가 정립되어 가는 '가창가사'로 장르적 외연을 넓히게 되고, 이것과 인접 관계에 있는 '애정가사'가 향유되기도 했다. 그리고 향촌사족을 중심으로 '교훈가사'가 가문의 결속이나 향촌 구성원의 교화를 목적으로 지어지고, 종교문화권에서는 종교사상의 전파나 교화, 경세나 이념적 대항을 목적으로 '종교가사'가 나오고, 애국계몽기(개화기)에 이르러서는 개화지식인을 중심으로 '계몽가사'가 나왔다.

가사 장르의 이러한 다양한 운동 양상과 변화 과정은 장르 담당층(장르의 지속에 가장 핵심적인 역할을 하는 주류 담당층을 지칭)과 문화권의 사회적 존재 양식의 변화와 상응하는 운동 양상을 보인 것으로 가사의 '하위 유형'으로 구체화된 것이다. 가사의 역사적 전개에 따른 이러한 **'하위 장르'의 구체적 실상은 가사라는 추상적 양식을 각 계층이나 문화권에서 구체적 장르로 운용한 결과이며, 이들 하위 장르는 다시 화제(topics)나 모티프, 서술의 전개 장치 등에 따라 몇 가지 '유형'으로 계열화되어 실현된다.**

24) 서민가사라는 명칭을 여항—시정가사로 대체해야 한다는 관점은 김학성, 「서민가사의 담론기반과 미학적 특성」, 『한국시가의 담론과 미학』, 2004, 179-197면에서 상론함.

이를테면 '강호가사'는 자연 완상의 이상적 공간으로서 '누정(樓亭)'을 중심 모티프로 하는 **누정계 가사**와 일상적 삶을 위한 이상적 공간으로서의 '초당(草堂)'을 중심 모티프로 하는 **초당계 가사**의 두 가지 **유형**으로 실현되면서 각각 의식의 표출 양상과 자연을 대하는 태도에 있어서 상당한 편차를 드러낸다.[25] '기행가사'는 여행 목적에 따른 화제를 무엇으로 삼느냐에 따라 유형화되는데, 관료가 외직 부임을 계기로 관장 구역의 민정을 살피고 순행 과정에서의 유람을 화제로 삼는 **환유(宦遊)가사**와 본격적인 기행 체험으로서 산수 유람을 화젯거리로 하는 **유람가사**, 그리고 해외 사절단의 일원으로 참여하여 이국견문의 체험을 화제로 하는 **사행(使行) 가사**의 세 계열로 유형화되며,[26] '교훈가사'는 메시지 전달 내용의 성격과 교훈의 대상을 누구로 삼느냐에 따라 **오륜가 계열**,[27] **농부가 계열**,[28] **계녀가 계열**[29]과, 교양 담론을 특성으로 하는 **초당문답 계열**,[30] 순전히 교육을 목적으로 하는 **교본성 계열**[31]로 유형화되며 혹은 크게 **가문지향형** 계열과 **향촌지향형** 계열의 두 가지로 유형화[32]하기도 한다. 규방가사는 시술의 모티프와 화제(topics)의 내용에 따라 **계녀가류**, **탄식가류**, **화전가류**의 셋이 중심 유형[33]이 된다.

그리고 이러한 제반 유형 내에서 각각의 작품들은 또다시 하위 유형을 이루며 작자의 개성과 처해진 환경에 따라 스펙트럼을 달리하여 여러 이본으로 실현되는데, 그중 한 가지 예만 든다면, 규방가사의 계녀가 유형에

---

25) 안혜진, 「강호가사의 변모과정연구」, 이화여대 석사학위논문, 1997 참조.
26) 유정선, 「18 · 19세기 기행가사의 작품세계와 시대적 변모양상」, 이화여대 박사학위논문, 1998 참조.
27) 박연호, 「19세기 오륜가사 연구」, 『19세기 시가문학의 탐구』, 집문당, 1995 참조.
28) 길진숙, 「조선후기 농부가류 가사연구」, 이화여대 석사학위논문, 1989 참조.
29) 양지혜, 「계녀가류 규방가사의 형성에 관한 연구」, 이화여대 석사학위논문, 1998 참조.
30) 육민수, 「조선후기 교훈가사의 담론특성 연구」, 성균관대 박사학위논문, 2003 참조.
31) 노규호, 「조선후기 교본성 가사 연구」, 홍익대 박사학위논문, 1998 참조.
32) 박연호, 「조선후기 교훈가사 연구」, 고려대 박사학위논문, 1996 참조.
33) 이동연, 「고전 여성 시가작가의 문학세계」, 『한국고전여성작가 연구』, 태학사, 1999 참조.

드는 〈복선화음가〉류의 이본들을 검토한 결과를 보면, 각 이본들은 계녀형과 전기형으로 나뉘고 계녀형은 다시 복선형과 복선화음형 및 그 확대형으로 나뉘며, 전기형은 괴똥어미 유지형과 탈락형으로 나뉘되 후자는 다시 여주인공 일대기형과 가문서사 확대형으로 나뉘게 되는 것이다.[34]

3. 가사의 양식적 조건과 서술특징

이처럼 가사라는 장르가 고려 말에 출현한 이래 수백 년의 역사적 전개를 거치는 동안 여러 다기한 하위 장르와 유형을 낳으며 다양한 장르 실현을 보이면서 무려 7천여 편에 이르는 개별 작품들을 산생해왔지만[35] 이들은 모두 가사 '양식'이라는 **추상적** 실체를 담당층이나 문화권에서 **구체적**으로 운용한 '장르' 실현의 결과물인 것이다. 따라서 이러한 다양한 구체적 텍스트를 낳게 한 가사의 '영원하고 지속적인 시적 태도(혹은 질서원리)'가 있다고 볼 때 그것이 곧 가사의 '양식'인 것이다. 그렇다면 모든 가사 작품에 일관되게 관통하는 시적 태도 혹은 질서원리는 무엇일까를 규명하는 것이 가사 양식의 정체성을 찾는 것이 될 것이다. 필자는 이에 대해 "모든 가사는 4음4보격이라는 율격에 맞추어 **다정하게 말하면서**도, 하고자 하는 말을 다 갖추어 상대방이 알아들을 수 있게 **자상하게 말하는** 진술방식, 곧 어떤 사실(화젯거리)을 알리고 전달하고자 하는 담화체 양식을 보이므로 전술(교술, 주제적) 양식에 해당한다. 가사는 4음4보격 무한 연속체라는 형식 요건을 필요조건으로 하고 화행짜임에서 서술의 평면적 확장을 지향하

34) 김석회, 「복선화음가 이본의 계열상과 그 여성사적 의미」, 『한국시가연구』 18집, 한국시가학회, 2005, 302-336면.

35) 현전하는 가사 작품의 총목록을 작성한 보고서에 의하면 6678편에 이르고 앞으로 7천여 편이 될 것이라 한다. 임기중, 「세 가지 가설과 몇 가지 의문」, 『어문연구』 136호, 한국어문교육연구회, 2007, 170면.

는 전술 양식으로서의 담화체 양식을 충분조건으로 하는, 이 두 가지를 함께 갖춘 양식(필요충분조건)"[36]이라 규정한 바 있다.

가사 양식의 이러한 두 가지 조건은 가사라는 구체적인 장르에서 추상화된 것으로 영원하고 지속적인 시적 태도라 할 수 있지만 사회 · 문화적으로 커다란 변동기에 이르면 그 다양한 응용력을 발휘하여 새로운 장르를 생성하는 계기를 마련하게 되는데 그 구체적인 모습을 가창가사와 개화가사에서 볼 수 있다. 가창가사는 19세기를 전후하여 잡가라는 새로운 장르를 생성하는 계기를 마련하게 되는데 가사가 두 가지 조건의 양식적 본질을 넘어 가창 장르로서의 새로운 응용력을 발휘하다 보니까 4음4보격 연속체가 '분련체'로 되고, 서술의 평면적 확장이 어느 정도 '서술의 억제'를 보이는 변모된 양상을 보이게 되니 12가사 가운데 〈죽지사〉, 〈행군악〉, 〈황계사〉, 〈어부사〉가 그에 해당한다. 즉 서정 양식 쪽으로 그만큼 다가감으로써 가창 장르로서의 응용력을 발휘하고 그만큼 가사 양식의 외연을 넓혀가게 된 것이다. 그리고 19세기 말 20세기 초의 애국계몽가사에 이르러서는 애국적 열정을 불러일으키고 계몽사상을 독자 대중에게 정감적으로 알리고 유도하기 위한 새로운 시도로 4음4보격의 연속체가 아닌 분련체로, 장형이 아닌 단형으로 되어 서정 담론의 양식으로 접근해 감으로써, 같은 시대 공존 장르였던 창가, 유행민요, 시조 등 서정 가창 양식들과의 경쟁에서 당당한 위치를 확보할 수 있었던 것이다.[37]

이로써 보면 가사의 형식은 4음4보격의 무한 연속체를 본질로 하되 사회 · 문화적으로 큰 폭의 변동기를 맞아 새로운 응용력을 발휘함으로써 단형의 분련체로 형식의 변모를 보이고 그로 인해 서정 담론에 근접하는 지

36) 김학성, 「가사의 장르적 특성과 현대사회의 존재 의의」, 『한국시가문화연구』 21, 한국시가문화학회, 2008, 174면.

37) 개화가사의 이러한 양상에 대해서는 김영철, 『한국개화기시가의 장르연구』, 학문사, 1987 및 고은지, 「계몽가사의 문학적 형상화 방식과 그 의미」, 고려대 박사학위논문, 2004 참조.

점까지 양식적 외연을 넓혀나갔던 장르의 운동 양상을 보였던 것임을 알 수 있다. 아울러 그러한 변동기의 모습(**분련체의 단형**)을 보이는 가사의 하위 장르가 출현하여 한 시기를 풍미한다 하더라도 그 저변에는 여전히 4음 4보격 연속체로서 전술 양식을 굳건히 고수하는 도도한 흐름도 함께하고 있음을 유념해야 할 것이다. 개화가사가 극성을 부리던 시대에도 사회 저변에는 규방가사와 동학가사 등을 중심으로 가사의 정통을 이어갔으니 말이다.

가사의 장르론적 본질에 관하여는 성무경 교수에 의해 일단락이 났다고 이미 지적한 바 있고 그 이후에 제기된 가사 장르론은 혼란만 가중시키는 퇴행적 재생산임을 세밀하게 비판한 바 있어[38] 여기서는 재론을 피하기로 한다. 다만 다시 강조코자 하는 것은 가사를 복합성 장르로 보는 가장 큰 요인은 작품의 서술 효과나 미감 또는 문채(文彩)를 더하여 미적 완성도를 높이기 위한 서술기법으로 활용된 것을 장르적 본질로까지 오해한 데서 기인한 것이 대부분이라는 것이다. 이를테면 〈속미인곡〉에서 갑녀와 을녀의 대화체 담화양식이 활용되고 있지만 그것이 등장인물의 성격(character)을 재현하는 희곡 양식의 진술방식이 아니라 작자 송강의 두 마음이 인물의 대화라는 고도의 서술기법과 전략을 통해 형상화된 것일 뿐 작자의 메시지를 내포 독자(혹은 청자)에게 전달하려는 전술 양식임은 의심의 여지가 없는 것이다. 당대의 독자들도 전술 양식으로 읽었기에 〈속미인곡〉에 대한 아낌없는 찬사가 이어졌던 것이지, 대화체 기법으로 되었다 하여 희곡 양식이나 희곡과 전술의 복합 양식으로 본다면 맥 빠진 싱거운 작품으로 폄하되었을 것이다. 갑녀와 을녀의 그런 싱거운 갈등의 대화가 주축이 되는 작품을 희곡 양식과 결부시킨다면 그런 졸작이 또 어디 있겠는가.

그리고 〈계한가〉의 경우 새끼닭이나 장닭과 암탉이 등장인물로 설정되

---

38) 김학성(2008), 앞의 논문, 160-174면에 상론함.

고 우화적으로 스토리가 전개된다는 점을 근거로 '**서사**가사'로 보는 경우가 있는데, 그렇다면 장닭과 암탉의 갈등 설정이나 서사 전개의 줄거리가 응집력을 갖는 플롯으로 상승하지 못하고 지나치게 단순 엉성하여 탄력을 갖지 못하는 평면적인 스토리에 머물고 있으니 그런 졸작의 서사 작품이 또 어디 있단 말인가. 작자의 의도(주제)를 단순·직설적으로 전달하기보다 그런 우화적 스토리의 서술전략에 의해 작자의 메시지를 고도의 기법으로 전달하기 위한 효과적 장치로 작품화된 '**전술**가사'로 읽을 때 작품의 가치와 문학성이 돋보이지 않는가. 〈복선화음가〉의 경우 최소 스토리를 갖고 있는 예화(例話)들이 서술되어 장편화를 이루지만 그것이 서사적인 '서술의 입체화'의 결과라기보다 에피소드들의 병렬적 집성이고 무엇보다 계녀를 위한 예화를 다양하게 집성한 것이라는 지적[39]은 이 작품의 전체 서술이 '계녀'라는 작자의 의도(작품의 주제이자 메시지)를 전달하고자 하는 전술 양식임을 입증하는 것이다. 서사적 흥미를 유발하는 '괴똥어미' 예화도 현실적인 반면교사의 역할 이상을 수행하지 못하는 것[40]도 이런 이유에서임은 물론이다.

가사의 장르 규정에서 가장 큰 혼란과 오해를 불러일으킨 것은 **교술** 장르라는 용어와 개념 문제다. 즉, '교술'이란 용어 자체가 '교훈적 서술'이란 의미를 함축하고 있어 그런 교훈적이고 이념적인 목적을 강하게 드러내는 작품이면 무조건 '교술' 장르로 보거나, '교술성'의 장르 성격을 갖는다고 보는 오해 혹은 선입견으로 작용해 왔던 것이다. 예를 들면 〈오륜가〉나 〈훈민가〉 같은 교훈 시조는 분명 시조라는 서정 양식으로 향유되었음에도 그것이 '오륜'이라는 유가적 실천규범을 직접적으로 드러내는 '교훈성 담론'이라 하여, 교술 장르로 혹은 교술성을 갖는 서정으로 이해하는 것이 그에 해당한다.

---

39) 김석회, 앞의 논문, 311면.

40) 이동연, 앞의 논문, 325면.

그러나 어떤 작품이 아무리 교훈이라는 목적성을 강하게 가졌다 하더라도 그 담화체 양식이 '서술의 억제'로 짜여 있느냐(서정), '서술의 평면적 확장'으로 짜여 있느냐(교술)에 따라 장르가 규정되는 것이지 교훈성 담론이냐 아니냐는 문제가 되지 않는 것이다. 따라서 교훈 시조는 초·중·종장이라는 시행 분절과 그 운용에 따른 통사적 의미 구조의 차단에 의해 '서술의 억제'를 보이므로 서정 장르에 해당하는 것이지 교술 장르와는 아무런 상관이 없는 것이다. 어떤 이는 '서술의 억제'(시행 분절에 의한 통사적 의미 구조의 차단)는 모든 운문의 일반적 특성이므로 장르 판별의 기준이 될 수 없다는 견해[41]를 펴지만 그렇지 않다. 서양의 극시나 서사시는 모두 운문으로 되어 있지만 '서술의 억제'와는 무관하지 않은가. 이를테면 밀턴의 서사시 〈실락원〉은 운문으로 되어 있지만 작품 전체를 일관하는 진술 양식이 서술의 억제와 어떤 상관이 있는가. 만약 서술의 억제를 지향하여 통사 의미론적 차단을 보인다면 서사가 어떻게 전개될 수 있단 말인가. 또 〈실락원〉은 종교 신앙에 바탕을 둔 교훈성 담론으로 되어 있지만 교술 장르와는 전혀 무관한 서사시가 아닌가.

교술 장르의 보다 큰 문제점은 그 개념 규정을 '작품외적 세계의 개입으로 이루어지는 **자아의 세계화**'로 이해하고 서정은 그 반대로 그러한 개입이 없는 **세계의 자아화**로 분별하는 것이다. 이럴 경우 서정은 대상 세계의 내면화, 주관화를 의미하고, 교술은 그 반대로 작품외적 세계나 사실들을 작품 내에 그대로 옮겨놓는 사실화, 객관화를 의미하게 되어 실제 작품을 놓고 볼 때 주관적 내밀화냐 객관적 사실화(물(物)의 아화(我化)냐, 아(我)의 물화(物化)냐)냐를 판단하기가 쉽지 않은 경우가 허다하므로 그 분별력이 선명하지 못해 장르의 분석 틀로서는 적절하지 못하다는 비판[42]이 있었다. 또한 가사의 서술특징을 "① 있었던 일을, ② 확장적 문체로 일회적·평

41) 박연호, 『가사문학장르론』, 도서출판 다운샘, 2003, 22면.

42) 성무경, 앞의 논문, 10-15면 및 39면.

면적으로 서술해, ③ 알려주어서 주장한다"라고 지정한 것도 실제 작품을 놓고 적용해 보면 ②는 타당성이 있으나 나머지 둘은 맞지 않는다고 비판한다.[43] 여기서 ②는 맞다고 한 것은 가사의 장르 성격을 '서술의 평면적 확장'인 전술 장르로 보아야 한다는 견해와 일치한다 하겠다. 그리고 '주제(적) 장르'라는 용어는 장르 개념을 지칭하는 특수어로 받아들이기에는 너무나 일반화된 '보편어'이기 때문에 적절하지 않으며, '교술'이란 용어는 지나치게 협소한 개념이어서 맞지 않으므로, '메시지를 전달해서 알리려는 의도로 서술된 것'이란 의미의 **'전술(傳述)'**이란 용어를 제안한 것[44]에 따르기로 한다.

이처럼 가사의 장르 성격을 그 담화체 양식의 특성에 따라 '전술'로 보면 거기에는 전통적 한문학 양식 가운데 주로 문(文)에 해당하는 서(書)·서(序)·발(跋)·기(記)·록(錄)·론(論)·설(說)·책(策)·명(銘)·행장(行狀) 등 각종의 산문 기록문학류가 포함된다. 그리고 이들 기록문학류를 묶어 '수필'의 영역으로 자리매김한다. 수필은 어떤 특별한 양식적 규제 없이 본 대로, 느낀 대로, 생각한 대로 자유로이 붓 가는 대로 써나가면 되는 양식으로 알려져 있다. 그래서 수필은 '문학'과 '기록'의 접점에 놓여 있다고 하고, '문학'과 '문학 아닌 것'의 사이에 존재하면서 서로의 편으로 끌어들이기도 하고, 서로를 배척하기도 한다고 말한다.[45] 그러나 이런 논리는 자칫 오해를 사기 쉽다. 수필은 분명히 문학의 한 양식이므로 문학과 문학 아닌 것 사이에 존재하는 것이 아니라 문학의 영역에 있고, 문학과 기록의 접점에 놓인 것이 아니라 분명히 문학에 위치한다는 것이다. 따라서 수필은 본 대로 느낀 대로 붓 가는 대로 써나가면 저절로 되는 것이 아니라, 보고 느끼고 생각한 것들을 **정제된 문학적 형식**으로 구조화해야

---

43) 김대행, 「가사와 태도의 시학」, 『고시가연구』 21집, 한국고시가문학회, 2008, 28-35면.
44) 성무경, 앞의 논문, 8-36면.
45) 정병헌, 「가사 교육의 현황과 창작의 필요성」, 『한국고시가연구』 21, 한국시가문화학회, 2008, 312면.

비로소 수필이 되는 것이다.

가사 역시 수필처럼 보고, 느끼고, 생각한 것들을 길이의 규제 없이 자유로이 붓 가는 대로 써나가되 문학양식인 만큼 반드시 정제된 문학적 형식으로 구조화해야 하는 양식이다. 거기다 가사는 수필과 달리 4음4보격이라는 율격적 통제를 받아 실현되어야 하므로 율문 수필이라 할 수 있다. 따라서 가사가 아무리 인격적 서술자의 실존적 목소리로 메시지를 전달하여 알린다 하더라도 사실 그대로를 기록하듯이 전달해서는 가사가 될 수 없는 것이다. 그래서 문학양식으로서의 미적 완성도를 높이기 위해서 가사는 여러 가지 문학적 기법을 활용하게 된다. 대화체 같은 극적 서술장치나 스토리나 우화, 에피소드, 액자 형식 같은 서사적 기법도 얼마든지 활용하며, 정서적 감동을 유발하는 정감적 목소리로 내밀한 감정을 표출하는 기법을 활용하기도 하며, 때로는 작자를 숨기고 다른 사람의 목소리를 빌려 고도의 서술전략으로 표현하기도 한다. 그리고 2음보의 안짝과 바깥짝을 대구로 하여 구조의 균형을 꾀하고 여러 수사를 동원하여 문채(文彩)를 다채롭게 하는 문체(文體)적 기법을 활용하기도 한다. 이 모든 서술기법이나 서술장치, 그리고 서술전략이나 수사들이 텍스트의 미적 완성도를 높이고 정제된 문학작품이 되게 하는 자질들임은 물론이다. 그러나 모든 가사는 이러한 다양한 서술기법과 전략, 문체나 수사들에도 불구하고 작자가 의도하는 바의 '메시지를 전달하여 알린다'는 담화체 양식 내에 있다는 점에서 **전술** 양식이 되는 것이다. 그러므로 가사를 문학작품이게 하는 이러한 다양한 서술기법이나 전략들에 현혹되어 서정이나 서사의 장르 성격을 보이는 텍스트가 존재한다고 보거나 그런 것들과 교술의 복합 장르적 성격을 보인다고 이해하는 것은 분명 잘못된 것이다.

이처럼 가사는 보고 듣고 느낀 대로 사실을 기록하고 메시지를 전달하여 알리면 되는 것이 아니라 여러 서술기법과 전략, 문체와 수사를 동원하여 '기록'에서 '문학'으로 끌어올려야 가사**문학**작품이 되는 것이다. 어떤 이가 〈상춘곡〉을 분석한 끝에 사실성보다는 추상의 덩어리이며 당대의 미적 감각이나 그 관념적 추구의 보편항을 보인 것이라 결론을 내린 것[46]도 가사가 기록을 넘어 당대의 미학을 바탕으로 문학적으로 승화시킨 텍스트 미학을 관찰해낸 결과에 다름 아닌 것이다. 그만큼 작자가 봄날의 자연미를 완상하면서 느끼는 산림지락(山林至樂)이라는 메시지를 자신의 동류들('홍진에 뭇친분네'와 '이바 니웃드라'로 함축적 독자를 설정하고 있음)에게 설명하고 알리고자 하면서도 그런 지락을 기록하듯이 사실적으로 드러내지 않고 미적 완성도를 높여 서술하고 있는 것이다.

그리고 어떤 이는 기행가사를 분석하면서 '준비 - 도정 - 도착 - 회정'의 진술 과정을 보이되 그 단계적 과정에서 환기되는 심경과 여정에서 포착된 다양한 경물과 풍정 체험을 '관찰 - 소회 - 표백'이라는 재현 과정으로 형상화해냄으로써 하나의 짜임새 있는 언어 구조체를 만들어 나간다[47]고 문학적 형상화 방식을 지적해낸 것도 여행의 기록을 가사라는 언어 구조체, 곧 가사양식으로 승화시킨 양상을 두고 말한 것에 다름 아니다.

4. 가사의 현대적 계승 방향

그럼 가사라는 문학양식이 왜 필요했으며, 현대에도 그러한 양식이 과연 필요한지, 필요하다면 어떤 방향으로 계승되어야 할지 성찰해보기로 하자. 가사가 왜 필요했는지는 가사 장르의 실현 양상이 잘 말해준다. 고려 말 선승에 의해 발생한 가사는 속세의 대중들에게 선리를 설하기 위한 음성 설법의 수단으로 창출되었으며 그 감화력과 설득력을 고도화하기 위해 '문학적'으로 세련된 형식으로, 향유방식으로는 암송하기 좋게 가장 대중적인 율격 양식인 4음4보격의 리듬을 타고 음영을 본질로 하여 널리 창

46) 김대행(2008), 앞의 논문, 33면 각주 5) 참조.

47) 박영주, 「기행가사의 진술방식과 문학적 형상화 양상」, 『한국시가연구』 18집, 한국시가학회, 2005, 223면.

작 · 향유하게 되었으며, 조선시대에는 당대의 정치 · 문화의 주역인 사대부층에 의해 본격적으로 수용되어 강호가사 등을 낳고, 조선 후기에 이르면 문화권을 달리하여 여러 하위 장르로 폭넓게 확산되었으며 개화기와 일제강점기에도 '마지막 불꽃'이라 명명할 정도로 왕성한 향유를 보였으니 총합하면 무려 7천여 편에 이르는 장르 실현을 보였던 것이다. 같은 시대에 애호되던 시조 장르의 총 실현 편수가 4,500여 수로 정리된 데 비하면 시조보다도 훨씬 상회하는 향유 양상을 보인 셈이 된다.

다만 근대 이후 현대에 이르러 시조는 부흥운동에 힘입어 **현대시조**로 거듭나고 현재 1,000명에 이르는 시조시인이 활동하고 있지만, 가사는 일부 여성에 의해 규방가사를 계승하고 있는 것이 고작이며,[48] 근자에 가사문학관 주최로 가사 창작대회를 열어 창작과 향유를 유도하고 고무시키는 정도의 미미한 활동이 있을 뿐이다. 따라서 가사가 1918년의 마지막 불꽃을 끝으로 종언을 고했다는 진단이 나올 법도 할 정도로 쇠퇴의 극을 달했던 것이다. 그러나 역사적 장르로서의 고전가사는 종언을 고했을지 몰라도[49] 가사는 다시 다양한 응용력을 새롭게 발휘하여 **현대가사**라는 새로운 장르의 모습으로 거듭날 수 있는 가능성을 곳곳에서 보여주고 있다. 이를테면 가사문학관 주최 전국가사창작대회에 해마다 다수의 응모작이 참여한다든지, 북한이나 연변 지역에서 가사문학이 활발하게 창작되고 있다든지, 누가 요청하지 않았는데도 신문의 시사 칼럼을 가사 양식으로 멋지게 써낸다든지,[50] 금년 베이징 올림픽 직후 배드민턴으로 금메달을 딴 이용대

---

48) 조애영, 고단, 이휘 같은 극소수가 있을 뿐이다. 그러나 이들의 활동은 눈부시다.

49) 김대행(1993)이 「가사의 종언과 문학의 본질」, 1-5면에서 가사가 변두리 문학으로 밀려나게 된 요인을 "문학이 지녀야 할 유연성에 근거한 재창조와 새로운 의미 부여의 가능성이 사라지고 오로지 일의적으로 고형화된 경직 현상"에서 찾은 바 있는데 역사적 장르로서의 가사가 이렇게 경직화 - 고형화되면 결국 쇠퇴와 소멸의 길을 걸을 수밖에 없는 것이지만, 그 양식이 새로운 시대에 다양한 응용력을 발휘하면 새롭게 태어날 수 있음도 의식해야 할 것이다.

50) 중앙일보, 2006년 10월 10일자 칼럼, 이훈범, 〈哀한글歌〉로, 작품 전문은 김학성(2008), 앞의 논문, 180-183면에 소개한 바 있다.

선수를 기리는 〈용대찬가〉가 인터넷에 올려져 인기를 끄는[51] 등의 사례는 현대가사의 가능성을 충분히 보여주고 있는 것이다. 이는 가사가 현대시조처럼 현대가사로 거듭날 수 있음을 증거해 주는 것이 아니겠는가.

그렇다면 가사는 전통사회와는 엄청나게 달라진 현대사회에서 그 다양한 응용력을 발휘하여 현대가사로 새로이 거듭나려면 어떤 방향으로의 계승이 바람직할까? 그것은 한마디로 가사의 아름다움과 가치를 오늘에 되살리고 발전시키는 방향이어야 할 것이다. 그러기 위해서는 무엇보다 가사의 양식적 정체성을 분명히 알고 그것을 현대사회의 독자에게 강한 공감대를 불러일으키는 방향으로 실현되어야 할 것이다. 독자의 공감과 뜨거운 호응이 없는 장르는 살아남지 못할 것이기 때문이다.

이미 살핀 바와 같이 가사의 정체성은 작자가 의도하는 메시지(화젯거리)를 4음4보격의 연속체로 다정하게, 그리고 자상하게 알리고 전달하는 양식으로, 다양한 서술기법과 전략에 의해 미적 완성도를 높여 문학성을 획득함으로써 독자에게 감화력과 설득력을 주는 데 독득성이 있다. 가사의 글감이 될 수 있는 메시지는 지난 시대에 고전수필(기록문학류)이 담당했던 두 영역 — 교훈적 · 이념적 전달이 주가 되는 의론(議論)류와 사실과 경험의 서술이 주가 되는 기술(記述)류 — 가 포괄될 것이지만, 현대가 개인주의 혹은 개성의 발달을 지향하는 사회이므로 어떤 사실을 공론화하여 자기주장을 펼치는 토론의 장을 마련하기가 쉽지 않는 환경이고, 또 어떤 실천규범을 조목조목 제시하여 교화의 주제를 펼치는 일이 '권위 상실의 시대'에서 감화력을 갖기가 쉽지 않으므로 의론류의 가사 실현은 어려움이 클 것으로 보인다.

그러나 소가족제와 이혼 등으로 인한 가정 파괴가 심각하고, 각박한 민

51) 그 앞부분만 소개하면 이렇다. "내가 알던 배드민턴 동네아짐 살빼기용/ 몹쓸편견 싹버림세 용대보고 개안했네/ 스므살에 꽃티청년 백팔십에 이승기삘/ 겉모습만 훈훈한가 실력까지 천하지존/ 스매싱에 셔틀콕이 누나가슴 파고들고/ 점프마다 복근노출 쌍코피에 빈혈난다/…… (이하 생략)

심으로 지역 공동체가 해체된 현대사회에서, 가족의 화목과 공동체의 화평을 위한 교훈적 메시지 전달은 오늘날 절실하게 요청되는 실정이므로, 시집가는 딸에게 시집살이의 실천규범을 제시했던 규방가사의 계녀가류나 가정이나 가문, 향촌 구성원이 지켜야 할 도리나 윤리 덕목을 제시했던 '교훈가사류의 현대적 계승'은 여전히 필요하게 될 것이고, 그러한 교화적 목소리는 현대시조나 자유시 같은 서정 장르보다 설득적 감화력이 뛰어난 현대**교훈가사**가 훌륭히 그 몫을 담당해 낼 것이다(물론 전시대의 유가 윤리가 아닌 현대의 윤리규범에 맞는 교훈이어야 함은 당연하다 하겠다). 이러한 장르 선택의 차이는 역사가 증언해 주고 있다. 조선시대에도 통치력의 권위나 사족들의 지위가 상대적으로 안정감을 갖던 전기에는 서정 장르인 오륜시조가 지어져 정서적 감흥 유발을 통한 오륜의 덕목이 교화적 기능을 충분히 감당할 수 있었지만,[52] 그러한 권위나 지위가 상당히 이완된 후기에는 오륜 항목의 당위성이나 중요성을 조목조목 구체적이고도 자상하게 설명하고 설득하고 알려주어야 했으므로 오륜시조는 사라지고 오륜가사가 지속적으로 그 자리를 차지했던 것이다.[53]

전시대에 의론류 가사로 활기를 띠었던 애국·계몽가사류도 최근 일본이 독도의 영유권을 주장하는 논리를 자국의 학생들 교육에까지 주입시키고, 중국이 동북공정의 일환으로 발해와 고구려사를 왜곡하는 오늘의 상황에서 그러한 논리나 주장의 부당성을 의론적으로 설파하고 나아가 거기에 대응하는 우리의 자세와 논리를 가다듬는 현대**애국계몽가사**가 요청되고 있다. 또한 고유가와 환율 상승 등으로 경제가 지극히 어려운 상황으로

52) 그 시대에는 '오륜'이란 절대 이념을 노래한다는 그 자체가 숭고한 감동을 유발하는 것이 가능했으므로 군더더기 설명이나 논리적 설득이 필요하지 않기 때문에 '서술의 억제'의 서정 양식인 시조로서도 충분히 교화적 기능을 발휘할 수 있었던 것이다.

53) 박연호(1996), 앞의 논문, 203-205면에서는 전기의 교훈시조가 후기에 교훈가사로 대치된 요인을 서정 장르로서의 시조와 전술 장르로서의 가사라는 장르상의 근본적 차이에서 찾지 않고 어법 같은 서술기법의 변화와 현실적인 삶의 다양한 모습을 담게 된 내용상의 변화를 주목하여 설명함으로써 설득력을 잃고 있다.

치닫는데도 아랑곳하지 않고 사치와 낭비를 일삼는 세태를 풍자하거나, 우리의 일상어나 문화어가 외국어에 의해 심각하게 침윤당하고 거기다 영어를 공용어로 해야 한다는 주장까지 나와 국어의 위기시대를 맞은 오늘의 현실을 조목조목 신랄하게 비판하는 등등의 **현실비판가사**나 **시사평론가사**가 요구되고 있다.

그리고 조선시대 사대부가사의 주류를 이루었던 강호가사는 오늘의 생태주의가사로 계승될 필요가 있다. 강호가사의 중심 이념이 되고 있는 천인합일이나 물아일체의 경지를 추구하는 유가적 사유는 자연과의 합일을 위한 인간의 자기수양이 특히 강조되고, 자아와 사회와 자연과 우주는 연속체이고 유기체라는 의식에 바탕을 두고 있어, 자연의 질서 원리를 통해 만물의 이법(理法)을 깨닫고 그에 합치하고 순응하려는 태도를 지녀왔었는데, 그러한 이념으로 포착한 강호와 전가(田家)의 삶과 흥취를 메시지로 전달하려 했던 것이 가사 장르를 필요로 했던 근거였다. 그런데 서구에서는 인간이 자연에 적극적으로 도전하고 인간 중심의 보다 나은 삶을 위해 자연을 지배하고 개발하고 고도의 산업기술을 바탕으로 도시화, 산업화를 가속시켜 나감에 따라 급격한 자연 파괴와 생태학적 위기로 치닫게 되었다. 그리하여 인간과 자연은 대결의 상대가 아니라 상생(相生)과 상보(相補)의 존재임을 깨닫고 환경과 생태의 파괴는 결국 인간의 파괴와 비인간화로 되어감을 직시하고 그러한 파괴의 현실에 저항하고 생태계와 인간성을 회복해야 한다는 생태주의 이념을 바탕으로 하는 '생태시' 혹은 '신서정주의시'를 낳게 되었다.[54] 우리나라도 생태와 환경 파괴에 따른 비인간화가 오늘의 절실한 문제이므로 생태주의 문학이 절실하게 요청되는 시점에 이르렀다. 그러나 그 문제는 생태주의 시조나 생태시 같은 서정 장르의 정서 감응력으로는 역부족이 아닐까 한다. 오히려 그러한 환경 파괴 현실을 조목조목 자상하고도 구체적이고 설득력 있게 알리고 주장하는 **생태주**

54) 김복근, 「생태주의 시조연구」, 창원대 박사학위논문, 2003, 17-23면.

의가사가 그 역할을 담당해야 훨씬 효과적이라 생각된다.

규방가사 가운데 탄식가류나 화전가류는 탄식을 통해 여성으로서의 삶 자체를 부정적으로 인식하는 자의식 혹은 비판적 성찰을 보이거나 남성들의 무능함에 대한 여성들의 풍자를 담거나 남성 우월에 대한 문제 제기를 보이는 작품들이 특히 문답형 규방가사에 보이는데[55] 이런 규방가사는 어디까지나 조선조 양반문화의 윤리와 덕목을 크게 벗어나지 않는 범주 내에서의 자의식이고 성찰이므로 오늘날 남성에 대한 성(gender)의 대타의식으로까지는 나아가지 못했지만 남녀 간 성차별 없는 동등한 권리를 주장하는 본격적인 여성주의(feminism)를 지향하는 **여성가사**로 계승될 필요가 있을 것이다.

사실과 경험의 서술이 주가 되는 기술(記述)류는 기행가사가 중심이 될 것이고, 또한 어느 특정 지역의 풍경이나 풍속을 서술한다든지, 어떤 특정 사물이나 사건 혹은 왕조의 역사를 서술하는 가사들이 이에 속할 것이다. 기행가사는 학생들의 경우 수학여행가사로, 일반인은 국내여행이나 해외여행 체험을 가사로 기술하는 **현대기행가사**로의 계승이 바람직할 것이다. 기행체험은 서정시로 혹은 수필로도 기술이 가능하지만 그 두 가지의 어느 양식으로도 충족하지 못하는 가사만의 정체성이 있기에 그 독특성을 현대에 계승할 필요가 있는 것이다. 조선시대에도 금강산 기행을 다녀와서 많은 금강산 유산(遊山) 문학을 남겼는데, 크게 시가문학과 산문문학의 형식을 빌려 전자는 한시나 경기체가, 시조 같은 서정시가로 작품화하고, 후자는 유산록이나 유산기 같은 기록문학(산문수필)으로 작품화했으나, 이 두 가지로 충족하지 못하는 작가들은 금강산 기행가사를 남겼던 것이다.[56]

---

55) 백순철, 「문답형 규방가사의 창작과 지향」, 고려대 석사학위논문, 1995, 14-47면.

56) 금강산 기행문학에 대한 장르상의 체계문제는 조규익, 「금강산 기행가사의 존재양상과 의미」, 『한국시가연구』 12집, 한국시가학회, 2002, 225-227면 참조. 여기서는 금강산 유산문학을 금강산 유산시와 금강산 유산록으로 양대별하고 금강산 기행가사를 후자에 소속시켜 놓아 가사의 장르적 정체성을 반영하지 못한 아쉬움이 있다.

금강산 기행을 다녀온 감흥을 서정시가로 노래하자니 '자상하게' 조목조목 기술하지 못하는 아쉬움이 있고, 산문수필(記와 錄)로 기술하자니 너무 경직되어 감흥과 미감이 살아나지 않으니 시가와 산문 영역을 동시에 충족시키는 중간 영역의 가사를 남겼음을 고려하면 현대의 우리도 자유시나 현대시조로도 혹은 현대수필로도 충족하지 못하는 기행 체험을 현대기행가사로 작품화할 필요가 있지 않겠는가.

종교가사는 기억하기 좋고 음영하기 좋은 가사의 4음4보격 연속체 리듬 때문에 실현된 역사적 산물이다. 암송하기 좋아야 많은 양의 교리와 경전들을 조목조목 전파하기 쉽고 규칙적이고 연속적인 리듬을 타고 음영할 수 있어야 감흥을 유발하면서 종교적 교화의 목적을 효과적으로 수행할 수 있기 때문이다. 종교적 교리야말로 교조적이고 원리적이어서 경직되기 이를 데 없는 것이므로 정서적 공감을 유발하는 서술형식 장치로서 이러한 리듬은 절대적으로 필요했던 것이다. 따라서 이러한 필요에 의해 **현대 종교가사**로 얼마든지 계승될 수 있을 것이다.

그러면 현대가사가 계승해야 할 가사의 적합한 **형식**은 어떠해야 할까? 가사문학관 주최의 가사 창작대회에서 수상한 작품을 대상으로 분석한 보고에 의하면 시조의 종장과 같은 결사 형식을 취하는 '결사종결형'의 활용도가 매우 낮고, 가사의 기본 율격(4음4보격)마저 벗어난 '율격일탈형'도 상당히 보이며, 특히 서술에 있어서 비분련의 '연속체'보다 '분련구성형'에 대한 선호도가 가장 높았다고 한다.[57] 이러한 현상은 무엇을 의미하는가? 한마디로 조선시대와 현대의 문학적 미의식의 차이로 이해된다. 가사 양식의 주역이었던 조선시대 사대부층은 시조의 문학 관습으로 가사를 향유하는 경우가 흔했기 때문에 4음4보격으로 무한히 연속하다가 시조의 종장형식으로 결사 부분을 깔끔하게 마무리하는 문예적 미감을 보였던 것이다.

---

57) 김신중, 「가사의 형태적 변화와 현대적 수용」, 『고시가연구』 21집, 한국고시가문학회, 2008, 124-125면.

그러나 이러한 마무리는 시조 종장의 마무리와는 커다란 격차가 있다. 시조 종장은 초·중장의 단 한 번 '반복(4음4보격에 의한)'에 이은 '전환(변형 4보격에 의한)'의 미감을 감당하는 구조여서 그 의미 비중이 엄청나게 크지만(그래서 주제가 대부분 종장에 드러남), 가사는 시조 종장 형식으로 종결한다 하더라도 그와 같은 '의미의 미적 전환'을 가져오는 비중을 갖기에는 반복 부분(4음4보격의 연속체 부분)의 비중이 너무나 방대해서 그러한 역할을 하지 못하고 다만 깔끔한 마무리 정도의 기능으로 그치는 것이다.

그리고 '분련구성형'이라는 것은 앞에서 살핀 바 조선시대 말기의 가창가사와 애국계몽기의 계몽가사에서나 볼 수 있었던 것으로 가사가 서정시가 장르들과 경쟁하기 위해서 가사의 장르적 외연을 넓혀갔던 시대에서나 볼 수 있는 특수 현상이고, 가사의 정통 형식은 4음4보격의 무한 연속체라는 점을 염두에 둘 때 그것이 바람직한 형식은 아님을 알 수 있다. 그럼에도 현대가사에서 분련구성형을 특히 선호한다는 보고는 그 형식을 잘못 이해한 것으로 판단된다. 분련구성형이 되려면 서정시가에서 각 연(聯)이 어느 정도 독립성을 가지고 그것이 중첩되어 하나의 작품을 이루는 구조가 되어야 하는데, 가사창작대회 응모작에 보이는 현대가사는 그 각각이 서정시에서의 연(stanza)의 구실을 하는 것이 아니라 문단의 단락(paragraph) 구실을 하고 있기 때문이다. 따라서 **'분단구성형'**이라 해야 이치에 맞으며, 현대가사의 응모작이 이런 유형이 많다는 것은 오히려 바람직한 현상이라 할 수 있다. 왜냐하면 현대인은 조선시대인처럼 유장하게 늘어놓는 것보다 깔끔하게 단락별로 정리되고 짧은 호흡으로 그때그때 마무리 짓는 것을 훨씬 선호하기 때문에, 무한 연속체로 장황하게 늘어놓는 것보다 감화력이나 호소력에 있어서 비교가 되지 않을 것이다. 그뿐 아니라 단락별 구분에 의한 '분단구성'은 전달하고자 하는 메시지의 논리적 응집력을 배가시켜 주고, 여백에 의한 깊은 사려의 기회를 만들어 호흡을 조절하게 해주며 그것을 바탕으로 독자에게 감응을 높여 주는 전달 효과를 가져올 수 있는 것이다.

그리고 가사 작품에서 율격을 일탈하는 현상도 그것이 단순히 문학적 미숙성이나 부주의에 의한 것인가, 아니면 해당 부분의 의미를 강화하거나 문단을 마무리, 혹은 조정하기 위한 미적 효과를 위한 것인가에 따라 바람직한 것인가 아닌가가 판별될 성질임은 말할 것도 없다. 4음4보격이란 가사의 율격을 시종일관 기계적으로 따르는 것보다 그렇게 연속되리라는 우리의 기대감을 무너뜨리고 정서와 의미 구조의 변화에 따라 2음보나 3음보의 촉박한 템포로, 혹은 그 반대로 6음보로 확장되는 일탈을 보임으로써 기계적인 율격 효과보다 더 강한 문학적 효과를 촉발시킬 수 있기 때문이다.

그러나 무엇보다 가사의 형식에서 중요한 비중을 차지하는 것은 2음보로 된 안짝구와 바깥짝구가 서로 균형을 이루며 대등하게 짝을 하고 그것이 하나의 행을 이루면서 연속됨으로써 4음보에 의한 구조적 안정감과 유장한 율동에 의한 사려 깊은 생각을 담기에 적절한 형식적 요건을 갖추었다는 점이다. 따라서 가사 작품은 이러한 안짝구와 바깥짝구의 결합과 호응을 얼마나 잘 활용하느냐와, 때로는 외짝구를 동반하여 그 일탈을 얼마나 긴장되고 이완되게 구사하느냐에 핵심이 있다고 할 것이다. 가사를 필사한 옛 기록물이 2개의 구가 짝을 이루어 2줄로 배열되는 '귀글체'가 대부분인 것도 가사의 이러한 형식적 특징을 반영한 것임은 물론이다. 그런 점에서 가사의 '멋'과 '아름다움'은 실로 이 귀글체의 미적 활용을 어느 정도 수준으로 하느냐에 관건이 달렸다 할 것이다.

지금까지 가사 양식의 현대적 계승 문제를 검토하기 위해 먼저 가사의 형식과 장르, 양식, 유형 등 여러 층위에 걸쳐 가사의 양식적 정체성을 살펴보고 그것을 토대로 현대가사로의 계승 가능성과 그 바람직한 방향을 정립해 보려 했다. 그 과정에서 가사라는 문학양식은 전달하고자 하는 메시지를 얼마나 감화력 있게 문학적 감동을 주며 효과적으로 서술하느냐에 달려 있어서 그에 따른 여러 가지 서술전략과 문학적 장치 및 기법이 활용된다는 사실을 알아낼 수 있었다. 그리하여 가사가 단순히 메시지 전달에 그치지 않고 4음4보격이라는 율격적 장치를 통해 우리 민족에 가장 친숙한 율동을 타고 '다정하고 다감하게' 전달되도록 함으로써 평범하고 딱딱한 산문체 전달이 아닌 정감적이고 시적인 감화력을 갖도록 함도 아울러 살폈다. 이러한 기법과 장치들이 가사가 단순한 '기록'이 아니라 '문학'일 수 있게 함도 알아내었다.

이러한 가사 양식의 특성을 바탕으로 그것의 현대적 계승 방향을 유형별로 살펴보면서 현대가사로서의 새로운 응용력과 잠재적 가능성을 타진해 보았다. 그러나 전통시가 양식이 아무리 훌륭한 미적 조건을 갖추었다 하더라도 그것을 향유하는 애호자의 적극적 호응이 없다면 또한 별 의미가 없음이 사실이다. 일본의 전통시가 양식인 하이쿠가 전 세계적으로 알려져 그 가치를 자랑하고 있는 것도 그것의 탁월함에 있다기보다 그것을 아끼고 향유하는 일본 본토의 애호자가 일천만을 넘어서는 세계적 규모라는 데 있는 것이다. 그러니 세계로 뻗어나가지 않을 수 없는 것이다. 그런 점에서 우리의 가사나 시조도 지난 시대의 유물이나 골동품쯤으로 여기지 않고 우리가 먼저 사랑하고 아낄 때 하이쿠처럼 전 세계인이 주목하는 장르로 거듭날 수 있을 것이다.

제2부

가사의 미학과 가치 탐색

가사의 서술특징과 화행구조

1. 가사의 담화방식과 서술특징

가사를 일러 '4음4보격 연속체 시가'라고 개념 정의하는 데 누구나 동의한다. 이는 가사가 한편으로는 '4음4보격'이란 정형적 율격을 가진, 그래서 '노래하기'에 이끌리는 성향을 가지고 있음을 의미하며, 다른 한편으로는 '연속체'라는 점에서 그 정형 율격의 단위를 길게 연속해 짜나간다는 '확장'의 성향을 가지고 있음을 의미한다. 그런데 이 두 가지는 서로 상반되는 지향을 가진다. '노래하기'에 강하게 이끌릴수록 서술하고자 하는 내용을 정감에 실어 '다정하게' 말할 수는 있으나, 그 노래하기의 속성에 이끌려 '서술을 억제'해야 하는 한계가 있다. 그에 반해 연속체로 길게 짜나가는 지향에 강하게 이끌릴수록 서술하고자 하는 내용을 두루 갖추어 성대(盛大)하고 '자상하게' 말할 수는 있으나, '서술의 확장'에 따른 정감적 호소력은 그만큼 상쇄(相殺)되고 마는 한계가 있다.

그럼에도 가사는 이 두 가지 상충되는 지향을 교묘히 융합시켜 양쪽을 모두 충족하는 미감을 창출하는 장르라 할 수 있다. 즉 '노래하기' 지향을 살림으로써 다정다감한 호소력을 발휘할 수 있고, '연속체'로서의 서술 확장 지향을 살림으로써 전달하고자 하는 메시지의 설명력이나 설득력을 확보할 수 있는 것이다. 실제로 가사 작품을 살펴보면, 노래하기 지향에 이끌리는 작품일수록 그 길이가 짧아 단편화되고, 반대로 전달하려는 메시지에 정보를 많이 담아 설명력을 확보하려 할수록 그 길이가 장편화되는 경향을 보인다. 그리고 이 두 상반지향을 동시에 충족하여 '다정하게'와

'자상하게'를 아울러 확보할 경우 중편화되는 경향으로 나타난다. 이 중에서 절대다수의 가사가 중형(中型)의 길이를 보이는데, 이는 가사가 어느 한쪽에 치우치기보다는 그 대립지향을 중화시켜 미감을 창출하는 장르임을 말해준다.[1]

이러한 현상을 조선시대 인구에 회자되었던 몇 작품들을 중심으로 살펴보면, 조선 전기 가사의 경우 4음보 1행으로 대충 계산하면 대체로 100행 내외가 대부분을 차지한다. 50행 이내에 드는 비교적 단형의 가사로 〈매창월가〉 17행, 〈미인별곡〉 35행, 〈상춘곡〉 39행, 〈속미인곡〉 48행 정도를 들 수 있을 뿐이다. 나머지 절대다수는 〈면앙정가〉 73행, 〈관동별곡〉 146행, 〈사미인곡〉 62행, 〈성산별곡〉 84행, 〈태평사〉 73행, 〈선상탄〉 68행, 〈사제곡〉 86행에서 보듯 중형 길이(50행 이상 150행 내외)를 보이는 것이다.

이처럼 대부분의 가사는 중형의 길이를 보여 노래하기와 자상하게 말하기를 함께 충족하는 지향을 보여준다. 이러한 중형 중심 현상은 가사 담당층의 확대를 보인 조선 후기에도 주류 경향으로 나타나지만, 일부에서 유별나게 긴 장형화 성향도 보인다. 〈일동장유가〉는 무려 3,922행에 이르고, 〈한양가〉 1,515행, 〈만언사〉 906행, 〈북천가〉 505행, 〈병인연행가〉 1,830행, 〈농가월령가〉 515행 등, 500행을 넘어서는 가사가 그것이다. 이들은 생활의 체험이나 풍습, 기행의 정보 등을 '자상하게' 다량으로 전달하려는 목적이 '노래하기' 성향을 압도한 데서 연유된 것으로 전체 가사에서 차지하는 비중은 그렇게 크지 않다. 아무튼 가사는 적게는 17행 전후에서부터 많게는 무려 4,000행에 이르는 폭넓은 진폭을 보여 길이에서는 어떤 제한을 받지 않고 '자율적 통제'에 맡기고 있다. 그리고 그 통제의 강도를 살펴보면, 비교적 통제를 강하게 받아 짧은 단형이 될수록 '노래하기'에 비중을 둔 가사가 되고, 노래하기의 간섭을 덜 받으면서 '자상하게' 말하기에 비중

1) 이에 대한 상론은 김학성, 「가사의 장르적 특성과 현대사회의 존재의의」, 『한국고전시가의 전통과 계승』, 성균관대출판부, 2009 참조.

을 둘수록 장편 가사가 됨을 확인할 수 있다.

요컨대 대부분의 가사는 형식상으로는 4음4보격의 정형 율격으로 서술을 통제하여 운용함으로써 노래하기 지향을 보이는 '시가' 형식을 전형적으로 드러내지만, 내용상으로는 거기에 많은 정보를 담아 자상하게 언술함으로써 서술 억제(언어 절약)로 인한 시적 표현의 모호성에서 벗어나 산문의 '문필'에서 볼 수 있는 설명의 명징성을 아울러 확보하게 된다. 이 두 가지 대립 성향을 아울러 확보하자니 중형의 가사가 대부분을 차지하게 된 것이다. 일찍이 도남 조윤제 선생이 가사를 일러 "운문적 형식을 쓰면서 문필적 내용을 표현 묘사하는 문학"이라 하면서 "시가와 문필의 두 성격을 동시에 갖춘 특이한 문학"[2]이라 규정했던 것도 이런 특징에 연유한다.

시가와 문필의 두 가지 성향을 동시에 드러내는 양식으로는 중국의 사부(辭賦)를 들 수 있다. 사부는 우리의 가사 양식처럼 '시(詩)'와 '문(文)'의 중간 영역에 존재하는 특이한 것이어서, 중국의 역대 명작을 모아놓은 『고문진보(古文眞寶)』에 보면, 시를 실은 전집(前集)이 아니라 문을 실은 후집(後集)에 싣되, 그 중간 성격을 가진 사부는 후집의 첫머리에 실어 놓았음을 확인할 수 있다. 이러한 편집체제는 사부가 시와 문의 중간 영역에 드는 문학양식임을 말해준다. 그래서 중국의 사부와 우리의 가사는 "매우 닮았다"고 하면서, 부의 특징으로 "직(直), 포(鋪), 부진(敷陳)" 등의 개념을 들고, 이어 "이야기를 '곧바로 드러내어 말하거나 펼쳐서 서술한다'는 의미를 지닌다"[3]라고 한 최한선 교수의 언급은 가사 이해에 중요한 길잡이가 된다. 여기서 '부'의 서술특징을 '곧바로 드러내어 말하거'나 '펼쳐서', 혹은 '부연하여 진술'한다고 한 것은 홍만종이 『순오지(旬五志)』에서 가사의 서술특징으로 지목한 것과 그대로 통하기 때문이다.

---

2) 조윤제, 『한국시가의 연구』, 을유문화사, 1948, 127면.

3) 최한선, 「가사와 부」, 『오늘의 가사문학』, 2017년 가을호 권두언 참조.

예를 들어 '직(直)'에 해당하는 부의 특징은 홍만종이 언급한 가사의 평어(評語)인 '술(述, 서술함)'이나 '기(記, 기록함)'의 직서(直敍)적 성격과 통하며, 부의 '포(鋪)'는 가사의 '포장(鋪張, 펼쳐 늘임)', '역거(歷擧, 차례로 듦)'와 통하며, 부의 '부진(敷陳)'은 가사의 '성론(盛論, 성대하게 논의함)', '비술(備述, 두루 갖추어 서술함)', '비설(備說, 두루 갖추어 설명함)', '설진(說盡, 빠짐없이 다 설명함)'과 통하므로 부와 가사는 닮은 양식이라고 하는 것은 타당하다. 그리고 둘 다 문장의 담화방식으로 '서술'을 중요한 특징으로 삼음도 일치하는 특징이라 하겠다.

가사는 이와 같이 '서술'을 중요한 특징으로 하면서, 그 서술의 구체적 방법은 시간의 추이에 따른 단선적 '과정'(이것을 sequence라고 함)만이 의미를 갖는 스토리 전개를 보임으로써 서술의 '평면적' 확장을 이룬다는 '교술(전술) 양식'의 특성을 보인다고 할 것이다.

2. 가사의 시행단위와 귀글체

지금까지의 논의를 토대로 가사의 개념을 장르적 특성을 아우르면서 다시 정의하면 '4음4보격/ 연속체/ 전술(교술)시가'라고 할 수 있다. 이러한 개념 정의에는 세 가지 조건이 내재되어 있음을 의미한다. 즉 가사는 ① '4음4보격'의 율격적 통제를 받는 **율문시가** 양식이며, ② 그러한 율격의 통제를 넘어 행이 연속될 때에는 그 길이에 제한을 두지 않고 자율에 맡겨 연속해서 '확장'해 나가는 **서술시가** 양식이며, ③ 그 서술의 확장 방식은 '노래하기'의 간섭을 받아 스토리의 단선적 과정만을 보여 '평면적 확장'을 이루는 **교술(전술)시가** 양식에 해당함을 의미한다. 여기서 ①은 가사의 율격적 조건이며, ②는 서술적 조건이고, ③은 양식적 조건이라 할 수 있다. 이 가운데 먼저 ③의 조건에 해당하는 가사의 양식 '명칭'을 교술로 하느냐, 전술로 하느냐부터 점검해 보자.

주지하는 바와 같이 가사의 장르 양식 명칭은 조동일 교수가 처음으로 '교술' 장르라는 명칭을 부여한 이래 그 타당성에 관한 성찰 없이 관습적으로 널리 쓰여 왔다. 그러나 '교술'이란 의미는 '교훈적 서술'이란 말을 약칭한 것이므로 그 뜻이 너무 제한적이어서, 원칙적으로 가사 가운데 교훈가사에 드는 것밖에 포용하지 못한다. 이를테면 교훈가사의 정통인 오륜가사를 비롯해서 규방가사의 일부인 계녀가사, 농민들을 계도하는 내용을 담은 일부의 농부가류, 그리고 종교가사가 거기 해당된다. 그리고 나머지 절대다수를 차지하는 강호가사, 기행가사, 연군가사, 규방가사, 서민가사 등 가사의 주류는 그 중심 서술이 교훈적 서술이 아니라 화제(글감, 이야기 자료, message)를 알리고 설명하는 '전달 서술'에 해당하므로, 그 약칭인 **'전술'** 장르라는 명칭을 부여해야 더 적절하다 하겠다.

그래서 필자는 전술 장르를 간명하게 "어떤 화젯거리를 **전달**하고자 하는 담화(진술) 양식"이라고 정의하여 '전달'에 강조를 둔 바 있다.[4] 덧붙여 한때 필자를 포함하여 몇몇 논자들이 헤르나디의 장르론 영향으로 가사를 '주제적 양식'이란 명칭으로 규정한 적도 있으나, '주제'라는 용어는 모든 문학작품에 다 해당하는 범용적 명칭이므로 이 또한 적절치 않다. 따라서 앞으로는 '전술'이란 용어를 가사의 장르 양식 명칭으로 확정하는 것이 바람직하다 할 것이다.

가사는 전술 양식에 해당하므로 그 서술특징이 노래하기의 간섭을 받아 서술을 평면적으로 확장하는 담화방식을 갖는다고 이해되었다. 이러한 서술특징을 보다 심층적으로 이해하고 확인하기 위해서는 텍스트를 이루는 '서술의 층위'를 구체적인 작품을 놓고 심도 있게 분석하고 통찰하는 것이 필요하다. 여기서는 우리 문학사에서 가사문학의 최고 정점(頂點)을 이룬 송강가사에 지대한 영향을 미친 것으로 평가되는 송순의 〈면앙정가〉를 들

4) 김학성(2009), 앞의 책 참조.

어 그 서술특징을 분석해 보기로 한다.

우선 ①의 조건인 시행구조를 이루는 율격적 통제 양상을 살피기 위해, 작품의 전반부를 가사의 율격으로 공인되어 왔던 4음4보격을 감안하여 시행을 배분하되, 통사적으로 문장의 종결을 이루는 서술 분단도 유의하며, 나아가 전달하고자 하는 화제의 흐름과 서술 내용의 전환도 고려하면서 인용해 본다.

(1) 无等山 ᄒᆞᆫ활기 뫼히 동(東)다히로 버더이셔
멀리 ᄠᅦ쳐와 霽月峯의 되여거ᄂᆞᆯ
無邊 大野의 므ᄉᆞᆷ짐작 ᄒᆞ노라
일곱구비 ᄒᆞᆫᄃᆡ 움쳐 믄득믄득 버럿ᄂᆞᆫᄃᆞᆺ
가온대 구비ᄂᆞᆫ <u>굼긔든 늘근뇽이</u>
<u>선ᄌᆞᆷ을 ᄀᆞᆺᄊᆡ야</u> 머리ᄅᆞᆯ 안쳐시니(*치ᅘᅧ드니)
너ᄅᆞ바회 우ᄒᆡ 松竹을 헤혀고 亭子ᄅᆞᆯ 안쳐시니
구름ᄐᆞᆫ 青鶴이 千里를 가리라 두 나ᄅᆡ 버럿ᄂᆞᆫᄃᆞᆺ

(2) 玉泉山 龍泉山 ᄂᆞ린 믈히
亭子압 너븐들ᄒᆡ 兀兀히 펴진드시
넙써든 기노라 프르거든 희지마나
雙龍이 뒤트ᄂᆞᆫᄃᆞᆺ 긴깁을 ᄎᆡ폇ᄂᆞᆫᄃᆞᆺ
어드러로 가노라 므ᄉᆞᆷ일 ᄇᆡ얏바
닷ᄂᆞᆫᄃᆞᆺ ᄯᆞ로ᄂᆞᆫᄃᆞᆺ 밤ᄂᆞᆽ즈로 흐르ᄂᆞᆫᄃᆞᆺ
므조친 沙汀은 눈ᄀᆞᆺ치 펴졋거든
어즈러은 기럭기ᄂᆞᆫ 므스거슬 어르노라
안즈락 ᄂᆞ리락 모드락 흣트락
蘆化을 사이두고 우러곰 좃니ᄂᆞᆫ뇨
너븐길 밧기오 진하늘 아ᄅᆡ 두르고 ᄭᅩᄌᆞᆫ거슨
모힌가 屛風인가 그림가 아닌가
노픈ᄃᆞᆺ ᄂᆞ즌ᄃᆞᆺ 긋ᄂᆞᆫᄃᆞᆺ 닛ᄂᆞᆫᄃᆞᆺ
숨거니 뵈거니 가거니 머물거니
어즈러온 가온ᄃᆡ 일홈ᄂᆞᆫ 양ᄒᆞ야
하늘도 젓치아녀 웃독이 셧ᄂᆞᆫ거시 秋月山 머리짓고

龍龜山 夢仙山 <u>佛臺山 魚登山</u>
<u>湧珍山 錦城山이</u> 虛空에 버러거든
遠近 蒼崖의 머믄짓도 하도할샤
흰구름 브흰煙霞 프르니ᄂᆞᆫ 山嵐이라
千巖 萬壑을 제집을 삼아두고
나명성 들명셩 일히도 구ᄂᆞᆫ지고
오르거니 ᄂᆞ리거니 長空의 ᄯᅥ나거니 廣野로 거너거니
프르락 불그락 여토락 지트락
斜陽과 서거지어 細雨조ᄎᆞ ᄲᅳ리ᄂᆞᆫ다

(3) <u>藍與ᄅᆞᆯ ᄇᆡ야ᄐᆞ고</u> 솔아ᄅᆡ 구븐길노 <u>오며가며 ᄒᆞᄂᆞᆫ적의</u>
綠楊의 우ᄂᆞᆫ黃鶯 嬌態겨워 ᄒᆞᄂᆞᆫ괴야
나모새 ᄌᆞᄌᆞ지어 樹陰이 얼ᄅᆡᆫ적의
百尺 欄干의 긴조ᄋᆞ름 내여펴니
水面 凉風이야 긋칠줄 모르ᄂᆞᆫ가
즌서리 ᄲᅡ진후의 산(山)빗치 금슈(錦繡)로다
黃雲은 ᄯᅩ엇지 萬頃의 편거지요
漁笛도 흥을계워 ᄃᆞᆯᄅᆞᆯᄯᆞ라 브니ᄂᆞᆫ다
草木 다진후의 江山이 ᄆᆡ몰커ᄂᆞᆯ
造物리 헌ᄉᆞᄒᆞ야 氷雪노 ᄭᅮ며내니
瓊宮 瑤臺와 玉海 銀山이 眼底에 버러셰라
乾坤도 가ᄋᆞᆷ열샤 간대마다 경이로다

문학작품을 '분석 대상'으로 삼을 경우 텍스트라 부른다. 그런데 〈면앙정가〉의 텍스트 분석에서 첫 번째 마주하는 문제는 **시행구조**를 어떻게 파악할 것인가이다. 가사의 제시 형식(performance)은 일정한 수성(隨聲) 가락이 붙어 읊는 음영(吟詠)이 본질이 되고, 이러한 본질을 바탕으로 텍스트마다의 상황과 향유 현장의 성격에 따라 때로는 가창(歌唱), 즉 '들을거리(可聽)'로, 때로는 읊조리면서 읽는 완독(玩讀), 즉 '볼거리(可觀)'로 향유되어 왔다. 이러한 음악적 향유와의 연관성 때문에 가사를 기록한 인쇄물이나 필사본을 보면 띄어쓰기를 하지 않고 '내리박이 줄글식'으로 표기한 경우가 대부분을 차지한다. 고급의 선율로 가창하거나 수성 가락을 붙여 읊조려 향유하는 데는 굳이 띄어쓰기를 하지 않아도 일정한 선율을 붙여 읊어나가기만 하면 되기 때문이다.

그러나 가사도 서술이 상당히 길어져 장편화를 이룰 때나, 중편이라도 일정한 글귀(文句)로 배열된 작품이라는 인식을 보일 때는 2음보 1구의 구(句) 단위로 쪼개어 그것을 행으로 삼아 2행씩 묶어 띄어쓰기를 하는 이른바 '귀글체'로 된 필사본도 상당히 많이 발견된다.[5] 이러한 귀글체는 가사의 화행짜임이 안짝구(2음보)와 바깥짝구(2음보)가 구조적 평형의 대우(對偶)를 이루면서 서술을 확장해 나간다는 의미를 보여주고, 거기에다 2개의 구를 묶어서 띄어쓰기를 하여 그것을 하나의 기초 단위로 삼아 연속해 써나간 것은 2개의 구가 하나의 묶음으로 합쳐져 4음4보격의 시행단위를 이루면서 연속적으로 확장해 나간다는 장르 인식이 있었음을 말해준다. 결국 가사의 시행구조는 2개의 구를 합친 4음4보격 단위의 시행이 연속되는 구조라는 것을 귀글체가 명료하게 보여준다는 것이다.

그런데 이러한 귀글체 표기도 시종일관 일률적으로 2보식의 구를 단위로 2행씩 묶어 띄어쓰기를 하고 있을 뿐, 더 이상 상위 단위의 단락을 구분하지 않는 경우가 절대다수여서, 어디까지가 '서술 단락'을 이루고, 나아가 '문단 단락'을 이루는지를 알 수가 없다. 여기서 다루려는 〈면앙정가〉를 수록한 『잡가』라는 필사본도 2음보의 구 단위로 행 배열을 한 귀글체로 연속해 쓰여 있어서, 작품의 화행짜임이나 서술구조를 이해하기가 쉽지 않게 되어 있다. 따라서 연구자가 이를 해명해야 하는 난제가 가로놓여 있지만, 오히려 이런 점 때문에 가사의 양식적 특성이나 화행짜임의 원리를 더 깊이 있게 천착하는 계기가 될 수 있다.

5) 구 단위의 귀글체로 된 필사본의 대표적인 예로 정학유의 〈농가월령가〉, 이기원의 〈농가월령〉 등을 들 수 있다.

3. 가사의 의미완결과 화행단위

가사의 서술특성과 담화방식의 이해를 위해서는 먼저 그 화행짜임의 기초 층위를 2보격의 구(句) 단위로 볼 것인가, 4보격의 행(行) 단위로 볼 것인가가 결정되어야 한다. 어떤 연구자들은 〈면앙정가〉가 수록된 필사본이 귀글체 형태로 쓰였음을 본보기로 삼아 2음보 1구를 서술의 기초 단위로 하여 구를 단위로 연속되는 작품의 구조로 인용하고 있다. 그런데 실제 작품을 보면 2보격의 구 단위로도 어느 정도 의미 단위를 이루는 경우가 극히 드물게 보이긴 하지만, 그보다 4보격의 행 단위로 묶음 지워야 비로소 전달하고자 하는 의미가 분명히 드러나는 경우가 절대적이다. 앞에 인용한 〈면앙정가〉의 (1)부분만 살펴보아도 4보격이 하나의 행을 이루면서 최소단위의 의미적 완결성이 뚜렷해진다는 사실이 드러난다.

즉 첫째 행의 첫 구인 "무등산(无等山) 흔활기 뫼히"까지를 하나의 율격 단위로 보면 문장의 주어부만 제시되어 '무등산의 한쪽 활개가'라는 의미만 드러나 그 한쪽 활개가 어떻다는 것인지를 도무지 알 수 없지만, 곧바로 이어지는 둘째 구인 "동(東)다히로 버더이셔"(통사적으로 술어부에 해당)까지 2음보를 더하여 4음보로 묶어 보면 '무등산의 한쪽 활개가 동쪽으로 뻗어 있어'라는 뜻이 되어 비로소 최소 단위로서의 완결된 의미를 갖게 된다. 둘째 행도 "멀리 ᄠᅦ쳐와"까지 2음보의 구 단위로 끊어 읽으면 '멀리 떨쳐 와서'라는 의미만 전달되어 그래서 어찌되었다는 건지 구체적으로 알 수 없지만 그다음 구인 "제월봉(霽月峯)의 되어거ᄂᆞᆯ"까지 4음보로 묶어 결합시켜 읽으면 비로소 '멀리 떨쳐 나와서 제월봉이 되었거늘'이라는 최소 단위로서의 완결된 의미를 갖게 된다.

이렇게 가사는 2음보 단위로 된 구가 안짝과 바깥짝이 되어 서로 호응하는 대우의 구로 결합해서 4음보격으로 하나의 율격행을 이루면서 최소의 의미 단위로 완결성을 얻게 되는 구조로 짜여 있다. 이런 현상은 다음

행에도 그다음 행에도 최소의 의미가 생성되면서 '반복'해서 '규칙적'으로 나타나므로 '주기적 반복 구조'로서 하나의 행을 통제하는 율격 장치로 드러나게 된다. 다시 말해 4음보 단위로 율동의 규칙성과 반복성을 이루면서 최소의 의미가 생성되면서 적층을 이루어 간다는 것이다. 이는 가사가 2보격의 연속체가 아니라 4보격의 연속체임을 분명히 하는 것이다. 예외적으로 이 작품에서 2보격의 구 단위로 최소 의미단위가 되어 완결성을 보이는 경우는 "넙써든 기노라// 프르거든 희지마나"와, "雙龍이 뒤트는돗// 긴깁을 치폇는돗" 등 몇 군데서만 보일 뿐이다. 그런데 이러한 2보격 부분마저도 그것을 반행(半行)으로 하여 안짝과 바깥짝으로 대응하는 짝으로 결합하면서 4보격을 이룬다고 보면 그 의미적 완결성은 더욱 도드라진다는 점에서 가사는 4보격을 시행단위로 하는 연속체 시가임을 확인하게 한다. 이처럼 의미단위와 율격실현(곧 율동)은 긴밀한 관계에 있다.

그런 점에서 앞으로 우리는 가사 작품을 인용하거나 연구의 대상으로 삼을 때 2보격의 구 단위로 행을 배열하는 일은 없어야 할 것이다. 작품이 주기적 반복 구조로서의 규칙적 율동과 최소 의미를 완결하는 단위와 서로 맞지 않기 때문이다. 그뿐 아니라 가사의 작품 분위기나 서술미학을 통찰해 보더라도, 율격 양식적 특징에서 짧고 빠르며 단순하고 경쾌한 2보격 양식과는 어울리지 않고, 그 반대로 생각이나 감정을 길고 깊게 엮어나감으로써 유장하고 차분하며 사려 깊은 분위기를 조성하는 4보격 양식과 더 잘 어울린다는 점에서도 가사의 시행구조는 2보격이 아니라 4보격을 시행단위로 함은 의문의 여지가 없는 것이다.

가사는 이렇게 4음4보격의 율격적 통제를 받으며 하나의 시행을 이루는 ① '율격적 조건'을 갖고 있지만, 그러한 시행을 기초 층위로 삼아 서술의 길이에 있어서는 특별한 제한을 두지 않고 자율적 통제에 맡겨 '서술을 확장하여 연속'해 간다는 ② '서술적 조건' 또한 갖고 있다. 이는 4음4보격의 율격적 통제가 시조처럼 의미를 '차단'하는 장치로 기능하지 못하고 다음 행으로 '연속 · 확장'되면서 의미가 더욱 분명히 완결됨을 말해준다. 이제 이러한 서술적 조건이 텍스트에서 구체적으로 어떻게 운용되는지 살펴보기로 하자. ①의 조건이 행의 분단과, 행 내에서의 율격 실현, 곧 율동을 문제 삼는 것이라면(가사의 율동 실현은 다음 기회에 상론키로 한다), ②의 조건은 작품을 이루고 있는 문장들이 연계적으로 짜나가는 규칙, 곧 담화방식이 어떠한가를 문제 삼는 것이다. 담화(談話, discourse)는 문장들이 결합하여 유기적 질서를 이루면서 성립되므로 문장보다 높은 차원의 언어표현을 가리킨다.

가사의 담화방식은 우선 문장 종결법이 나타나는 것을 기준으로 텍스트를 구분하는 문장 단위의 통사적 서술 분단이 이루어진다고 볼 수 있다. 그리고 이 문장 단위의 '통사적 서술 분단'들이 적층되면서 스토리(플롯이 아님)를 생성해 나가므로, '스토리를 이루는 행' 단위라는 의미에서 '시행'에 대응하는 '화행(話行)'이란 용어를 쓸 수 있다. 그런데 문제는 가사의 담화체인 중세국어에서 문장 종결법의 사용이 현대국어와 같이 빈번하지 않고 연결어미에 의해 '내장(內藏)된 문장 단위'의 사건이나 행위, 생각이나 느낌이 표현되는 경우도 적지 않다는 것이다.[6] 그런 연유로 연결어미의 지속에 의한 문장의 기나긴 연속체에서는 어디까지가 하나의 통사적 서술 분단, 곧 화행을 이루는지가 선명하지 않을 때가 상당히 있게 된다.

이러한 중세국어의 특징을 감안하여 스토리를 생성하는 가사의 화행이 두 가지로 실현됨을 감안할 필요가 있다. 하나는 종결어미에 의해 문장 종결법이 직접적으로 실현되는 경우로서 이때의 문장 종결법은 하나의 서술 단락을 단위 짓는 역할을 하는 경우가 대부분이어서 '통사적' 종결법을 따라 화행이 결정되는 것으로 보면 된다. 그렇기는 하나 때로는 통사상의 문장 종결법이 화행보다 하위 층위인 구나 행의 수준에서 촘촘히 실현되는 경우도 없지 않아 일률적으로 말할 수는 없다.

6) 고영근, 「문장과 이야기의 관련성에 관한 연구」, 『관악어문연구』 15집, 서울대 국문학과, 1990 참조.

다른 하나는 문장의 종결법이 통사적 구문으로 직접 실현되지 않고 내장되어 겉으로 드러나지 않은 채 연결어미에 의해 지속적으로 화행이 연계되는 경우다. 이럴 때는 겉으로 드러난 통사적 분단으로는 문장 단위의 서술 종결이 결정될 수 없으므로, '의미의 완결'이 선명하게 이루어지는 지점을 화행단위로 삼을 수밖에 없다. 그 지점은 중세국어에서는 연결어미로 간접화되어 내장되어 있지만 현대국어로 보면 문장 단위의 종결법이 실행될 수 있는 지점이 될 것이다. 이렇게 화행은 통사적으로 직접 드러나는 '외현(外現)화행'과, 통사적으로는 간접화되어 내장되고 '의미적'으로 문장 단위의 서술 분단이 이루어지는 '내장(內藏)화행'의 두 종류가 있으므로, 이 둘을 통합하여 화행의 개념을 '통사·의미적 서술 분단'이 이루어지는 스토리 생성의 최소 단위라 재지정할 수 있다.

이런 관점에서 앞에 인용한 〈면앙정가〉의 화행짜임을 살펴보면, 우선 문장의 종결어미가 외현되는 경우가 여간해서 잘 보이지 않는다는 것이 특징이다. 면앙정이 자리한 위치와 그 형상을 화세로 서술한 첫째 문단, 곧 (1)을 보면 문단이 다 끝나도록 연결어미로 계속 이어져 끝내 종결어미가 한 번도 실현됨이 없이 화행을 거침없이 연계해 짜나가고 있다. 그래서 화제가 면앙정 바로 앞의 경관을 묘사하는 둘째 문단, 곧 (2)로 연속해서 이어지고 여기서도 연결어미에 의한 서술 연계는 지속적으로 이루어져 여러 행을 거친 다음 "蘆化을 사이두고/ 우러곰 좃니는뇨"에 와서야 의문형 종결어미로 하나의 매듭을 짓는다.

이렇게 '외현화행'만을 서술 분단으로 볼 경우 (1)문단의 경계를 넘어서 (2)문단의 거의 중간 부분까지 하나의 화행으로 이루어져 있다고 해야 하므로 불합리하게 된다. 화행이 적층되어 문단을 이루므로 화행이 그 상위 단위인 문단을 넘어설 수는 없기 때문이다. 이럴 경우 연결어미의 지속으로 비록 문장 종결법이 외현되지는 않았지만 의미론적 완결이 선명하게 이루어지는 지점을 찾아 이런 '내장화행'의 연속으로 문단을 이루었다고 보면 합리적 접근이 가능하게 된다. 이렇게 내장화행의 기나긴 연속으로 이루어져 있는 독특한 서술미학을 가진 것이 여느 작품과 다른 〈면앙정가〉의 서술특성이라 할 수 있다.

그런가 하면 이러한 내장화행의 기나 긴 연속에 이어 (2)문단의 중간부분에 이르면 서술 템포가 급변하여 "모힌가 屛風인가/ 그림가 아닌가"라고 하여 1음보 단위로 의문형 감탄 종결어미로 발화함으로써 급박한 외현화행의 모습을 보여주고 있다. 이는 정감이 극도로 고양되었음을 의미한다. 1음보나 2음보 같은 빠른 템포의 율동실현은 4음보의 유장한 리듬보다 급박한 템포에 의해 정감 자극을 고조시키기 때문이다. 하지만 이 또한 화행단위로 볼 수는 없다. 1보격이나 2보격의 구 단위는 화행단위보다 더 작은 층위이므로 그 작은 단위가 시행단위를 넘어 화행단위로 된다는 것은 불합리하기 때문이다.

이와 같이 종결어미의 실현에 의한 서술 분단은 정감의 억양과도 긴밀히 관계되므로 화행단위에 직결되는 것이 아님을 유의할 필요가 있다. 이런 빠른 템포의 종결법으로 서술되는 경우는 통사적으로 이해하기보다는 의미론적으로 완결이 이루어지는 단위로 묶어 화행짜임을 이해해야 할 것이다. 아무튼 화행단위는 연결어미에 의한 서술이 지나치게 길게 연속되거나, 반대로 종결어미에 의한 서술이 지나치게 짧게 연속될 때는 통사적 분단보다 '의미의 완결'에 중점을 두어야 하는 것이다.

4. 가사의 서술층위와 화행구조

가사의 서술층위 가운데 화행구조는 가장 중요한 위치를 차지한다. 화행구조가 서술 분단의 중요한 핵으로 작용할 뿐 아니라 그 짜임의 원리가 담화양식을 결정하여 장르 양식의 특성을 드러나게 하는 중요 인자가 되기 때문이다. 이제 가사에서 작품의 화행구조가 구체적으로 어떤 양상으로 실현되는지 분석해 보기로 하자.

대부분의 가사가 그러하듯 〈면앙정가〉도 2개의 시행으로 하나의 통사적 의미구조를 완결하는 단위, 곧 화행을 이루는 경우가 압도적이다. 먼저 (1)을 살펴보면 문단 전체가 연결어미로 연속되어 있어서 내장화행 짜임의 연속임을 알 수 있는데, "无等山 흔활기 뫼히 동(東)다히로 버더이셔"라는 첫째 행에다 "멀리 쎄쳐와 霽月峯의 되어거늘"이라는 둘째 행이 결합하여 적층을 이룸으로써 하나의 통사적 의미구조를 완결하는 첫째 화행이 되고, 그다음 행인 "無邊 大野의 므숨짐작 ᄒᆞ노라"는 또 그다음 행인 "일곱구뷔 흔딕 움쳐 믄득믄득 버렷는둧"과 결합함으로써 통사적 의미구조를 완결하는 두 번째 화행이 이루어진다고 볼 수 있다. 이런 식으로 (1)문단 전체가 2행씩 결합하여 하나의 화행을 이루면서, 전달하고자 하는 메시지가 스토리를 형성해 나가는 화행구조로 이루어져 있는 것이다. 마지막 화행은 하나의 시행이 2보격 단위의 3개, 곧 6보격으로 서술이 더욱 확장되면서 이러한 6보격으로 된 2행이 결합하여 하나의 화행을 이룸으로써 좀 더 긴 템포의 확장을 이루었으나 역시 2행이 하나의 화행을 이루는 짜임은 동일하다.

가사에서 이와 같이 2행으로 하나의 화행을 이루는 경우가 압도적이지만 (3)의 후반부 "즌서리 빠진후의 산(山)빗치 금슈(錦繡)로다", "黃雲은 또엇지 萬頃의 편거지요", "漁笛도 흥을계워 들롤쏠라 브니는다"에서 보듯 감탄형 종결어미나 감탄의문형 종결어미로 시행마다 연속적으로 서술되면서 1행으로 하나의 화행을 이루는 경우도 적지 않다. 이런 경우는 '노래하기'의 간섭이 강하게 작용한 결과 서술의 억제가 자주 일어나 그만큼 정감 충동이 고조되었음을 의미한다. '다정하게 말하기'의 서술이 더욱 강화된 표현인 것이다.

그리고 (2)의 중간 부분 "어즈러온 기럭기는 므스거슬 어르노라/ 안즈락 느리락 모드락 흣트락/ 蘆花을 사이두고 우러곰 좃니는뇨"에서 보듯이 행위 서술을 하거나, "모힌가 屛風인가 그림가 아닌가/ 노픈둧 느즌둧 긋는둧 닛는둧/ 숨거니 뵈거니 가거니 머물거니"처럼 장면 묘사를 할 경우는

3행이 결합하여 하나의 화행을 이루기도 한다. 나아가 행위 서술이나 장면 묘사를 보다 '자상하게 말하기'로 강화할 경우는 4행, 5행이 결합하여 화행을 이루는 경우도 찾아볼 수 있다.

또한 행위 서술과 장면 묘사를 함께 아우르면서 '자상하게 말하기'를 더욱 강화할 경우는 그 이상의 행이 결합하여 하나의 화행을 이루기도 한다. (2)의 첫 부분 "玉泉山 龍泉山 ᄂᆞ린 믈히/ 亭子압 너븐들히 兀兀히 펴진 드시/ 넙꺼든 기노라 프르거든 희지마나/ 雙龍이 뒤트ᄂᆞᆫ듯 긴깁을 치폇ᄂᆞᆫ ᄃᆞᆺ/ 어드러로 가노라 므ᄉᆞᆷ일 ᄇᆡ얏바/ ᄃᆞᆺᄂᆞᆫᄃᆞᆺ ᄯᆞ로ᄂᆞᆫᄃᆞᆺ 밤ᄂᆞᆺ즈로 흐르ᄂᆞᆫᄃᆞᆺ" 에서 보듯이 면앙정 바로 앞에 있는 옥천산과 용천산에서 발원하여 합쳐서 흐르는 여계(餘溪)라는 시냇물을 대상으로, 그 흐름의 행위 서술이나 장면 묘사를 겸하여 세세하게 묘사할 경우는 무려 6행이 하나의 화행을 이루기도 하는 것이다.[7]

이를 종합해 보면 가사의 화행짜임은 2행으로 하나의 화행을 이루는 것이 가장 보편적인 단위가 된다. 이러한 서술 길이는 가사의 ② '서술적 조건'에 해당하는 연속체 서술에서 노래하기에 이끌려 '다정하게' 서술하려는 서술 억제의 간섭과 그 반대로 서술을 얼마든지 확장하여 '자상하게' 전달하려는 지향이 맞물려 절묘하게 조화를 이룬 결과라고 할 수 있다. 이러한 보편적 단위를 주류로 하면서도 노래하기의 간섭을 강화하여 '다정하게 말하기'에 더욱 역점을 둘 경우는 1행으로 축소하여 서술을 촘촘히 하는 화행짜임을 보이고, 전달하고자 하는 메시지에 역점을 두어 보다 '자상하게 말하기'로 서술하고자 할 경우는 3행, 4행, 5행 혹은 그 이상으로 확대하여 서술을 유장하게 끌어가는 화행짜임을 보인다고 정리할 수 있다.

결국 가사는 이러한 화행짜임이 적층되어 '소단락'을 이루며, 다시 이 소단락들이 적층되어 대단락인 하나의 '문단'을 이루는 것으로 이해될 수 있

---

7) 가사의 화행짜임 분석은 성무경(2000), 앞의 책, 99~100면에서 간단히 다룬 것을 참조하면서 필자가 대폭 보완한 것임.

다. 즉 가사의 기초 단위인 시행이 모여 화행이 되고, 화행이 모여 소단락을 이루고, 소단락이 모여 문단을 이루고, 문단이 모여 하나의 작품을 완성하게 되는 것이다. 여기서 문단과 문단의 경계는 전달하고자 하는 화제(話題)가 마무리되면서 다른 화제로 전환되는 지점이 될 것이다.

가사의 율격과 표기 형태의 관련 양상

1. 시의 율격과 유사 개념의 구분

한 편의 잘 다듬어진 시, 혹은 시가를 구성하고 있는 물리적 요소를 문학적 장치라 한다면 그 장치로서 우리는 표지(標識)와 함축으로 이루어진 시의 '언어'와, 이미지(의상(意象)이라 함)의 집합체인 이미저리(의경(意境)이라 함), 은유와 환유로 대표되는 수사적 기법(技法), 과장이나 축소, 혹은 애매성으로 나타나는 수사적 의장(意匠) 등과 같은 시의 '의미성'과 긴밀히 관계하는 '내적 요소'들을 들 수 있고, 이와 아울러 율격, 압운, 율동, 연(聯) 형식 등 시(시가)의 '구조적 외형'으로 나타나는 시의 음성적 측면을 들 수 있다. 전자(내적 요소)를 의미율, 혹은 내재율이라 부르고, 후자(구조적 외형)를 외형률, 혹은 정형률이라 지칭하는 이유가 된다. 그리고 이 구조적 외형과 내적 의미 사이의 긴장 관계에 의해 한 편의 잘 다듬어진 시로 산출될 때 마침내 살아 움직이는 하나의 유기적 생명체로서 느껴지게 되는 것이다.

그래서 시의 연구에 있어서 율격에 관한 논의는 살아 움직이는 생명체로서의 실체를 구조적 외형의 측면에서 해명한다는 점에서 다른 분야에 못지않게 그 중요성이 인식되어 왔다. 즉 율격은 일정한 서술전략이라 할 모형(模型)에 따라 운율적 자질을 조직화하고 율동을 형식화하는 까닭에 한 편의 시를 아름답게 조형화해 주고 시의 우아성과 권위를 조장해 주는 기능을 한다는 면에서 올바른 율격론의 이해가 요청되었던 것이다. 그런 면에서 가사의 율격적 측면을 올바로 규명하는 것은 가사의 서술미학을 이해하는 관건이 되는 것이다.

가사의 율격론적 측면을 해명하기에 앞서 선행되어야 할 것은 율격의 개념과 본질을 명확히 파악해야 하는 것이다. 그러기 위해서는 율격과 유사 개념어의 관계 및 차이를 분명히 하는 것이 필수다. 그래야 개념의 혼란을 피할 수 있기 때문이다. 율격과 흔히 혼동되는 유사 개념어로는 운율과 율동, 압운, 율조, 절주 등을 들 수 있다. 이 가운데 율조(律調)는 선율(旋律)의 속칭으로서 '가락(melody)'이란 말과 동의어로 쓰이는 개념어인데, 이는 음의 높낮이와 관련한 음악적 용어(악곡적 측면)와 더 친연성이 있으므로 시의 언어적 측면(더 정확하게는 언어의 음성적 측면)을 논의하는 율격론과는 적합하지 않음을 알 수 있다. 우리말의 언어적 특성은 음의 높낮이와는 관련이 없고 장단(장음과 단음)과 관계되기 때문이다. 그리고 절주(節奏)라는 용어는 리듬, 곧 율동과 동의어이므로 율동이라는 개념으로 통일해 쓰는 것이 개념의 혼란을 막을 수 있다. 이제 남은 것은 운율과 율격, 율동, 압운의 네 가지 개념어다.

이 네 가지 개념어 가운데 가장 넓은 개념을 가진 용어는 운율(prosody)이고, 가장 기초가 되는 용어는 율동(rhythm)이다. 여기서 운율(韻律)은 글자 그대로 '운(압운을 줄인 말)'과 '율(율격을 줄인 말)'의 합성어여서 '압운(押韻)'과 '율격(律格)'을 포괄하는 넓은 개념이므로, 이 두 가지 개념을 동시에 지칭하는 넓은 개념으로 사용할 경우를 제외하고, 가능한 피하는 것이 개념의 혼란을 막을 수 있다. 그리고 율동은 시에서 시인의 마음속에 솟아나는 정감(시적 정서)이 유동(流動)하는 속도, 곧 '율동'에 맞추어 언어적 표현 곧 '시행 발화(시적 형식의 발화)'로 펼쳐내는 것이므로 그것이 시의 기초가 되는 것이다. 다시 말해 마음속에 유동하는 정감의 속도를 '내재율동'이라 한다면, 이것에 맞추어 '의미'를 담은 언어로 형상화하면 한 편의 시가 되는 것이다.

따라서 시란 내재율동에 맞춘 의미의 언어적 표현이라 말할 수 있는데, 이로 인해 시를 '음성과 의미의 조화적 통일체'라 흔히 정의하기도 한다.

다시 설명한다면 '음성'은 내적 정서에 바탕한 시인의 음악적 미감 곧 '율동'의 드러남이고, '의미'는 그러한 율동에 담은 시인의 세계인식 혹은 이념에 해당하는 것이어서 한 편의 시가 얼마나 감동을 주는 메시지가 되는가는 그 내재적 정서의 율동과 의미가 얼마나 조화되는 통일체 혹은 긴장의 유기체로 살아 움직이느냐에 달려 있다 할 것이다. 여기서 율동은 시적 정서의 유동하는 속도에 맞추는 것이므로 파도(波濤)의 모양과 속도만큼이나 무한히 다양한 흐름이어서 그 율동에 어떤 운율적으로 '등가적(等價的) 규칙성'과 그것의 '반복성'에 의한 '운'이나 '율'이 가해져서 모형(模型)화한 운율로 드러날 때 산문율동과는 다른 시적 율동이 살아나는 것이다. 이때 운율적으로 철저히 통제된 '등가적 운율 자질의 규칙성과 반복성'으로 드러날 경우 정형시가 되고, 그러한 통제에서 자유로이 벗어날 때 자유시가 되는 것이다.

이런 측면에서 '등가적 운율자질의 규칙성과 반복성'으로 드러나는 정형률의 미감이 그것의 자유자재한 불규칙의 자유율의 미감보다 시로 하여금 음악적 미감의 절정에 이르게 함은 말할 것도 없다. 아니 시에서의 이러한 규칙적 반복의 율동은 단순히 그러한 음악적 미감에 그치는 것이 아니라 시에 담긴 인식이나 의미 내용을 윤기 있게 채색(彩色)하고, 분산되지 않는 완전성을 갖게 하며, 의미의 단위들이 공간적으로나 시간적으로 아름다움을 갖도록 하는 미적 장치로 운율이 기능하는 것이다. 만약 시에서 운율 장치나 형식적 규율이 없다면 시는 흐트러져 혼란스럽게 되는 것이다. 운과 율이 있으므로 앞의 구절이 다음 구절에 연결되며, 또한 앞 구절을 연상하게 하고, 생각의 덩어리나 이념을 서술하는 시가 공통적으로 '의미의 조화적 통일'을 이루는 데에 기여할 수 있는 것이다.

여기서 '운'과 '율'의 개념 구분이 필요하게 된다. '운' 곧 압운(rhyme)은 그러한 운율 자질의 규칙성과 반복성이 시행(詩行)의 일정한 자리에 실현되도록 하는 형식 장치여서 '음위율(音位律)'이라 부르기도 하는데, 그 실현되는 위치에 따라 시행의 앞머리에 규칙적 율동을 두면 두운(頭韻)이라

하고, 가운데 두면 요운(腰韻)이라 하고, 시행의 끝에 두면 각운(脚韻)이라 한다. 이를테면 한시에서 절구(絶句)에는 둘째와 넷째 구의 시행 끝에 '같은 운자(韻字)'를 써서 각운을 두는 규칙성을 보이는데 이러한 한시에서 압운은 중요한 운율적 기능을 한다. 하지만 우리 시가에서는 극히 일부의 시에서 인위적으로 시행의 첫머리나 끝에 같은 운자를 맞추어 압운하는 경우를 제외하고는 자연스러운 시에서는 찾아보기 어려우므로, 우리 시가의 운율론에서 압운을 문제 삼을 필요는 없다. 그래서 우리 시가에서는 압운이 아니라 '율' 곧 율격(metre)이 시의 중요한 표현 장치로 문제가 되는 것이다. 즉 우리 시가의 율격을 형성하는 자질(등가적 운율자질의 규칙성과 반복성)이 무엇인가와 그 자질들이 율격을 실현하는 방식은 어떠한지, 그리고 그것들이 율격 양식을 이루는 규준 체계는 어떠한지를 규명하는 율격 유형론과 율격체계론에 집중되어 왔던 것이다.

2. 율격론의 경과와 가사의 율격 규정

그동안 우리 시가 율격적 특성을 규명하기 위한 논의의 전개 과정을 살펴보면, 연구 초기 단계였던 일제강점기에는 일본 정형시가의 자수율에 영향을 받아 우리 시가도 3·4조 혹은 4·4조 같은 글자 수의 규칙적 반복성에서 찾는 자수율(음수율)에서부터 출발하여(조윤제, 이병기 선생), 해방 후에는 영미시의 강약률에 영향을 받아 우리 시가의 율격도 그 형성의 운율자질이 강음절과 약음절의 역학적 대립에 있다고 보는 강약률이 제시되기도 했다(정병욱, 이능우 선생). 그런가 하면 우리 시가 율격의 기층이 고조(高調)와 저조(低調)의 대립에 의해 형성되는 고저율임을 주장하기도 하고(황희영, 김석연 교수), 이와 달리 율격을 형성하는 자질은 우리 국어의 언어학적 자질 안에서 찾아야 한다며 우리 시의 율격이 장음절과 단음절의 대립적 교체에 의해 생성된다는 장단율로 보기도 했다(정광 교수). 이와 같이 우리 시가의 율격이 음보라는 기층 단위에다 강약 · 고저 · 장단 같은 2차적 운율자질의 대립이 겹쳐져 형성되는 복합율격으로 규정되다가, 그 뒤에 이러한 복합율격론적 규명이 부정되고, 우리 시가의 율격을 형성하는 기층 단위는 음절이 아니라 음보이며, 그 음보의 등가성(等價性)은 음절 또는 음절량의 등가적 대비, 곧 음보의 등시성(等時性)에 의해 형성된다는 단순음보율론으로 전환되었다(조동일, 김대행 교수).

그러나 이러한 음보율의 규정 또한 음보의 등시성을 호흡의 균형이나 심리적 현상, 혹은 장단음 조절의 상대성을 인정하는 논리여서 그 등시성의 객관적 검증이 불가능하다는 비판이 제기되면서 그러한 문제를 해결하기 위해 우리 시가의 음보를 형성하는 자질로 음절(글자) 외에 장음(長音)과 정음(停音)을 더하여 음보의 등시성을 객관적으로 체계화하는 음량률(音量律)이 제안되어(성기옥 교수) 우리 시가의 율격 규정은 마침내 일단락되기에 이르렀다.[1] 즉 우리 시가의 음보의 크기를 결정하는 것은 음절(글자) 수가 아니라 음절의 양(量)라는 것에 착안한 논리에 기반한 것이다. 한국어에는 음절수가 같더라도 음절량은 다른 어휘들이 많은데 우리 시의 율격도 우리말의 이런 음운론적 특성을 반영하여 음절량으로써 음보의 등가성을 확보하려는 특징을 갖기 때문이다. 그래서 음보의 크기를 형성하는 자질로 음절 외에 장음과 정음을 추가하여 세 가지로 설정하고, 음절 길이의 단위를 재는 모라(mora) 개념을 원용하여 1음절량의 음길이를 1모라로 보고, 1음절만큼 길게 빼는 장음과, 1음절 길이만큼 멈추는 정음이라 함으로써 우리 시가는 이 세 가지 자질의 관여에 의해 음보 크기의 등가적 규칙성과 반복성을 이루는 음량률에 해당한다고 본 것이다.

그런데 여기서 우리 시가의 율격을 음량률로 규정하기 위해 '모라'라는

1) 이러한 율격론의 경과와 음량률에 대한 상론은 성기옥, 『한국시가율격의 이론』, 새문사, 1986을 참조할 것.

용어를 사용하고 있는 것과 관련하여, 음절싯가어(時價語, syllable timed language)의 언어 구조를 지닌 한국어를 음량싯가어(mora timed language)의 언어 구조로 해명하는 것이 과연 정당한 것인지에 대한 의문을 제기할 수도 있다. 이를테면 음량싯가어(mora timed language)에 드는 일본어의 경우, 장음은 'i'와 'u'에만 적용되는데, 기본음보다 정확히 2배의 길이, 곧 2모라 길이를 갖는다고 하며, 희랍어에도 장음과 단음의 차이가 모라 단위를 적용할 수 있는 2배, 3배의 정수 단위의 길이의 차이를 보여서 역시 모라로 측정할 수 있는 언어 구조를 갖고 있다, 이에 비해 우리 국어는 장음과 단음이 있으나 음의 길이가 "**밤**에 **밤**을 구워 먹었다"의 경우 '밤'이라는 앞뒤 어휘의 길이가 1 : 2.2로 되고, "**실패**를 찾지 못해서 바느질에 **실패**했다"의 경우 앞뒤 어휘 '실패'의 시가(時價)가 2.5 : 1의 음 길이를 보여주어, 음량싯가어(mora timed language)라 하기 곤란하다는 것이다. 또 단음을 가진 국어 어휘도 기준 단위의 길이를 1모라라 할 때 0.7모라에 해당하는 길이를 갖는다고 한다.[2)]

따라서 한국어는 음량싯가어(mora timed language)에 해당한다 할 수는 없지만, 장음과 단음이 우리 국어에 음운론적 기능을 가지고 관여하는 자질임에는 분명하고, 율격 형성의 기저자질은 해당 언어에 관여적인 언어학적 자질 내에서 찾아야 한다는 사실에 비추어, 장음과 정음이 관여하는 음량률로 우리 시가의 율격을 설명하는 것은 그래서 타당성을 가질 수 있다. 우리 국어가 음절싯가어(syllable timed language)의 언어 구조를 갖고 있다는 견해도 꼭 맞지는 않는다. 음절싯가어의 언어 구조를 갖는 가장 대표적인 예는 프랑스어인데, 그것은 음절수 그대로 길이가 정확히 늘어나는 특징을 보인다. 그러나 우리 언어 구조에서는 "꽃은 어인일로 피면서 쉬이지며~"에서 각 음보가 2음절, 3음절, 4음절로 제각각이지만 각 음보

2) 이러한 음량의 대비적 수치에 대하여는 한국어 음성학자인 유만근 교수의 실험 결과를 참고함.

의 길이가 같도록 음량을 조정하여 **등가성을 갖도록** 발화되는 특징을 보인다. 그런 면에서 한국어의 언어 구조는 호기군(呼氣群)싯가어(breath group timed language)라 보아야 한다.

한국어가 호기군싯가어에 속하므로 이러한 우리 언어의 특징을 반영하여 우리 시가의 율격 형성에 기층 단위가 되는 음보를 형성하는 자질로 음절(글자)이라는 필수 자질 외에 음의 지속량에 관여하는 장음과 정음이라는 수의적 자질을 고려함으로써 음보의 음지속량에서 등가성을 확보하고 그리하여 율격체계에 객관화를 보증하고 있다는 점에서 우리 시가의 율격을 음량률로 규정하는 입론이 현재로서는 최선의 규정이라 할 수 있다. 다만 음절에 부착되는 장음과 정음의 구체적 실현에 있어서 율격 관습을 고려한다 하더라도 개인마다의 개성적 발화 차이로 인해 음지속량이 발화자에 따라 다르게 나타날 수 있어서 언뜻 보면 객관성이 확보되지 않는 듯도 하지만, 그러한 개인적 차이는 음절의 음성학적 차이에 해당하는 것이어서 이러한 음성적 차이가 모두 '율격적 의의'를 갖는 것은 아니므로 크게 문제되지는 않는다.

이를테면 중국의 한시에서도 음절(글자)마다 평성, 상성, 거성, 입성 같은 4성이 있고, 평성에도 다시 상(上)평성과 하(下)평성이 있는 등 실제로는 9종의 성조(tone)가 각 음절의 개별성을 지니고 있지만, 율격적으로는 낮은 음의 평성(平聲)과 높은 음의 측성(仄聲)이라는 두 종의 성조 대립만 있는 것으로 간주되어, 음절수의 규칙성(5언, 7언 등)에다 평측(平仄)의 운율 자질이 역학적 대립을 이루는 고저율로 규정된다. 마찬가지로 우리 국어에서도 음성학적으로는 측정할 때 음지속량(mora의 크기)이 다른 음절이라 하더라도 개별 음절들의 특성이 모두 고려되지 않고 동일한 양으로 간주되어 등가적 음지속량에 의한 동질적 율격을 형성하는 것으로 체계화될 수 있다는 점에서 음량률의 객관성도 율격적 측면에서는 용인되는 것이다.

이러한 우리 시가 율격론의 경과를 따라 우리의 관심사인 가사의 율격론을 재검토해 보면, 맨 먼저 제안된 자수율(음수율)로 볼 경우 가사는 3·4

조 혹은 4·4조를 기본 율격으로 한다고 이해한다. 그러나 이미 기존에 충분히 비판된 바와 같이 가사의 율격을 글자 수의 규칙성에서 찾는 방법은 우리 국어의 어휘 특성이 2음절 혹은 3음절로 되어 있고 여기에 조사(助詞)나 어미(語尾)가 1음절 혹은 2음절이 붙는 첨가어 형태여서 율격이 관여하지 않는 소설 같은 산문으로 된 발화 자료에도 3음절 혹은 4음절이 압도적 경향성으로 나타난다는 점에서, 그것이 율격적인 문장만을 포용하고 비율격적인 문장은 배제할 수 있는 변별력을 갖지 못한다는 근본적인 문제점을 갖고 있어 더 이상 음수율은 수용되지 않고 있다.

그럼에도 어떤 이는 음량률이 제안된 이후에도 그것을 비판하면서 음보율이나 음량률 모두 음보라는 단위를 기준으로 삼고 있는데, 우리 시가에서 음보의 개념은 적절하지 못하므로 그 개념을 적용하는 자체가 잘못이라 하고, 음보 대신 '마디'라는 개념을 설정하여 우리 시가를 음절수의 규칙에 의한 순수 음절 율격, 곧 음수율에 해당한다고 다시 주장하는 입론을 편다.[3] 그러면서 이러한 논리에 따라 가사는 '8음절의 두 마니' 율격, 다시 말해 '4/4음절의 같은 두 마디(4·4조와 다르지 않음)' 율격을 가진 양식이라 했다. 그가 '음보'라는 용어를 기피하는 이유는 원래 음보(foot)란 영미시의 강약률과 같은 복합 운율 체계에서 만들어진 개념으로, 각 음보의 음절수가 같아야 하고(그래서 자연히 각 음보의 시간적 등장성이 같게 된다), 거기에다 강약, 고저, 장단 같은 음운의 규칙적인 2차적 자극이 있어야 하는데, 우리 시가는 무엇보다 각 음보의 음절수가 동일하지 않은데다가 그러한 2차적 자극의 규칙성이 없다는 것이다. 다만 음절수의 규칙적 반복이 휴지나 기타(성기옥 교수가 개념 설정한 장음이나 정음 같은 자질을 가리키는 듯함)에 의해서 호흡 단위(breath group)로 분절된다 하더라도 엄밀한 객관성을 갖기가 어려우므로 그것을 근거로 음보라는 단위를 설정할 수 없으므로 그 개념은 추방해야 하고, 우리 시가의 율격체계에서는 음보 그 자체가

3) 오세영, 「한국시가 율격 재론」, 『관악어문연구』 18집, 서울대 국문학과, 1993.

없는 음수율을 적용해야 맞는다는 것이다.

그러나 이미 앞에서 지적한 대로 우리 국어는 음절싯가어(syllable timed language)에 해당하는 것이 아니라 호기군싯가어(breath group timed language)에 해당하므로 율격체계에서 음절군(音節群)을 호흡 단위로 분절하려는 '등가적 범주화의 원리'가 작용함은 당연한 것이므로, 복합운율체계에서의 음보 개념과는 다른 역학적 원리에 의해 분절되는 단위로 음보를 설정하는 것이 잘못된 것은 아니다. 굳이 그러한 음보 개념을 피하고자 한다면 '마디'라는 개념을 사용해도 되는데, 그렇다고 그 마디라는 분절 단위를 글자 수의 규칙성에 근거하는 음수율에서 찾을 필요는 없는 것이다. 왜냐하면 음수율은 우리 시가의 율격체계를 설명하는 능력을 전혀 갖지 못하기 때문이다. 음수율을 적용하면서 그는 가사를 '8음절의 두 마디' 율격, 다시 말해 '4/4음절의 같은 두 마디' 율격을 가진 양식이라 했는데, 그것을 가사의 율격체계가 보여주는 실상을 통해 검증해 보면 드러난다. 임의로 한 작품만 예를 들어 본다면, 김춘택의 〈별사미인곡〉을 음수율로 분석한 결과를 인용해 보면, 이 작품은 총 158구 79행 1,114자로 구성되어 있는데, 각 구의 음수율 빈도수를 조사해 보니, 2·3조가 7회, 2·4조가 19회, 3·2조가 1회, 3·3조가 4회, 3·4조가 80회, 3·7조가 1회, 4·3조가 1회, 4·4조가 44회 출현한다는 것이다.[4] 음수율이 성립하려면 우선 글자 수가 철저히 규칙성과 반복성을 보여주어야 하는데 이렇게 다양한 음수율을 보여준다는 것은 음수율이 가사의 실상과 전혀 맞지 않다는 것을 반증하는 것이 아닌가.

그가 가사의 율격으로 제시한 '4/4음절의 같은 두 마디'라는 규정은 이른바 4·4조를 가리키는데 〈별사미인곡〉을 보면 그에 해당하는 구는 총 158구 중에서 44회만 실현되어 있어 27%의 빈도밖에 실현되지 않고 있다. 이를 행단위로 다시 보면 '8음절의 두 마디' 율격이라 한 것으로, 여기에

4) 서원섭, 『가사문학연구』, 형설출판사, 1981, 195면.

해당하는 행은 8·8조가 되어야 하는데, 여기서 8·8조는 79행 중 단 3행에 불과하여 3.8%만 실현되고 있다. 그래서 그는 8음절 두 마디 혹은 4/4 음절 두 마디라는 기준 음절수는 상수(常數)를 의미하고 변이(變異)에 있어서는 1음절 정도의 가감이 가능하다는 융통성을 제시한다. 그렇다면 음수율은 음절(글자)수의 규칙성을 절대적 규범으로 삼는데, 이렇게 1음절 정도의 가감이 가능하다고 허용해 버리면 음수율의 근간을 허무는 규칙의 제안이므로 성립될 수 없는 입론이 되고 만다. 그렇게 되면 상수(常數)보다 변수(變數)를 절대적 빈도로 운용하는 자료(우리 시가의 대부분이 그러하지만 가사의 경우도 글자 수를 맞춘 4·4조의 상수로 운용되기보다 3·4, 2·4 등 다양한 글자 수의 변수로 운용되는 자료가 훨씬 많음)에 적절한 설명 모형(模型)이라 할 수 있기 때문이다. 따라서 가사의 율격을 음수율로 규정하는 것은 실상에 전혀 맞지 않으므로 이런 오류가 다시는 반복되어서는 안 될 것이다. 그보다는 음보라는 개념을 서구시의 개념에서 벗어나 호기군싯가어(breath group timed language)에 해당하는 언어권에도 적용되는 보다 넓은 개념으로 융통성을 보이는 것이 합리적일 것이다.

그런 점에서 우리 시가를 단순음보율로 규정한 입론이 음수율보다는 진일보한 것이라 하겠다. 이를 적용할 경우 가사는 '4음보격 연속체 율문 양식'이라 규정되므로, 4음보격에서 벗어나는 가사 자료는 없다는 점에서 일단 가사의 율격 규정에 문제는 없어 보인다. 그렇지만 이렇게 음보 수(數)만을 율격체계의 기준으로 삼는다면, 그 음보를 구성하는 자질들은 무엇이고 그것의 크기의 규칙성은 어떻게 형성되는지에 대한, 분할 자질의 객관적인 규정이 없어 문제점을 갖기는 마찬가지다. 그래서 가사는 4개의 음보가 모여 하나의 시행을 이루는 구조체계를 가졌을 뿐 아니라, 그 음보의 형성은 4개의 음절 길이에 해당하는 4모라(mora)의 음지속량을 갖는, 즉 4음격의 음보들로 규칙화되어 있고, 그 음보의 구성 자질은 음절이라는 필수 자질에다 경우에 따라서는 장음과 정음이라는 수의 자질이 부착되는 형태로 음보의 등가적 분할을 이루며 구조화된다고 '음량률'로 설명하게 된 것이다. 이렇게 해서 가사의 율격은 '4음격으로 된 음보가 4개 모여 하나의 시행'을 이루는 규칙적 반복성을 보이는 까닭에 이를 줄여 '4음4보격'이라 규정하게 된다. 즉 가사는 '4음4보격 연속체 율문 양식'인 것이다.

3. 가사의 표기 형태와 네 가지 유형

가사라는 장르를 이처럼 '4음4보격 연속체 율문 양식'이라 율격적으로 규정할 경우, 그러한 규정이 과연 타당성을 갖는지를 전통 가사를 실제로 향유하고 전승해 왔던 담당층들의 가사 양식에 대한 인식을 통해 검증해 볼 필요가 있다. 이를 위해서는 가사의 전승 경로를 통한 표기 형태가 실제의 연행 방식인 제시 형식(performance)과 어떤 상관성을 가지는지를 살펴보면 자연스럽게 드러날 것이다. 가사의 표기 형태는 어떤 식으로든 가사의 연행 방식, 곧 제시 형식과 상관관계를 가질 터이기 때문이다.

가사는 절대 다수가 개인이 직접 손 글씨로 쓰는 '필사본' 형태로 전승되어 오지만, 작품이 널리 인구(人口)에 회자(膾炙)된다든가, 세월이 지나 후손이나 후학들이 체제를 갖추어 문집 또는 가첩으로 간행할 경우, 혹은 암송의 대본으로 널리 확산시킬 필요가 있을 경우는 목판본이나 주자(鑄字)본으로 인간(印刊)되기도 했다. 이럴 때 목판본이나 주자본은 판면(板面)에 제약을 가져오기 마련이므로 띄어쓰기를 전혀 고려하지 않고 작품 전체의 모든 글자를 시종일관 붙여 쓰는 '내리박이 줄글식'(유형 1) 표기를 하는 경우가 절대다수를 차지하지만, 드물게는 내리박이 줄글식 표기를 따르면서도 그와는 다르게 문장 단위로, 혹은 그에 준하는 단위별로 경계 표시를 하는 '문장체 줄글식'(유형 2) 표기를 보이는 경우도 찾아볼 수 있다. 그에 비해 필사본은 지면(紙面)의 제약이 상대적으로 덜하므로 목판본처럼 내리박이 줄글식으로 표기하는 경우도 있기는 하지만 구절별로 띄어쓰기를 하는 '귀글체'(유형 3)로 표기하는 경우가 대부분을 차지한다. 그리고 경우에 따라서는 가장 작은 단위인 '어절별'로 띄어쓰기가 중심이 되는 '어절체'(유형 4) 표기 사례도 찾아볼 수 있다.

이 가운데 〈유형 1〉의 사례를 들면 널리 인구에 회자되었던 송강가사는 후대에 관료, 혹은 후손에 의해 목판으로 여러 차례 인간되었는데(황주본(黃州本) · 의성본(義城本) · 관북본(關北本) · 성주본(星州本) · 관서본(關西本)의 5종류) 모두 '내리박이 줄글식'으로 표기되어 있다. 그리고 정극인의 〈상춘곡〉이나 백광홍의 〈관서별곡〉은 후대에 문집으로 간행되면서 역시 내리박이 줄글식 표기의 주자본, 혹은 목판본으로 전하고, 나옹화상의 〈서왕가〉는 휴정대사의 법맥(法脈)을 잇는 승려들에 의해 널리 대중의 암송을 위한 대본으로 목판 인쇄된 것이 내리박이 줄글식 표기로 여럿 전한다.

그렇지만 목판본이나 주자본이라 하여 모두 다 띄어쓰기를 전혀 고려하지 않은 내리박이 줄글식으로만 표기된 것은 아니다. 이를테면 최제우(崔濟愚)가 1860년(철종 11)에서 1863년 사이에 시은 것으로 알려진 『용담유사(龍潭遺詞)』가 몇 차례 목판본으로 간행되기도 했는데, 여기 수록된 가사 가운데 첫 머리에 실린 〈도덕가〉를 비롯하여 〈권학가〉나, 〈안심가〉, 〈교훈가〉 등 가사 작품은 여느 목판본처럼 띄어쓰기를 무시하고 내리박이 줄글식으로 시종일관 표기하는 원칙을 지키면서도, 종결어미로 끝나는 문장 단위의 끝부분에, 혹은 연결어미로 끝난다 하더라도 문장에 준하는 의미 단위의 끝부분에 판본에 따라 쉼표(,) 또는 ○표시를 명확히 해둠으로써 〈유형 2〉의 표기 사례, 곧 '문장체 줄글식' 표기 형태를 보여준다. 이 가운데 ○표시를 한 〈안심가〉의 첫머리를 인용하면 다음과 같다.

〈유형 2〉 현숙한ᄂᆡ집부녀이글보고안심ᄒᆞ쇼○ᄃᆡ져ᄉᆡᆼ령초목군ᄉᆞᄉᆡᆼ
ᄌᆡ천안일런ᄀᆞ○ᄒᆞ물며만물지간유인이최령일네○ᄂᆞ도ᄯᅩᄒᆞᆫ
ᄒᆞᄂᆞᆯ님ᄭᅦ명복바다츌세ᄒᆞ니○ᄌᆞ아시지ᄂᆡᆫ일을력력히혜여
보니○쳡쳡이험ᄒᆞᆫ일을당코ᄂᆞ니고ᄉᆡᆼ일네○이도역시텬정

이라무가ᄂᆡ라홀찔업다○(전체가 띄어쓰기 없이 붙어있으므로 실제로 ○표기의 위치는 위처럼 정연하지 않음)

이렇게 두 가지 유형 중 어느 하나로 표기되는 목판본과는 달리 필사본의 경우는 여러 유형의 표기 형태를 보인다. 필사본 가운데 오늘날 양적으로 가장 많이 전하는 규방가사(권영철 교수가 수집한 영남 지방의 규방가사만 해도 6,000수가 넘음)의 표기 형태를 살펴보면 다음과 같이 다양한 유형을 보인다. 먼저 〈유형 1〉에 해당하는 '내리박이 줄글식'으로 표기한 〈ᄉᆞ모가라〉를 들면 다음과 같다.

〈유형 1〉 정월리라십오일은송구영신조흘ᄯᅢ라쳐쳐곳곳언니친쳑남여노소ᄉᆞ람마다부모전ᄋᆡᄉᆡ비ᄒᆞ고형ᄌᆡ붕우활낙ᄒᆞᆫ다그거동쌘을바다조부묘을식묘ᄒᆞᆫ후선비묘ᄋᆡ식묘ᄎᆞ로ᄌᆡ야을압셔우고공동산천간이일기는화충ᄒᆞ고풍ᄉᆡ는온화ᄒᆞᆫᄃᆡ실푸다우리어마호시절을모리시매우리온줄아라신가공동산천ᄌᆡ일봉ᄋᆡ일부로만놉ᄒᆞ잇다강산ᄋᆡ돗ᄂᆞᆫ풀도일언일ᄎᆞ다시돗고뒤원ᄋᆡ피ᄂᆞᆫᄭᅩᆺ도연연니피건마ᄂᆞᆫ실푸다우리어마ᄒᆞᆫ번가고못오신가ᄉᆡᆼ각할사ᄋᆡ들ᄋᆡ들인ᄉᆡᆼᄋᆡ마음이야젹당ᄒᆞᆫᄃᆡᄒᆞ물며우리어마요수기인원일고

다음은 〈유형 3〉에 해당하는, 즉 구절별로 띄어쓰기를 해서 종서로 써나가되 두 개의 구를 나란히 묶어 상단에 배치하고 다음 행은 바로 그 아래에다 역시 두 개의 구를 묶어 하단에 배치하는 식으로 연속해 써나가는 '귀글체'가 있다. 이런 표기 형태가 필사본에서는 가장 흔하고 보편적인 형태이다. 규방가사 가운데 이에 해당하는 〈화전가〉를 들면 다음과 같다.

	(상단)	(하단)
〈유형 3〉	쳔지는불노ᄒᆞ고	오십평ᄉᆡᆼ늘근몸니
	일월은무궁이라	만ᄉᆞ를무렴ᄒᆞ고
	봉양졍놉운집의	영영한바람소ᄅᆡ

종용니누엇던니　　　　ᄉᆞ충을뜰치거들

경동ᄒᆞ여니러안저　　　　니월즁춘호시절
ᄉᆞ충을반ᄀᆡᄒᆞᆫ니　　　　화신풍소식일셰

시절은춘풍닌데　　　　남냥초당깁푼잠은
셰계ᄂᆞᆫ소요ᄒᆞ다　　　　와룡션ᄉᆡᆼ평ᄉᆡᆼ닐셰

이와는 달리 그다지 흔한 사례에 든다 할 수는 없지만 '귀글체'의 단위였던 구(句)를 다시 나누어 어절별로 띄어쓰기를 해서 상단에 이어 하단에 배치함으로써 가장 호흡을 짧게 표기해나가는 〈유형 4〉가 있다. 어절별 띄어쓰기라 했지만 실제로는 1음절이나 2음절로 된 짧은 어절의 경우는 두 개의 어절을 붙여쓰기 표기 형태를 보인다. 이에 해당하는 규방가사로 〈교여가(教女歌)〉의 처녀편 첫머리를 들면 다음과 같다.

	(상단)	(하단)
〈유형 4〉	처여는	아름답다
	활작필	꼿치로다
	히망애	가득찬는
	인생애	봄이로다
	나가자	처여들아
	힘차개	나아가자
	활기찬	이몸으로
	온순한	이정으로
	우리는	나아가자
	꼿다운	처여시절
	정하개	직혀가며
	거룩한	사랑차저
	순여한	사랑차저
	우리는	나아가자
	여성도	사람이라
	인생애	참연길을

바르개	순직하개
우리도	거러보자

여기 인용 부분의 중간 지점에 보이는 "활기찬/ 이몸으로// 온순한/ 이정으로"라는 대목을 어절별로 표기한다면 "활기∨찬/ 이∨몸으로// 온순한/ 이∨정으로"라고 분단해야 맞지만, 그렇게 하지 않고 이와 같이 1음절 혹은 2음절어로 된 짧은 어절은 그다음 어절과 붙여쓰기를 해서 각 단위별로 등가 관계를 유지하는 경향성을 보여주고 있다. 이는 율격의 규칙적 반복성과 관련한 조처로서 분할된 단위들이 등가관계를 형성하는 율동을 보이도록 실현한 것이어서 율격표지와 관련된 표기 형태라 하겠다.

4. 가사의 표기 유형과 연행 방식

이상에서 살펴본 바와 같이 모든 가사의 표기 형태는 네 가지 유형 중 어느 하나로 표기되어 있다. 이러한 표기 형태는 가사의 연행 방식, 곧 제시 형식(performance)과 관계될 것이므로 가사의 표기 형태와 제시 형식 사이에 어떤 유의미한 상관성이 있는지를 먼저 살펴보면서 나아가 우리의 관심사인 율격표지와는 어떤 관련을 가지는지를 마지막으로 검토해 보는 것이 가사의 율격을 확정하는 통로가 될 것이다.

먼저 띄어쓰기 없이 '내리박이 줄글식'으로 표기한 〈유형 1〉은 판면의 제약이 따르는 목판본이나 주자본의 보편적 표기 형태라고 말한 바 있다. 그러나 판면에 제약을 받는다 하더라도 작품 전체를 시종일관 띄어쓰기 없이 표기한다는 자체는 쉽게 수긍이 가지 않는다. 이는 가사의 향유방식을 이해하면 풀리는 문제다. 잘 알다시피 가사는 가창(歌唱)이나 음영(吟詠), 혹은 완독(玩讀)의 세 가지 방식으로 향유되어 온 것으로 알려져 있다. 이 세 가지 제시 형식은 가사의 사설을 따라 즉흥적으로 선율, 곧 가락을 넣어 제시한다는 공통점을 갖고 있어서 흔히 가사는 '수성(隨聲) 가락(가사창의 곡조와 사설붙임이 즉흥적으로 이루어지면서 일정한 토리를 가진다는 의미)'으로 노래 부르거나(가창), 읊조리거나(음영) 읽는다(완독)고 말한다. 그런데 이 세 가지 연행 방식은 음악적 측면으로 볼 때는 가락의 실현에 있어서 음폭의 차이는 크게 벌어지는 것이 아니라고 한다. 즉 모두 5음 음계의 영역을 넘어서는 음폭의 변화를 보이고 있어 그 실제의 음악성을 측정해서는 구분점을 찾기가 어렵다는 것이다. 다만 이 셋 사이의 변별은 향유자가 텍스트 실현의 정체성을 선율, 곧 가락 쪽에 두는 것으로 인식하느냐(가창으로 인식), 사설 쪽에 두는 것으로 인식하느냐(완독으로 인식), 아니면 그 중간 지점인 양쪽의 성향을 다 갖는 것으로 인식하느냐(음영으로 인식)의 차이에 두어져 있을 뿐이라 한다.[5] 다만 사설에다 가락을 붙이는 방식은 가사의 연행자마다 일정한 토리를 갖거나 세부적 연행 방식이 있어서 차이를 보인다고 한다.

그렇다면 가사의 향유방식이 전기 가사의 가창성에서 후기 가사의 음영성으로, 그리고 개화가사의 율독성으로 점차 음악성과는 멀어져 가는 방향으로 변천해 갔다는 종래의 이해 방식(이러한 견해의 대표적인 예는 임재욱 교수, 「가사의 형태와 향유방식 변화의 관련양상 연구」, 서울대 석사학위논문, 1998 참조)은 어떻게 받아들일까. 실제로 송강가사의 예만 들더라도 『동국악보』의 평어(評語)를 보면 〈관동별곡〉을 "악보의 절조(絶調)"라고 평가한 바 있고, 김상헌이 윤이지에게 준 한시에 "〈관동별곡〉이 가장 청신하고 그 악부가 오십 년이나 전해져 왔다"라는 기록을 비롯하여, 〈사미인곡〉, 〈속미인곡〉, 〈성산별곡〉 등이 기녀나 '노래 잘하는 이(善歌者)'에 의해 가창되었음이 여러 기록에 보이고 있어 특정 선율을 가진 곡조로 가창되었음이 분명하기 때문이다. 여기다 허강이 지은 〈서호사〉 6결의 원작을 양사언이

5) 이러한 사실은 국악학자인 한양대 김영운 교수가 연행 현장에서의 조사 결과를 토대로 하여 필자에게 일러준 것임.

악부에 싣기 위해 3강8엽 총 33절의 악곡구조를 가진 〈서호별곡〉으로 개작한 것이 곡조 표시와 함께 전하고 있어 그 구체적 양상의 일단을 살펴볼 수 있다.

그러나 특정 악곡에 실은 가사의 가창 작품은 널리 인구에 회자된 몇몇 작품의 연행 방식에 불과한 것이고, 전기 가사라 하더라도 절대다수의 가사 작품은 음영이나 완독과 별 차이가 없는 노래로 연행되었을 것으로 짐작된다. 조선 전기에 널리 인구에 회자된 가사 작품조차도 그것들을 소개하고 평(評)하는 기록들, 즉 심수경의 『견한잡록(遣閑雜錄)』이나 홍만종의 『순오지(旬五志)』 등에서 한결같이 "들을 만하고 볼 만하다(可聽而可觀)"라고 하여 가창(들을 만한 것)으로서만이 아니라 완독(볼 만한 것)으로서도 향유할 가치가 있음을 아울러 말하고 있기 때문이다. 거기다 가창으로 널리 향유되었던 〈관동별곡〉조차도 조우인이 "우연히 정송강의 관동별곡을 얻게 되어 '그것을 보고(觀之)' 그 사설이 뛰어남에 그치지 않고……" 라고 하여 악곡보다는 사설을 보고 감동하여 마침내 〈관동속별곡〉을 짓게 된 경위를 말하는 기록에서 보듯이 가창으로서만이 아니라 눈으로 보고 읽는 완독물로 향유되었음을 확인하게 한다.

사실 가사는 노랫말이 가창으로 향유하기엔 워낙에 장형인지라 전편을 향유하기엔 무리였음도 확인된다. 예를 들면 김상헌이 "매일 심부름하는 아이로 하여금 송강의 〈사미인곡〉을 아침저녁으로 노래 부르게 했는데 특히 '나위(羅幃) 적막(寂寞)ᄒᆞ고 수막(繡幕)이 뷔여 잇다' 대목을 즐겨 들었다"[6]고 한 기록이나, 시조를 실은 각종 가집에 덧붙여 실은 가사 작품들에서 12가사 같은 처음부터 가창가사로 지어진 작품을 제외하고 송강가사 같은 일반 가사 작품의 경우 작품의 전반부만 싣고 후반부는 잘려져 수록되어 있는 것도 연행의 실제에서 가사의 가창이 전체적으로 실현되기는 어렵다는 점을 반영한 것이라 짐작된다.

6) 『송강전집』, 성균관대 대동문화연구원, 1964, 408면 참조.

그러고 보면 3강8엽의 악곡 구조에 얹은 〈서호별곡〉은 가사 가창의 예외적인 현상이지 일반적 현상은 아닐 것이다. 여기에 얹었다는 강·엽의 악곡 구조는 궁중의 정재 반주 음악인 데 비해 〈서호별곡〉이 과연 그러한 용도로 쓰였을까는 의문이고, 다른 가사나 궁중의 악장 노래에도 찾아보기 어려운 악곡 구조여서 국악학자인 이혜구 교수도 "불가해한 악조의 조합"이라 할 정도로 특수 현상인 것이다. 그리고 원작품인 〈서호사〉도 6결(闋)로 된 작품이라는 기록에서 자칫 6개 악곡 구조로 가창된 것으로 이해하기 쉬우나[7]에서 '결'을 "음악에서 한 곡이 종료되는 것을 일컫는 것으로 1결은 1곡과 같은 개념으로서 일정하게 되풀이되는 곡단(曲段)"으로 보고 「서호사」의 악곡 구조로 이해하고 있다. 국악에서 '결'이란 음악 용어는 쓰지 않는다(김영운 교수가 일러줌)는 점에서 악기 반주와 특정한 곡조에 맞추어 부르는 가창가사로 보기보다 수성 가락으로 음영하거나 완독해 나가는 수준의 가사로 보는 것이 옳을 것이다. 혹은 인구에 회자된 가사를 평어(評語)할 때 '가창'이라고 하지 않고 '가관'을 함께 말하는 것부터가 가창과 완독 사이의 거리가 그리 크지 않아 어느 쪽으로도 향유할 수 있음을 의미한다 할 것이다.

이와 같이 대부분의 가사는 조선 전기 가사라 하더라도 〈서호사〉 원전(原典)처럼 음영이나 완독으로 실현되는 것이 원칙임을 미루어 짐작할 수 있다. 그러다가 〈서호별곡〉에서 보듯 어떤 기회에 전문적인 악곡(이 경우는 3강8엽의 강엽 구조로 된 총 33절의 악조)에 얹혀지는 경우가 드물게 있었던 것으로 보이고, 그러한 특수한 악곡 구조를 가진 가창가사는 그 곡을 외우고 익혀서 불러야 가능했던 것으로 보인다. 〈사미인곡〉이나 〈속미인곡〉 같은 일부 가창으로 즐겼던 가사도 사대부 자신이 직접 즉흥적인 수성 가락으로 읊조리거나 완독하기보다 선가자나 기녀에 의해 '송습(誦習)' 혹은 '송(誦)' 되었다는 기록으로 보아 전문성을 가진 특정 악곡에 얹혀져 있는

7) 조규익, 「조선조 장가 가맥의 일단」, 정재호 편저, 『한국가사문학연구』, 태학사, 1995 참조.

텍스트를 가창자가 외우고 익혀서 부른 것으로 이해된다는 점에서 조선 전기의 가창가사의 존재를 일부 인정할 수는 있다.[8] 그러나 가사의 연행 방식은 악기 반주와 곡조에 맞추어 부르는 가창 방식보다 악기 반주와 특정한 곡조 없이 즉흥적으로 단순한 가락을 반복하면서 읊조리거나 읽는 방식이 가사의 제시 형식의 본질이라 할 수 있다. 전문 악곡이나 악부에 올려진 가사 작품은 극소수라는 점에서 그렇다.

아무튼 가사를 가창한다고 인식하든, 음영한다고 인식하든, 아니면 그저 눈으로 보면서 소리 내어 읽어나가는 완독물로 인식하든, 수성 가락으로 한 땀 한 땀 읊조려 나가는 것이므로 텍스트 전체를 시종일관 내리박이 줄글식으로 표기해도 연행에는 크게 장애를 받지 않는다고 볼 수 있다. 그래서 판면의 제약을 받는 목판본이나 주자본뿐 아니라 그런 제약에서 자유로운 필사본에서조차 〈유형 1〉의 표기 형태가 보이는 것은 가사의 이러한 연행 방식의 특수성 때문임을 알 수 있다. 규방가사가 널리 향유되었던 영남 지방의 부녀자들이 으레 가사를 '읽는다'는 표현을 하면서 실제로는 한 글자 한 글자 수성 가락으로 읊조려나가는 사실에서 가사의 연행 방식의 본질태는 '음영'이고, 그것을 노래한다고 인식하면 '가창'이 되고, 읽어나간다고 인식하면 '완독'이 됨을 알 수 있는 것이다.

5. 가사의 표기 유형과 율격표지

가사는 이처럼 한 글자 한 글자씩 소리 내어 즉흥적인 수성 가락에 맞추어 읊어나가는 연행 형식을 가졌으므로 띄어쓰기를 전혀 하지 않아도 되는 〈유형 1〉의 표기 형태로 텍스트화되어도 크게 지장은 없었던 것이다.

8) 현전 기록으로 보면 악률에 전문적 소양을 가진 양사언이 3강8엽의 악부로 올린 〈서호별곡〉과 장악원 제조를 지내 역시 악률에 전문적 소양을 갖춘 송강이 지은 가사에서만 확인될 뿐이다.

그럼에도 일부 목판본이나 대부분의 필사본에서는 〈유형 2〉와 〈유형 3〉, 〈유형 4〉에서 보듯 일정한 단위로 분절하여 표기하는 형태를 취하고 있어 주목된다. 그렇다면 각 유형의 분절 표기는 어떤 의미를 갖는 것일까.

가사에서 분절 표기를 한 세 가지 유형 가운데 가장 보편적인 표기 형태는 이미 말한 바와 같이 〈유형 3〉에 해당하는 '귀글체'다. 그런데 귀글체에서 주목되는 것은 두 개의 구를 묶어 하나의 단위로 삼아 상단과 하단에 배치하고 다음으로 넘어간다는 특징을 보인다는 것이다. 이는 각 구가 내구(안짝)와 외구(바깥짝)로 서로 호응하면서 대칭적인 짝을 이루는 병치 관계임을 말해준다. 아울러 이렇게 짝을 이루는 두 개의 구는 그만큼 통사적으로나 의미론적으로 긴밀한 관계에 있으면서 두 개의 구가 묶어져야 비로소 하나의 '기본 단위'로서 완결성과 독립성을 이룬다는 의미를 갖는 것이다. 이 두 개의 묶음 단위를 하나의 기본 단위로 통합하여 분할 표기를 ○기호로 표시한 것이 바로 〈유형 2〉에 해당하는 것이다. 그래서 가장 큰 단위로 분할 표기되어 있는 〈유형 2〉가 바로 가사의 기본 단위인 '시행단위'가 됨을 말해준다. 다시 말해 가사는 이러한 시행단위가 길게 연속되어 하나의 텍스트를 이룬다는 것을 의미한다. 판면에 제약을 받는 목판본에서 아무리 내리박이 줄글식으로 표기한다 하더라도 가사의 기본 단위인 시행단위 정도를 표기한 사례가 바로 〈유형 2〉에 해당함을 알 수 있다. 그리고 이러한 시행단위는 통사적으로 볼 때 '문장' 단위가 중심이고 문장이 길어져서 시행단위를 넘어설 때는 그에 버금가는 '의미' 단위로 분할 표시됨을 확인할 수 있다.

이에 비하여 〈유형 4〉는 가사에서 가장 보편적인 귀글체 표기에서 한 걸음 더 나아가 그것의 바탕을 이루는 단위인 '구'마저도 다시 2개의 대등한 단위로 분할하여 상단과 하단에 배치하고 다음 구로 넘어가는 연속체 형식을 취하고 있어서 가사의 시행단위에서 가장 최소 단위를 이루는 기층 단위로 분할되어 있는 표기 형태임을 알 수 있다. 그리고 이러한 기층 단위는 통사적으로 볼 때는 구를 이루는 '어절' 단위에 해당하고, 율격적으로 볼 때는 음보 단위임을 눈치 챌 수 있다. 그런데 연행 방식과 관련해서 본다면 가장 보편적 표기 형태인 귀글체가 제시 형식으로서는 가장 의미 있는 분할 형태임을 그 연행의 실제에서 확인할 수 있다.

국악학자인 성기련 교수의 조사에 의하면, 가사의 연행은 그 곡조와 사설붙임이 즉흥성에 바탕을 두고 있어서 같은 사람이 부르더라도 다른 가사를 부를 때에는 노래 방식이 달라지긴 하지만, 일정한 공통점이 있다는 것이다. 그것은 대체로 사설 한 자에 1박 또는 2박이 붙고 사설 4·4조를 한 단위로 연행하며, 정형성과 규칙성이 떨어지기는 하나 일정한 토리를 가지고 그 토리 내에서 선율을 운용하며, 그 사설붙임은 세 가지 방식으로 연행한다고 한다. 이를 띄어쓰기를 하지 않은 〈유형 1〉 자료인 〈ᄉᆞ모가라〉의 첫 문장인 "정월리라십오일은송구영신조흘씩라"에 적용해 보면 다음과 같다.

A형

정	월	리	라		십	오	일	은	
송	구	영	신		조	흘	씩	라	

B형

정	월		리		라			십	오		일		은		
송	구		영		신			조	흘		씩		라		

C형

정	월		리	라		십	오		일	은	
송	구		영	신		조	흘		씩	라	

가사의 제시 형식은 대체로 이와 같은 3가지 방식으로 연행되는 것이 일반적이므로, 인용한 〈ᄉᆞ모가라〉를 예로 든다면, 그 텍스트를 '노래'로 불

러달라고 요청하든, '읊조려'달라고 요청하든, '읽어'달라고 요청하든 위의 세 가지 방식 중 어느 하나로 구연(口演)하되, 다만 구연자에 토리(선율형과 음정)와 시김새(장식음과 잔가락)에서 차이를 보일 뿐이라는 것이다. 이러한 세 가지 구연형은 어느 방식을 택하든 표에서 보는 바와 같이 내구와 외구를 병치하여 대응되게 노래하는 것이어서 결국 〈유형 3〉에 해당하는 '귀글체' 방식을 구연한 것이라 하겠다. 필사본 가사의 표기 형태에서 귀글체가 압도적인 것은 바로 이러한 노래의 구절 단위를 가장 잘 반영하고 있기 때문임을 이로써 알 수 있다.

이 지점에서 가사의 연행 형식으로서의 '완독'과 시가 텍스트로서의 '율독(律讀, scansion)'을 구분할 필요가 있다. 가사를 '완독'하는 것과 율독하는 것은 둘 다 읽어나가는 방식을 취한다는 점에서는 공통점이 있긴 하지만, 완독은 그냥 소리 내어 읽는 '낭독'의 형태가 아니라 앞에 예시한 A～C형 중 어느 하나로 구연하면서 토리와 선율, 시김새까지 운용하면서 읽어나가는 형태를 말하고, 율독은 '율격'에 맞추어 읽어나가는 형태를 말한다. 따라서 완독은 구연자에 따라 여러 음악적 율동 형식으로 읽혀질 수 있지만(적어도 위의 세 가지 방식), 율독은 노랫말의 시적 운율을 바탕으로 한 율격적 논리에 의해 상정된 율격의 추상적 모형(模型)을 따라 읽어나가는 것이어서 한 가지 방식으로 읽혀지는 것이다. 그래서 가사의 음악적 율동은 악곡 구조로서 구체화되므로 국악 연구자의 관심 대상이 되지만 시적 운율은 노랫말의 율격 구조로 구체화되므로 국문학 연구자의 관심 대상이 되는 것이다. 가사의 율격 운용에 의한 시적 율동 현상과 그것의 미적 효과에 대하여는 다음 글에서 다루기로 한다.

가사 율동론의 예비적 탐색

1. 우리 시가 율동론의 현황과 방향

가사의 율동에 관한 이론과 실제를 탐색하려면 먼저 우리 시가의 율동론에 관한 전반적 연구 현황과 문제점을 파악하고 그에 따른 방향부터 설정해야 한다. 과문한 탓인지는 몰라도 우리 시가의 율동론은 서우석 교수의 『시와 리듬』이 유일한 듯하다.[1] 그런데 이 연구는 율동론에서 가장 기본이 되는 율격과 율동의 개념 구분부터 명확하지 않은 채로 음수율에 의거하여 시가의 리듬을 분석함으로써, 그것이 율격론적 측면에서의 해명인지 율동론적 측면에서의 해명인지 혼란스러워 참고하기엔 난점이 많아 보인다. 그리고 비록 국소적인 문제의 연구이긴 하지만 윤미선 교수의 「조선후기 서민화지향가사의 운율적 변주와 그 의미」[2]에서는 주로 보격 차원의 율동 현상을 '율격적 변주'라는 개념으로 서민지향가사에 한정해 다루고 있어 본격적인 율동론의 성과라 하기 어렵다. 우리 시가의 율동론은 보격 차원보다 음격 차원에서 논의되어야 그 시적 율동양상과 표현 기능 및 미적 효과가 확연하게 드러나기 때문이다.

이와 같이 우리 시가의 율동에 관한 연구는 거의 불모지대라 해도 과언이 아닐 정도로 그 축적된 성과가 극히 빈약하다. 그렇게 된 근본 원인은 시가의 율동론과 긴밀한 관계에 있는 '율격' 양식과 구조 체계에 관한 이론적 규명이 확고하게 정립되어야 하는데 그렇지 못한 사정에 있다. 시가의

1) 서우석, 『시와 리듬』, 문학과지성사, 1993.

2) 윤미선, 「조선후기 서민화지향가사의 운율적 변주와 그 의미」, 이화여대 석사학위논문, 1996.

경우, 특히 정형률을 가진 고전시가의 경우 율격론이 전제되어야 그것의 구체적인 표출 양상으로서의 율동론이 가능하기 때문이다. 율격(metre)과 율동(rhythm)의 관계는 언어학에서 말하는 랑그(langue)와 빠롤(parole)의 관계와 대비된다. 언어활동(langage)에서 사회적이고 체계적 측면을 랑그라고 하고 개인적이고 구체적인 발화의 실행과 관련된 측면을 빠롤이라고 한다. 빠롤은 같은 내용의 언어가 사람마다 달라지는 것을 뜻하는 것으로 실제 발화 행위이며, 이러한 다양한 빠롤을 가능하게 하는 것이 랑그이다. 이와 연관하여 추상적 · 규범적 실체로서 관념되는 율격과 그 율격적 실현의 구체적인 양태인 율동은, 랑그와 빠롤의 관계를 연상할 수 있는 것이다.

그러나 율격론에서는 율격의 형성에 관여하는 자질에 한정하여 다루지만, 율동론은 그 율격과 결합하여 형성하는 음성자질은 물론이고, 율격과 무관한 자질도 포괄하여 그러한 자질들이 결합하여 표출하는 표현 기능과 미적 효과를 다룰 수 있는 이점이 있다. 따라서 율격에 거의 조정 당하지 않는 산문시라든지, 의미나 정감의 내적 흐름에 기내어 자유분방하게 율동을 표출하는 자유시에 이르기까지 율동론적 접근은 유용한 방법이 된다. 결국 율동론은 율격과 관련한 음성자질의 미적 해명은 물론이고 그것을 넘어 율격과 무관한 음절과 음운, 단어, 구절, 문장 등의 반복과 변화에 이르기까지 광범위한 해명을 포함한다.[3] 나아가 어떤 텍스트의 표현 기능이나 미적 효과를 문학적으로 해명하기 위해서는 율동론이 필수다.

여기서는 우선 우리 시가 가운데 가사의 율동론을 본격적으로 다루기 위한 전초 작업으로 우선 율격과 관련한 음절수의 반복과 변화로 야기되는 미적 효과와 구체적 실현에 한정하여 율동론을 펴고자 한다. 그러기 위해서는 우리 정형시가에서 음절수 실현의 추상적 모형이 되는 율격론이 전제되어야 하는데, 본격적인 율동론에 혼선을 야기하는 음수률의 잘못된

---

3) 이러한 광범위한 율동론적 접근은 이규배, 「한국시가의 율동미학 재고 I」, 제19회 동아인문학국제학술대회 발표문, 2018에서 기획되고 있어 앞으로의 연구 성과가 기대된다.

점을 먼저 밝히고, 이어서 시적 율동에 작동하는 음절수의 반복과 변화에 주목하여 그 작용 인자(因子)를 적출하고 그것의 미적 기능과 역할을 살펴보고자 한다. 그리고 이를 바탕으로 시가의 율동 유형을 체계화하여 그런 유형이 갖는 표현 기능과 미적 효과를 탐색해 보려 한다. 나아가 여기서 체계화된 시가의 율동 유형을 가사의 서술특성과 연관하여 적용함으로써 가사문학에 예상되는 유형별 특성도 상정해 본다.

또한 후속 작업으로 가사의 율동 유형별 특징을 본격적으로 검토·분석하여 각 유형을 대비적으로 의식하면서 그 표현 기능과 미적 효과를 확인해 볼 것이다. 나아가 가사의 개별적인 작품에도 적용하여 텍스트마다의 개성적 율동을 탐색하고 그 개별적 율동이 갖는 기능과 미적 효과를 규명해 냄으로써 시적 율동으로서의 문체적 차원의 문학성을 찾아내는 방향으로 나아가고자 한다.

2. 우리 시가 율격론에서 음수율의 문제점

잘 알다시피 우리 시가 율격론은 연구 초창기부터 오늘날에 이르기까지 '음수율'(음절율, 자수율이라고도 함)로 보려는 망령에서 쉽게 헤어나오지 못한 탓으로 율동론에 비전을 주지 못하고 있는 것이 오늘의 실정이다. 우리 시가의 율격 양식이나 구조체계가 음수율이나 음보율에 의거하는 것이 아니라 '음량률'에 의거한다는 사실이 치밀하고 명쾌한 이론적 규명으로 논증되었음[4]에도 불구하고, 아직도 우리 시가의 율격을 특히 '음수율'로 보고자 하는 관습에서 쉽게 벗어나지 못하는 이유는, 잘못된 것이기는 하지만 다음과 같은 몇 가지 그럴 만한 근거가 있다.

그 첫 번째 잘못된 근거는 우리와 문화권을 같이하는 중국의 한시(근체

4) 성기옥, 『한국시가 율격의 이론』, 새문사, 1986.

시)가 절구(絶句)이든 율시(律詩)이든 5언, 또는 7언으로 음절수(글자 수)를 철저히 맞추고 있고, 일본의 하이쿠도 5－7－5자로 음절수를 정형화하고 있어, 같은 동아시아 문화권인 우리 시가의 율격도 당연히 음수율일 거라는 선입견이 작용한다는 것이다. 그래서 어느 일본인 학자는 "중국의 한시나 조선의 시조, 일본의 단카(여기서 유래한 하이쿠) 등 동아시아의 전통시가 모두 음수율에 의거하고 있어서 음수율이라는 숙명을 공통으로 보인다"[5]라고 주장한 바 있다.

그러나 동아시아 3국이 다 같이 음절수를 지키는 것 같아 보이지만, 그 운용 방법은 전혀 다르다는 점을 주목해야 한다. 즉 중국의 한시(절구, 율시)는 음절수를 율격의 자질(음성 면에서 규칙적인 반복 요소)로서가 아니라 율격을 이루는 기저 단위(5언, 7언)로서만 운용하고 있다. 우리의 시조는 음절수는 지키지 않는 것을 원칙으로 하되, 딱 한 군데(종장 제1 음보)서만 특정 음절수(3음절)를 고수함으로써 작품의 시상 전개에 필요한 전환부 구실과 시성(詩性)을 위한 시적 의장(意匠)으로 활용할 뿐이다. 이와 달리 일본의 정형시는 중국 한시의 5언 7자로 가다듬는 율격의 기저 단위를 아예 율격의 형성자질로 받아들여 음수율(5・7・5 또는 5・7・5・7・7)로 쓰고 있어 순수한 음수율이 되고 있다.

이처럼 동양 3국은 공통적으로 음수율을 숙명으로 하는 것이 아니라 각각의 언어가 다른 특질을 가진 만큼이나 그것을 율격에서 다르게 운용하고 있는 것이다. 율격은 해당 언어의 음성적 자원으로 이루어지므로 그 다름만큼 다르게 운용될 수밖에 없는 것이다. 즉 중국의 언어는 4성(평성, 상성, 거성, 입성)을 바탕으로 하는 성조언어이므로 음수율의 기저 단위에 평측(고저)의 규칙을 더함으로써 고저율이라는 **복합율격**의 성격을 띠고, 한국어는 장음만이 일부 언어에 관여하는 자질이므로 이를 바탕으로 음절

5) 川本皓嗣, 「동아시아 시학 구축을 위해－음수율이라는 숙명」, 『한국시가연구』 21집, 한국시가학회, 2006, 44~51면.

수와는 관계없이 일정한 음보 크기만 등가적으로 운용하는 음량률을 기본으로 하되 시조에서 특정 마디만 음수율(종장 첫 마디에 3음절)을 적용함으로써 음량률과 음수율을 섞어 운용하는 **혼합율격**의 성격을 띤다.[6] 일본어는 고저를 바탕으로 하는 성조언어도 아니고, 장음과 단음이 관여하는 음운 특징을 갖지도 않으며,[7] 음절이 주로 자음과 모음의 단순한 결합으로 이루어지고 거기에 받침이 붙는다 해도 활음조의 비음(鼻音, ㄴ,ㅇ)만이 관여하므로 음절수만 지켜도 시의 음악성을 충족하는 순수한 음수율이 되는 까닭에 **단순율격**의 성격을 띠는 것이다.

두 번째 잘못된 근거는 우리 시가의 일부 자료에 음수율을 철저히 지키는 듯한 자료들이 상당수 발견되어 이를 음수율이 지배하는 것으로 착각한다는 것이다. 우리 시가의 기층 장르인 민요에서 그 예를 하나만 들어본다.

시집온지 사흘만에
아침진지 지어놓고
방방이 들어가서
아즉조석 늦었니더
아즉조석 잡우시소

---

6) 이처럼 운율은 각 나라의 음운체계의 특성에 따라 다르게 나타난다. 세계의 여러 나라 시 중에서 음성면의 규칙적인 반복으로 단지 음수율에만 의존하는 단순율격은 일본의 정형시 외에도 헝가리 민요와 우랄어 계통 시가 있다. 중국의 한시처럼 운율의 기저 단위를 규칙화하는 것에 더하여 음의 고저를 운율체계로 활용하는 고저율 외에도 각 나라의 음운체계에 따라 음의 강약, 장단을 규칙적 반복 리듬의 패턴으로 하는 복합율격은 더 있다. 영어나 독일어, 네덜란드어와 같이 강약의 차가 강하게 인식되는 언어에서는 강약률이, 고대 그리스시나 라틴시처럼 장음과 단음의 규칙적 조합에 의해 율격을 형성하는 장단율이 적용되고 있다. 우리 시처럼 혼합 율격을 보이는 예는 프랑스, 이탈리아, 스페인 시처럼 음절을 중심자질로 하면서 강세가 행이나 반행의 경계를 표지화 하는 기능을 갖도록 활용하는 경우를 들 수 있다.

7) 일본어에는 장음절과 단음절의 구별이 있어 의미의 차이를 보이는 경우가 더러 있고, 고저의 차이를 보이는 단어도 있지만, 그런 특성을 갖는 언어는 극히 적어서 운율로 활용할 정도는 못된다.

시금시금 시아바님
아즉진지 늦었니더
아즉조석 잡우시소
이미늘아 저미늘아
너나먹고 개나조라
시금시금 시어마님
아즉조석 늦었니더
아즉조석 잡우시소
사랑문 열어치고
중머심아 상머심아
아즉진지 늦었는데
어서먹고 들로가자[8]

이런 부류의 자료들을 보면 이른바 4·4조의 음수율에 의거하는 것처럼 보인다. 그러나 자세히 보면 3·4조로 된 행도 두 군데 있어 음절수의 정형률을 철저히 지켜야 하는 음수율의 규정에 위반됨을 알 수 있다. 음수율이 성립하려면 그 일차적 요건이 음절수를 철저히 준수해야 하는데 그것을 위반하는 부분이 있다는 것은 우리 시가의 율격이 음수율에 의거하지 않음을 의미한다.

우리의 고전시가 문학사에서 음수율을 보인 사례는 애초에 한시적 어법으로 노래한 한문악장이나 현토악장 같은 악장 양식을 제외하면, 국문시가로는 경기체가에서 유일하게 찾아볼 수 있을 뿐이다. 잘 알다시피 이 장르의 형식은 3·3·4／ 3·3·4／ 4·4·4 위 ~경 긔 엇더ᄒᆞ니잇고／／ 4·4／ 4·4 위 ~경 긔 엇더ᄒᆞ니잇고／／로 음절수가 고정되어 있어 음수율로서의 엄격한 정형성을 보이지만, 그러한 엄정한 정형률은 한시에 익숙한 경기체가 담당층인 신흥사대부층에게나 향유되었을 뿐 우리말의 운율 체질에 맞지 않아 결국 그 단조롭고 기계적인 음수율을 깨뜨리다가 일찍 소멸의 운명을 맞았던 것이다. 그만큼 음수율이 우리 시가 체질에

8) 『한국구비문학대계』 7-9, 경북 안동군편, 1982, 606~607면.

맞지 않았던 것이다.[9] 이에 비해 시조는 종장의 첫 음보만 3음절을 고수하는 음수율을 보일 뿐 나머지 모든 음보는 그러한 구속에서 자유로워 4모라의 음량만 준수하면 되는 음량률에 의거했으므로 600년을 넘어서는 향유를 보일 수 있었던 것이다.

그런 점에서 이제 우리는 더 이상 음수율의 망령에 덜미 잡혀서는 아니 될 것이다. 우리가 율격론의 혼미 속에 빠져 있는 한 그것의 구체적 실현태인 율동론의 해명 또한 진전을 이룰 수 없기 때문이다.

3. 우리 시가 율동의 작동 인자

율격은 주기적 반복 구조로서 일정한 음운자질의 반복성과 규칙성을 가지되 추상적 규범으로 관념되는, 그러면서 작품의 행을 통제하는 형식 장치라 할 때 이는 정형률에 의거한 설명이 된다. 이를테면 시조는 '4음4보격 3장시'라는 규범적 형식을 정형률로 하는 시가이고, 가사는 '4음4보격 연속체'라는 규범적 형식을 정형률로 하는 정형시가여서, 4음격 즉 4모라(1모라는 1음절의 발성 길이에 해당)의 음절량을 갖는 음보 4개가 모여 하나의 시행(詩行)을 이루는 율격의 통제 장치를 보인다는 공통점을 갖고 있다. 그러나 이 장치는 시조에서는 행 단위 내에서 제한적 율동 실현을 하게 하는, 곧 '서술의 차단' 기능을 가짐으로써 3장으로 완결하는 데 기여함에 비해, 가사는 이 율격 장치가 서술을 차단하는 기능을 하는 게 아니라 오히려 다음 행으로 '의미를 연속'시키는 데 기여하는, 즉 '서술의 확장'을 돕는 율동을 실현하는 기능을 한다.

---

9) 또한 근대에 이르면 일본의 7·5조 음수율에 밀착하여 '창가'의 주류 리듬으로 굳혀지기도 하고, 일본 유학파인 최남선이 '신체시' 〈해에게서 소년에게〉에서 보였듯 각 연을 구성하는 행의 수와 그에 대응하는 행의 길이와 '음수율'을 인위적으로 맞추어 나간 사례가 있지만 이러한 양식 또한 우리의 시적 리듬과 맞지 않아 금방 도태되었다.

이렇게 같은 4음4보격의 율격을 운용하더라도 그 구체적인 율동 실현은 판이하게 달라진다. 나아가 동일한 율격 규범의 지배를 받아 생성된 작품이라 하더라도 그 실제 운용 양상에 따라서 다양한 율동 현상을 보이며, 이러한 다양한 율동 현상은 율격 문체의 개성화와 다양화로 이해될 수 있다. 율동론은 바로 이러한 율동적 개성의 구조 효과에 관한 미학적 탐색이라 할 수 있다.

율격 운용의 구체적인 양상인 율동 현상의 구조 효과를 파악하기 위해서는 율격 규칙의 지배 아래 생성된 규범적 형식 장치가 구체적으로 어떤 양상의 율문 표출로 실현되어 그러한 표출이 어떤 표현 기능과 미적 효과를 갖는지를 규명해내야 한다. 이를 위해서는 율동을 생성하는 관여 인자(因子)부터 살펴야 할 것이다. 율격이 그러하듯이 율동에 관여하는 필수적인 작동 인자는 일단 '음절'이다. 그런데 율격은 그것을 구성하는 음운자질을 규칙적으로 반복하는 데서 이루어지고, 그러한 규칙성은 '시간적 통합의 원리'와 '등가적 범주화'의 원리에 의해 구소적 질서를 획득한다는 면에서, 우리 시가에서는 시간적 등가화를 위해 음절의 '수'가 아니라 음절의 '양'이 율격에 관여함은 이미 밝혀진 바 있다.[10]

이에 비해 율동은 그 시간적 등가화를 구체화하는 '율독(律讀)'에 의해 실현되는 것이므로 음절의 '양'이 아니라 음절의 '수'가 중요한 율동 생성 요인으로 작용한다. 율격의 기층단위를 형성하는 음보의 '양'은 등가화의 원리에 의해 일정한 크기로 관념되지만, 그것을 구체적으로 실현하는 율독에서는 그 등가화된 양에 맞추기 위해 음절의 '수'에 따라 발성의 양을 조절하는 발화를 함으로써 율동감을 획득하기 때문이다.

그 구체적인 예를 황진이의 다음 작품에서 확인해 보자.

---

10) 성기옥, 앞의 책, 70~130면 참조.

어져 내일이야 그릴 줄을 모로ᄃᆞ냐 2 4 4 4
이시라 ᄒᆞ더면 가랴마ᄂᆞᆫ 제 구ᄐᆡ야 3 3 4 4
보내고 그리ᄂᆞᆫ 情은나도 몰라 ᄒᆞ노라 3 5 4 3

(숫자는 실현된 음절수 표시)

이 작품에서 음절수의 실현 양상을 보면 2음절과 5음절이 딱 한 번씩 표출되고 나머지는 모두 3음절 아니면 4음절로 표출되어 있다. 이는 우리말의 어휘를 구성하는 절대다수가 2~3음절로 이루어진 체언과 용언에 1~2음절의 조사나 어미가 붙어 조어(造語)되는 첨가어여서, 각 음보의 음절 실현이 '자연스럽게' 3음절, 혹은 4음절의 어절로 되는 특성을 가졌기 때문이다. 황진이의 시조 역시 그런 율문 표출을 보이는 이유가 된다. 그런데 이 작품에서 3음절과 4음절의 표출 빈도를 비교해 보면, 3음절이 4회, 4음절이 6회로 4음절이 보다 우세하다. 비단 이 작품뿐 아니라 우리 시가에서 시조든 가사든 민요든 대부분의 정형시가 작품이 3음절이나 4음절로 율문 표출을 보이고 그중에서도 4음절이 가장 빈도가 높게 실현되는 양상을 보이는 이유도 바로 이러한 우리말의 어휘구조 특성이 작용하고 있음은 물론이다. 그래서 우리말의 발화구조에 가장 잘 어울리는 율격 양식은 '**4음격** 음보'[11]로 연속되는 양식이 되는 것이다. 가장 빈도가 높은 음절수에 기준을 두어 음격이 실현되는 것은 자연스러운 현상이기 때문이다. 그래서 4음격 음보로 된 양식이 우리 시가에서 가장 대표적이고 전형적인 율격 양식이 된다.

이 가장 전형적인 양식인 4음격 양식에서 구체적으로 율동 현상이 어떻게 작동되는가를 앞의 작품에서 살펴보자. 여기서 가장 빈도가 높은 4음절로 표출된 음보는 1음절량의 음길이(時價)가 1모라이므로 4모라에 해당하는 기준 음절량이 자동으로 충족되므로 각 음절을 균등하게 1모라씩 발성

11) 우리 시가에서 4음격으로 된 율격 양식으로는 4음2보격, 4음3보격, 4음4보격, 4음5보격이 있으며, 이 가운데서도 4음4보격이 중간휴지가 있어 발화구조가 가장 안정적이어서 모든 장르에 가장 즐겨 사용하는 율격 양식이라 한다. 성기옥, 앞의 책, 215면.

하는 '**보통**'의 빠르기로 율독하게 된다. 그러나 초장의 첫 음보처럼 2음절로, 혹은 나머지 음보처럼 3음절로 표출된 경우는 기준 음격인 4모라에 2모라나 1모라가 부족하므로 그 부족한 정도만큼 장음 혹은 정음을 보상해 넣음으로써 그만큼 해당 음보를 '**완만**'하게 발성하여 다른 음보와 균형이 맞게, 즉 등가적이 되게 율독하게 된다. 따라서 5음절로 과다 표출된 종장의 둘째 음보를 제외하고 나머지 2음절이나 3음절로 된 음보들은 모두 4모라의 기준 음격에 맞추어 완만하게 발성함으로써 등가적인 음보가 되어 정형률을 이루게 된다.[12)]

이와 달리 5음절로 표출된 음보는 보통의 빠르기로 발성하면 1모라가 넘치게 되어 등가적인 율동으로 실현될 수 없으므로, 5개의 음절을 보다 빠르게 발성함으로써 기준 음절량인 4모라에 맞추는 '**촉급**'한 율독을 하게 된다. 다시 말해 각 음절의 시가(時価)를 등가화해서 다른 음보와 균형을 맞추기 위해 1음절의 음량을 1모라 크기로 동일하게 발화하지 않고 0.8모라 정도로 '촉음(促音)'이 되게 빠르게 발화함으로써(0.8모라×5=4모라) 등가적인 음량의 규칙적 반복이 되게 한다. 이렇게 우리 시가의 율동에 관여하는 구성 자질은 '장음'과 '정음'만이 아니라 음절의 발화 크기를 단음화(短音化)시키는 기능을 하는 '촉음'이라는 또 하나의 중요한 작동 인자를 추가해야 율동 현상을 바르게 상정할 수 있는 것이다.

실제로 우리 국어에서 단음(短音)을 가진 어휘는 보통의 어휘를 1모라 음량으로 볼 때 0.7모라에 해당하는 길이를 갖는다고 알려져 있어 정상의

12) 김홍규, 『욕망과 형식의 시학』, 태학사, 1999, 64~73면에서는 평시조 종장의 율격적 정형을 "소음보-과음보-평음보-소음보"의 구조로 보았는데, 여기서 음절수가 4음절로 된 것은 평음보로 보고, 3음절 이하는 소음보로, 5음절 이상은 과음보라는 개념어를 사용하고 있다. 그러나 이러한 관점은 우리 시가 율격을 단순음보율로 이해한 데서 오는 한계점을 보인 것이어서 수긍하기는 어렵다. 비록 음절수가 적더라도 장음이나 정음의 보상에 의해 기준 음보(평음보)와 등가적인 음량을 가진 음보가 되므로 평음보에 해당하는 것이지 소음보가 아닌 것이다. 다만 5음절을 초과한 경우(6음절 이상 9음절까지 실현됨)에는 과음보라는 용어를 쓸 수는 있겠다. 우리 시가 율격에서 음보의 형성은 2모라에서 5모라 범위 안에서 양식화되기 때문이다.

길이보다 짧게 율독하는 발화 환경이 갖추어져 있다. 그런 점에서 율동 현상에서 수의적 작동 인자로 '촉음'의 설정은 필수 조건이라 할 것이다. 이 촉음의 작용에 의해 언어학상으로는 장음에 해당하는 어휘라 할지라도 기준 모라 크기에 맞추기 위해 단음화시켜 발화하게 하는 율동 현상을 보이게 되는 것이다. 그러므로 음격의 운용에서 기준 음절수 미달인 2음절, 혹은 3음절로 구성된 음보는 기준 음보량에 맞추어 '완만하게' 발화하고, 5음절 이상으로 된 음보는 '촉급하게' 발화함으로써 보통과, 완만, 촉급함의 율동이 교차하여 감정의 기복(起伏)에 따라 굴곡지고 생동감 있게 표출하게 됨으로써 다양한 율동 현상을 보인다 할 것이다.

이러한 율동 현상에서 볼 때 음절은 율동을 생성하는 직접적 인자로, 장음과 정음, 및 촉음은 율동적 다양성을 조성하여 율격적 문체를 개성적이게 하는 율동적 조정 자질로서 임무와 기능을 한다고 이해하면 된다. 좀 더 부연해 말하면 장음과 정음은 음절만으로는 기준 음격에 미달하는 표출을 보일 때 그 부족한 음절수만큼을 보충하는 자질로서 음보 크기를 등가화하는 '보상적 기능'을 하는 작동 인자로, 촉음은 음절만으로도 기준 음절량을 초과하여 음절량의 크기를 단축시켜 등가화를 촉진케 하는 '조정적 기능'을 하는 작동 인자로 율동감의 생성에 관여한다는 것을 알 수 있다.

4. 가사의 서술특징과 예상 율동 유형

이제 이러한 세 가지 작동 인자들의 관여로 생성되는 시적 율동이 구체적인 텍스트에서는 그 서술의 특성에 따라 어떤 표현 기능과 미적 효과를 가져 오는지를 탐색할 필요가 있다. 그 탐색 결과에 따라 율동의 유형적 특성을 밝혀낼 수 있기 때문이다. 이를 위해 다음의 구전민요 자료를 검토해 보자.

칠성포	일곱매끼	칠성판에다	몸을던져	3 4 5 4
만첩산중	들어들가서	석침베고서	누웠으니	4 5 5 4
선줄교	새를민구	팔건달	거문고뜯고	3 4 3 5
송풍은	거문고고요	두견접동새	노래로구나	3 5 5 5
구갈목가도	춤을춘다			5 4
헌방아	너를말고서	너와나와두	손목을잡고	3 5 5 5
구경산	제곡을가서	천년만년을	살고나보자[13]	3 5 5 5

이 민요가 바탕하고 있는 율동 양상을 먼저 보격(步格)차원에서 탐색해 보면 모든 시가는 시행(詩行)발화이므로, 시의 행(行)이 우선적으로 결정되어야 한다. 그러기 위해서는 모든 율격단위의 경계는 언어학적 '통사단위'의 경계가 있는 곳에 실현되므로 그에 따라 행구분이 이뤄져야 한다는 것이다. 그러나 모든 통사단위가 그대로 '율격단위'가 되는 것은 아니다. 어떤 고정된 비율관계를 의식하면서 등가적 음운 자질의 규칙적 반복에 의거해 율독을 해야 율격을 추상할 수 있으므로 통사적 단위를 기초로 하면서도 그것을 벗어나서 율격적 논리에 의해 '율격단위'가 실징되고, 거기에 부가하여 의미론적 차원에서의 응집과 결속의 정도에 따라 '의미단위'의 경계가 설정될 수 있다. 이러한 세 단위가 서로 어긋날 경우는 먼저 율격단위가 우선이고, 그 다음이 의미단위가 되고, 마지막으로 통사단위가 율격의 경계표지로 설정되는 것이다.

이러한 원칙에 따라 율독해 보면, 보격상으로는 위에 예시한 것처럼 4음보가 규칙적으로 반복되는 4보격이라 할 수 있다. 그러나 다섯째 행에서 보듯 2음보의 파격 출현이 눈에 띄고, 다른 4보격 행들도 중간휴지의 정도가 상당히 큰 편이어서 2음보로 재편해 율독해도, 즉 전체 행을 2보격으로 분단해 독해해도 크게 거슬리지 않는 율동 실현을 보여주고 있다. 그만큼 4보격이 안정된 보격으로서의 율동 현상을 보이지 않는다는 의미다. 이는 화자의 정서적 유동(流動)이 안정되지 못하고 흐트러져 있음을 반영한다.

---

13) 한국정신문화연구원, 『구비문학대계』 1-2권, 386면.

그런데 우리의 관심은 보격이 아니라 음격(音格)의 율동 실현 양상에 있다. 우리의 정형시가에서는 보격상의 파격에 의한 다양한 율동 현상보다는 음격상의 다양한 율동 운용이 작품의 표현 기능이나 미적 효과에 중요한 영향을 미치기 때문이다. 어떤 작품에서 음격상의 시적 율동 양상을 적출해 내려면 우선 기준 음격을 판정해내는 일이 최우선이다. 이를 위해 그 음격을 이루는 음절수의 실현 빈도가 가장 높은 것이 고려될 수 있다. 그 최빈(最頻)의 음절수를 기준으로 하여 율격 단위가 설정되기 때문이다. 이 작품의 음절수 실현 빈도를 살펴보면 3음절이 6회, 4음절이 6회, 5음절이 14회 출현 빈도를 보여 5음절의 비중이 압도적으로 가장 높다. 따라서 이 민요는 일단 5음격의 음보 4개가 규칙적 반복을 이루어 율격이 형성되는 5음4보격의 율격 양식을 보인다고 하겠다.

그러나 5음절을 기준 음격으로 하는 5음4보격 양식은 우리 시가에서 아주 드문 예에 해당한다. 즉 보편적 양식이 아니라는 것이다. 민요는 우리 시가의 기층 장르에 해당하는 보편적 양식을 대표하는 것인데, 이런 예는 특수한 사례에 해당하는 것이다. 이런 관점에서 율동이 실현된 음보들을 다시 살펴보면 앞에서 지적했듯이 제5행이 보격상으로 2보격으로 되는 파격을 보이고 있고, 그 파격행의 바로 앞부분에 5음절의 표출을 보인 것을 제외하면 최빈수의 실현을 보인 5음절 음보는 모두 다음과 같이 4음절로 수정되어야 정상적 표현임을 알 수 있다.

칠성포	일곱매끼	칠성판에	몸을던져	3 4 4 4
만첩산중	들어가서	석침베고	누웠으니	4 4 4 4
송풍은	거문고요	두견접동	노래로다	3 4 4 4
선줄교	새를믿구	팔건달	거문고뜯고	3 4 3 5
구갈목가	춤을춘다			4 4
헌방아	너를말고	너와나와	손목잡고	3 4 4 4
구경산	제곡가서	천년만년	살고보자	3 4 4 4

이렇게 수정된 자료를 검토해 보면, 4음절로 된 음보가 단연 압도적 출현 빈도를 보이므로 이 작품은 4음격이 기준 음격이 되는 보편적 율격 양식을 기본 바탕으로 깔고 있는 노래로 볼 수 있다. 즉 이 민요 자료의 기본 바탕도 4음4보격의 보편적 율격 양식에 기저하고 있다는 것이다. 그런데 작품에 담고 있는 의미 내용을 살펴보면 차분하고 안정된 어조와는 거리가 멀다. 즉 화자의 처지가 "칠성판에다 몸을 던지는" 인간 운명의 마지막 극한의 처절한 비극적 상황으로 설정되어 있음에도 오히려 "거문고 뜯고" "춤을 춘다"고 하여 음악과 춤(樂舞)를 즐긴다고 표현하는가 하면, "너와 나와" "손목을 잡고" "천년만년을 살고나 보자"는 등 극한의 희열을 맛보는, 최고조의 감정과 흥취를 즐기는 꿈같은 소망의 정감을 역설적으로 노래하고 있다. 그만큼 감정의 기복(起伏)이 극한에서 극한으로 요동치고 있는 것이다. 이처럼 감정의 흥분 상태, 심리적 불안정성을 제어하지 못하고 격정적으로 발산하여 표현하느라 수정된 자료처럼 4음격의 차분한 음격으로 되어야 할 율동 표출이 원 자료에서처럼 5음격의 빠른 템포로 실현되었음을 알 수 있는 것이다.

그런데 이 작품의 원자료의 율동 양상은 이와 같이 5음격을 기준 음격으로 하면서도 그러한 빠른 템포에다 3음격의 완만함과 4음격의 보통 빠르기가 교차되어 그 율동의 진폭이 상당히 큰 울림으로 작용하고 있다. 이렇게 율동의 완만함과 촉급함이 교차하는 파란과 곡절을 가진 율동 유형을 '완급형(緩急型)'이라 명명할 수 있겠다. 이런 유형은 정서가 순탄치 않고 그만큼 감흥이 고조되거나 굴곡져 있으므로 감정 표현의 기능이 강조되는 미적 효과를 보인다고 할 수 있다. 나아가 인용한 민요 자료 같은 율동의 진폭이 큰 텍스트는 '완급형' 가운데서도 '격정형' 율동 유형에 든다 할 것이다.

우리가 주목하고자 하는 가사의 율동 특징은 앞의 민요 작품에서 볼 수 있는 원자료인 5음4보격의 '격정형' 율동 유형을 보이기보다, 앞에서 그것을 안정된 음격으로 정리하여 수정한 4음4보격의 율동 유형에 들 것이라는 예상이 가사가 4음4보격의 율격 양식에 든다는 점에서 쉽게 유추가 가능하다. 가사의 이러한 4음4보격에 기반한 율동 특징은 조선 전기 가사를 주도해 왔던 사대부층이 미덕으로 삼아왔던 유유자적하면서도 중정화평(中正和平)한 삶의 가치관과 세계관이 율동 미학으로 반영될 것이라 예측된다는 점에서 더욱 뒷받침된다. 즉 그들의 음격 운용은 최대치인 4음절을 좀처럼 넘어서지 않는, 그래서 감정 과잉의 율동 표출은 자제하는 것이 미의식이 될 것이기 때문이다. 사대부가사의 이러한 미학은 그들의 유연한 정감을 노래한 강호가사나 연군가사, 유배가사에서 쉽게 찾아질 것이며, 이런 부류의 가사는 율동 유형으로 볼 때는 완급형 가운데 '유장형(悠長型)'에 드는 것으로 다시 세분할 수 있다.

한편으로는 사대부가사의 유유자적한 미학과는 달리 부분적으로나마 감정 과잉의 율동 표출을 보이는 5음절 이상의 음격 운용은 조선 후기의 서민가사 〈청춘과부곡〉이나 규방가사의 하나인 〈화전가〉 등 극히 일부에서 찾아볼 수 있으리라 예상되는데, 이러한 유형은 '완급형' 율동 유형에 들면서도 그것을 더욱 '생동하는 율동'으로 실현하는 '분방형' 율동 유형으로 간주할 수 있을지는 작품을 직접 분석해 보아야 할 것이다.

그보다 가사는 어떤 사실(화젯거리)을 전달하고자 하는 진술양식을 특징으로 하는 '전술(傳述)' 장르에 해당하므로 그 주류적 율동 유형은 전달서술을 효과적으로 할 수 있는 '균정형(均整型)'에 들 것으로 예상되는데, 그 구체적 양상을 이제 다뤄 보기로 한다.

가사의 율동 유형과 그 기능

1. 우리 시가 율동론의 연구 현황

우리의 시가 형식 연구는 율격론에 집중되어 왔다. 시란 한마디로 '율문의 문학적 사용'이라 할 수 있고 율문은 '율격'이 관여한 자료이므로 우리 시가의 형식론이 율격의 양식과 체계 규명을 우선적 과제로 삼았던 것이다.

이러한 경향에 따라 여기서 다루려는 '가사'의 형식 연구도 율격론적 분석이 중심이었다. 그 결과 가사의 형식에 관한 해명은 우리 시가 율격론 연구의 경과를 그대로 반영하게 되었다. 연구 조창기에는 시가 가운데 '시조'를 중심으로 처음에는 우리 시가의 율격을 음수율(자수율)로 이해해 오다가(조윤제, 이병기, 서원섭, 오세영 교수 등 대부분의 논자), 그 기준에 벗어나는 작품 자료가 압도적으로 많다는 반론이 제시되어 부정되고, 그 대안으로 강약률(정병욱, 이능우 교수), 고저율(황희영, 김석연 교수), 장단율(정광, 김대행 교수) 같은 복합율격론이 제기되기도 했다. 그러나 이 또한 실상에 맞지 않다고 부정되고, 우리 시가의 율격은 '음보수'의 규칙적 반복에서 찾아야한다는 단순음보율론이 거론되었다(조동일, 예창해, 김흥규 교수 등). 하지만 이것도 부정되고 우리 시가의 율격적 규칙성은 음절수가 아니라 음절 외에도 장음(長音)과 정음(停音)이라는 보조 자질이 관여하는 음지속량의 등가적(等價的) 반복에 의해 형성된다는 '음량률'[1]이 설득력을 얻게 되었다.

---

1) 성기옥, 『한국시가 율격의 이론』, 새문사, 1986.

가사의 율격론도 이러한 경과를 따라 초창기에는 그 율격이 3·4조, 혹은 4·4조를 기준 모형(模型)으로 한다는 음수율(자수율)적 해명이 주도해 오다가, 그것이 부정됨에 따라 단순음보율론으로 전환되면서 가사가 '4음보격 연속체'로 된 율문이라 수정하게 되었다. 그러나 이 역시 부정되고 음량률을 따라 '4음4보격 연속체'라고 보다 정치(精緻)하게 가사의 율격 양식을 규명하게 되었다. 이러한 연구 성과에도 불구하고 아직도 가사의 형식을 논할 때 3·4조니 4·4조니 하여 음수율의 망령에서 벗어나지 못하는 논자가 있음이 오늘의 실정이다. 우리 시가의 율격론에서 음수율의 망령을 쉽게 떨치지 못하는 근본 원인은 추상적이고 관념적인 모형으로 존재하는 '율격'과 그 모형에 따라 구체적으로 율격적 실현을 보인 '율동' 현상을 명확하게 개념 구분하지 않고 '혼돈'한 결과에 있다. 그리고 무엇보다 가사의 4음4보격 율격 실현에서 그 보격(步格)이 장음과 정음의 개입 없이 음절만으로 실현되는 경우도 상당히 있어 이들은 마치 음수율을 준수하는 것으로 '착시' 현상을 일으켰던 때문이기도 하다.

이러한 혼돈과 착시 현상으로 인해 가사의 율격론이 확고히 자리잡지 못한 탓에 율격이 관여한 시적 율동으로서의 율문표출 양상인 가사의 율동론은 거의 볼모지대로 남아 있다. 가사의 율격을 4음4보격 연속체라 했을 때, 그 기층 단위를 이루는 각 음보의 기준 음격(音格)이 4음절량(모라)이고, 그러한 크기의 음보 4개가 모여 하나의 행(行)을 이루면서 규칙적 반복을 보이는 율문 표출을 보인다고 설명된다. 그런 기준 모형을 근거로 가사의 율동론은 두 가지 차원에서 논의가 가능하다. 하나는 음격(音格) 차원에서 4모라의 기준 모형을 어떤 시적 율동으로 구체화하고 있고, 그러한 율동이 작품에서 어떤 표현 기능과 미적 효과를 갖는지 규명해내는 일이다. 이 방면의 연구는 거의 찾아볼 수 없는데 본고에서 다루어 보기로 한다.[2] 다른 하나는 보격(步格) 차원에서 4음보라는 기준 모형을 그대로

2) 과문한 탓인지는 몰라도 우리 시가의 율동론은 서우석, 『시와 리듬』, 문학과지성사, 1993

준수하거나 때로는 2보격이나 3보격, 5보격, 6보격까지 규칙 위배를 보이는 율격적 변주 양상의 자료를 통해 가사의 율동을 탐구하는 작업인데 이 또한 흔치 않은 실정이다.[3]

2. 가사의 완급형 율동과 정감적 기능

율격은 그것을 구성하는 음운자질을 규칙적으로 반복하는 데서 이루어지고, 그러한 규칙성은 '시간적 통합의 원리'와 '등가적 범주화'의 원리에 의해 구조적 질서를 획득한다. 이러한 원리에 따라 가사의 기준 음격인 4모라의 율격 운용에 있어서 그 구체적인 율동 양상을 살피려면 율독(律讀)을 해야 한다. 즉 2음절로 된 음보는 2모라 정도, 3음절로 된 음보는 1모라 정도의 장음이나 정음을 보완하여 '완만'하게 율독함으로써 다른 음보와 균형을 맞추어 등가적이게 하고, 반대로 5음절 이상으로 된 음보는 빠르게 율독함으로써 기준 음절량에 맞추는 '촉급'한 율동 현상을 보인다.

이와 같이 가사의 율동 현상에 관여하는 자질은 '장음'과 '정음'만이 아니라 음절의 발화 크기를 단음(短音)화시키는 기능을 하는 '촉음(促音)'이라는 또 하나의 중요한 관여 자질을 추가해야 온전히 해명된다. 즉 음격의 운용에서 기준 음절량(4음절량)에 맞는 음보는 '보통' 빠르기로 율독하고, 기준 음절수 미달인 2음절 혹은 3음절로 구성된 음보는 기준 음절량(4모라)에 맞추어 '완만하게' 율독하고, 5음절 이상으로 된 음보는 '촉급하게' 율독함으로써 하나의 텍스트는 보통과, 완만, 촉급한 율동이 교차되는 율동 현상을 보인다 하겠다.

이 유일한 듯하다. 이 연구는 율격과 율동의 개념 구분이 명확하지 않은 채로 음수율에 의거하여 우리 시가를 다루고 있어 참고하기엔 혼란스런 면이 있다.

3) 윤미선, 「조선후기 서민화지향가사의 운율적 변주와 그 의미」, 이화여대 석사학위논문, 1996에서 주로 보격 차원의 율동 현상을 '율격적 변주'라는 개념으로 다룬 바 있다.

그러므로 가사의 율동 현상은 2음절어나 3음절어를 빈도 높게 구사할수록 길고 느린 '완만'한 율동이 되어 '유장(悠長)'한 정감 흐름을 표출한 것이 되고, 5음절어 이상을 자주 구사할수록 짧고 빠른 율동이 되어 흥취가 고조되고 급박하면서도 직정적인 정감을 분방하게 표출한 것이 된다. 전자의 유형을 '유장형', 후자를 '분방형'이라 이름 지어 본다. 그리고 이 둘을 통합하여 '완급형(緩急型)'이라 하겠다. 이렇게 이론상으로는 가사의 율동이 2음보에서부터 5음보 이상까지 다양한 운용을 보여 감정의 기복(起伏)에 따라 완만함과 촉급함이 교차하는, 파란과 곡절을 가진 정감 표출이 가능한데, 실제로는 분방형은 찾아보기 어렵고 유장형이 대부분을 차지한다.[4]

이런 사실을 정철의 「속미인곡」 서두 부분에서 확인해 보기로 하자.

뎨가는/ 뎌각시// 본듯도/ 흔뎌이고//	3 3 3 4
텬상/ 뵉옥경을// 엇디호야/ 니별호고//	2 3 4 4
히다뎌/ 져믄날의// 눌을보라/ 가시는고//	3 4 4 4
어와/ 네여이고// 이내스셜/ 드러보오//	2 4 4 4
내얼굴/ 이거동이// 님괴얌즉/ 흔가마는//	3 4 4 4
엇던디/ 날보시고// 네로다/ 녀기실식//	3 4 3 4
나도/ 님을미더// 군쁘디/ 전혀업서//	2 4 3 4
이릭야/ 교틱야// 어즈러이/ 호돗쎤디//	3 3 4 4
반기시는/ 낫비치// 네와엇디/ 다루신고//	4 3 4 4
누어/ 싱각호고// 니러안자/ 혜여호니//	2 4 4 4
내몸의/ 지은죄// 뫼フ티/ 빠혀시니//	3 3 3 4
(이하 생략)	

이와 같이 음격의 운용에 있어서 4모라의 범위 내에서 2음절과 3음절, 4음절에 걸쳐 다양한 시적 율동을 보여주고 있지만 감정을 제어하지 못해

4) 가사의 율격 양식인 4음4보격이 사대부들의 차분하고 사려 깊은 생각을 담기에 적합한 양식이므로 유장형이 대부분을 차지할 것임은 당연하다.

기준 음격을 초과하여 5음절 이상의 과도한 율동 표출을 빈도 높게 보이는 '직정적'이고 분방한 표출은 찾아보기 어렵다. 이렇게 5음절 이상의 촉급한 율동을 자제하고 2음절과 3음절로 된 음격을 자유롭게 운용하여 여유롭고 완만한 율동을 보임으로써 무게감과 사려 깊은 차분한 정감의 흐름을 보여준다. 임금을 그리워하는 연모의 감정을 두 여인의 대화체로 완만한 템포로 풀어간 '유장형(悠長型)'의 전형이라 할 만하다. 정감형 사대부 가사(강호가사, 연군가사, 유배가사 등)의 대부분이 이런 유형에 해당한다. 유유자적(悠悠自適)하는 그들의 미의식에 맞는 율동이기 때문일 것이다.

3. 가사의 균정형 율동과 주제적 기능

그러나 가사 장르 전체로 볼 때는 우리 국어의 자연스러운 발화(어절이 3음절어와 4음절어가 절대다수임)를 살리면서도 앞의 송강가사처럼 감정 표현의 곡절을 감정의 파고에 따라 2음절과 3음절, 4음절을 다양하게 운용하기보다, 음절수를 '가지런하게 조절하여 통일'함으로써, 이질적인 것을 동질화하고 부차적인 세부를 배제하여 서술하려는 내용, 곧 주제를 더욱 선명히 하는 데 주력하는 유형이 큰 비중을 차지한다. 이렇게 '균등하고 정연한 질서'를 갖춘 율동이 되게 하는 유형을 '균정형(均整型)'이라 부르겠다. 다음 작품이 그러한 율동형을 잘 보여준다.

아ᄒᆡ야	드러바라	ᄯᅩᄒᆞᆫ말	이르리라	3 4 3 4
가장은	하늘이라	하늘갓치	즁ᄒᆞ여라	3 4 4 4
언어를	조심ᄒᆞ고	ᄉᆞᄉᆞ이	공경ᄒᆞ고	3 4 3 4
미덥다고	방심말고	친타고	아당말라	4 4 4 4
음식을	먹더라도	ᄒᆞᆫ반에	먹지말고	3 4 3 4
의복을	둘지라도	ᄒᆞᆫ홰에	걸지말라[5]	3 4 3 4

이와 같이 우리말 조어 구조에 맞는 '자연스런' 발화에 기대어 3음절과 4음절을 고루 활용하되 그것이 최대한 균등하고 정연한 질서를 갖도록 조정하여 운용함으로써, 그동안 우리가 가사의 율격을 3·4조, 혹은 4·4조라는 음수율로 착각할 만큼 3·4음 또는 4·4음 일변도로 음절수의 반복 율동을 보여준다. 그러나 텍스트 전체를 3·4조로 음절수를 규칙화한 것도 아니고, 4·4조로 음절수를 규칙화한 것도 아니어서, 이러한 유형을 음수율로 이해해서는 곤란하다. 이런 유형은 비록 송강가사처럼 2음절에서 4음절까지 불규칙적 운용으로 상당히 큰 폭의 율동적 다양성을 보이지는 않지만, 3음절과 4음절을 자연스런 발화에 맞추어 '조화롭게' 혼용함으로써, 어느 한쪽으로 획일화하지 않고 지나치게 기계적이거나 무미건조하지 않으면서도 전달하고자 하는 의미 내용을 보다 선명히 하는 미적 효과를 보인다.

균정형 가운데 이런 유형을 '해조형(諧調型)'이라 부르겠다. 4모라 음격 운용에서 1모라 부족한 3음절어는 1모라 정도의 장음이나 정음을 보상적 자질로 추가하면 시가(時價)상으로 별 차이를 느끼지 않고 자연스럽게 율독되므로 단일하다 할 만큼은 아니라 하더라도 심리적으로 '조화로운' 통일된 율동으로 느껴지므로 '해조형'이란 이름이 어울린다. 송강가사에서도 3음절과 4음절의 율동을 주로 구사하고 있지만 둘의 조합을 다양하게 교체하여 실현함으로써 상대적으로 율동적 다양성의 폭이 훨씬 크게 느껴져 정감적 기능을 발휘하게 되지만, 여기서는 3음절과 4음절이 같은 자질(4음절어)의 반복처럼 느껴지게 하여 율동적 효과를 높이기보다는 '주제'를 선명하고 가지런하게 전달하는 기능을 하도록 운용한다는 점이 다르다.

이렇게 각 행의 모든 음보의 음절 실현을 가능한 우리 국어의 조어인 3음절과 4음절에 '자연스럽고 조화롭게' 맞추어 균형 있게 조정하여 주제를 효과적으로 전달하고자 하는 유형과 달리, 다음의 사례에서 보듯 3음절

---

5) 권영철, 『규방가사연구』, 이우출판사, 1980, 178면 수록 영남지방 〈계여가〉 부분

어의 율동 표출은 거의 배제하고 의도적으로 4음절에 기계적으로 맞추어 전체적으로 통일적인 분위기를 조성하여 기억과 환기를 용이하게 함으로써 주제를 더욱 '직선적'으로 드러내고자 하는 유형도 있다.[6]

텬디이의 분ᄒᆞᆫ후에 삼나만샹 닐어나니 4 4 4 4
유졍무졍 삼긴얼골 텬딘면목 졀묘ᄒᆞᄃᆡ 4 4 4 4
범부고텨 셩인되ᄆᆞᆫ 오직 사ᄅᆞᆷ 최귀ᄒᆞ다 4 4 4 4
요순우탕 문무주공 삼강오샹 팔죠목을 4 4 4 4
ᄐᆡ평셰에 장엄ᄒᆞ니 금슈상에 쳠화로다 4 4 4 4
동셔남북 간ᄃᆡ마다 형뎨ᄀᆞᆺ티 화합ᄒᆞ니 4 4 4 4
텬하ᄐᆡ평 가감업서 안양국이 거의러니 4 4 4 4
어화 황공ᄒᆞ다 우리민심 황공ᄒᆞ다 2 4 4 4

―휴정, 〈회심곡〉 서두 부분

이와 같이 3음절어를 배제하고 4음절어로 획일화하는 기계적 율동을 보임으로써 '단조로운' 율동의 극지를 보여주고 있다. 이런 유형을 '해조형'과 대비하여 '단조형(單調型)'이라 부르겠다. 이러한 단조로운 율동은 단순하고 변화가 없어 기억과 환기를 용이하게 해주는 기능을 함으로써 주제를 직선적으로 드러내는 미적 효과를 획득한다. 그러나 이런 유형도 텍스트 전체로 보면 4음절로만 획일화되지 않고 2음절, 3음절의 율동 표출도 더러 보인다. 이런 유형을 4·4조의 음수율로 볼 수 없는 이유다.

해조형이나 단조형 둘 다 감정 표현보다는 내용을 선명히 하고 서술하고자 하는 의도와 목적의식이 강하게 작용한 '주제적 기능'에 비중을 둔다는 점은 공통이다.

---

6) 규칙적이고 기계적인 리듬이 갖는 기능과 효과는 루카치의 리듬 이론을 원용하여 필자가 일찍이 졸저, 『국문학의 탐구』, 성균관대출판부, 1983, 193면에서 다룬 바 있다.

4. 가사 율동론의 과제

율격론에서는 율격에 관여하는 자질에 한정하여 다루지만, 율동론은 그 율격과 결합하여 형성하는 음성자질이나 율격과 무관한 자질도 포괄하여 그러한 결합이 표출하는 미적 효과를 다루는 데까지 나아갈 수 있다. 그러므로 어떤 텍스트의 표현 기능이나 미적 효과를 문학적으로 해명하기 위해서는 율동론이 필수다. 또한 시행 발화 자체가 의미율이나 내재율에 의존함으로써 자유분방한 율동 표출을 보이는 자유시까지도 율동론적 접근이 미적 효과 해명에 유용한 방법이 된다. 여기서는 우선 한국 시가 가운데 가사에 한정하여 그 전체적인 율동 현상을 조망하기 위해서 가사의 율동 유형론을 개진해 보았다. 앞으로는 이러한 유형을 가사의 개별적인 작품에 적용하여 텍스트마다의 개성적 율동을 탐색하고 그 미적 기능과 효과를 규명해냄으로써 시적 율동으로서의 문체적 차원의 문학성을 찾아내는 것이 시급한 과제라 할 것이다.

발생기 가사의 교훈성 지향과 문학성

1. 발생기 가사의 작자층 성향

잘 알려진 바와 같이 가사 장르의 출발은 불교계에서 시작되었다. 고려 말의 유명한 선승(禪僧)인 나옹화상 혜근(1320~1376)이 지었다는 가사 〈서왕가〉, 〈낙도가〉, 〈승원가〉 등 작품이 여럿 전하기 때문이다. 그런데 〈서왕가〉가 실린 가장 오래된 판본이 고려 말엽보다 무려 350년 가까이나 뒤인 18세기 영조 시대에 간행된 예천 용문사 판본(1704)이어서 과연 그 작자를 신빙할 수 있을까를 의심해 오기도 했다. 그러나 이 작품의 전승 계보가 휴정대사의 법맥을 따라 오랜 세월 '암송(暗誦)' 방식으로 구비전승되다가 판각되었음이 소상하게 밝혀지고,[1] 그 전승과 향유 집단이 휴정대사의 계보임에도 불구하고 작자를 나옹에서 휴정대사로 바꾸거나 혼동하지 않고 〈나옹화상 서왕가라〉라고 못 박아 가사 제목부터 그 작자가 나옹화상임을 분명히 하면서 전승되어 왔기 때문에 그 작자를 신빙하지 않을 수 없게 되었다. 이는 특정의 전승 집단을 확고히 갖지 않은 채로 향유되어 온 〈권선지로가〉가 가집이나 작자를 언급한 문헌 기록에 따라 주세붕, 퇴계, 율곡, 조식 등으로 작자의 혼동을 보이는 것과 좋은 대조가 된다. 〈서왕가〉의 판본이 여러 다른 사찰에서 시대를 달리하여 인간(印刊)되었음에도 작자의 혼동이나 착종이 없는 것은 그만큼 작자가 확고하다는 의미다.

그렇다면 고려 말에 나옹화상이 지은 직후부터 조선시대 휴정 법맥으로

---

1) 김종진, 「서왕가의 전승계보학과 구술성 층위」, 『한국시가연구』 18집, 한국시가학회 참조.

전승이 이어지기까지의 공백 기간은 어떤 방법으로 향유되어 갔을까? 그냥 고승의 법맥이나 불교신자들에 의해 구비로 '암송'되어 오기만 했을까. 더욱이 한글 창제 이전에는 어떤 모습으로 창작되고 전승되었을까. 이런 의문점은 다시 나옹화상이 지었다는 〈승원가〉가 발견됨으로써 풀리게 되었다. 즉 〈승원가〉는 한글 창제 이전 고려시대 우리말 표기 수단이었던 한자의 차자(借字) 형태인 향찰(鄕札)로 표기되어 있어, 그 향찰 표기에 의해 가사가 '필사본'으로 창작되고, 전승되어 왔음이 확인되기 때문이다. 여기에 더하여 같은 차자 방식의 한자와 이두문(吏讀文)으로 표기된 고려말 공민왕대의 관료인 신득청(1332~1392)이 지은 〈역대전리가〉가 발굴됨으로써 가사의 발생이 고려 말로 확정되는 데 의문의 여지가 없게 되었다. 특히 고려 공민왕 20년(1371)에 지었다는 신득청의 〈역대전리가〉는 한문에다 이두 표기를 혼용하여 작자가 쓴 것을 이두 표기 부분은 조선시대 세종대에 범승락(范承洛)이 당시 창제된 한글로 토를 달아 성삼문과 박팽년에게 보여 1458년에 개작했다고 한다.

이 작품이 단종대의 기록물인 『화해사전(華海師全)』 권6에 전하는데, 이 책은 신득청의 조부인 신현이 주인공으로 설정되어 문답 형식으로 유교적 입장에서 도덕규범과 실천윤리를 강조한 학문과 언행을 모은 것이라 한다. 그런데 이 책이 현전하는 것은 1935년에 나온 것인데다, 내용상으로도 의문점이 보이고, 발문에도 모순점이 발견되는 등으로 인해 위서(僞書)가 아닌가 의심되고 있다. 그리고 이 문헌에 실린 〈역대전리가〉 자체도 조선 후기 가사 형식과 같은 4·4조의 판에 박힌 율격이 우세하고, 내용도 배불(排佛)이나 풍자의 방법이 너무 노골적으로 되어 있고 상식적이며, 표기에서도 주격조사 '가'가 등장하고, 이두 표기에서도 후기 표기에 등장하는 '와(臥)'가 보이는 등 고려 말이나 훈민정음 창제에 가까운 시대와는 거리가 있어 위작(僞作)이라는 주장이 제기된 바 있다.

그러나 〈역대전리가〉의 경우 범승락이 한글로 토를 달 때의 구체적인 연대(1458)와 더불어 1454년에 한글 창제에 관여한 성삼문과 박팽년의 협조를 구한 점 등 정황이 너무 구체적인 데다가, 그 이래 이 작품이 범씨(范氏) 집안에 비장(秘藏)되어 내려왔다고 하니 전승 과정에는 문제가 없는 것으로 보인다. 다만 표기법에서 후기적 모습을 보이는 것은 후손들이 필사 과정에서 알아보기 쉽게 원본과 달리 필사 당시의 현재적 표기로 수정 가필했을 가능성을 배제할 수는 없을 것이다. 또한 형식상으로 4·4조의 판에 박힌 율조가 우세하다고 하여 반드시 조선 후기적 형태로 보는 것도 문제가 있다. 자수율을 적용하여 판단하는 자체가 문제가 있지만, 그걸 인정한다 하더라도 3·4조, 4·3조 등도 보인다는 점과 특히 가사의 특징적 율격인 4음보가 중심이지만 2음보나 3음보 혹은 5음보나 6음보로 다양하게 실현되는 경우도 허다해서 조선 후기 종교가사 같은 판에 박힌 4음보 율격, 그것도 4·4조에 의한 4보격의 기계적 율동 실현과는 상당한 차이가 있기 때문이다.

내용상으로도 불교 배척이나 풍자 방법이 너무 노골적이라 해서 위작인 것 같다고 추단하는 것은 불의를 참지 못하는 신득청의 인품이나 행적으로 볼 때 잘못된 판단으로 보인다. 작품을 지은 연대가 요승(妖僧) 신돈의 전횡이 극에 달하여 주살(誅殺)된 해이기 때문이다. 따라서 신돈 같은 불교의 폐해가 극에 달한 시대에 유가적 이념을 가진 관료 신득청의 작품에 불교 배척이 노골적으로 드러나는 것은 오히려 작가의 신빙성이 더 크며, 고려 패망의 소식을 듣고 자살했다는 강직한 성품으로 볼 때 수긍할 수 있기 때문이다. 또 서술 내용이 상식적이라는 점은 이 작품이 공민왕을 설득하기 위해 임금께 바치는 노래로 지어졌지만, 우왕 때 관직에 나아갔을 때도 때때로 임금 앞에서 창주(唱奏)했다는 기록으로 보아 다른 신하들도 함께하는 의도가 있는 데다가 가사 장르 자체가 청자(독자)들에게 널리 전파하려는 목적으로 선택되는 장르여서 대중성을 지향하는 요소가 크기 때문에 역대의 치란(治亂)을 교훈 삼으라는 목적을 실현하기 위해서는 오히려 대중적 여론을 위한 상식적인 내용이 효과가 클 것임을 생각해 볼 수 있을 것이다. 따라서 신득청의 〈역대전리가〉를 결정적인 단서가 없는 한 함부로 위작으로 보거나 조선 후기에 지어진 가사로 단정하기는 어려울 것이다.

이렇게 두 작가의 가사 작품을 신빙할 경우, 가사 장르의 출발이 향찰이나 이두 표기에 의해 창작과 전승이 가능했으며, 불교계에서 시작되어 곧바로 유가 관료 계층으로까지 확산되어 갔음을 확인할 수 있다. 그런데 발생기의 가사문학의 특징은 신득청보다 먼저 지은 것으로 보이는, 가사의 효시 작품인 나옹화상의 〈서왕가〉 등을 분석해 보면 알 수 있을 것이다. 그보다 뒤에 지은 신득청의 경우 비록 이념적으로는 불교 배척론자인 유가에 속하지만 장르상의 글쓰기의 본(本)은 나옹화상의 향찰 표기 가사 작품에 표준을 두었을 것이기 때문이다. 청자(혹은 독자)를 효과적으로 설득하기 위한 장르로 가사만 한 장르가 없었을 터이므로 신득청에게도 〈서왕가〉나 〈승원가〉 등이 작가(作歌)의 표준이 되었을 것으로 여겨진다.

그러면 가사는 어떤 장르상의 영향에 힘입어 생성되었을까? 다시 말해 가사는 어떤 계기와 연유로 나옹화상에 의해 창출되었을까? 우선 생각할 수 있는 것은 불교 선승인 나옹화상이 가사라는 신종 장르를 창안하게 된 계기는 자신의 시대에 기성 장르로 이미 존재했던 선시(禪詩)나 선가(禪歌)만으로는 자신의 시가적 욕구나 의도를 충족할 수 없었기 때문이었을 것이다. 즉 자신의 선적(禪的) 깨달음이나 개인적 정감을 표현하는 시적 욕구는 한시 형식으로 표현하는 선시로 충족이 가능했으며, 그로써 못다 표출한 흥취는 이른바 〈나옹 3가〉라 칭하는 〈고루가〉, 〈백납가〉, 〈완주가〉 같은 장편 선가, 즉 한문불교가요를 통해 충족이 가능했겠지만, 한문가요에 전혀 익숙하지 못한 자신 주변의 수많은 '중생들을 설득하고 감화시켜' 불교적 진리를 깨닫게 하여 서방정토인 극락세계로 인도하는 욕구를 충족하기에는 이런 한문어투의 시가들은 무용지물이었을 것이다. 그래서 나옹화상은 중생이 쉽게 접근할 수 있는 우리말 노래가 필요했던 것이고, 이런 장르적 욕구를 충족하기 위해 가사라는 새로운 장르를 창출하기에 이른 것으로 보인다. 즉 중생을 교화하기 위해서는 한문으로 된 서정 장르인 단형의 선시(禪詩)나 장형의 선가(禪歌)로서는 부적합했던 것이며, 중생들을 효과적으로 교화할 수 있는 우리말로 된 전술(교술) 장르가 필요했던 것이다.

따라서 나옹화상이 중생 교화와 포교의 목적을 위해 가사 장르를 창출할 때 가장 영향을 미친 기존 장르는, 중생들이 불교의식에서 소원 성취를 위해 불·보살이 강림하기를 발원하는 우리말로 된 불교가요인 화청(和請)인 것으로 보인다. 새로운 장르의 생성은 기존 장르의 양식적 변용(modal transformation)을 통해서 생성된다는 파울러(A. Fowler)의 장르 발생 이론을 참조한다면, 가사의 중요한 장르 징표인 4음4보격 연속체는 화청에서 그 맥을 찾을 수 있기 때문이다. 그런데 화청은 불·보살을 청하는 의미를 담고 있으되, 불교 포교의 한 방편으로 중생이 잘 알아들을 수 있도록 불교의 교리를 쉽게 풀어 설명한 사설을 '민요가락'에 얹어 부르는 불교음악이라는 점에서, 민요 가운데 교술민요가 화청, 나아가 가사 장르의 창출에 지대한 영향을 미쳤을 것으로 심작된다.

더 정확히 말한다면 화청은 음악적인 면에서는 민요가락에 바탕하고 있고, 사설적인 면에서는 4음4보격 연속체의 교술민요에 근원을 두고 있다고 봐야 할 것이다. 그리고 가사도 발생 초기에는 4음4보격 연속체의 사설을 화청의 가락, 다시 말해 민요가락에 얹어 '암송'하는 것으로 향유했을 것으로 보인다. 불교 배척론자인 신득청이 가사 장르를 선택할 수 있었던 것도 그 모태인 화청이 교술민요에 근원을 두고 있고, 교술민요는 이념적으로 불가이든 유가이든, 신분적으로 상층이든 하층이든, 한국인이면 누구나 향유하는 기층 장르인 민요 장르이기 때문에 나옹화상이 창안했던 가사장르를 거부감 없이 수용했을 것으로 보인다.

가사 장르의 발생 근원에 대하여는 그동안 경기체가로부터의 발생설, 시조로부터의 발생설, 악장체로부터의 발생설, 한시현토체로부터의 발생설, 장편 선가로부터의 발생설, 교술민요로부터의 발생설, 불교계 가요로부터의 발생설, 중국 사부(辭賦)의 영향에 의한 발생설 등등 논란이 많았는데, 가사의 효시 작품이 나옹화상 같은 선승에 의해 중생의 교화 목적으로 생성된 것이라는 사실에 초점을 맞춘다면 중생들이 늘 향유하는 교술 민요와 불자들이 불교의식 때 향유하는 불교계 가요인 화청에 근원을 두고 있다고 보는 것이 가장 설득력이 있음을 알 수 있다.[2]

가사의 장르 발생론에 그동안 특히 중요시되었던 기존 장르로는 '시조'의 3장 형식에서 중장을 무한정 늘이는 방식에서 발생되었다는 것과, 아니면 가사가 운문과 산문의 양 성격을 동시에 갖춘 독특한 양식이라 하여 그에 해당하는 중국의 '사부(辭賦)'에서 영향을 받아 발생했다는 견해를 들 수 있다. 그러나 시조이든 사부이든 어느 쪽도 가사를 최초로 창안한 것으로 보이는 나옹화상이 특별히 심취하거나 창작조차 해본 경험이 있는 것 같지 않다는 점에서 그런 견해는 타당하지 않음을 이로써 확실히 할 수 있다. 다만 중국의 사부도 운문적 전술 장르의 대표 장르이고 우리의 가사도 운문적 전술 장르의 대표 장르라는 면에서 서로 대응하므로 서술 표현 방식은 일치하는 점이 상당히 많을 수밖에 없으므로 가사 장르를 이해하는 데 있어서 중국의 사부와 비교나 대비할 만한 가치는 충분히 가지고 있다 할 것이다.

여하튼 가사의 장르 생성이 나옹화상 같은 불교계에서 인격과 덕망을 갖춘 큰스님 즉 선지식(善知識)에 의해 생성되었던 까닭에 가사의 작자층은 상당한 덕망과 인품을 갖춘 인물이 교화적 목소리를 내는 것으로 장르가 확립되어 간 것으로 이해된다. 나옹화상 다음으로 가사의 작가로 이름을 올린 신득청의 면면을 살펴보면, 어릴 적부터 천성이 영민하고 총명하여 소년시절에 벌써 문장을 이루었다 하며, 과거에 급제해 이부상서, 대광검의, 판문하부, 당상판사 등을 지냈으며 평산부원군에 봉해졌다는 인물이다. 성리학에 조예가 깊은 고려 말의 대학자로서 원천석과 정몽주의 스승

2) 가사의 장르 발생론에 관한 상세한 논의는 류연석, 「새로 쓰는 가사문학사」, 『오늘의 가사문학』, 가사문학관, 2014~5가 좋은 참고가 되고, 이은성, 「가사장르 발생에 대한 연구」 성균관대 석사학위논문, 1999가 주목할 만하다.

이었다고 한다. 왕의 실정(失政)을 간언하고자 〈역대전리가〉를 지어 올렸으나 공민왕이 이를 받아들이지 않고 조정이 더욱 혼란하게 되자 벼슬을 버리고 낙향해 지내다 고려 패망의 소식을 듣고 동해바다에 몸을 던져 순절했다고 하니 그의 학문과 유가적 인격이 존경의 대상이 되지 않을 수 없었을 것이다.

가사가 **'실존적 서술자의 인격적 목소리'**[3]로 장르 성격을 확립해 간 것도, 가사를 창출하고 계승한 나옹화상과 신득청 같은 불교와 유교계의 존경 받는 인물이 장르 기틀을 잡았기 때문이라 생각할 수 있다.

2. 나옹화상 〈서왕가〉의 교훈성 벗어나기

이세 발생기의 가사 작품에 해당하는 불교계와 유가계의 명망 높은 두 인물의 중요 작품을 구체적으로 살펴 그 텍스트 성향을 적출해 보기로 한다. 먼저 시대적으로 약간 앞선 나옹화상 혜근의 〈서왕가〉를 작품의 서두부터 분석해 보자.

나도 이럴만졍	셰샹(世上)애 인재(人子)러니
무샹(無常)을 ᄉᆡᆼ각하니	다 거즛 거시로쇠
부모(父母)의 기친 얼골	주근후에 쇽졀 업다
져근닷 ᄉᆡᆼ각ᄒᆞ야	셰ᄉᆞ(世事)을 후리치고
부모ᄭᅴ 하직(下直)ᄒᆞ고	
단표ᄌᆞ(單瓢子) 일납(一衲)애	쳥녀쟝(青藜杖)을 비기 들고
명산을 ᄎᆞ자드러	션지식(善知識)을 친견ᄒᆞ야
ᄆᆞᄋᆞᆷ을 ᄇᆞᆯ키려고	쳔경(千經) 만론(萬論)을 낫낫치 츄심(追尋)ᄒᆞ야
뉵적(六賊)을 자부리라	허공마(虛空馬)를 빗기 ᄐᆞ고
마야검(莫耶劍)을 손애 들고	오온산(五蘊山) 드러가니

---

3) 이 개념에 대한 상론은 성무경, 『가사의 시학과 장르실현』, 보고사, 2000 참조.

제산(諸山)은 쳡쳡(疊疊)ᄒᆞ고 ᄉᆞ샹산(四相山)이 더옥 놉다
뉵근(六根) 문두(門頭)애 자최 업슨 도적은
나며들며 ᄒᆞᄂᆞᆫ 즁에 번노심(煩腦心) 베쳐 노코
지혜(智慧)로 ᄇᆡ를 무어 삼계(三界) 바다 건네리라

이 작품을 제대로 파악하려면 고려 말의 이름 높은 선승인 나옹화상이 속세의 탐욕에만 몰두하느라 염불은 소홀히 하는 중생들에게 선리(禪理)의 깨달음을 설(說)하기 위한 음성 설법(說法)의 방편으로 지어진 가사라는 점을 염두에 두어야 할 것이다. 그래서 발화자는 고매한 인격을 갖춘 선승이고, 청자는 교화 대상의 중생 곧 대중이며, 주제는 제목에 나타나 있는 바와 같이 서방정토로 가는 길 곧 극락왕생의 길을 깨우침에 있다. 작자가 불승이고 주제가 대중을 교화하는 데 목적을 둔 것이어서 이 텍스트의 작품 성향에 대해 교훈성만 지나치게 강조되어 왔다. 그런데 이러한 종교적 깨달음을 전달하려는 진지하고 엄숙한 주제는 가르침의 대상인 대중에게 다가가기가 쉽지 않다. 생경한 교리의 나열이라든지, 신앙을 강요하는 고압(高壓)적인 언술이 친근한 소통의 장애물이 되기 때문이다.

이 작품 역시 서술의 진행이 누적되면서 화행의 곳곳에 불교 경전에 보이는 전문 용어가 허다하게 출현하고 있는데, 이는 독자 혹은 청자가 쉽게 다가가기 어려운 소통의 껄끄러움이 되고 있음은 솔직히 인정해야 할 것이다. 그럼에도 불구하고 이 작품이 고려 말에 창작된 이래 수백 년간을 암송의 방식 혹은 필사나 목판 간행의 형식으로 생명력을 가지고 전승되어 왔다는 것은 그럴만한 소통의 힘이 내재되어 있기 때문일 것이다. 그 소통의 마력을 교훈성에서 벗어나 그 문학성을 찾아내는 것이 이 작품을 제대로 음미하는 길이 될 것이다.

그런 점에서 이 작품의 첫 발화가 일인칭인 '나'로 시작하는 것이 주목된다. 즉, "나도 한때는 속세 사람의 자식이었으니……"로 시작하면서 발화 주체인 '나' 곧 나옹화상 같은 고매한 인격을 가진 선승도 그 출발점은 우

리들 속세의 사람과 전혀 다를 바 없는 인간이었음을 말함으로써 청자(혹은 독자)는 발화자인 '나'의 목소리에 거부감 없이 귀를 기울이게 되는 것이다. 이럴 때 메시지의 중심은 발화자에게로 집중된다. 발화자의 한마디 한마디가 청자의 깨달음을 유도하고 감화에 젖게 한다. 그리하여 발화자가 속세의 일들은 다 내동댕이치고 부모를 하직하고 출가 입산하여 선지식(불경에 밝은 고명한 스님)을 만나 인생의 무상과 공(空)의 이치를 깨닫고 번뇌심을 끊어 버리기까지의 과정, 즉 자신의 신앙적 역정의 체험을 가능한 대중이 알아들을 수 있도록 진술한다.

그 진술방식은 우의(寓意)적 이야기 형식을 택한다. 즉 세속에서 부모를 하직하고 출가하기까지의 어렴풋한 깨달음, 즉 무상과 속절없음(空)을 말하고, 그 깨달음을 제대로 실현하기 위해 명산을 찾아 들어 불경 공부에 깊은 훌륭한 스님을 직접 만나 부처님 말씀이 담긴 불경과 교리를 하나하나 묻고 찾기까지의 과정을 이야기 선(線, story line)을 만들어 조근 조근 서술해간다. 그리고 인간에게 번뇌를 일으키고 죄악을 범하게 하는 눈, 코, 귀, 입 등 여섯 가지 감각 곧 육경(六境)을 도적에 비유하여 육적(六賊)이라 하면서, 그것을 잡기 위해 말(사람의 마음을 비유)을 타고 칼(사악한 일을 일절 못하게 하는 정신 무장을 비유)을 들고 삼라만상과 사람을 이루는 다섯 가지 요소, 즉 현상 · 감각 · 상념 · 의지 · 지식을 산에 비유하여 오온산이라 하면서, 그 첩첩한 산에 들어간다. 거기서 생로병사(生老病死)의 네 고비를 사상산으로 비유하면서 그 산의 장벽이 높음을 절감한다. 그리하여 마침내 번뇌의 마음을 끊어 버리고 지혜로 배를 만들어 욕계(欲界, 욕심이 극성을 부리는 세계)를 지나 색계(色界, 욕심이 없어진 세계)로, 색계를 지나 무색계(無色界, 영적인 순수 정신세계)로 가는 해탈의 과정을 3계의 바다를 건너가는 것으로 비유하면서 피안(彼岸, 열반의 세계)에 이르러 부처가 되고자 하는 의지를 불태운다.

이렇게 비유의 방식을 더 정확히 말하면 우의(allegory)의 진술방식으로 조근 조근 이야기 선을 형성하면서 서술해 나감으로써 생경하고 난해하기만 한 불교 전문 용어들의 함의를 친숙하게 다가오게 한다. 여기서 이야기 선의 형식은 양식적 서사(epic)가 아니라 수사학적 층위의 서사임은 말할 것도 없다. 발화자의 의도를 효과적으로 전달하기 위한 서술전략이라는 것이다.

그러나 이러한 깨달음이 발화자 자신의 영역으로 끝나서는 안 되므로 중생들을 제도(濟度)해야겠다는 의지를 풀어내고자 하는 것이 이 작품의 중간 부분이다. 그래서 발화자는 중생들을 돌아보게 된다.

인간을 ᄉᆡᆼ각ᄒᆞ니	슬프고 셜운지라	
념불 마는 즁ᄉᆡᆼ드라	몃ᄉᆡᆼ을 살냐 ᄒᆞ고	
세ᄉᆞ(世事)만 탐착(貪着)ᄒᆞ야	**ᄋᆡ욕(愛慾)의 즘겻는다**	
ᄒᆞᄅᆞ도 열 두 시오	ᄒᆞᆫ ᄃᆞᆯ도 셜ᄒᆞᆫ 날애	어ᄂᆡ 날애 한가(閑暇)ᄒᆞᆯ고
청뎡(淸淨)ᄒᆞᆫ 불셩(佛性)은	ᄉᆞᄅᆞᆷ마다 ᄀᆞ자신ᄃᆞᆯ	어ᄂᆡ 날애 ᄉᆡᆼ각ᄒᆞ며
ᄒᆞᆼ사공덕(恒沙功德)은	본ᄂᆡ구독(本來俱足)ᄒᆞᆫᄃᆞᆯ	어ᄂᆡ 시예 나야 ᄡᅳᆯ고
셔왕(西往)은 머러지고	지옥(地獄)은 갓갑도쇠	
이보시소 어로신네	권(勸)ᄒᆞ노니 **죵졔션근(種諸善根) 시무시소**	
금ᄉᆡᆼ(今生)애 ᄒᆞ온 공덕(功德)	후ᄉᆡᆼ(後生)애 슈(受)ᄒᆞᄂᆞ니	
ᄇᆡᆨ년 탐믈(百年貪物)은	ᄒᆞᄅᆞ 아젹 듯글이오	
삼일 ᄒᆞ온 념블은	ᄇᆡᆨ쳔 만겁(百千萬劫)에	다ᄒᆞᆷ 업슨 보뵈로쇠

작품의 첫머리를 1인칭으로 시작하여 발화자 중심으로 서술을 펼쳐나가다 보니 자연적으로 발화자의 감정 표현이 드러나게 된다. 속세의 인간을 돌아보니 슬프고 서러운 감정을 떨칠 수 없다는 것이다. 그래서 마침내 청자인 중생들을 불러내며 그들을 자신의 의도대로 제도하기 위해 충고와 부탁, 명령을 서슴지 않는다. 서술의 지향을 발화자 중심에서 청자 중심으로 전환하고 있는 것이다. 더 정확하게 말하면 서두 부분의 발화자 중심 서술은 감정 표현을 매개로 하여 청자를 효과적으로 불러내기 위한 수단이었던 것이고, 이 작품의 의도적 서술 지향은 청자 중심이었던 것이다. 자신 속에 들어 있는 불성(佛性)은 깨달을 겨를 없이 세속 일에만 탐욕과

집착을 버리지 못하고 애욕에 빠져 염불을 하지 않고 지내는 중생들을 바라보니 슬프고 서러운 감정을 주체할 수 없는 것이지만 그러기에 더욱 청자인 중생들을 기필코 교화해서 제도해야 하겠다는 작자의 의도를 드러내지 않을 수 없는 것이다. 그래서 중생들에게 그들의 그러한 행태야말로 서방정토인 극락세계로 가는 길은 멀어지고 지옥이 가까워진다는 충고를 아끼지 않는다.

청자인 중생들을 향한 발화자의 슬픈 감정은 너무도 강렬하여 서두 부분에서 안정된 4음4보격을 거의 흩트리지 않고 유지하던 발화가 여기서는 한꺼번에 많은 말을 쏟아내느라 6보격으로 늘어난 경우가 상당히 많으며, 하나의 구(句)가 불안정한 5보격으로 실현되는 모습도 보인다. 주지하는 바와 같이 가사의 율격은 4음4보격 연속체로 안정된 율동 현상을 보이는 것이 정상이지만, 청자를 자기 의도의 방향으로 행동하도록 만들려는 의지가 강렬할 때는 이러한 파격적 율동 현상을 보이게 되는 것이다. 참고로 가사 작품의 행을 결정짓는 화행(話行) 단위의 구분은 문장의 종결법이 나타나는 '통사적 서술 분단'을 기준으로 삼되, 중세국어에서 문장 종결법의 사용은 현대국어와 같이 빈번하지가 않고 연결어미로 지속되는 경우가 허다하므로 이럴 경우는 사건이나 행위, 장면 등의 친소(親疎) 관계와 밀착 정도에 따른 통사적 서술 분단으로 화행을 단위 짓는 방식을 택하면 될 것이다. 앞에 인용한 작품의 화행 구분도 이런 방식의 서술 분단을 따른 것이다.

그런데 청자 중심 서술 지향으로 전환된 이 부분을 자세히 보면 진한 글씨로 인용한 데서 확인되듯 청자가 두 번 설정되어 있으면서 어법을 달리하고 있음이 눈에 띈다. "염불 마는 중생들아……ᄋᆡ욕(愛慾)의 즘겻ᄂᆞᆫ다"에서는 일반 중생들을 대상으로 '~해라'체로 되어 있고, "이보시소 어르신네……죵제션근(種諸善根) 시무시소"에서는 '어르신네'를 상대로 경어체를 사용하여 각기 어법을 달리하고 있는 것이다. 이는 이 작품의 청자를 일반 백성에 한정하지 않고 상위 계층(어르신네)까지 아우르고 있음을 말해준다.

이 작품의 마지막 부분은 "어와 슬프다 우리도 인간애 나왓다가 념불 말고 어이 홀고 나무아미타불"이란 발화로 종결된다. 이렇게 작품의 종결 부분에서도 "어와"라는 감탄사에 이어 "슬프다"라는 자기 감정의 표출을 거침없이 드러내고 있는 것은 발화자가 중생들을 제도하겠다는 불교적 이념성을 경직되게 노골화하기보다 그러한 이념성을 '다정하게' 전달하려는 '문학성'에 더 비중을 두고 있음을 의미한다. 즉 나옹화상은 중생들에게 극락왕생의 길을 깨우침에 있어서 논리적 이성보다는 정감적인 감성으로 교화하는 길을 택함으로써 이 작품이 메마른 교조적 이념성에 함몰되지 않고 '교훈성 벗어나기'에 성공하여 윤기 있는 문학성으로 감화력을 드높이고 있다 하겠다.[4] 그리고 작품의 최종 종결을 염불과 기도의 끝에 흔히 호명(呼名)하는 '나무아미타불'로 마무리하고 있는데, 이는 가사의 발생이 장르상으로 화청에 맥을 대고 있음을 확인케 하는 대목이라 할 것이다.

3. 신득청 〈역대전리가〉의 교훈성 드러내기

나옹화상의 〈서왕가〉가 자칫 메마르고 경직되기 쉬운 종교적 이념성을 우의적 이야기 형식으로 조근 조근 풀어나가면서 1인칭 서술자의 인격적 목소리를 통해 '다정하게' 정감적으로 펼쳐냄으로써 '교훈성 벗어나기'를 통해 문학성을 한층 드높인 작품 성향을 보였다면, 신득청의 〈역대전리가〉는 오히려 교훈성을 노골적으로 드러내는 경향을 보여주고 있다. 작품의 서두 부분을 인용해 보기로 한다.

4) 앞에서 살펴본 우의적 이야기 진술방식 또한 종교적 이념성을 탈색(脫色)시키고 '문학성'을 드높이는 데 중요한 기능을 함은 말할 것도 없다.

貪虐無道(탐학무도) 夏桀伊難(하걸이ᄂᆞᆫ)/ (2음보)
丹朱商均(단주상균) 不肖爲也(불초ᄒᆞ야) 堯舜禹矣(요순우의) 禪位相傳(선위상전)
於以他可(어이타ᄀᆞ) 不知爲古(부지ᄒᆞ고)/ (6음보)
妹喜女色(매희여색) 大惑爲也(대혹ᄒᆞ야) 可憐割史(가련ᄒᆞᆯ사) 龍逄忠臣(용방충신)
一朝殺之(일조살지) 無三日高(무삼일고)/ (6음보)
淫虐尤甚(음학우심) 宰辛伊難(재신이ᄂᆞᆫ)/ (2음보)
所見無識(소견무식) 自疾爲多(ᄌᆞ질ᄒᆞᄃᆞ) 夏桀爲鑑(하걸위감) 全昧爲高(전매ᄒᆞ고)/
妲己冶容(달기야용) 狂惑下也(광혹ᄒᆞ야) 又亡國(우망국) 自甘爲尼(자감ᄒᆞ니)/
六七聖人(육칠성인) 先王廟乙(선왕묘를) 保存何里(보존ᄒᆞ리) 亡國人達(망국인ᄃᆞᆯ)
業矢孫可(업실손ᄀᆞ)/ (5음보)
微子仁兄(미자인형) 保宗吉奴(보종길노) 去國時乙(거국시를) 曼羅西羅(만ᄂᆞ셔라)/
殺剖比干(살부비간) 觀心活濟(관심ᄒᆞᆯ제) 佯狂爲奴(양광위노) 箕子至仁(기자지인)
何故得罪(하고득죄) 若此漢古(약차ᄒᆞᆫ고)/ (6음보)

※ / 표시는 화행단위, 괄호로 음보수를 보이지 않은 것은 기본 보격인 4음보임

이렇게 서두에서부터 확인되듯이 이 가사는 중국의 상고대인 하(夏)나라와 은(殷)나라 시대의 역사적 사취를 시작으로 역대 제왕을 중심으로 한 치란(治亂)과 흥망을 시대 순으로 조목조목 예를 들어 서술한 것으로, 이런 사적을 통해 천리(天理)를 따라 순응하여 왕도정치를 구현한다면 영원무궁한 안락(安樂)이 보장된다는 치세의 방도를 임금께 상주(上奏)하는 내용을 담고 있다. 작품의 청자가 대중이 아니라 지체 높은 임금님인 만큼, 개진하고자 하는 메시지가 정감적인 감성으로 다가가기보다는 논리적인 이성을 통해 설득력을 가져야 하므로 작품의 서두부터 종결 부분까지 일관되게 발화 주체로서의 1인칭 서술자의 감성적 목소리는 배제되어 있는 것이 서술특성으로 지목된다.

또한 전달하고자 하는 메시지가 청자인 임금에게 생경하고 낯선 전문성을 띠는 내용이 아니라, 중국의 역대 통치자에게서 귀감으로 삼는 역사 교과서라 할 『통감(統監)』 정도만 학습한 자라면 누구에게나 친숙한 것이어서, 굳이 전달하고자 하는 내용을 조근 조근 우의적 이야기 형식으로 쉽고도 재미있게 풀어가야 할 이유도 없다. 그 대신 전달하고자 하는 정보

가 '사실성'에 입각해야 하고 '논리적'인 짜임이어야 설득력을 가질 수 있고, 그래야 청자인 임금이 그 내용을 받아들여 정치의 귀감으로 삼고자 할 것이므로 무엇보다 '논리적 사실성'에 의한 적극적인 '교훈성 드러내기'가 직접적으로 요구되는 작품 성향을 가질 수밖에 없다.

이 작품이 시종일관 이미 역사적 평가가 난 중국 역대 제왕과 주변 인물의 성공과 실패의 사례를 사적(史蹟)에 입각해 조목조목 '자상하게' 보여주면서 그 원인과 결과를 논리적이고 교훈적으로 진술하고 있음은 청자가 통치의 정점에 있는 임금이라는 점이 작용한 데 기인한 것일 터이다. 『통감』 정도도 접해 본 경험이 잘 없는 오늘날의 독자에게는 작품 전체가 온통 중국의 역대 사적으로 엮여 있어서 쉽사리 친근감을 갖기 어렵지만, 당시의 임금을 비롯한 위정자들은 익히 알려진 진부한 내용일 수 있는 것이다.

그럼에도 불구하고 이러한 내용을 임금께 올려 귀감을 삼도록 건의하고자 한 이유는 당시 불교가 말기적 폐단을 보이고 있는 데다 요승(妖僧) 신돈의 국정 농단이 극에 달하여 통치 질서가 어지러워지고 백성의 삶이 도탄에 빠져 있는 상황이었기 때문이다. 당시 비록 신돈이 주살되기는 했지만 여전히 권신(權臣, 권문세족)과 결탁한 불교의 말폐는 계속되고 있어 성리학에 조예가 깊은 신진 관료인 작자 신득청이 불교를 계속 숭배함은 망국의 조짐을 보이는 흉조이니 거기에 미혹되지 말고, 오랜 옛날부터 큰 성인(聖人)이신 공자의 말씀을 받아들여 밝은 정치를 펴야 한다고 다음과 같은 사적을 들어 불교 배척의 논리를 교훈성 어조로 편다.

事佛明帝(사불명제) 繪像咸焉(회상흠은) 亡國之兆(망국지조) 不知河高(부지ᄒᆞ고)/
夷狄君長(이적군장) 之於刀以(지어되이) 蘭臺石室(난대석실) 其高眞可(그고진ᄀᆞ)/
史策庫(사책고) 無三日魯(무삼일로) 佛經閣(불경각) 刀也難高(되야ᄂᆞᆫ고)/
垂統萬世(수통만세) 罔測爲多(망측ᄒᆞ다)/ (2음보)
王家事佛(왕가사불) 代作爲也(대작ᄒᆞ야)/ (2음보)
覆宗絶祀(복종절사) 這人君伊(저인군이) 佛門矣奴(불문으로) 日於羅(일어나)

荒迷迷滅(황미미멸) 道也難以(되야는이)/ (6음보)
明心見性(명심견성) 韓丹末隱(한단말은) 一身破作(일신파작) 二物而羅(이물이라)/
羅到南(나도남) 南道乃家(남도닉가) 到也本可(되야본ᄀ)/ (3음보)
獲罪天矣(획죄천의) 無所禱難(모소도눈)/ (2음보)
萬古大聖(만고대성) 孔子末三(공자말삼) 日月中天(일월중천) 發斤末魯(발근말노)/
布在方冊(포재방책) 墨卿跡而(묵경적이) 乃嫩狎喜(닉눈압희) 發可益高(발ᄀ잇고)/
師父訓書(사부훈서) 河如室齊(하여실제) 乃貴聰明(닉귀총명) 又在下尼(우재ᄒ니)
無見無聞(무견무문) 底羅韓古(져라ᄒ고)/ (6음보)

이와 같이 불교 도입에 적극 앞장 선 후한(後漢)의 명제(明帝)가 유학이나 역사와 관련한 서적을 보관하는 사책고를 없애고 불경을 모셔놓는 불경각을 만드는 등 왕실이 적극 나서 불교를 섬겨서 왕통이 만세토록 이어지길 바라는 망측한 일이 벌어지고 있음을 비판적 시각으로 서술해 놓았다. 나아가 불교의 중심 교리인 '견성(見性)'을 예로 들면서, 사람의 마음속에 감추어져 있는 불성(佛性)을 깨달아 미혹(迷惑)에서 벗어나면 부처가 될 수 있다는 논리는 한 몸을 쪼개어 물로 나눠서 나도 남이 되고 남도 내가 되는 경우가 성립되어야 말이 된다고 어불성설(語不成說)이라 비판하고 있다. 결국 대안은 불교의 허망한 논리보다 만고의 큰 성인이신 공자를 비롯한 유가 스승들의 가르침으로 눈과 귀를 밝혀야 한다는 주장을 편다. 이러한 주장은 불교가 극도로 성행했던 당시의 상황으로서는 받아들이기 어려운 혁명적인 것이어서 배불(排佛)은 공민왕이나 우왕도 정책으로 받아들이지는 않았다.

여기서 주목되는 것은 이 작품의 율조를 이른바 자수율로 파악하여 4·4조가 중심이 되는 기계적인, 단조로운 율동 실현을 보이는 것으로 잘못된 이해를 보이지만, 가사의 율동 현상을 통제하는 율격, 곧 보격(步格)의 측면으로 살펴보면 앞에 인용한 서두부에서나 여기 인용한 중간부에서도 다양한 율동 실현을 보인다는 것이다. 즉 가사의 기본 보격인 4보격을 일탈하여 때로는 2보격 혹은 3보격으로, 때로는 5보격 혹은 6보격으로 실현되는 경우가 허다하다. 이러한 율동적 다양성은 왜 일어난 것일까. 그것은 아마도 이 작품이 창작 당시 암송용으로 텍스트화되기보다 거문고나 가야금 같은 악기 반주에 얹어 창곡용으로 부르는 가사가 아니었을까 추정된다. 이 작품을 전하는 전거 문헌에 작자가 때때로 임금 앞에서 이 노래를 '암송'했다 하지 않고 '창주(唱奏)'했다는 기록을 보이기 때문이다. 조선시대 가사 작품을 살펴보면 악곡에 얹어 부른 작품일수록 율동적 다양성을 보이고, 암송으로 향유되거나 전승되는 작품일수록 4보격 일변도의 판에 박은 기계적 율동 실현을 보이는 데서 확인된다.

사실 이 작품은 철저한 '유가 이념'이란 잣대에 입각하여, 저 상고시대에 왕도정치를 저버리고 탐학무도한 폭정을 일삼은 걸주(桀紂)의 비판에서 시작하여 환관 조고의 아첨과 아부에 넘어가 어리석은 정치를 편 진시황, 전한 무제의 구선(求仙), 후한 명제의 사불(事佛) 등등 남송(南宋)대에 이르기까지 나라의 흥망성쇠에 관련한 통치자가 경계로 삼을 만한 사적을 조목조목 '역거(歷擧, 차례로 듦)'하여 빡빡하게 펼친 텍스트여서 무미건조함의 극치를 보인 작품이라 할 것이다. 따라서 시적 텍스트로서의 율동적 다양성마저 보이지 않았다면 얼마나 팍팍한 작품이었을까 상상하기 어렵지 않다. 이에 더하여 작자가 악기 반주에 실어 가창으로 구연(口演)했기에 청자인 임금이 그나마 경청할 수 있었을 터이다.

> 天理此間(천리차간) 順命爲面(순명ᄒᆞ면) 無恨爲尼(무한ᄒᆞᆫ이) 安身日世(안신일셰)
> 比干見殺(비간견살) 殷仁而羅(은인이ᄂᆞ) 止則止道(지측지도) 聖人日世(성인일셰)
> **一章歌言(일장가언)** 荒澁爲那(황삽ᄒᆞᄂᆞ) 節節懇惻(절절간측) 刀也西羅(도야셔라)
> 人君爲鑑(인군위감) 爲也時面(ᄒᆞ야시면) 傳世無窮(전세무궁) 爲狎時古(하압시고)
> 人臣取則(인신취측) 爲也時面(ᄒᆞ야시면) 永命無窮(영명무궁) 都如難而(되여ᄂᆞᆫ니)
> **於噫乎(어희호)** 世世上(세세상) 爲君臣以也兮(위군신이야혜).

이 작품의 마무리 부분이다. 제왕을 중심으로 한 치란(治亂)과 흥망을 시대 순으로 조목조목 예를 들어 서술한 데 이어 결론으로서 이런 사적을 통해 천리(天理)를 따라 하늘의 명령에 순응하여 왕도정치를 구현한다면 영원토록 신상(身上)의 평안함이 이루어진다는 것과 이러한 천리를 임금은 귀감으로 삼고, 신하는 본보기로 받아들여 바른 정치로 나아간다면 영세무궁을 보장 받을 수 있다고 천명한다.

그리고 인용 부분에서 진한 글씨로 표기한 '일장 가언'이란 지칭에서 드러나듯이 이 가사는 암송이 아니라 가창으로 실현되는 '한 편의 노래(一章歌言)'라는 점을 분명히 하고 있다. 아울러 작품의 청자로는 임금에 한정하지 않고 신하도 포함하고 있음을 마지막 부분에서 다시 확인할 수 있다. 또한 마지막 화행의 첫 음보에서 진한 글씨로 표기한 바와 같이 감탄사로 표출한 것은 나옹화상의 〈서왕가〉에 보이는 가사 전통을 수용한 것이기도 하지만 신라의 사뇌가 이래 고려의 속악 악장 등 우리말 노래의 오랜 전통을 이은 것이라 하겠다.

4. 발생기 가사의 담화방식과 의의

가사라는 장르는 4음4보격의 율격적 통제를 받으며 진술하는 '노래하기'라는 서술 **억제**의 담화방식을 양식적 특성으로 가지면서, 서술의 평면적 **확장**이라는 그 반대 지향의 담화방식을 양식의 본질로 하는[5] 독특한 역사적 장르다. 그래서 가사는 '자상하게' 서술하는 '다 갖추어 **말하기**' 지향과 '다정하게' 서술하는 '**노래하기**' 지향의 양 극단적 대립을 동시에 융합하여 충족하는 중간 영역에 있으면서 그 대립을 중화시켜 미감을 창출하는 담론 특성을 갖는 것으로 파악된다.[6] 그런데 말하기로만 계속하면 너무 경직되어 미감이 살아나지 않아 '다정하게' 될 수 없으며, 노래하기로만 계속하

---

5) 이에 대한 상론은 성무경, 「가사의 존재양식 연구」, 성균관대 박사논문, 1997 참조.

6) 이에 대한 상론은 필자, 「가사의 장르적 특성과 현대사회의 존재 의의」, 『한국고전시가의 전통과 계승』, 성균관대학교 출판부, 2009 참조.

면 언어 절약으로 인한 서술 내용의 모호성 때문에 설득력이나 논리적 명징성이 약해져 '자상하게' 될 수 없다. 가사는 근본적으로 이 두 가지 대립 지향을 포용·융합시킨 문학양식인 것이다.

그런데 실제로 가사문학사를 일별해 보면 이 두 가지 대립 지향을 교묘하게 잘 융합시킨 텍스트가 있는가 하면, '자상하게 말하기' 쪽으로 기울어지거나 '다정하게 노래하기' 쪽으로 더 경사된 텍스트도 허다하게 볼 수 있다. 앞에서 검토한 발생기 가사의 두 작품도 〈서왕가〉는 '다정하게 노래하기' 쪽으로 비중이 더 가 있고, 〈역대전리가〉는 '자상하게 말하기' 쪽으로 비중이 더 가 있다. 그렇게 된 연유는 〈서왕가〉의 경우 '암송'의 전승방식이 중심이어서, 암송의 지루함을 덜기 위해 다정하게 노래하기에 비중을 두는 텍스트화 방식을 택한 것으로 보이고, 〈역대전리가〉는 무미건조한 내용의 일방적 나열을 덜기 위해 '가창'이라는 연행 방식과 더불어 텍스트 자체의 율동의 다양성으로 보상하는 텍스트화 방식을 택한 것으로 보인다.

발생기 가사 작품의 이러한 두 가지 작품 성향은 후대에 다기한 양상으로 계승된다. 먼저 불교 가사인 〈서왕가〉의 전통은 조선 후기에 오면 동학가사, 천주교가사, 유교가사 등 종교 가사들 간에 치열한 경쟁 장르로 되면서 종교적 이념 전파와 포교라는 실질적 목적에 구속되어, 암기하기 좋고 전파하기도 좋은 이른바 4·4조의 단조로운 기계적 율격으로 편향되고 말아 '문학성'을 거의 상실하고 만다. 조선 후기에 이르러 대부분의 불교가사가 종교적 목적을 달성하기 위해 '문학성'을 버리고 '이념성'으로 기울어진 연유가 이러한 기계적인 '암송' 수단에 의한 포교 목적이 바탕에 깔려 있기 때문이다. 불교가사에서 나옹화상이 성취한 문학성을 후기 가사에서 찾아보기 어렵게 된 연유가 여기에 있다.

그에 비해 신득청의 〈역대전리가〉는 여러 가지로 문학사적 의의를 갖는다. 우선 가사가 불교라는 특정 종교의 이념가사라는 울타리에서 벗어나 유가적 교양을 갖춘 학자 관료계층으로 넘어오는 계기를 마련했다는 것이다. 그리고 가사가 암송 수단으로만 머물지 않고 악곡에 올려 가창으로 연행되는 텍스트로 창작한다는 새로운 전통을 수립하는 단초를 마련했다는 데에 큰 의미가 있다. 신득청의 이러한 방향 전환은 조선시대로 넘어오면서 정극인 같은 유가적 교양을 갖춘 사대부계층이 가사를 창작하고 향유하는 밑바탕이 되었고, 다시 정극인을 시발점으로 호남 지방이 가사문학의 산실이 되는 문학적 풍토를 마련하는 불씨가 되었던 것이다. 그래서 호남 지방을 중심으로 가사는 신득청이 보였던 유가 '이념성'마저 탈색하고 텍스트의 시적 기능을 더욱 강화하여 마침내 정철의 송강가사를 탄생시켜 '문학성'의 정점을 이루는 데까지 나아가게 되었던 것이다.

강호가사의 서술주체와 미적 지향

1. 가사의 작시방식과 접근시각

문학 텍스트에서 형식과 내용은 이원적으로 분리되어 인식될 수 있는 것이 아니라, '형식이 내용을 규제하고 내용이 형식을 구조화'하는 불가분의 일체관계에 있다는 사실은 굳이 구조주의자가 아니라하더라도 불변의 진리이다. 이를테면 가사 양식만 보더라도 장르를 발생시킨 승려계층도 아니고 장르를 확고히 정립하고 발전시켜 꽃피운 사대부층도 아니면서 가사라는 장르가 어떠한 양식적 특징을 가진 시가인지를 경험론적으로 체득한 규방의 부녀층들마저 다음과 같이 내용과 형식을 일체화하여 인지(認知)했던 것에서도 확인된다.[1]

1) 시 작품을 하나의 유기적 생명체로 일체화하여 이해하는 방법은 작품의 의미성에 긴밀히 관계하는 '내적 요소'들과 율격, 압운, 율동 등 '구조적 외형'에 관계하는 음성적 요소를 유기적 긴장관계로 파악하는 접근 방법이 있는데, 여기서 특히 후자에 초점을 두는 접근으로 필자는 「가사의 율동 유형과 그 기능」(제19회 동아인문학회 국제학술대회 발표문, 2018, 38~43면) 및 「가사 율동론의 예비적 탐색」, 『오늘의 가사문학』, 2018 겨울호)에서 그 일단을 논의한 바 있다. 그런데 필자의 이런 논의에서는 가사의 형식 운용에서 가장 중요한 부면을 차지하는 율동론에 한정하여 그것도 율격의 구체적 운용으로서 음격 차원과 보격 차원의 율동 운용이 어떤 미적 효과를 가져오는지에 한정하여 다루었으므로 논의를 보다 폭넓은 시각으로 확대할 필요가 있다. 왜냐하면 율동론은 이러한 한정된 범위를 넘어 모든 음성적 자질의 구조적 현상, 이를테면 자음운, 모음운, 각운 같은 음성적 조화의 장치나, 음색, 음성상징, 음상대립 같은 음성적 대조의 장치, 그리고 율동강세, 억양, 호흡과 같은 시적 어조 표출의 장치에 이르기까지 확대될 수 있는 영역이기 때문이다. 이러한 폭넓은 율동론적 접근은 마침 이규배, 「한국시가의 율동미학 재고 I」(제19회 동아인문학회 국제학술대회 발표문, 2018, 256~268면)에서 시도되고 있어 앞으로의 연구 성과가 기대된다.

지여보자 가사ᄒᆞᆫ장　　지여보자 을퍼보자
가사도 출쳐잇고　　노릐도 곡조잇셔
짜린노래 길기불러　　다정ᄒᆞ기 지여볼가
실픈노래 곱게불러　　자상ᄒᆞ기 지여볼가

이 텍스트는 다른 지방으로 시집보내는 딸에게 시집살이하면서 새겨 두어야 할 행실과 법도를 알려주고 가르치기 위해 지은 〈오여상ᄉᆞ가라〉는 규방가사의 모두(冒頭) 부분[2]을 인용한 것이다. 이 가운데 고딕체로 표기한 부분에 주목하여 필자는 전술 장르로서의 가사의 특징을 추출하여 '다정하게 짓기'와 '자상하게 짓기'라는 두 가지 대립지향을 중화시켜 미감을 창출하는 담론 특성을 갖는 장르 양식이라 지적한 바 있다. 여기서 한 걸음 나아가 우리는 인용한 텍스트를 통해 가사의 작시(作詩) 방식까지 추출해낼 수 있는데 이를 위해 좀 더 세밀한 천착을 할 필요가 있다.

우신 "지여보자 가사ᄒᆞᆫ장 지여보자 을퍼보자"라는 첫 시행으로부터 가사라는 작품 하나를 창출하자면 "지여보자"와 "읊어보사"라는 두 가지 조건이 필수로 갖추어져야 한다는 것을 알 수 있고, 이 가운데 "지여보자"는 어떤 짓고자 하는 '내용'이 있어야 가능하므로 '내용'에 관계됨을 알 수 있고, "읊어보자"는 내용을 그냥 서술한다고 가사가 지어지는 것이 아니라 반드시 "읊어보"는 노래 형식으로 지어져야 함을 자연스럽게 말하고 있어 '형식'에 관계됨을 알 수 있다. 즉 한 편의 가사 작품을 짓자면 반드시 그에 걸맞은 형식과 내용을 갖추어야 한다는 것이다.

이어서 둘째 시행에서는 그러한 형식과 내용을 그냥 갖추기만 한다고 가사라는 작품이 저절로 되는 것이 아니라, "가사도 출쳐잇고／ 노릐도 곡조잇셔"라고 하여 가사가 일상 담화와는 다른 한 차원 높은 문학 텍스트로서의 예술성을 갖추어야 함을 말해주고 있다. 즉 서술하고자 하는 내용도 아무 내용이나 다 되는 것이 아니라 반드시 "출처(出處)" 곧 화젯거리

2) 권영철, 앞의 책, 96면에서 인용함.

(topics)나 규범이 될 수 있는 내용을 갖추어야 함을 말하고, 형식도 읊조리는 형식으로 그냥 노래한다 하여 가사 작품이 되는 것이 아니라 반드시 정감적 호소력을 가질 수 있는 "곡조"를 타야 한다고 조건을 달고 있는 것이다.

다음으로 이러한 형식과 내용의 조건을 좀 더 구체화하여 셋째와 넷째 행에서는 그러한 형식과 내용을 어떻게 텍스트로 구조화하여 유기적 일체성을 갖는 문학성을 획득할 수 있는지에 대해 명확히 하고 있다. 즉 셋째 행에서는 "짧은 노래 길게 불러"라고 하여, 가사 텍스트를 이루는 '짧은' 단위들, 즉 단어, 어절, 어구, 문장 같은 단위들을 '길게 끌면서 부르는' 영언(永言), 곧 가(歌) 형식으로 부르는 진술방식을 택함으로써 '다정하게' 지어나가는 요건을 충족해나가야 함을 말해주고 있다. 이와 더불어 넷째 행에서는 "슬픈 사연 곱게 불러"라고 하여 아무리 슬픈 사연이 있는 내용의 노래를 부른다 하더라도 그러한 정감적 내용에 감상(感傷)적으로 치우치지 말고 곱게, 즉 차분하게 조근 조근 불러나감으로써 '자상하게' 지어나가는 요건을 충족해야 함을 말하고 있는 것이다. 이렇게 '다정하게 짓기'와 '자상하게 짓기'를 동시에 충족함으로써 서술의 형식과 내용을 유기적으로 통합하고 일체화하는 서술을 필수요건으로 말하고 있는 것이다. 그런데 이 두 가지 요건을 일체화하되 그 구체적 텍스트 운용에서는 전자에 보다 비중을 둘 경우 '정감형 가사'가 될 것이고, 후자에 보다 비중을 둘 경우 '주제형 가사'가 될 것이다.

이렇게 우리 선인들은 가사를 장르·양식적으로 운용함에 있어서 경험론적으로도 형식 따로, 내용 따로 분리하여 이해하지 않는 현명함을 보였음에도 우리는 가사 작품을 이해하고 분석함에 있어서 이 둘을 분리하여 접근하는 경우가 허다하여 문제점을 야기하는 경우가 종종 보이는데 이는 유감이 아닐 수 없다. 때로 접근 방법의 편의성 때문에 내용과 형식을 따로 분리하여 이해할 경우라 하더라도 내용을 설명할 수 있는 형식상의 접근과, 형식을 설명할 수 있는 내용적 접근의 이해 태도를 보여야 온당한 해석을 도출해낼 수 있을 것이다.

그런 점에서 가사는 한편으로 형식적 미학적 존재로서의 가사로, 즉 4음 4보격 정형률의 연속체로서의 '시행 발화'와, 그 시행 발화의 연속을 행위와 장면의 연속성을 바탕으로 통사·의미적으로 조절하는 '화행 발화'로서의 마력을 동시에 가지는, 서술의 억제가 없는 진술특성을 가지고 있고, 다른 한편으로 사회적·역사적 존재로서의 가사로, 텍스트 외적인 '문학과 사회의 관계'를 전제함으로써 이해가 가능한, 즉 사회나 역사는 텍스트의 외부에 있는 것이 아니라 오히려 그 내부에 각인되어 있는 것으로 파악되어야 한다는 시각으로 통합하여 접근할 때 형식과 내용의 유기적 일체성을 갖는 이해가 가능하게 될 것이다.

2. 강호가사의 소통구조와 서술주체

가사를 형식과 내용의 유기적 통일체로 이해하기 위해서는 무엇보다 먼저 가사의 시행과 화행을 이끌어나가는 주체인 '서술자' 곧 '화자'의 특성부터 파악하는 것이 관건이 된다. 이를테면 불교가사를 제대로 이해하려면 그 서술주체인 불승들의 세계 인식과 형식 운용을 일체화하여 이해해야 할 것이고, 강호가사를 제대로 이해하려면 그 서술 주체인 사대부의 세계 인식과 미학적 지향을 일체화하여 이해해야 가능한 것이다. 이러한 기본적 전제를 무시하고 작품을 형식 따로 내용 따로 이해하는 경우 텍스트 해석상의 오류는 물론 작품의 가치를 심각한 수준으로 훼손하는 우(愚)를 범하기도 한다.

이러한 문제점을 보이기 위해 최초의 사대부 강호가사를 정립한 것으로 알려진 〈상춘곡〉의 작품 이해와 가치 평가를 하나의 사례로 들어 살펴보기로 한다. 잘 알려진 바와 같이 작품의 서두는 이렇게 시작된다.

홍진(紅塵)에 뭇친 분네 이 내 生涯(생애) 엇더ᄒᆞᆫ고.

첫 시행에서부터 분명하게 드러나듯이 이 작품의 서술 주체, 곧 화자는 일인칭인 "나"로 설정되어 있고, 청자(실제 독자, 내포 독자, 피화자)는 "홍진에 묻힌 분네"로 설정되어 있어서 화자인 "나"가 청자인 "홍진에 묻힌 분네"에게 직접적으로 말을 건네는 진술방식을 택하고 있다. 여기서 화자로 설정된 "나"가 작품의 작자인 실존적 존재로서의 정극인(丁克仁, 1401~1481)인가 아닌가의 서술 주체 문제를 규명하는 일은 작품의 형식과 내용을 이해하는 데 우선적으로 해결해야 할 관건이 된다. 왜냐하면 서구시에서는 통상 작품의 시적 화자(작품 속의 "나")는 가면(假面)이란 의미를 가진 '퍼스나(persona)'라 하여 실제 작자와는 구분되는 '허구'의 서술 주체를 내세우기 때문이다. 프라이가 『비평의 해부』에서 서정시는 무엇보다 엿듣게 되는 발화라 했을 때, 엿들은 것에 대하여는 어떤 전후 상황을 상상하거나 재구성하는 일을 특징적으로 할 수밖에 없는 진술방식이어서, 인격적 서술자에 의한 사실의 보고(report)나 진실의 주장보다는 상황과 맥락에 따라 달라지는 서술 주체의 허구적 상상력에 의해 형상적으로 재구성된, 그리하여 구체적 개별성(인격성)이 소거된 몰개성적(impersonal)인 진술이 되게 마련이기 때문이다.

그런 까닭에 언어적 이미지로 형상화된 서구시의 자연물은 실제 자연물로서 지닌 구체성과는 멀어진 비유적 상징적 언어가 압도적으로 표출된다. 그래서 리파테르는 우선적으로 상투적인 표현을 숨기는 퍼즐(puzzle)로 시를 파악하고, 작자를 인격체의 개인으로 취급하는 것이 아니라 하나의 예술적 기능을 가진 기능인으로 보게 된다. 니체의 경우 주체는 실존적인 실체가 아니라 주체가 세계를 해석하는 데 필요한 하나의 허구적 도구로 보는 것도 같은 맥락이다.

그러나 가사의 서술 주체는 이와 정반대다. 서구시의 서술 주체가 시를 창작하는 미학적 기능인으로서의 시인이라면, 가사의 서술 주체는 구체적 사회 · 역사 속에 실존적으로 살아가는 교양적 지식인으로서의 시인이기 때문이다. 그러므로 이 작품의 서술 주체인 "나"가 서구시처럼 미학적으로 내세운 허구적 주체로서의 퍼스나가 아니라, 단종 원년(1453) 문과에 급제하여 벼슬에 나갔으나 세조(世祖)가 왕위 찬탈로 즉위하자 사직하고 전북 태인으로 돌아와 은거하다가 뒤에 벼슬길에 다시 나아가고, 현실 정치가 자신의 이상대로 실현되지 못하자 또다시 태인으로 돌아와 후학을 교육하며 자연 속에 은거하던 유가적 지식인 정극인과 일치한다는 전제가 필요한 것이다. 따라서 이 작품을 온당하게 접근하려면 당대 유가적 지식인의 세계인식과 미의식을 이해해야 가능하다. 정극인은 미학적 허구의 주체가 아니라 바로 그러한 역사적 · 실존적 주체로서 〈상춘곡〉을 지었기 때문이다.

정극인처럼 성리학을 공부한 조선시대 지식인, 곧 선비는 신분적으로는 양인(良人)이고 경제적으로는 중소 지주층이어서 어느 정도 생활의 여유가 있는 편이었다. 그들은 주전공인 성리학의 이념을 실천하는 학인(學人)인 사(士)의 단계에서, 수기(修己, 자신의 인격과 학문을 닦음)를 하여 치인(治人, 남을 다스림)하는 대부(大夫)의 단계로 나아가고, 수기치인을 바탕으로 학자관료인 사대부가 되는 것이 최종 목표였다. 여기서 수기치인은 **'맑음의 미학'**에 기초한다. 그래서 박기후인(薄己厚人, 자기에겐 야박하고 남에겐 후의를 베풂)의 정신을 체질화하여 청빈하고 검약한 생활방식을 몸에 익힌다. 거기다 이성과 감성이 잘 조화된 인간, 즉 감성의 발현인 '인정'과, 인간으로서 지켜야 할 도리인 '의리'를 잘 조화시켜 부드러우면서도 예의와 절도를 지키는 균형 감각이 있는 **'중용적 인성'**을 갖춘다.[3]

그러면 조선왕조의 사대부 지식인이었던 정극인의 이러한 '맑음의 미학'과 '중용적 인성'이 구체적으로 어떻게 '실존적 존재의 인격적 서술자 목소리'로 표출되는가를 작품을 통해 확인해 보자.

이 가운데 '맑음의 미학'은 사대부의 풍류와 관련하여 다음 항목에서 다루기로 하고, 여기서는 감성(인정)과 이성(의리)을 잘 조화시켜 부드러우면

3) 이러한 조선왕조 선비의 특징에 대하여는 정옥자, 『우리 선비』, 현암사, 2002, 15~25면 참조.

서(화, 和)도 균형 감각이 있는(균, 均), 그 ‘중용적 인성’이 어떤 문학적 형상화로 구현되는가를 살펴보기로 한다.

수풀에 우ᄂᆞᆫ 새ᄂᆞᆫ
소ᄅᆡ마다 교태(嬌態)로다
흥(興)이ᄋᆡ 다ᄅᆞᆯ소냐.
정자(亭子)애 안자보니,
산일(山日)이 적적(寂寂)ᄒᆞᆫᄃᆡ,
알 니 업시 호재로다.
산수(山水) 구경 가쟈스라.
욕기(浴沂)란 내일ᄒᆞ세
나조ᄒᆡ 조수(釣水)ᄒᆞ새.
갈건(葛巾)으로 밧타 노코,
수 노코 먹으리라.
녹수(綠水)ᄅᆞᆯ 건너오니,
낙홍(落紅)은 옷새 진다.
날ᄃᆞ려 알외여라.
주가(酒家)에 술을 믈어,
아ᄒᆡᄂᆞᆫ 술을 메고,
시냇ᄀᆞ의 호자 안자,
잔 시어 부어 들고
ᄡᅧ오ᄂᆞ니 도화(桃花) ㅣ로다.
져 ᄆᆡ이 권 거 인고.[4]
춘기ᄅᆞᆯ 못내 계워
물아 일체(物我一體)어니,
시비(柴扉)예 거러 보고,
소요 음영(逍遙吟詠)ᄒᆞ야
한중진미(閑中眞味) ᄅᆞᆯ
이바 니웃드라,
답청(踏青)으란 오ᄂᆞᆯ ᄒᆞ고,
아침에 채산(菜山)ᄒᆞ고
ᄀᆞᆺ 괴여 닉은 술을
곳나모 가지 것거,
화풍(和風)이 건ᄃᆞᆺ 부러
청향(淸香)은 잔에 지고
준중(樽中)이 뷔엿거ᄃᆞᆫ
소동(小童) 아ᄒᆡ 다려
얼운은 막대 집고,
미음완보(微吟緩步)ᄒᆞ야
명사(明沙) 조ᄒᆞᆫ 믈에
청류(淸流)ᄅᆞᆯ 굽어보니,
무릉(武陵)이 갓갑도다,

이승하의 논문에 인용된 텍스트(현대어 표기로 되어 있음)를 원전의 고어(古語)로 원상 복구만 하고 그대로 옮기고 보니, 둘째 행부터 시행 구분이 잘못되기 시작하여 연속적으로 계속 어긋나 있음을 누구나 쉽게 알 수 있다. 그럼에도 그는 잘못된 시행 구분을 그대로 인용하고 있어 가사 텍스트·

4) 작품 인용의 시행구분은 이승하, 「조선조 양반가사와 평민가사 비교 연구」(제18회 전국가사문학학술대회 발표문, 가사문학관, 2017)에 실린 그대로 따랐다. 그는 이 텍스트를 양우당에서 간행한 『정선(精選) 한국고전문학전집 3』, ‘가사’ 편에 수록된 것(현대문으로 표기)을 그대로 사용했다고 밝혀놓았다.

의 이해가 기초부터 잘못되었음을 짐작케 한다. 이렇게 시행 구분부터 잘못된 근본 원인은 가사가 4음보격 연속체라는 보격 기준에만 기계적으로 맞추어 시행을 구분한 결과임은 말할 것도 없다. 다시 말해 가사는 하나의 시행을 이루자면 무조건 4음보를 갖춰야 등가관계를 이룬다는 율격의 반복적 규칙성을 최우선적으로 고려하다 보니 이런 결과를 초래한 것이다. 물론 율격에 따른 음보를 분할하는 방법은 ① 율격의 관습성을 근거로 하여 주어진 자질이 자연스러운지, ② 율격의 규칙성을 근거로 하여 분할된 단위들이 등가관계를 이루는지, ③ 분할된 단위가 언어학적 통사 단위의 경계 내에 있는지의 순서로 행해야 하는데, 여기서는 ①과 ③의 원칙은 무시하고 ②의 원칙에만 충실한 결과 이런 오류를 빚게 된 것이다. 즉 이승하가 인용한 텍스트는 무엇보다 가사의 율격 양식인 4음4보격 연속체가 음격의 실현에서나 보격 실현에서 우리말의 발화 구조에 가장 자연스럽게 어울리는 범위에서의 시행 발화라는 사실을 망각한 결과라는 것이다.

그보다 작자인 정극인이 무엇보다 균형과 화합을 이상적 덕목으로 삼는 '중용적 인성'의 소유자라는 사실을 염두에 두지 않은 결과이기도 하다. 이러한 중용적 인성을 갖춘 사대부 지식인이 언어학적 통사 단위를 무시하면서 자연스런 문장의 종결 단위나 의미단위에 시종일관 어긋나게 하여 율격의 단위에만 충실한 율동 운용을 강제적으로 수행할 까닭이 없는 것이다. 오히려 4보격을 자연스러운 통사 단위에 조화롭게 맞추어 앞구(2음보로 구성)와 뒷구(2음보로 구성)를 중간 휴지를 사이에 두고 균형과 안정감을 갖는 결합이 되게 주력함으로써 4보격의 유장한 율동감을 이루도록 배려하고 있음을 그들의 중용적 인성을 통해 확인케 한다. 특히 대우(對偶)나 대구(對句)를 적극적으로 활용한 균형감 있는 시행(詩行)의 운용으로 앞구(안짝)와 뒷구(바깥짝)의 호응에 의한 병치(竝置)로 서술함으로써, 언어의 표현력과 율동감을 현저하게 증가시키고 선회(旋回)적인 미와 정제(整齊)의 미를 가져오게 하는 균형감 있는 미적 효과를 확립했다는 것에 주목을 요한다. 사대부층 작가 정극인의 이러한 서술특징은 중용적 인성의 형식미학적 응결이라 할 것이다. 앞에 인용한 부분에서 대우와 대구를 적극 활용한 몇 가지 사례를 적출해 보면 다음과 같다.[5]

시비(柴扉)예 거러 보고,	정자(亭子)애 안자보니,
답청(踏靑)으란 오늘 ᄒᆞ고,	욕기(浴沂)란 내일ᄒᆞ세.
아침에 채산(菜山)ᄒᆞ고	나조히 조수(釣水)ᄒᆞ새.
화풍(和風)이 건듯 부러	녹수(綠水)를 건너오니,
청향(淸香)은 잔에 지고	낙홍(落紅)은 옷새 진다.
얼운은 막대 집고,	아히는 술을 메고,

이렇게 자연스런 발화에 기초하면서도 앞구와 뒷구의 호응에 의한 병치를, 대우나 대구를 활용한 통사·의미론적 화해(和諧)관계의 조화로운 율동으로 구현함으로써 4음4보격 연속체로 서술되는 가사의 단조로운 율동미를 구와 구 사이에 이렇게 곡절(曲折)적이고 선회적인 독특한 예술적 구조를 이루도록 하는 미적 효과를 가져 오는 것이다. 대우나 대구의 이러한 적절한 운용은 곡절적이고 유심(幽深)한 의경(意境)을 자아내게 할 뿐 아니라 화해대칭의 구조미를 느끼게 한다. 이는 균(均)과 화(和)를 미적 이상으로 삼는 중용적 인성을 갖춘 사대부 지식인의 심미적 감식안이 체현한, 그리하여 내용과 형식이 유기적으로 일체화하는 서술방식이라 할 것이다. 이러한 대우(對偶)적 서술은 불교가사나 서민가사, 규방가사에서는 그다지 쉽게 찾아볼 수 없는 그들 계층의 독특한 서술미학으로 굳혀지게 된다.[6] 정극인은 바로 이러한 서술기법의 개척자로서 그 후에 송순, 정

---

5) 이 글에서 앞으로 〈상춘곡〉을 인용할 때는 앞서 이승하 교수가 인용한 잘못된 시행구분을 바로 잡으면서 제시키로 한다.

6) 그렇다고 불교가사나 서민가사, 규방가사에서 대우나 대구를 활용한 서술이 보이지 않는다는 것은 아니다. 거기에도 어느 정도 활용하고 있지만, 강호가사처럼 적극화하지는 않

철 등 사대부층 가사에 심대한 영향을 미쳤다.

3. 사대부의 풍류와 맑음의 미학

정극인의 〈상춘곡〉은 작품의 '제목'에서 드러나듯이 작자가 벼슬을 그만두고 만년에 전라도 태인의 강호자연에 은거하면서 봄날의 자연풍광을 상찬(賞讚)한 노래다. 그런데 단순히 자연풍광을 상찬하는 데만 그치지 않고 그러한 풍광을 한껏 즐기며 노니는 '산림지락(山林至樂)'을 '다정하게' 서술하는 데 주력하면서도 '자상하게' 서술하고 있다. 문제는 그 즐김이 예사롭지 않다는 데 있다. 사대부의 풍류가 어떤 지향성을 갖는지를 다른 어떤 유형보다 이런 강호가사류가 잘 보여준다. 그것은 이 작품의 서두부에 고스란히 잘 드러나 있다.

홍진(紅塵)에 뭇친 분네	이 내 生涯(생애) 엇더ᄒᆞᆫ고.
녯사름 풍류(風流)를	미출가 뭇 미출가.
천지간(天地間) 남자(男子) 몸이	날만ᄒᆞᆫ 이 하건마ᄂᆞᆫ,
산림(山林)에 뭇쳐 이셔	지락(至樂)을 ᄆᆞ를 것가.
수간 모옥(數間茅屋)을	벽계수(碧溪水) 앏픠 두고,
송죽(松竹) 울울리(鬱鬱裏)에	풍월 주인(風月主人) 되어셔라.

이와 같이 사대부의 풍류는 산수자연에 묻혀서 그 속에서 지극한 즐거움을 누림으로써 진정한 '풍월주인' 곧 자연의 풍류를 즐기는 주인공이 되는 것이 이상이고 현실이었다. 그러한 풍류는 고대광실(高臺廣室)이 아니라 '띠로 이은 작은집(數間茅屋)'에서 성취될 수 있는 것이고, 그 작고 소박한 집은 바로 앞에 맑디맑은 벽계수가 흐르고, 사시사철 변함없이 푸르른 소나무와 대나무가 울창한 숲을 이루며 둘러싼 그런 한없이 맑고 깨끗

고 있다는 뜻이다.

한, 그러면서 푸르른 기상을 자랑하는 공간에 위치해야 하는 것이다. 이는 청빈과 검약이 몸에 밴, 그리하여 홍진, 곧 세간에서 누리는 부귀와 공명 같은 탐욕을 벗어던지고 수기치인에 기초한 맑음의 미학을 최고의 실천적 가치로 삼을 때라야 가능한 풍류인 것이다.

그러한 풍류의 이상적 성취는 "넷사ᄅᆞᆷ 풍류(風流)ᄅᆞᆯ 미ᄎᆞᆯ가 못 미ᄎᆞᆯ가"에서 보듯, 옛 성현의 풍류를 규범으로 삼아 그러한 차원 높은 풍류와 흥취에 도달하는 것이다. 그런 고차원의 풍류에 도달하기 위한 구체적인 실천 행위는 어떤 것인가.

수풀에 우ᄂᆞᆫ 새ᄂᆞᆫ　　춘기ᄅᆞᆯ 못내 계워
소ᄅᆡ마다 교태(嬌態)로다
물아 일체(物我一體)어니,　　흥(興)이ᄋᆡ 다ᄅᆞᆯ소냐.
시비(柴扉)예 거러 보고,　　정자(亭子)애 안자보니,
소요 음영(逍遙吟詠)ᄒᆞ야　　산일(山日)이 적적(寂寂)ᄒᆞᆫᄃᆡ,
한중진미(閑中眞味)ᄅᆞᆯ　　알 니 업시 호재로다.
이바 니웃드라,　　산수(山水) 구경 가쟈스라.
답청(踏靑)으란 오ᄂᆞᆯ ᄒᆞ고,　　욕기(浴沂)란 내일ᄒᆞ세

그것은 곧 "사립문 주변을 걸어보고" "정자에 앉아 보기도 하고", "어슬렁어슬렁 거닐면서 시를 읊는(逍遙吟詠)" 그런 한적한 삶을 행하는 것이며, 이렇게 해서 "물아일체"의 경지도 체험하면서 "한가한 가운데 그 한적함의 참맛(閑中眞味)"을 알아가는 것이다. 나아가 이러한 참맛은 나 홀로 즐겨서는 안 되고 이웃과 함께 "산수 구경을 가" "파릇파릇 돋아난 풀을 밟기(踏靑)"도 하고, "냇가에서 목욕(浴沂)"도 하면서 '호연지기(浩然之氣)'를 기르는 것이다. 즉 물아일체의 경지를 넘어서 하늘과 땅 사이에 가득 넘치는 우주 자연과 합일하는 천인합일(天人合一)의 경지에 이르는 것이 최종 목표인 것이다.

이로써 보면 옛사람, 즉 고인(古人)의 풍류란 공자의 제자 증점(曾點)이

"늦은 봄에 봄옷이 만들어지면 관을 쓴 벗 대여섯 명과 아이들 예닐곱 명을 데리고 기수(沂水)에 가서 목욕을 하고 기우제 드리는 곳에서 바람을 쏘인 뒤에 노래하며 돌아오겠다"라고 스승에게 말하자 공자가 감탄했다는 바로 그런 '맑음의 미학'에 기초한 풍류를 말한다. 나아가 맹자가 그의 제자 공손추에게 말한 '호연지기' 곧 하늘과 땅에 가득 차 크게 성취된 기품이 인격으로 승화되어 누리는, 물아일체를 넘어 천인합일의 경지에 도달한 풍류를 말하는 것이고, 그러한 옛사람(증점과 맹자)의 차원 높은 풍류를 규범으로 삼는 것임을 알 수 있다.

덧붙여 사대부가 지향하는 궁극 목표는 극기복례(克己復禮), 즉 이기심과 탐욕을 이겨내고 예(禮)로 돌아가서 모든 사람이 공존하고 공생하자는 것이다. 자신을 이기는 극기의 길이, 곧 남을 존중하는 길이다. 이렇게 극기복례를 달성하면 천인합일의 경지에 도달하고 호연지기를 지닐 수 있다는 확신을 갖게 된다. 그래서 이러한 풍류를 나만 누려서는 안 되므로 "이봐 이웃들아"라고 청자를 불러들여 함께하고자 했던 것이다. 그런 점에서 가사라는 전술 장르는 사람과 자연이 하나의 질서로 조화되는 천일합일의 경지, 다시 말해 나와 남이 조화되고, 사람과 하늘이 조화되는 대동(大同) 사회를 꿈꾸고 확신하며 그 실현을 위해 끊임없이 노력하는 이상주의자였던 사대부층에게 아주 적절한 장르였다 하겠다. 이는 자기네만이 개척한 독창적인 세계를 혼자 누리는 것을 누가 '엿듣는 것'이 아니라 이웃도 함께하여 누리고자 하는 공락(共樂)의 풍류이고 맑음의 미학에서 나오는 청흥(淸興)의 풍류였던 것이다.

화풍(和風)이 건듯 부러 녹수(綠水)를 건너오니,
청향(淸香)은 잔에 지고 낙홍(落紅)은 옷새 진다.
준중(樽中)이 뷔엿거든 날드려 알외여라.
소동(小童) 아히 다려 주가(酒家)에 술을 믈어,
얼운은 막대 집고, 아히는 술을 메고,
미음완보(微吟緩步)ᄒᆞ야 시냇ᄀᆞ의 호자 안자,

명사(明沙) 조흔 믈에　　잔 시어 부어 들고
청류(淸流)를 굽어보니,　　써오ᄂᆞ니 도화(桃花) ㅣ 로다.
무릉(武陵)이 갓갑도다　　져 ᄆᆡ이 긘 거 인고.

이렇게 짧은 인용 부분에서도 확연히 드러나듯이 증점이나 맹자 같은 차원 높은 옛 성현의 풍류를 규범으로 삼아 '맑음의 미학'을 추구하고 실현하는 것이다. 그래서 작품의 곳곳에서 산림지락(山林至樂)으로 한껏 즐기는 풍류의 대상물이 '맑음'의 비유나 상징을 띠는 정서상관물이 아닌 것이 없다. 인용문의 둘째 행이나 끝에서 둘째 행에는 아예 '청향'과 '청류'라는 어휘를 끌어들여 '맑을 청(淸)'자를 직접적으로 드러내고 있고, '녹수(綠水)', '명사(明沙)', '조흔 믈(깨끗한 물)', '잔 시어(씻어)' 등에서는 맑음의 비유와 상징물들, 혹은 그것을 추구하는 행위에서 맑음의 미학, **곧 '청흥(淸興)의 미학'**이 고스란히 묻어난다. 그리하여 마지막 부분에 보이는 무릉도원은 바로 천인합일의 경지에 도달한 고차원한 풍류의 절정에서 펼쳐지는 사대부적 이상향이자 규범적 가치의 최상위 지점에 있는 현실적 공간이 되는 것이다.

4. 사대부 강호가사에 대한 평가

이렇게 사대부의 고차원한 '맑음의 미학'이 녹아 있는 〈상춘곡〉에 대해 이승하 교수는 다음과 같이 작품의 가치를 평가하고 있다.

> "봄노래임에도 불구하고 밭갈이 풍경은 어느 대목에서도 묘사하지 않는다. 아무리 인생을 유유자적 즐기는 선비의 시각으로 쓴 작품일지라도 밭갈이하는 농부들이 눈에 띄었을 텐데 이 작품에서는 단 한 줄도 묘사하지 않고 있다. …… 술심부름을 시켜놓고 화자는 시냇가로 간다. 나 혼자 시냇가에 앉아서 깨끗한 모래사장 맑은 물에 술잔을 씻어 부어들고 자연을 마음껏 즐기겠다고 한다. 그리고는 여기가 무릉도원이

아니겠느냐고 한다. 사실 이 무렵이면 농부는 한해 농사 준비로 여념이 없다. 그런데 양반은 이런 현실에 아랑곳하지 않고 술에 취해 몽롱한 상태에서 자연을 마음껏 즐기겠다고 한다. 현실, 특히 노동 현실과 철저히 유리된 이런 가사가 초기 가사문학 최고의 작품으로 평가받아 왔으니 한심한 노릇이 아닐 수 없다."[7]

〈상춘곡〉에 대한 이러한 부정적 평가, 아니 폄훼(貶毁)는 과연 타당한 것인가? 이는 마치 역사상 가장 위대하고 영향력 있는 극작가라고 전 세계적으로 찬사를 받고 있는 셰익스피어의 4대 비극 작품을 두고 왜 궁정의 비극적 사실을 다루면서 왕이나, 왕비, 귀족이나 장군 같은 존귀한 신분들에만 초점을 맞추고 그들을 받드는 노예 계급이나 하인, 평민 같은 하층 계급에는 아예 눈길을 주지 않거나 주더라도 신분 차별적인 시선에서 벗어나지 못했냐고 질타하면서 작품의 가치를 평가절하하거나 훼손해 버리는 일과 무엇이 다를까. 셰익스피어가 그의 비극 작품에서 하층 계급의 삶이나 의식을 다루려고 의도하지 않았던 것처럼, 정극인은 〈상춘곡〉에서 애민(愛民)의식이 없어서가 아니라 봄을 맞아 강호자연 속에서 산림지락을 즐기며 청흥의 풍류를 자신의 동류들과 함께 누리고자 하는 데에 근본 취지를 둔 탓이 아닌가. 이렇게 작품이 전혀 의도하지 않은 것을 두고 언어도단의 요구를 하는 것은 '우물에서 숭늉 찾는' 것과 무엇이 다를까.

〈상춘곡〉은 작자 정극인이 농민을 포함한 세상의 모든 사람을 청자로 하지 않고, 사심(邪心)과 탐욕으로 빠져들어 '공명과 부귀'를 꾀하고 "흩은 혜음"을 하는 자신과 동류(同類)에 속하는 사대부들, 즉 "홍진에 묻힌 분네"나 "이봐 이웃들"을 청자로 삼아 그들에게 맑음의 미학, 곧 청흥의 풍류를 전달하고 '산림지락'의 즐거움을 함께 누리자는 데 초점을 두었으므로 농민들의 삶에 대한 언급을 하지 않았을 뿐인 것이다. 그런 점에서 사대부

---

7) 이승하, 앞의 논문, 13~14면.

의 풍류가 고조되는 상황에서 청흥을 돋우기 위한 서술장치로 등장하는 취흥(醉興) 모티프의 해석에서도 이승하 교수처럼 "술에 취한 몽롱한 상태에서 자연을 마음껏 즐기겠다"는 취지로 해석해서는 안 될 것이다. 윤선도의 시조 〈파연곡〉에서 "술도 머그려니와 덕(德)업스면 난(亂)ᄒᆞᄂᆞ니/ 춤도 추려니와 예(禮)업스면 잡(雜)되ᄂᆞ니/ 아마도 덕례(德禮)를 딕히면 만수무강(萬壽無疆)ᄒᆞ리라"에서 잘 드러나듯이, 난잡함에 빠지지 않고 덕과 예를 지키는 '맑음의 흥취'를 한껏 돋우는 취지에서의 풍류를 말한 것이지 이성을 잃은 몽롱한 상태나 난잡한 취흥을 지향하는 것이 아님은 쉽게 짐작이 갈 것이다.

요컨대 진정한 예술작품은 개체의 전인격 속에 스며든 선(善)한 정감의 진실무위한 표현이라는 관점에서 사대부의 중용적 인성과 맑음의 미학을 내용과 형식의 유기적 일체성으로 표현해낸 문학 텍스트가 정극인의 〈상춘곡〉을 비롯한 사대부 강호가사의 미학적 가치라고 평가해야 올바른 평가라 할 수 있을 것이다. 다시 말해 〈상춘곡〉에는 맑음의 미학을 추구하는 사대부 정극인의 '인격적 목소리'가 도저(到底)하게 배어 있는 그런 텍스트인 것이다.

문학 텍스트는 의미와 구조, 가치라는 세 가지 차원이 얽힌 형상물이라 할 때, 그중에서도 거기에 잠재된 '가치'를 발굴해 내는 작업이 문학연구자의 가장 큰 보람일 것이다. 셰익스피어의 작품이 위대하다고 평가받는 것은 거기 잠재된 가장 영국적인 가치를 무한히 발견해낸 그 지대한 연구성과에 있는 것이지 작품 자체가 인류 최고의 위대한 가치를 태생적으로 가진 것이 아닐지도 모른다. 우리의 강호가사에 대한 가치 평가도 거기에 잠재된 사대부가사의 독특한 미적 가치를 얼마나 많이 발견해내느냐에 관건이 달렸다 할 것이다. 그런 점에서 가치의 발굴에는 관심 두지 않고 텍스트에 실재하는 가치마저 부당한 이유를 들어 마구 훼손하는 우(愚)를 범해서는 안 될 것이다. 오히려 강호가사에 내재한 긍정적 가치 — 맑음의 미학에 기초한 청흥의 풍류 — 는 오늘날 신자유주의 시대의 명리(名利)만을 쫓는 무한경쟁 속에서, 오염된 사특한 마음과 탐욕을 깨끗이 정화(淨化)하는 인류적 보편 가치로 찬사를 받아야 마땅할 것이다.

여항—시정 가사의 미학적 특성

1. 가사의 진술특성과 서술원리

여기서 다루려는 '여항—시정가사'라는 용어는 아직 보편화되지는 않았지만 종래에 '서민가사'라고 잘못 지칭해 오던 일련의 가사 작품들을 그 실상에 맞게 새로이 개념을 지정하여 범주화한 것이다. 이들 가사는 서민층이라는 특정 계층에 한정하여 창출된 가사가 아니라 조선 후기에 경화사족(경화사족)층이 중심이 되어 새로운 문화 기류를 이룬 여항—시정문화를 담론기반으로 한, 어느 특정 계층을 넘어서는 불특정 다수 집단에 의해 향유된 독특한 가치를 지닌 문화 자산들이다.

이들 가사는 상층문화와 하층문화가 여항—시정이라는 저자거리에서 서로 교류하면서 새롭게 생성된 독특한 미학적 특징을 보여주는데 그러한 독특함을 결정짓는 중요한 터전으로 작용한 여항—시정 문화라는 새로운 담론기반을 염두에 두고 이들 가사의 미학적 특성을 살펴보기로 한다.

그동안 이러한 새로운 기류를 담은 미학적 특성의 탐색은 소위 서민가사라는 잘못된 개념 지정과 범주의 설정으로 상당한 문제점을 가진 채 그 표현과 미의식의 특성에 대해 일찍이 김문기 교수가 선편(先鞭)을 잡아 해석한 바 있다. 그는 소위 서민가사의 표현 특징으로 '해학성'과 '사실성', '반복성'의 세 가지를 들고, 미의식의 특징으로는 '우아미'와 '비극미', '희극미'의 세 가지를 든 바 있다.[1] 필자도 미적범주론에 입각하여 우리 고전시

1) 김문기, 「서민가사의 표현과 미의식의 특성」, 『가사연구』, 국어국문학회 편, 태학사, 1998, 362~388면.

가의 미의식이 어떻게 구현되고 있는지 살펴본 적이 있었다.[2] 그러나 미적 범주론이라는 일반 미학적 접근을 통해 국문학의 미적 특징을 가늠해 보려는 이러한 작업은 서구중심의 미의식론을 세계적 보편성으로 전제하고 그러한 범주 틀 안에서 국문학의 작품들을 적용해 보려 한 시도여서, 그 작업 결과가 한국 고유의 미학을 특징적으로 드러내는 데는 별반 기여하는 바가 없음을 뒤늦게 각성하여, 가능한 한 작품의 본질에 맞는 미학적 특성의 발견으로 나아가야 한다는 것이 지금의 생각이다.

따라서 여항—시정가사의 미학적 특성을 규명하기 위해서는 그것의 장르적·유형적 정체성에 부응하는 접근 시각이 우선적으로 마련되어야 한다고 본다. 이를 위해 먼저 가사의 정체성부터 거론해 보기로 하자. 가사의 독자적인 진술특성은 크게 두 가지 원리로 특징화할 수 있다. 하나는 심수경이 『견한잡록(譴閑雜錄)』에서 가사를 평할 때 사용한 용어와 홍만종이 『순오지(旬五志)』에서 가사의 평어(評語)로 제시한 '포서(鋪敍), 비록(備錄), 설진(說盡), 포장(鋪張), 역거(歷擧), 성론(盛論), 비술(備述), 비설(備說)' 등의 표현에서 드러나듯이 '펼쳐 서술하거나, 갖추어 기록하거나, 곡진하게 서술하거나, 펼쳐 벌이거나, 자취가 드러나도록 역력히 들거나, 풍성하게 논하거나, 빠짐없이 진술하거나, 자세히 풀어 말하거나' 하는 특징을 보이는 것이다. 이 가운데 대표성을 띠는 것으로 '역거(歷擧)'를 선택하여 이들의 의미를 총합하는 대표 용어로 사용코자 하며 이것을 일러 가사의 진술특성의 하나인 '역거의 원리'라 칭하고자 한다.

'역거'는 하나하나 그 자취가 또렷하게 드러나도록 조목조목 들어 서술하는 것으로, 그렇게 서술하자면 펼쳐 서술하지 않을 수 없고, 갖추어 기록하지 않을 수 없고, 곡진하게 또 풍성하게 서술하지 않을 수 없을 터이기 때문이다. 이러한 '역거의 원리'는 가사의 양식적 특징인 교술(전술 혹은 주제적 양식이라고도 함)의 진술특성과 그대로 부합된다. 성무경 교수가 지

2) 김학성, 「한국고전시가의 미의식 체계론」, 서울대 박사학위논문, 1980.

정한 바 "노래하기라는 환기 방식이 서술의 입체화를 방해하여 서술의 평면적 확장[3]을 이루는 전술(교술) 장르의 특성으로 '역거의 원리'에 의한 진술특성을 너무도 잘 보여주기 때문이다. 즉 역거의 원리에 의해 서술언어의 구조적 의미를 통사적으로 연계하면서 한편의 완결된 가사 작품을 '평면적 확장'의 서술로 이루어내는 것이다.

가사의 진술특성으로 지정할 수 있는 다른 하나는 '계도(啓導)의 원리'를 들 수 있다. 가사가 〈오륜가〉 계열의 교훈가사로까지 나아가든, 〈상춘곡〉처럼 정서적 미감을 서술해 나가는 정도에 머물든, 그 어느 쪽이거나 일정한 청자를 설정하여 직접적으로 교시적 목소리를 드러내든가, 아니면 함축적 청자로서 배면에 숨기든가 하여 기본적으로 가사가 '계도의 담론'임을 감지할 수 있게 되는 것은 바로 '계도의 원리'를 진술특성으로 한다는 근거다. 이는 가사의 본질이 실존적 성향의 인격적 서술자인 '나'의 목소리로 진술되므로 작가가 서술에 책임을 지며 서술의 신빙성을 확보하는[4] 방향으로 서술되기 때문이다. 그리고 가사는 이기경(李基慶, 1756~1819)이 〈낭유사〉의 창작 동기를 밝히면서

> ᄉᆞ람의 승졍을 감발ᄒᆞ기 소리갓튼 거시 업는지라 이러므로 속담과 언문으로 심진곡과 낭유ᄉᆞ 글을 지여ᄂᆡ니 만일 여항간이 젼ᄒᆞ여 보면 거의 풍화의 만의 ᄒᆞᆫ가지 돕는 거시 되리라

라고 한 언급에서 잘 드러나듯이 '소리(시조·가사 같은 문학작품을 지칭)가 성정(性情)을 감발시켜 풍속교화에 일조(一助)한다'는 생각을 가사 작가들이 기본적으로 갖고 있었기 때문에 '계도의 원리'를 진술특성으로 하지 않을 수 없었던 것이다. 그것은 곧 가사 작가로 하여금 교양적 인격에 바탕한 '문화적 자부심'을 갖게 하는 것이기도 했다. 그러나 가사가 문학인

---

3) 성무경, 「가사의 존재양식 연구」, 성균관대 박사학위논문, 1997, 26~42면.

4) 성무경, 위의 논문, 139~140면.

한, 일정한 미감을 드러내려는 문학적 형상화를 본질적 지향으로 하므로, 교훈가사 같은 목적성을 갖는 유형을 제외하고 나머지는 성정의 감발이나 풍속교화의 목소리를 직접적으로 텍스트 표면에 드러내기보다 텍스트 내면에 잠복해둔다고 이해해야 할 것이다.

이러한 가사의 두 가지 서술원리는 '4음4보격 연속체'라는 가사의 율격미학과 너무도 잘 부합된다. 성기옥 교수가 4음4보격의 율격 양식적 특성으로 지정한 "4보격 특유의 유장한 율동감을 가장 자연스럽게 조성할 수 있어 차분하고 정리된 생각이나 흐트러짐이 없는 안정된 정서, 혹은 분별력을 앞세우는 감정 상태나 교시적인 토운의 두드러짐"[5]을 가사의 진술이 잘 보여주기 때문이다. 즉 안정된 유장한 율동감은 '역거의 원리'를 통해 잘 드러나고, 흐트러짐 없는 분별력이나 교시적 토운은 '계도의 원리'를 통해 잘 드러나는 것이다.

그런데, 조선후기에 오면 사회 · 문화의 패러다임이 바뀌어 가사의 담론기반이 앞에서 언급한 대로 다섯 가지 측면에서 날라짐에 따라 가사의 서술원리도 상당한 변화를 보이게 된다. 그 가운데 가장 주목할 변화는 가사의 향유문화가 개인적 · 국지적 범위에 머물던 것이 불특정 다수의 공동문화담론으로서 크게 확대됨에 따라 여항—시정의 대중미학적 특질을 반영하는 담론으로 바뀌게 된 것이다. 이에 따라 가사의 서술원리도 '역거의 원리'와 '계도의 원리'로만 일관되지 않고 여기에 대중미학의 특질인 '재미(멋스러움, 풍취)의 원리'가 결합되는 변화를 보인다. 이에 따라 율격미학에서도 변화를 보여 '4음4보격'의 단순한 연속으로는 여항—시정인의 미감을 자극하지 못하므로 율격이 조성하는 멋스러움, 즉 율격의 파격적 미(美, 재미)를 위해 여러 다양한 모습의 '율격적 변주'를 시도하게 되는 것이다.[6]

---

5) 성기옥, 『한국시가 율격의 이론』, 새문사, 1986, 215면.

6) 그 구체적 양상은 윤미선, 앞의 논문, 24~112면 참조.

2. 여항—시정문화의 대두와 재미의 원리

이러한 서술원리와 율격미학의 변화를 염두에 두고 이제 여항—시정가사의 미학적 특징을 살펴보기로 하자. 필자는 여항—시정문화의 변화상을 상업도시의 발달 규모와 문화의 성숙 과정에 따라 (1) 제1단계: 17세기에서 18세기 중반까지 — 여항가요기, (2) 제2단계: 18세기 후반에서 19세기 중반까지 — 시정가요기, (3) 제3단계: 19세기 후반에서 20세기 초반까지 — 도시가요기로 나누어 조선 후기 시가사의 변화 구도를 제시한 바 있는데[7] 이에 따라 그 변화의 특징적 국면을 살펴보는 것이 효율적이라 생각된다. 아울러 가사의 제시 형식과 관련된 두 가지 실현태인 '들을거리(可聽)'와 '볼거리(可觀)'로서의 텍스트 실현 양상[8]과도 연관지어 이해하면 이 문제에 좀 더 선명한 접근이 가능하리라 본다. 가사의 본질적 제시 형식은 '음영'이지만 상황에 따라 언제든 '가창(들을거리)'으로, 혹은 완독물(볼거리)로 실현되기도 하기 때문이다.

제1단계(17~18세기 전반)에서 가사의 변모 양상을 보면 '볼거리'로서는 경화사족층의 천기론과 민족어문학론에 힘입어 시정의 일상어를 주로 구사하여 인간의 본성을 자연스럽게 드러내는 작품을 산출한다는 데 있다. 이는 박인로의 〈누항사〉에 보이는 '소 빌리는 대목'에서 그 싹을 엿볼 수 있지만 본격적인 것은 앞장에서 인용한 바 있는 이운영의 작품 〈임천별곡〉에 잘 드러나 있음은 이미 살펴본 바와 같다. 대부분의 경화사족이 그러하듯이, 이운영은 유람하고 시 짓고 노래를 즐기는 풍류생활에 익숙한 인물로 그 주위에 풍류와 잡담을 즐기려는 인사들로 들끓은 것 같고 그런

---

7) 김학성, 「잡가의 생성기반과 사설엮음의 원리」, 『세종학연구』 12 · 13집, 세종대왕기념사업회, 1998 참조.

8) 가사의 본질태는 음영이어서 그것이 중심이 되고, 그 구체적 실현태는 경우에 따라 볼거리로서 완독물이 되기도 하고, 들을거리로서 가창물이 되기도 한다. 이에 대한 상론은 김학성(2002), 「가사의 정체성과 담론 특성」, 앞의 책 참조.

모임을 통해 여항간에 떠도는 이야기들과 자신이 겪었던 일들을 모아 〈영미편(穎尾編)〉이란 잡기류의 책을 2권 펴내기도 했다.[9]

이같이 여항담론에 익숙한 이운영은 여항의 상여노래를 끌어와 임진왜란 때 죽은 칠백의총의 혼을 달래는 〈초혼사(招魂詞)〉를 짓는가 하면, 민간의 뱃노래를 끌어와 명나라 사행길을 상상적으로 서술한 〈수로조천행선곡(水路朝天行船曲)〉을 짓고, 아이 어를 때 부르는 민요를 끌어와 〈세장가(說場歌)〉를 짓기도 하고, 서울의 서대문 지역에 새로 판 우물에 얽힌 서민의 생활을 읊은 〈착정가(鑿井歌)〉를 짓기도 했는데 이 모두가 여항의 서민 정취를 담은 것이라 할 것이다. 이는 특히 앞에서 담론기반으로 거론한 다섯 번째의 세속화 경향과 관련되는 것으로 그의 작품 가운데 〈임천별곡〉은 81세의 서민 할머니와 70세의 양반 할아범과의 티격태격하는 사랑싸움의 우스개 일화를 다루고 있어 사대부작가로서는 '속'의 미학 — 특히 해학미 — 의 절정을 보여준 것으로 이해된다.[10]

여기서 인간의 본성을 자연스럽게 추구하며 서민의 어법으로 서술한 〈임천별곡〉에 대해 지방의 군수를 몇 차례 지낸 관료로서 민간의 풍속을 살피고 교화의 자료로 삼고자 하는 관풍(觀風) 차원으로 볼 수도 있으나 작자가 이 작품을 관직에서 물러난 뒤 노년에 지었다는 점을 감안한다면 관풍 차원이라기보다 앞서 이옥의 언급처럼 그저 노년의 웃음거리로 파적이나 하자고 지은 것일 터이다. 그만큼 경화사족들은 여항의 담론에 익숙해 있으며 그것을 적극 향유하는 '세속화 경향'을 보이게 된 것이다. 따라

9) 고순희, 「引喩와 해학의 미학-이운영의 가사 5편」, 『이화어문논집』 15집, 이화어문학회, 1997, 353~362면.

10) 고순희는 앞의 논문 381면에서 "작자의 궁극적으로 의도하는 바는 서민을 해코지하는 양반할아범의 행위를 풍자하는 데 있는 것이 아니라 늙은이들 사이에 있었던 하룻밤에 일어난 재미난 사건을 해학적으로 전달하는 데 있다고 보여진다. 사건의 해학적 표출을 통해 해학과 풍자를 즐긴다"라고 하여 해학과 함께 '풍자'와의 관련도 배제하지 않고 있는데, 풍자와는 무관하다고 보는 것이 옳을 것이다. 허세부리는 양반할아범의 행위를 풍자로 이해하기에는 그가 이미 너무나 늙은 약자이기 때문에 연민 어린 따스한 시선이 느껴질 뿐, 약자의 위치에 있는 인물에 대한 싸늘한 시선의 풍자를 느낄 수는 없겠기 때문이다.

서 이 작품은 여항간의 담론을 기반으로 세속화된 '볼거리'로서 향유했을 것이며 그 때문에 '계도'의 목소리는 찾아볼 수 없고 대신 '재미의 원리'가 중심을 이루게 된 것이다. 거기다 재미스러움을 두드러지게 하기 위해 할멈과 할아범의 '대화'라는 보다 리얼하고 재미스러운 '역거'의 서술기법을 구사하여 조선후기 특유의 서술미학을 선보인 것이라 할 것이다.

한편 제1단계에서 가사는 '들을거리'로서 향유되기도 하는데 그 중심에 경화사족이 있었다. 홍만종이 당대에 세간에 성행한 가사를 중심으로 한 14작품의 장가를 통칭하여 '가곡'이라 칭한 것이 그것을 짐작케 한다. 가곡은 들을거리로서 가창물로 향유하는 것이고 그것이 세간에 성행한다 함은 사대부 문화권에서 널리 향유되었음을 의미하기 때문이다. 나아가 이 시대 서울을 중심으로 사대부 풍류방문화권이 형성되어 단가인 가곡과 함께 장가인 가사를 향유하는 관습이 생겨난 것으로 보이기도 한다. 그러나 당대에 성행한 가사 작품 모두가 풍류방문화권에서 가곡과 함께 성창된 것으로 보이지는 않는다. 『청진(靑珍)』에 단가인 가곡과 함께 가집 부기(附記) 장가로 올라있는 것이 14작품 가운데 〈장진주사〉와 〈맹상군가〉에 그치고, 그것도 온전한 가사 텍스트가 아니라 사설시조 텍스트를 장가 향유의 레퍼토리로 선택하고 있음에서 눈치챌 수 있기 때문이다. 나머지 12작품은 단가 가곡을 주로 즐기는 풍류방문화권에서 향유하기에는 너무 길이가 길어 부적절했을 것이다.

이 시대 가창문화권에서 주목되는 것은 〈춘면곡〉이다. 처음에 이 작품도 작자미상의 서민가사로 이해되어 오다가[11] 근자에 밝혀진 대로 강진의

---

11) 송재소, 「조선후기가사의 한 특징」, 『백영 정병욱선생 환갑기념논총』, 신구문화사, 1982, 595면에서 "〈춘면곡〉은 어떤 남자가 춘면에서 깨어 녹의홍상의 미인을 만나 운우(雲雨)의 정을 나누고 이별한 후 그 미인을 그리워하는 내용인데, 묘사가 육감적이고 선정적이다. 전통적 윤리관으로 볼 때 이 사랑은 전혀 이치에 닿지 않는 사련(邪戀)이며, 애정의 표현 또한 그 시대로서는 모험적이고 혁신적이다"라고 하면서 이런 노래가 나온 것은 통치체제의 이완과 민중의식의 성장이란 측면에서 이해해야 한다며 서민가사로 다룬 바 있다.

진사 이희징(1587~1673)이 지은 것으로 밝혀진 바 있다. 처음에 이 작품은 가사의 본질태인 음영으로 향유되었을 것이나, 그 내용이 대중의 통속적 미학(선정성과 감상성)에 감응을 갖는 남녀의 사련(邪戀)을 담은 '장부(丈夫)의 애끓는 비창곡'이었으므로 점차 작자를 떠나 가창문화권의 공유 담론으로 향유되어 작자미상으로 되면서 장흥, 남원 등 남도에서 '시조별곡'[12]으로 부르던 것이 빠른 속도로 서울 가창문화계에 진입하여 서울의 조강 나루터 색주가에서 불리는 단계까지 된[13] 것으로 보인다.

또한 이 시대에는 〈강촌별곡〉, 〈환산별곡〉, 〈낙빈가〉 등 애초에 사대부층 작가에 의해 '사대부적 담론'으로 지어진 작품들이 작자를 상실한 채로, 혹은 퇴계 같은 인물로 작자가 의명(擬名)되어 초기 사대부 풍류방문화권에서 향유되었음을 알 수 있는데, 이때 강촌에서의 은둔적 삶이나 낙빈의 삶이라는 텍스트 내용은 더 이상 정치적으로, 혹은 이념적으로 진지하거나 심중한 의미를 갖는 것이 아니라 그저 '멋스러운 풍류'로서 고상하게 즐기는 '언술의 재미' 그 자체를 향유하는 것일 따름이다. 따라서 이런 텍스트는 노랫말을 가창으로 멋스럽게 엮어나가는 '역거의 원리'와 고상한 풍류로서의 '재미의 원리'가 결합한 서술미학을 보인다 할 것이다.

이상에서 보듯이 제1단계는 볼거리로서든 들을거리로서든 인간 본성의 자연스런 추구라는 면에서는 여항—시정 담론에 근접해간 것이지만 아직도 사대부 담론의 '고상한 풍류'에서 벗어나지 못한 면이 강하게 남아 있으므로 다음의 여항—시정담론으로 나아가는 예비 단계로 규정할 수 있을 것이다.

제2단계(18세기 후반~19세기 전반)인 시정문화기에 이르면 서울을 중심으로

---

12) 〈춘면곡〉이 '시조별곡'으로 불리었다는 것은 그만큼 탈신분 지향의 대중의 기호에 맞는 빠르고 자극적인 시(용)조의 새로운 악곡에 얹혀 불리었음을 의미하며, 이는 이 노래가 남도라는 지역성을 넘어 대중화의 요건을 갖추어 널리 유행될 수 있는 계기가 되었음을 말해준다.

13) 이에 대한 상론은 성무경, 「18·19세기 음악환경의 변화와 가사의 가창전승」, 『한국시가연구』 11집, 한국시가학회, 2002, 55~56면 참조.

시정인의 생활문화 욕구가 증대되고 이에 따라 잡가라는 새로운 장르의 출현과 판소리의 본격화로 여러 가창문화권이 활발하게 경쟁을 벌이며 그 성격이 상업적으로 변화함에 따라 시정문화에 걸맞은 다양한 음악 환경을 누리게 되었다는 것이다. 이와 관련한 위백규(1727~1789)의 다음 발언을 주목해 보자.

> 근년에 들어 중대엽 이하의 곡들은 모두 없어지고 나이든 노인들도 세상을 떠나 그것을 말하는 사람조차 사라져서, 세상에 쓰이는 바는 '등등곡(登登曲)'이 더욱 심할 뿐이다. 중년에는 나무꾼이나 목동, 장사꾼이나 걸인의 '수혼조(隨魂調)'라는 것이 있었는데 장례식에서 죽음을 애도하는 ㉠소리가 처절하게 슬프고 처량하여 듣는 이들이 눈물을 흘렸다. 또한 '국가(鞠歌)'라는 곡이 있어 머리를 흔들고 부채를 치면서 ㉡빠른 절주와 지나친 세성(細聲)으로 노래하여 차마 바로 듣기 어려운 것이다. 그럼에도 지금 온 나라에서는 상하 가릴 것 없이 입을 열면 이 밖의 다른 노래는 부르지 않으며 이 밖의 다른 소리에는 칭찬의 말을 주지도 않는다. 이 소리에 맞추어 춤추는 자는 술 취한 듯 미친 듯하여, 비록 축흠명(祝欽明)의 팔풍무(八風舞)에 비하더라도 이만큼 추하지는 않을 것이다. 더욱이 정재인(呈才人)들의 '걸조(乞調, 우리 말로 덕담이라 함)'에 이르러서랴. 옛날에 영산조(靈山調)는 길게 끌면서 느리게 춤추듯 소리가 맑아서 들을 만했다. 무당들이 신을 맞이하고 보낼 때 부르는 '해살조(解殺調)'라는 것이 있는데, 맑고 고운 소리로 길게 빼어 불러 또한 거칠지만 들을 만했는데 기녀들이 부르는 '5장단창(五章短唱)'과 오히려 많이 닮았다. 그러나 지금은 ㉢하나같이 빠르고 번거로와 마치 천개의 몽둥이와 백개의 지팽이로 그릇점의 옹기와 동이를 어지럽게 부수는 듯하다. 또한 모두가 수혼조로서 끝마무리를 한다. 조금이라도 심성을 본분대로 지니고 있는 사람이면 들을 만하지 않을 뿐만 아니라 단연코 들어서도 안 될 것이다. 그러나 사람들은 모두 아름답고 좋다고 하니, ㉣여항의 저 무지한 백성들이야 책할 바 아니지만 관공서의 우두머리까지 모두가 그것을 장려하며 노래채를 내는 데 돈을 아끼지 않으니, 아 심하구나. 만일 옛날 풍요를 채집하던 분들이 본다면 이를 일러 어떻다 하리오.[14]

14) 『存齋先生文集』 권 13, 景印文化社.

도시의 시정문화에서 멀리 떨어진 지방의 향촌노래문화(위백규는 전남 장흥에 세거함)가 이 정도의 변화상(위백규가 개탄해 마지않는)을 보인다면 18세기 후반에 노래 취향이 얼마나 급속도로 변화되고 있었는가를 이 자료를 통해 쉽게 짐작할 수 있다. 그 변화의 방향은 밑줄 친 데에서 잘 드러나듯이 ㉠처럼 슬프고 처량하여 눈물을 흘리게 하는 '감상성(感傷性)'에 빠지게 하거나, ㉡처럼 빠른 절주와 지나친 세성(細聲)을 씀으로 해서 '선정성(煽情性)'을 돋우거나 그 어느 쪽이든 '아(雅)의 미학'과는 거리가 먼 '속(俗)의 미학'으로 물들고 있음을 알 수 있다. 그것은 ㉢에서 잘 드러나는 바대로 '빠르고 번거롭고 어지럽게 부수는 듯한' 통속미학으로서의 '자극성'에 기저하고 있는 것이다. 그리고 ㉣에서 드러나듯이 그러한 속(俗)의 미학에 상·하 모두가 신분과 계급을 초월하여 빠져듦으로써 탈신분적으로 '대중화'되고 있다는 점이다.

그런데 앞의 인용에서 보듯 이 시대의 향촌사족인 위백규는 그러한 세태를 크게 개탄하고 있다. 이에 그치지 않고 일부 지방 관료나 향촌사족들은 그러한 풍속을 교정하기 위해 '계도의 목소리'를 표면에 직접 드러내는 교훈가사를 짓는다. 곽시징(1664~1713)의 〈오륜가〉, 정치업(1692~1768)의 〈경몽가〉, 배이도(1706~1786)의 〈훈가이담〉, 이상계(1758~1822)의 〈인일가〉, 황립의 〈오륜가〉(1882) 같은 오륜가 계통 가사가 이 시대를 전후하여 출현함은 이런 사정을 반영한 것이다. 당대의 지배 이념인 오륜을 중심 주제로 하여 '계도의 목소리'로 향촌의 사족 가문 후손이나 백성들을 계도해야 할 필요성이 그만큼 심각하게 대두되었던 것이다. 그러나 이러한 오륜가사류의 엄정하고 '숭고'한 계도의 목소리는 급격한 사회·문화적 변동을 겪는 서울에서보다 중세적 위계질서가 강하게 유지되는 향촌에서나 통하는 것이었을 터이다.

이러한 환경에서 가사의 노래문화에 상당한 변화가 있었음을 가창문화권에서 감지할 수 있다. 우선 남도에서는 당시로서는 새롭고 빠른 시조별곡으로 불렸던 〈춘면곡〉이 서울의 가창문화권에 진입한 이래 어느새 고조

(古調)가 되어 부르지 않게 되고,[15] 그보다 더 빠르고 새로운 자극을 줄 수 있는 신조(新調)로 변화되어 갔음이 그것이다. 〈춘면곡〉의 신조의 모습이 구체적으로 어떠했는지는 자세히 알 수 없으나, 18세기 후반 가집인 『청영(靑詠)』에는 60행(4음보 1행)으로 나타나 있는데, 19세기 전반 가집인 『청육(靑六)』에 오면 13행으로 축약되어 있어 이 차이로 고조는 주로 사설이 길고, 신조는 고조의 사설이 잘려나가 길이가 짧아지는 특징을 보인다는 것을 알 수 있다.[16] 강이천(1769~1801)의 〈한경사(漢京詞)〉라는 시에 청루의 호사스런 술자리에서 〈춘면곡〉이 선창(先唱)된다고 한 것도 신조를 부른 정황을 읊은 것일 터이다. 신조는 사설만 짧아진 것이 아니라 리듬이 빠르고 음악적 곡태가 고조에 비해 훨씬 자극적이어서 호사스런 술자리에 어울렸을 것이다. 그러한 사정을 이 시대에 들을거리로 함께 향유한 바 있는 〈상사별곡〉과 더불어 생각해 보자.

〈상사별곡〉 역시 『청영(靑詠)』에는 42행으로 나타나다가 『청육(靑六)』에 오면 15행으로 축약되는데, 이처럼 길이가 크게 줄어듦은 그만큼 사설이 대중성을 타기에 용이하게 되고, 사설 대신 악곡이 더욱 대중의 미감을 자극하는 방향으로 이루어졌음을 의미하는 것이겠다. 신조 〈상사별곡〉의 모습은 19세기 초반 계면조 창에 능했던 가동(歌童) 공득이가 가창을 전문으로 하는 명원(名院)과 청루주문(靑樓朱門)의 기생들의 넋까지 빼어 놓았다는 유한집의 『취초유고』라는 자료에 나타나는 것으로 추정된다. 공득이가 불렀던 그 '애절한' 〈상사별곡〉이 '애원처창'한 계면조 창법으로 불리었을 것이라는 견해[17]가 타당성이 있어 보이기 때문이다.

십이가사의 대표격으로 자리잡은 〈상사별곡〉, 〈춘면곡〉 외에 술 권하는

15) 유만공의 「세시풍요」(1843)에 "古調의 춘면곡은 지금 부르지 않으니 황계타령 오열하고, 백구사 토해내네"라는 구절에 그 증언이 보인다.

16) 이에 대한 논의는 김은희, 『십이가사의 문화적 기반과 양식적 특성』, 성균관대 박사학위 논문, 2001, 67~74면이 좋은 지침이 된다.

17) 성무경(2002), 앞의 논문, 68면 참조.

노래인 〈권주가〉도 호사스런 술자리에서 이 시대에 향유된 것으로 보인다. 심능숙(1782~1840)의 〈서호곡(西湖曲)—명파파사병서(名把把詞幷序)〉에서 그 향유 양상을 알 수 있는데 음악적으로 처절하고 슬픈 곡조에 박자가 정해져 있지 않고 분위기에 따라 부를 수 있어 대중취향이 농후함으로 여항—시정의 가창가사로 애호되었음을 알 수 있다. 이 작품 역시 고조가 『청영』에 33행의 길이로 실려 있으며(18행짜리의 신조도 함께 실려 있음), 『청육』에는 20행짜리가 실려 있어 신조임을 짐작케 한다. 사설 내용이 인생의 유한함과 무상함에 대한 애상과 상사(相思)의 정까지 함께 담고 있어 슬프고 처절한 곡조와 잘 어울린다.[18]

이 밖의 유만공의 『세시풍요』에 언급된 〈황계타령〉과 〈백구사〉 등 잡가에 한층 다가간 십이가사계 가창가사도 이 시대에 들을거리로서 대중의 애호를 받았는데, 둘 다 아악(정악)의 요성법과 민속악의 요성법을 섞어 쓴다는 점에서 상·하층에 두루 통하는, 즉 대중 취향에 맞는 향유의 조건을 갖추었다 할 것이다. 또한 〈관등가〉, 〈월거리〉, 〈금보가〉 등 당대에 유행하던 사설시조나 민요 등에서 끌어와 노랫말을 엮은 편사형 가사들은 서울 시정의 문화적 공감대를 바탕으로 하는 즐거운 웃음과 흥이 묻어나는 들을거리로서, 시정의 풍류방문화권에서 '형성된 가사'들[19]이라는 점에서 역시 대중의 애호를 받아 가집 부기(附記) 가사로 오르게 된 것으로 보인다.

이들 들을거리로서의 가창가사는 서술에서 '역거의 원리'를 기본으로 하되, 향유자들의 흥미와 자극을 유발하면서 쉽게 수용될 수 있도록 음악적으로는 아악과 민속악을 섞어 쓰며, 노랫말이나 사설 내용으로는 상사·연정·인생무상 같은 보편적이고 애상적인 '가벼운' 주제를 지향함으로써 대중의 애호를 획득한다. 특히 〈상사별곡〉, 〈춘면곡〉, 〈백구사〉 같은 십이가사 계통의 경우 고조에서 신조로의 빠른 전환은 사설의 길이가 줄어든

18) 김은희, 앞의 논문, 80~84면.
19) 성무경, 앞의 논문, 59~64면.

만큼 '서술의 억제'가 일어나 가사의 내용을 역력히 보여줘야 할 '역거의 원리'가 경시되고 대신 음악적 기교화에 의한 풍류의 흥취를 자극하는 '재미의 원리'가 중심 원리로 되어 대중화 요건을 더욱 잘 갖추게 됨으로써 이 시대에 새로이 출현한 신종 장르인 '잡가'의 경계선까지 다가가는 지경까지 이른다. 즉, 잡가는 서정 양식이고 이들 가창가사는 교술 장르여서 서로 본질을 달리함에도 이 시대 도시 대중의 본격적인 가창장르로 부상한 이들 십이가사계의 신조는 사설 길이의 대폭적인 축약에 다른 '서술의 억제'(서정 양식의 본질적 특성임)가 저절로 이루어져 서정 장르의 경계 지점(잡가와의 접점)까지 나아가게 된 것이다.[20]

한편 이 시대의 대표적인 '볼거리'로는 〈노처녀가2〉와 1843년경에 지은 것으로 추정되는 〈승가(僧歌)〉 4편을 들 수 있다. 잘 아는 바와 같이 〈노처녀가2〉는 국문단편소설집 『삼설기(三說記)』(최고본 방각본은 1848년에 출간)에 〈서초패왕기〉, 〈황주목사기〉 등 몇 편의 다른 소설과 함께 실려 있으며, 가사로 되어 있지만(서두와 말미에는 편집자적 목소리의 산문 진술이 덧붙여져 있음) 이들 소설과 담론의 성격을 같이 한다. 즉 『삼설기』의 단편소설들이 "서울의 시정적인 위트나 유머를 지니고"[21] 있는 것처럼 〈노처녀가2〉도 노처녀 형상의 희화화[22]로 역시 시정적 유머가 도처에 묻어난다. 이러한 서술특성은 수사학적으로는 '과장된 나열법'으로 나타나는데 과장에 의한 희화화는 '재미의 원리'에, 나열법은 '역거의 원리'에 바탕한 것이어서 이 작품 역시 여항—시정가사의 특성인 '역거'와 '재미'라는 두 서술원리의 결합으로 나타남을 확인할 수 있다.

그런데, 작품의 전개가 상당히 길고(서두와 말미의 산문 진술 제외하고도 총

20) 『남훈태평가』(1863)의 잡가편에 십이가사계인 〈매화가〉와 〈백구사〉가 잡가인 〈소춘향가〉와 함께 묶여져 있다는 사실에서 이들이 같은 장르 명칭으로 불려질 정도로 접점지대에 있음을 확인할 수 있다.

21) 김동욱, 삼설기, 『한국민족문화백과사전』 11, 한국정신문화연구원, 1989, 336면.

22) 노처녀 형상화의 희화화에 대하여는 최규수, 「〈삼설기본 노처녀가〉의 갈등 형상화 방식과 그 의미」, 『한국시가연구』 5집, 한국시가학회, 1999, 405~410면 참조.

265행), 노처녀의 소망과 갈등 그리고 해결이 자세히 묘출되고 있어 종래의 가사의 서사화(혹은 서사가사)나 가사의 소설화 단계와 연관하여 논의되어 왔으나,[23] 이 작품에 나타나는 서사적 성격의 서술은 장르적 차원의 '양식서사'가 아니라 다른 장르에도 보이는 '기초서사'의 층위에서 다뤄져야 함이 밝혀진 바 있다.[24] 〈노처녀가2〉에 보이는 서사화는 다름 아닌 시정담론화였던 것이며, 거기에는 이 시정담론화로 인해 '역거의 원리'외에 '재미의 원리'가 작동하고 있었으며 이것이 서사화로 오인하게 된 요인이 되었던 것이다.

〈승가〉는 〈송여승가(送女僧歌)〉, 〈승답사(僧答詞)〉, 〈재송여승가(再送女僧歌)〉, 〈승재답사(僧再答詞)〉의 4편으로 구성되었는데, 서신 교환 형식이 극적 재미를 더해주고 있어 형식 그 자체로 '재미의 원리'가 서술원리로 작동되어 있는데다가 남·여승 간의 애정담론을 담았다는 데서 대중의 흥미를 자극하는 볼거리로 역할을 충분히 했던 것으로 보인다. 이 작품이 잡가류 가집에는 보이지 않고 고대본 『악부』에 실려 있으며, 그 밖에 필사본들에 실려 있는 점이 볼거리로 향유되었음을 짐작케 한다.

3. 여항-시정문화의 본격 단계와 통속미학

제3단계(19세기 후반~20세기 초반)인 도시문화기에 이르면, 여항—시정가사는 제1단계 시기의 '예비 단계'와 제2단계 시기의 '대두 단계'를 거쳐 그것이 본격화되어 성숙되는 '본격 단계'에 이르게 된다. 이 시대에는 도시 규모의 더욱 큰 발달과 함께 경제적 능력을 중심으로 시회 구성원의 역할

23) 대표적인 논의로 서영숙, 「서사적 여성가사의 연구; 노처녀가를 중심으로」, 『어문연구』 25집, 어문연구학회, 1991 및 서인석, 「가사와 소설의 갈래 교섭에 대한 연구」, 서울대 박사학위논문, 1994를 들 수 있다.

24) 최진형, 「가사의 소설화 재론」, 『성균어문연구』 32집, 성균관대 국어국문학회, 1997, 219~222면 참조.

과 신분이 재편되면서, 기존의 계급 중심의 신분 질서가 해체되고 이에 따라 문자언어의 사용과 문화적 교양에의 욕구가 거의 전 계층으로 확산되는 중대한 변화를 맞는 시기라 할 수 있다. 그리하여 어느 때보다 '문화에 대한 욕구'가 팽배해 있어서 상·하층을 두루 만족시키는 고급문화예술과 기층문화예술의 혼효에 의한 대중취향문화가 발달했으니 이러한 추세에 힘입어 "뿌리없는 잡요(雜謠)가 판을 치는"(『가곡원류』 발문 참조) 잡가 전성시대를 맞게 되고 이에 따라 가사, 특히 들을거리로서의 가사에 심대한 영향을 미치게 된다.

이 시대에 '고조(古調)'와 '신조(新調)'의 교체가 계속 진행되는 것도 이러한 사정을 반영한 것이다. 앞 시기에 불리던 가사가 새로운 도시적 미감과 취향에 맞추다 보니 대중의 기호에 맞지 않는 가사들이 도태되고 변형되는 과정을 밟게 되는 것이다. 그리고 앞 시대에 들을거리로서 가집 부기 가사의 흐름 속에 하나 둘 나타나던 십이가사(十二歌詞)계는 19세기 후반에 이르러 그 수록 빈도수가 늘어나게 되고, 20세기 초, 즉 정악유지회(正樂維持會)가 활동한 1910년대에 이르면 십이가사의 틀이 완성되어 향유되고 전창(傳唱)되기에 이른다.[25]

가사 가운데 들을거리의 중심부에 있는 십이가사는 〈어부사〉, 〈춘면곡〉, 〈상사별곡〉, 〈권주가〉 등에서 보듯 경화사족의 풍류방문화권에서 출발하여 여항—시정의 문화취향을 반영하면서 당대의 '시(용)조' 혹은 '신조'로 교체되어 시정의 저변에까지 유행되는 과정을 밟게 되고, 〈백구사〉, 〈죽지사〉, 〈황계사〉, 〈길군악〉, 〈수양산가〉, 〈매화가〉는 시정의 저변에서 만들어져 마침내 십이가사로 레퍼토리를 이루게 된 것이다. 그리하여 이러한 시정문화의 통속화 과정에서 텍스트의 유기성(작자의 진지한 발화로서의 메시지 전달)에는 관심이 없고, 필자가 '잡가'의 담론 특성이자 시학적 원리로 지목한 바 있는 '낯익음을 자극하기'가 들을거리의 가사에도 침투

25) 성무경(2002), 앞의 논문, 71면.

하게 되어 텍스트의 변화를 가져오게 된다. 즉, 시정에서 대중적으로 유행하여 익숙한 시조, 사설시조, 민요, 판소리, 고소설 등 기존 텍스트의 단위 사설들, 다시 말하면 기억 속에 유형화되어 암기된 사설들(낯익은 것)을 짜맞추어 대중적 기호를 만족(자극하기)시키기 위해 끊임없이 노랫말을 재편하는 통속성을 보여주게 된다.[26]

이런 연유로 가사 가운데 대표적 들을거리로서의 십이가사는 한시(漢詩)적인 것(어부사, 양양가, 죽지사), 가사체와 한시체의 혼합적인 것(권주가), 시조의 노랫말과 관련된 것(백구사, 매화사), 판소리의 일부를 수용한 것(상사별곡, 황계사), 군악(軍樂)에서 유입된 것(길군악) 등 다양한 양상을 보이게 되었으며, 이런 과정에서 텍스트의 유기성은 극도로 해체되고 마침내 '역거의 원리'마저 통속미학 지향의 '재미의 원리'에 눌려 일부는 분장체 형식(분장으로 인해 서술이 더욱 억제되어 역거의 원리를 제어하는 기능 가짐)을 보이기까지 이르게 된 것이다. 여기서 눈에 띄는 것은 한시나 한시체 어구, 시조 등 상층 문화권적 취향을 거부하지 않고 끌어와 향유한다는 점이다. 이는 대중의 통속미학적 욕구의 하나인 '문화욕'이 가져온 결과라 할 수 있다.

대중의 이러한 문화욕은 앞 시대의 볼거리 텍스트인 〈노처녀가2〉에도 작동하여 주인물 노처녀의 인물 형상에서 희화화된 병신적인 요소와 과장적 표현을 거세함으로써 시정인의 해학적 기질이나 과장 취향이 사라지고 대신 진지하고 우아한 미적 취향이 자리잡게 됨으로써 이 시대에 〈노처녀가1〉으로 재편되기도 한다. 이렇게 재창작된 〈노처녀가1〉이 사설의 고정성을 보이며 20세기 초의 각종 잡가집에 수록되는 현상이 잡가문화권에서 들을거리로 향유되었음을 말해준다. 그리고 〈노처녀가1〉의 이러한 미적 취향의 변화는 양반부녀층이 중심이 되는 규방문화권의 미적 취향에도 부합하여 안동, 영주 등에서 규방가사와 함께 향유되는 양상을 보이기도

26) 김은희, 앞의 논문, 151면.

한다. 〈노처녀가2〉에서 〈노처녀가1〉로의 미적 취향의 변화는 볼거리와 들을 거리의 미학적 지향의 차이를 드러내 준다. 즉 볼거리로 향유될 경우 읽는 재미를 유발하기 위해 해학적 과장법이 중요한 '재미의 원리'로 작동하지만, 들을거리로 향유될 경우는 악곡에 싣는 풍유적 흥취가 '재미의 원리'로 작동하여 문화욕을 더욱 충족시키는 방향으로 나아간다는 것이다.

또한 이 시대의 여항—시정가사 가운데 들을 거리로는 〈노처녀가1〉과 함께 사설의 고정성을 보이며 각종 잡가집에 수록되어 있는 〈과부가〉, 〈거사가〉, 〈규수상사곡〉, 〈상사진정몽가〉, 〈상사회답가〉 등을 들 수 있다.[27] 이들 작품이 공통으로 보이는 미적 지향은 역시 대중의 통속적 취향에 부합하는 남녀의 연정과 상사 등 가벼운 주제를 바탕으로 한 감상성과 선정성이 중심을 이룬다.

이 시대의 여항—시정가사로서 대표적인 볼거리로는 『초당문답가』의 작품들을 들 수 있다. 이 텍스트는 볼거리로 향유된 만큼 향유자가 필사하는 과정에서 서술에 적극 개입하여 서술의 유기성을 허물고 작자성을 상실하게 하는 여러 이본을 산출하는 양상을 보이는데 무려 22종의 이본이 그것을 말해준다.[28] 이 많은 이본들이 모두 동일한 향유 기반을 갖는 것은 아니라는 점은 우선 『여자계행』(1917) 같은 이본은 규방문화권에서 향유되고 『오륜행록』은 공주의 유생 이기원(1809~1890)이 필사자라는 점에서 사대부 문화권과 관련됨을 알 수 있다. 그러나 『편편기담경세가』(1908), 『만고기담처세가』(1914) 같은 활자본이 간행된 것으로 보아 여항—시정문화권에서 널리 향유되었음을 확인할 수 있다. 특히 후자의 경우 대중담론의 대표격이라 할 수 있는 소설의 진술기법이 보인다는 점이 주목된다.

그 외에도 〈백발편〉에 시정의 문화공간에서 향유된 대표적 가창 텍스트인 십이가사의 가창 현장을 여실하게 보여주는 대목이 있다는 점, 〈낙지

27) 이들 작품의 텍스트 전승 양상에 대하여는 강경호, 앞의 논문, 63~69면 참조.

28) 이본의 다양한 산출에 따른 작자성 상실의 구체적 양상은 육민수, 앞의 논문, 131~158면 참조.

편〉에 가창문화권에서 널리 유행된 것으로 보이는 시조와 유사한 대목이 보인다는 점, 〈지기편〉과 〈낙지편〉에 당시 시정의 대중단편소설인 〈삼사횡입황천기〉(삼설기에 수록)와 내용 및 표현 면에서 공통되는 부분이 있다는 점 등에서 이들 작품이 여항—시정문화권을 기반으로 산출된 작품임을 확인할 수 있다.[29] 따라서 이 작품들, 그 가운데서도 특히 〈우부가〉, 〈용부가〉, 〈백발가〉 같은 작품을 종래 서민가사의 대표격으로 본 것은 수정되어야 할 것으로 본다.

『초당문답가』 작품들은 이처럼 여항—시정가사로 산출된 작품이므로, 그것이 오륜을 포함하고 있는 교훈가사임에도 불구하고 향촌의 사족이나 지방 관료의 오륜가사와는 근본적으로 미적 취향을 달리 한다. 후자의 경우 정통 교훈가사인 만큼 '역거의 원리'와 '계도의 원리'가 서술의 중심 원리로 작동하지만 이 작품들은 여항—시정인을 교훈 대상으로 삼는 탓으로 볼거리로서의 '재미의 원리' — 특히 시정 인물 형상의 과장적 희화화를 통한 — 가 두 서술원리와 결합하거나 〈우부가〉, 〈용부가〉에서 보듯 오히려 그것을 압도하는 차이를 보이기 때문이다. 그리하여 여항—시정의 통속화된 미적 취향에 물들어 있는 시정의 대중에게 정중한 권위의 목소리로 훈계하는 것보다 훨씬 효과적인 설득과 향유가 가능했던 것이라 생각된다. 이들 텍스트에 드러나는 과장이나 희화화에 의한 골계스런 미적 지향도 시정인의 통속미학을 반영한 것임은 말할 것도 없다.

4. 여항—시정가사의 서술미학

지금까지의 검토에서 조선 후기의 변화된 담론기반은 여항—시정가사의 미학적 특징을 결정짓는 요인으로 작용함을 보았고, 그리하여 그것은

29) 이에 대한 상론은 육민수, 앞의 논문, 99~100면 참조.

가사의 본질적 서술원리로 작용하는 두 가지 — '역거의 원리'와 '계도의 원리'에 새로 '재미의 원리'가 결합되는 것으로 나타나되, 후자가 두 본질적 원리를 압도하는 지경까지 나아가기도 함을 살폈다. 즉, 이 '재미의 원리'가 여항—시정가사의 미학적 특징을 결정짓는 중심 원리로 작용한다는 것이다. 이에 따라 조선 후기에 작자성 상실을 보이는 여항—시정가사는 볼거리와 들을거리의 텍스트로 구체화되는데 그 실현 양상은 세 단계의 변화를 보이며 대중적 속(俗)의 미학을 구현해 나간 것으로 보고 그 구도의 체계화를 시도해 보았다.

그리하여 제1단계는 볼거리로서든 들을거리로서든 인간 본성의 자연스런 추구라는 면에서는 여항—시정 담론에 근접해간 것이지만 아직도 사대부 담론의 '고상한 풍류'에서 벗어나지 못한 면이 강하게 남아 있어 다음의 여항—시정담론으로 나아가는 예비 단계 정도임을 알았다. 제2단계에 이르면 잡가의 출현과 판소리의 본격화 등 여러 가창 장르의 경쟁과 상업화로 여항—시정가사의 본격적인 대두단계를 보이는데 신분적으로 상·하층을 두루 만족케 하는 대중의 통속적 미감을 자극하는 '선정성'과 '감상성'이 서술미학의 주류를 이룸을 살폈다. 그리고 이 시기의 가창가사는 향유자들에 흥미와 자극을 유발하면서 쉽게 수용될 수 있도록 음악적으로는 아악과 민속악을 섞어 쓰며, 노랫말이나 사설 내용으로는 상사·연정·인생무상 같은 보편적이고 애상적인 '가벼운' 주제를 지향함으로써 대중의 애호를 획득한다는 것을 알았다. 제3단계에는 잡가의 전성시대를 맞아 여항—시정가사의 본격화 단계를 보이는데, 들을거리로서는 가창문화권에서 십이가사의 레퍼토리화가 완성되고, 볼거리로서는 교훈가사마저도 인물 형상의 과장적 희화화에 의한 골계스런 미적 지향을 드러냄으로써 시정인에게 더욱 효과적인 설득과 향유가 가능했음을 살폈다.

논의를 끝내려니 전체적인 흐름의 파악에만 전심하느라 미처 개별 작품에 대한 구체적인 미학적 분석으로까지 나가지 못한 것이 못내 유감이다. 여기서는 큰 틀을 짜 보았다는 것으로 자위하며 마무리하고자 한다.

전남 담양가사의 유형과 미적 가치

1. 담양가사의 자료 개관

전라남도 담양(潭陽)이 우리 문학사에서 가사문학의 비옥한 터전이요 산실이라는 것은 자타가 공인하는 바이다. 16세기 초에 산출된 이서(李緖, 1484~?)의 〈낙지가(樂志歌)〉를 필두로 해서 20세기 초 정해정(鄭海鼎, 1850~1923)의 〈민농가(憫農歌)〉에 이르기까지 600여 년 동안 담양권에서 주옥같은 가사문학이 지속적으로 창작되어 왔기 때문이다.[1] 여기서 담양가사라는 명칭은 좀 더 넓은 의미로 지정하여 사용코자 한다. 즉 담양이라는 지역적 공간을 작품의 생성 공간으로 한 가사 작품은 물론이고, 작품의 공간은 담양이 아니더라도 작가가 담양권에 세거했거나 연고를 둔 경우도 포함하기로 한다.

그럴 경우 〈낙지가〉를 지은 이서는 비록 담양 출신은 아니지만 왕족이었던 그가 자신의 중형 하원수(河源守) 찬(纘)이 이과(李顆)를 추대하여 모반한다는 무고(誣告)로 인하여 중종 2년에 전남 창평으로 귀양을 가게 되었고 그 14년 후에 사환(赦還)이 되었으나 한양으로 돌아가는 것을 단념하고 담양의 대곡(大谷)에 은거하며 작품을 썼으므로 담양가사에 해당한다. 송강 정철(鄭澈, 1536~1593)의 〈관동별곡〉은 담양을 작품 공간으로 하지는 않았으며 출생지도 서울이지만 돈녕부 판관을 지낸 아버지가

1) 박준규 · 최한선, 『담양의 가사문학』, 한국가사문학관, 2001.

을사사화에 화를 입어 귀양살이를 하고 풀려나자 그 할아버지의 산소가 있는 담양 창평 당지산(唐旨山) 아래로 이주하게 되고 이곳에서 과거에 급제할 때까지 10년간을 거주한 이래 그가 벼슬살이에서 반대파의 탄핵을 받을 때마다 돌아간 고향이 바로 창평이고, 이 작품도 동인의 탄핵을 받아 고향에 머물다 강원도관찰사로 관직에 나아가 창작하게 되었으므로 넓은 의미의 담양가사로 인정할 수 있다. 또한 〈성산별곡〉, 〈사미인곡〉, 〈속미인곡〉 역시 고향인 창평으로 돌아가 은거생활을 할 때 지은 작품이다.

정식(鄭湜, 1661~1731)의 〈축산별곡(竺山別曲)〉은 작자가 경상도 용궁 지방의 현감으로 부임하여 재임할 때 그 지역을 작품 공간으로 읊은 것이어서 담양과는 무관한 듯하지만, 작자가 오랜 세월 담양에 세거해온 송강의 직계후손일 뿐 아니라 작품 또한 송강의 가사에 직접적인 맥락이 닿으므로 담양가사로 간주하는 데 무리가 없을 것이다. 〈사미인곡〉과 〈경술가〉를 지은 유도관(柳道貫, 1741~1813)은 송강이 문화유씨(文化柳氏) 강항(强項)의 딸과 혼인한 바로 그 유강항의 후손이며, 〈향음주례가〉와 〈충효가〉를 지은 남극엽(南極曄, 1736~1804)과 〈초당춘수곡〉 등 4편의 가사를 지은 남석하(南碩夏, 1773~1853)는 부자(父子)간으로 담양에 세거해온 집안이고, 정해정은 송강의 10대손이다. 이와 같이 이들 모두 담양에 연고지를 두거나 세거한 집안의 작가여서 담양문화권에서 가사문학의 전통을 이은 작가들이라는 점에서 이들의 작품은 모두 담양가사에 든다고 할 수 있다.

이러한 기준에 따라 담양가사를 모두 수집·정리하고 작품의 원문과 해제 및 현대역을 붙여 출간한 담양가사집이 있어[2] 연구자가 이용하기에 편리한데 본고에서도 이 자료집을 참고하여 살피기로 한다. 여기에는 총 18

2) 박준규·최한선, 앞의 책 참조.

편의 담양가사가 수록되어 있는데 특히 작품의 해제는 그 문학사적 위상과 미학적 탐색을 위한 길잡이가 되고 있다.

2. 담양가사의 유형과 특징

담양가사의 작품집에 정리된 총 18편의 가사가 어떤 성격의 작품들로 이루어져 있는지 그 분포를 파악해 보면 담양가사의 개괄적인 특징이 드러나므로 여기서는 먼저 어떤 유형의 작품이 어떤 빈도로 나타나고 있는가를 검토하고 그러한 유형적 측면의 분포 결과가 갖는 의미를 살펴보기로 한다.

담양권의 가사를 유형별로 분류하여 제시하면 다음과 같다.

강호가사 :	이서	〈낙지가〉
	송순	〈면앙정가〉
	정철	〈성산별곡〉
	정식	〈축산별곡〉
	남석하	〈초당춘수곡〉
	정해정	〈석촌별곡〉
연군가사 :	정철	〈사미인곡〉
	〃	〈속미인곡〉
	유도관	〈사미인곡〉
기행가사 :	정철	〈관동별곡〉
교훈가사 :	남극엽	〈향음주례가〉
	〃	〈충효가〉
	남석하	〈백발가〉
	〃	〈사친곡〉
	정해정	〈민농가〉

작자미상 〈효자가〉

송축가사 : 유도관 〈경술가〉

취락가사 : 남석하 〈원유가〉

이상의 유형별 분류에서 나타나듯이 담양가사는 강호가사와 교훈가사가 각 6편씩으로 양대 유형을 이루면서 가장 많이 지어졌고, 그다음으로 연군가사가 3편을 차지하고, 기행가사와 송축가사, 취락가사(醉樂歌辭)가 각각 1편씩 지어져, 담양가사를 대표하는 것은 강호가사와 교훈가사라는 점을 알 수 있다. 그 가운데 송축가사에 해당하는 〈경술가〉는 정조의 원자인 순조의 탄생을 경축한 작품으로, 그의 탄생이 유가의 성인(聖人)인 공자와 주자가 탄생한 경술년과 육갑을 같이하는 기이한 인연을 갖고 있어서 두 성인의 도와 덕이 우리나라에 탄생한 원자에 의해 행해지고 교화가 이루어질 것을 기대한 노래라는 점에서, 철저히 유가적 이념과 교훈적 내용을 바탕으로 하고 있으므로, 유형적으로 따로 독립시킬 것이 아니라 교훈가사에 편입할 수 있다.

그리고 〈원유가(願遊歌)〉도 인생이란 젊음이 항상 있는 것은 아니므로 옛사람들의 승경(勝景)놀이와 취한 놀음[醉樂]을 다시 놀아 보자는 소망을 담고 있으면서 그러한 놀이가 단순히 인생을 즐기기 위한 것이 아니라 충신열사의 후예로서 손색이 없는 철저히 유가적 표준의 교훈적인 이상을 담고 있는 놀이라는 점에서 넓은 의미의 교훈가사에 넣을 수 있다. 이렇게 되면 담양가사의 유형별 분포는 교훈가사가 8편이고, 강호가사가 6편이며, 연군가사가 3편, 기행가사가 1편으로 최종 귀착된다. 즉 담양가사는 가사의 많은 유형 가운데 네 가지 유형만 나타나고 그중에서도 교훈가사와 강호가사라는 두 가지 유형에 압도적으로 집중되어 나타난다는 특징을 갖는 것으로 파악된다는 것이다.

담양가사의 이러한 유형 분포는 담양권의 사회 · 문화적 특징을 가장 잘 드러내준 결과라고 그 의미를 부여할 수 있다. 가사의 유형은 작자의 신분 계층이나 창작 · 향유집단의 특수성로 보아 크게 I. 사대부가사, II. 규방가사, III. 서민가사(여항－시정가사), IV. 종교가사, V. 개화가사(애국계몽가사)로 나누어지고, 여기서 다시 세부 유형으로 I. 사대부가사는 (1) 강호생활을 노래한 강호가사(강호한정과 안빈낙도가 주된 주제임), (2) 충신으로서 임금에 대한 그리움을 읊은 연군가사(충신연주지사라 함), (3) 정치적 패배로 인해 유배당해 유배지에서 겪는 고난의 생활상을 기술하면서 우국지정을 토로한 유배가사, (4) 일상적 주거환경을 벗어나 명승지나 사행지(使行地)를 기행하고 여정(旅程)을 중심으로 견문과 감회를 읊은 기행가사, (5) 국내 · 외적 전란의 피해와 전란 후의 곤궁한 현실, 처참한 전상, 거기로부터 오는 비애와 의분을 토로한 전쟁가사 등으로 나눌 수 있다. II. 규방가사는 조선시대 부녀자의 규방문화권을 중심으로 창작 · 향유된 가사로 이를 다시 세분하여 (1) 조선조 부녀자들이 가정 내에서 지켜야 할 윤리규범과 행동지침을 읊은 계녀가류와, (2) 시집살이의 괴로움과 신세한단이 주류를 이루는 탄식가류, (3) 화전놀이와 같은 부녀자의 놀이나 여행의 즐거움을 노래한 풍류가류, (4) 자녀의 장래를 축복해 주거나 부모의 회갑이나 회혼을 맞아 장수를 송축하는 송축가류로 나눌 수 있다. III. 서민가사는 여항시정에 널리 유행하는 애정가사나 가창가사가 그에 해당한다. IV. 종교가사는 종교의 교리나 경전의 이념을 세상에 널리 펴는 것을 주제로 한 가사로 불교가사, 천주교가사, 동학가사로 세분된다.

이러한 많은 유형 가운데 담양가사는 오로지 I의 유형인 사대부가사에 편중되어 있고, 그 가운데서도 강호가사와 교훈가사에 집중되어 있음은 어떤 의미를 갖는가. 특히 담양가사에서는 여항—시정에서 즐겨 향유하는 애정가사나 부녀자 중심의 규방가사, 종교의 교리를 담은 종교가사가 전혀 향유되지 않고 있다는 것과, 사대부가사 가운데서도 유배가사나 전쟁가사가 전혀 산생되지 않고 있음은 무엇을 의미하는가. 이는 담양이 올곧은 선비의 전통을 지닌 고장임을 의미하는 것이 아니겠는가.

선비, 곧 사대부는 출(出)과 처(處)가 확고한 세계관과 가치관을 갖고 있다는 점은 널리 알려져 있는 바와 같다. 사대부란 명칭의 개념 자체가 사(士)와 대부(大夫)의 복합어로, 이러저러한 이유로 아직 벼슬길에 나아가지 않았을 때나, 현실 정치가 왕도정치의 이상 실현과 거리가 멀게 돌아감으로써 자신의 뜻을 펼칠 수 없거나, 반대파의 논척(論斥)으로 화(禍)를 입어 정치권에서 소외될 때는 '사'의 신분으로 향리에 머물거나 거주하게 된다(處). 그리고 향리의 산수 자연 속에서 거경궁리(居敬窮理)함으로써, 실천으로서의 자기 수양과 배움으로서의 위기지학(爲己之學)에 전념하여 자기완성을 꾀함으로써 수기(修己)의 기회로 삼는다.

그러다가 과거에 급제하거나 관료로서 왕의 부름을 받아 현실정치의 장(場)에 나아가게 되면, 그때는 대부(大夫)로서의 임무를 다해 경국제민(經國濟民)의 이상 실현을 위해 진력함으로써 치인(治人)의 도리를 다한다. 그런 까닭에 사대부는 강호자연에 들어서나 현실정치에 나아가서나 어느 쪽도 경시하지 않고 유가로서의 이상 실현을 위해 최선을 다함으로써 수기(자연 지향)와 치인(사회 지향) 모두를 실현코자 하는 겸선(兼善)을 최고의 실천 방법으로 인식한다. 따라서 강호자연에 처해서도 자기 수양과 자아 완성에 만족하는 독선(獨善)에만 머물거나, 이세절물(離世絶物)하는 은둔의식이나 사회도피의식으로 빠져들지 않게 되는 것이다.

담양의 선비들 또한 사대부의 이러한 겸선의 태도가 자연 지향 중심의 강호가사와 사회 지향 중심의 교훈가사를 가장 많이 창작 · 향유하는 결과를 낳게 된 것은 당연한 결과라 하겠다.

3. 담양가사의 문학사적 위상

담양가사 18편 가운데 옛 시대부터 우리 문학사에서 가사문학의 최고 걸작으로 역사적 평가를 받은 작품은 주지하는 바와 같이 송순의 〈면앙정가〉와 정철의 〈사미인곡〉, 〈속미인곡〉, 〈관동별곡〉을 꼽을 수 있다.

먼저 〈면앙정가〉에 대해서는 일찍이 심수경(沈守慶, 1516~1599)이 다음과 같은 평을 한 바 있다.

> 근세(近世)에 이어(俚語)로 장가(長歌)를 짓는 자가 많으나 오직 송순의 〈면앙정가〉와 진복창(陳復昌)의 〈만고가(萬古歌)〉가 사람의 마음을 끈다. 〈면앙정가〉는 산천과 전야의 그윽하고 광활한 형상을 포서(鋪敍)하고, 정자와 누대, 굽은 길과 지름길의 높고 낮고 돌아들고 굽은 형상과 사시(四時)의 아침과 저녁 때의 경치 등을 모두 비록(備錄)하지 않음이 없다. 문자를 섞어 썼는데 형상의 완전(婉轉)함이 극을 달했다. 진실로 볼 만하고 들을 만하다. 송공(宋公)은 평생 가(歌)를 잘 지었으니 이 작품은 그중에서도 으뜸이다.[3)]

이러한 평가에서 보듯이 송순의 〈면앙정가〉는 심수경 시대 이전의 수많은 가사 작품 가운데 가장 감동을 주는 작품으로 지목하고 있다. 그리고 후대의 홍만종(洪萬宗, 1643~1725)은 다음과 같은 평을 한 바 있다.

> 면앙정가는 정승 송순이 지은 글이다. 산수의 경치를 자세히 그리고, 거기에서 노는 즐거움을 곡진히 말했으니, 참으로 가슴 속의 호연(浩然)한 정취가 서려 있는 듯하다.[4)]

이러한 평가에서 드러나듯이 송순은 이 작품을 통해 면앙정을 중심으로 한 담양이라는 현실 공간을 유가적 미학의 이상적 공간으로 격상시켜 놓았고, 이런 까닭에 거기에는 담양 공간에서 이룩한 선비의 삶과 멋이 고스란히 배어 있다. 이러한 걸작이 등장하는 데에는 무엇보다 정극인의 〈상춘곡〉이 강호가사의 단초를 열어놓았고, 그를 이어 이서가 〈낙지가〉를 통해 담양 공간의 산수자연을 중심으로 노래함으로써 담양권 강호가사의 초

---

3) 심수경, 『견한잡록(遣閑雜錄)』 참조.

4) 홍만종, 『순오지』 참조.

석을 쌓음으로써 가능했다.

여기서 〈상춘곡〉은 강호가사의 단초를 연 중요한 작품이긴 하지만 두 가지 측면에서 아직은 미숙한 단계였다. 가사는 장르 양식상으로 어떤 정황에 대해 서술을 억제하여 노래하고자 하는 서정 양식도 아니요, 어떤 사건을 플롯에 의해 이야기하고자 하는 서사 양식도 아니요, 어떤 행동을 재현하고자 하는 희곡 양식은 더구나 아니며, 어떤 사실(화젯거리)을 서술 확장에 의해 전달하고자 하는 전술(교술 혹은 주제적) 양식에 해당함을 주목할 때,[5] 그 서술의 확장을 ① 어떤 형상화기법으로 문채(文彩)를 발하도록 기술하는가와, ② 그 서술 구조가 어떤 질서를 갖는 내부적 형식으로 긴밀하게 짜여 있는가에 달렸다. 이런 면에서 〈상춘곡〉은 작품의 언어를 형상언어로 끌어올려 미학적 윤기(潤氣)를 발하게 하는 문채적인 면으로나, 서술을 확장해 나가는 솜씨 있는 짜임새를 보이는 내부 질서 면에서나, 아직은 걸작이라 할 만큼의 이렇다 할 탁월함을 보여주지는 못하고 있다. 그것은 자연 속에서 소요음영(逍遙吟詠)하며 봄날의 정취를 한껏 서술하는데 집중함으로써 서술자의 감흥을 세세하게 펼치는 데만 진력한 탓으로 보인다.

그리고 이서의 〈낙지가〉 역시 문채 면에서나 서술 짜임의 긴밀성 면에서 지나치게 분방하고 산만한 정취를 단순하고 직선적인 내부 질서로 엮어 나열해 놓는 수준이어서 두 가지 측면에서 높은 수준을 획득하지는 못하고 있다.

이에 비해 〈면앙정가〉는 누정을 중심 모티프로 하는 강호가사라는 장르 유형을 우리 문학사에서 작품의 미학으로 확립하는 선구적 모습을 보이는 걸작이라 할 것이다. 우리문학사에서 강호가사는 누정계 가사와 초당계 가사의 두 부류를 이루며 전개되었으며,[6] 전자가 후자의 초석이 되었

---

5) 이에 대한 상론은 졸저, 「가사의 장르적 특성과 현대사회의 존재 의의」, 『한국고전시가의 전통과 계승』, 성균관대학교 출판부, 2009를 참조.

6) 이에 대한 상론은 안혜진, 「강호가사의 변모과정 연구」, 이화여대 석사학위논문, 1998을

지만, 전자는 〈면앙정가〉에서 누정[7]을 중심으로 한 산수의 빼어난 공간 배치와 사계절의 질서를 따라 체현될 수 있는 물아일체의 심미 체험을 유기적 질서로 짜놓은 그 긴밀한 짜임새[8]에서, 그리고 강호자연을 미학적으로 묘파하고 서술해내는 문채의 면에서, 모두 탁월한 전범을 보임으로써 강호가사가 면면히 이어질 수 있는 길을 확고히 열어놓았다.

이처럼 송순의 〈면앙정가〉에 의해 확립된 강호가사는 정철의 〈성산별곡〉에 이르러 두 가지 측면 모두에서 획기적인 발전을 이룩하게 된다. 우선 〈성산별곡〉은 단일 서술자 목소리로 되어 있었던 앞서의 강호가사에 보이는 단조로움을 벗어나 '주인'(서하당―식영정 주인)과 '손'(송강 자신을 객체화시킴) 사이의 대화자 목소리로 서두를 열고 또 그것으로 마무리함으로써 텍스트의 구성적 긴밀성, 곧 완결성을 꾀함과 동시에 그 대화자 목소리가 실제로 질문과 대답을 주고받는 교환 발화로 이루어져 있는 것이 아니라 '대답을 요구하지 않는 수사적 의문문'으로 진술되어 있어 화법의 위반을 서술기법으로 활용하는 고도의 서술효과를 확보해 냄으로써 송강과 식영정 주인 사이에 있을 수 있는 개인적이고 일상적인 담화를 문학적이고 미학적인 담화로 상승시키는[9] 문채의 찬연함을 보여주고 있다.

그보다 가사문학에 있어 송강의 탁월함은 타의 추종을 불허하는 수준이어서 일찍이 많은 이들에 의해 절찬의 평가를 받아왔음은 주지하는 바와 같다. 그중에서 중요한 몇 가지만 들어 본다.

참조.

7) 박준규, 「한국의 누정고」, 『호남문화연구』 제17집, 호남문화연구소, 1987에 누정이 갖는 기능을 상론해 놓아 강호가사에서 누정이 갖는 의미의 탐색에 좋은 지침이 되고 있다.

8) 김성기, 「송순의 시가문학연구」, 조선대 박사학위논문, 1990에 〈면앙정가〉의 긴밀한 구조분석을 해놓고 있어 텍스트의 내적 구조를 파악하는데 큰 도움을 준다.

9) 성무경, 『가사의 시학과 장르실현』, 보고사, 2000에 이러한 서술자 목소리의 서술효과를 정밀하게 분석해 낸 바 있다. 그런데 송강의 서술전략을 보다 면밀하게 따져보면 송강과 식영정 주인은 동일인임이 드러나고 이럴 경우 송강이 대용화법이라는 고도의 서술기법을 활용한 것으로 분석된다. 이에 대하여는 이 글의 다음 편에서 상론한다.

송강의 〈관동별곡〉, 〈사미인곡〉, 〈속미인곡〉은 우리나라의 〈이소〉로 서예로부터 우리의 참된 문장은 오직 이 세 편뿐이다.[10]

〈관동별곡〉은…… 관동에 속한 산수의 아름다움을 일일이 들어서 그윽하고 기괴한 경치를 모두 다 설명했는데, 그 경물을 그려냄이 신묘하고 말을 엮어냄이 기발하여 실로 악보 중의 뛰어난 작품이다.[11]

〈사미인곡〉은 『시경』의 미인 두 자를 조술하여 나라를 걱정하고 임금을 그리워하는 뜻을 붙였으니 초나라 정인의 노래 가운데 가장 뛰어난 〈백설곡(白雪曲)〉만이나 하다 할 것이다. 〈속사미인곡〉은 〈사미인곡〉에서 다 말하지 못한 생각을 다시 펼친 것으로 형용한 말이 더욱 공교(工巧)하고 뜻이 더욱 절실하게 되었으니 이는 제갈량의 〈출사표(出師表)〉와 앞뒤를 다툰다 할 수 있다.[12]

송강의 전후(前後) 〈사미인사(思美人辭)〉는 속언(俗諺)으로 지은 것인데…… 그 마음의 충직함, 그 뜻의 결백함, 그 절개의 곧음이며, 또 그 말의 청아하고도 곡진한 것과 그 곡조의 슬프고도 바른 것이 거의 굴원의 〈이소(離騷)〉와 짝이 될 만하다.[13]

이처럼 모든 평가자들이 기행가사인 〈관동별곡〉과 연군가사인 〈사미인곡〉, 〈속미인곡〉 세 편을 들어 우리 가사문학의 최고 걸작으로 극찬하고 있다. 그런데 이러한 평가의 공통점은 그 탁월함을 중국의 〈이소〉나, 〈백설곡〉, 〈출사표〉 같은 작품에 비견하여 논평한다는 것이다. 이를 피상적으로 보면 송강의 걸작 가사들이 마치 중국의 작품을 표방하여 걸작이 된 것처럼 이해하기 쉽다. 그러나 중국인의 최근 연구에 따르면 송강의 가사들이 조사(措辭)나 글귀의 측면에서 굴원의 〈이소〉나, 〈구장〉, 〈사미인〉을 모방하거나 환골탈태한 흔적을 거의 찾아볼 수 없었다는 결론이다. 일

10) 김만중, 『서포만필』 참조.
11) 홍만종, 『순오지』 참조.
12) 김춘택, 『북헌집』 참조.
13) 김춘택, 『북헌거사집』 권16 잡저 참조.

례로 송강의 〈사미인곡〉이 굴원의 작품에서 수용한 것이 있다면 조사와 용어라기보다는 〈사미인〉의 우의(寓意)와 정신 지향, 그리고 굴원 작품의 저변에 흐르고 있는 남방(南方)의 감상적 낭만과 신화적 시상(詩想) 정도라는 것이다.[14]

송강의 작품이 중국의 작품을 모방한 것이 결코 아니며 다만 그 정신을 이어받았을 뿐이라는 이러한 연구 결과에 비추어 볼 때, 그럼에도 불구하고 왜 우리의 선인들은 하나같이 작품을 평가할 때 반드시 중국의 어떤 작품을 이상적인 모델로 삼아 그것과 연관지어 그 탁월함을 거론했던 것일까? 이런 의문은 동양적 글쓰기 전통을 이해한다면 충분히 이해가 된다.

주지하는 바와 같이 동양의 인문적 글쓰기 전통은 공자의 가르침인 '술이부작(述而不作)의 정신'에서 비롯된다. 즉 공자 자신이 "나는 선왕(先王)의 예악문물을 전해 받아 풀어 서술했을 뿐, 없는 것을 새로이 만들지는 않았다"라고 말한 바의 글쓰기 정신으로 철저한 상고주의적(尙古主義的) 태도에 바탕을 두고 있는 것이다. 이러한 글쓰기 정신으로 인해 우리의 선인들은 중국의 경전이나 고전을 글쓰기의 모범으로 삼아 그것과의 친화관계에서 새로운 글을 짓고 써갔던 것이다.[15]

그런 까닭에 송강의 두 〈미인곡〉은 굴원의 〈이소〉나 〈사미인〉 혹은 〈백설곡〉에 글쓰기의 맥락이 닿아 있음은 흠결이 아니라 오히려 내세워야 할 전범(典範)이 되었던 것이다. 그렇다고 단순 모방을 하는 것이 아니라 그 정신만을 계승하고 말부림(措辭, 조사)이나 말을 직조(織造)해나가는 서술기법에서는 뛰어난 창의력을 발휘했던 것이다. 송강의 탁월한 점은 바로 이런 점에서 빛났던 것이다.

---

14) 董達, 『조선 三大 詩歌人 작품과 중국시가문학과의 상관성 연구』, 탐구당, 1995 참조.

15) 이런 글쓰기 정신은 서구의 그것과는 반대 지향이다. 서구의 인문적 글쓰기는 언제나 선대의 것과는 다른 개성과 창조성이 요구되어 왔으며 이런 전통으로 인해 앞 시대의 것을 모방적으로 글쓰기 하는 '패러디' 장르까지도 원텍스트와는 비판적 거리를 두는 개성과 참신성이 요구되었던 것이다.

이러한 탁월한 점 때문에 송강의 기행가사나 연군가사는 우리 문학사에서 수많은 아류작(亞流作)들을 산생시키는 모델 역할을 했던 것이다. 이를테면 〈사미인곡〉은 김춘택의 〈별사미인곡〉과 이진유의 〈속사미인곡〉을, 그리고 담양가사 가운데 유도관의 〈사미인곡〉을 낳는 데 결정적 역할을 했으며, 〈관동별곡〉은 조우인의 〈관동속별곡〉을 산생케 했던 것이다. 그렇다고 이들 작품이 단순히 아류작, 혹은 모작(模作)이라고 그 가치를 폄하하고 넘어갈 것은 결코 아니다. 예를 들면 조우인의 〈관동속별곡〉에 대한 다음의 평가를 들어 보자.

> 조우인이 〈관동별곡〉을 듣고서 견세지흥(遣世之興)을 억제할 수 없어 관동으로 유람을 가 가사 〈속관동별곡〉을 지었다고 한다. 그것을 보는 사람들이 모두 칭찬하였다. 지난번 이택당(李澤堂)이 내게 말하기를 "영남의 문장으로는 조우인이 제일이다"라고 하길래 이것으로써 살펴보면 〈속별곡〉은 반드시 기이할 것이라 여겼다.[16]

이처럼 조우인의 작품도 모작(模作)으로 폄하되는 것이 아니라 오히려 영남 제일의 문장가로 당대에 이미 높은 평가를 받으며 독자들에게 상찬받고 있는 것이다. 그런 점에서 김춘택의 〈별사미인곡〉이나 이진유의 〈속사미인곡〉과 함께 유도관의 〈사미인곡〉도 모작으로만 돌릴 것이 아니라 그 작품 가치는 정당한 평가를 받아야 할 것이다.[17] 유도관의 〈사미인곡〉은 앞 시대 사미인곡류와는 달리 서울에서 멀리 떨어진 초야에 묻히어 사는 향촌의 선비가 임금을 그리워하는 마음을 노래한 것으로 연군의 정이 더 소박하고 순수하다는 평가가 이미 나와 있다.[18]

담양가사 가운데 가장 많은 비중을 차지하는 교훈가사류에 대해서는 작

---

16) 김득신, 『柏谷集』 참조.

17) 최규수, 『송강 정철 시가의 수용사적 탐색』, 월인, 2002에서 김춘택의 〈별사미인곡〉이 송강의 두 〈미인곡〉을 대화체의 어법에서 발전적으로 수용하고 있다는 점 등 작품의 가치를 밝히고 있어 참고가 된다.

18) 박준규 · 최한선, 앞의 책 참조.

품이 유가적 이념이나 교훈을 주제로 담고 있다는 점에서 그 생경한 이념이 그대로 노출되어 미학적으로 승화되지 못했다는 이유로 그동안 이 부류에 속하는 절대다수의 작품들이 문학사에서 평가 절하되거나 도외시 되어왔다. 그러나 반드시 그렇게만 볼 것은 아니다. 이에 대해서는 다음 장(章)에서 상론하고 여기서는 지면 관계상 문학사적 위상에서 특별히 주목되는 몇 작품만 언급해 보기로 한다.

먼저 교훈가사 가운데 남석하의 〈백발가〉를 보면 우리 문학사에서 폭넓은 향유를 보인 백발가류로서는 독특한 위상을 갖고 있음이 눈에 띈다. 백발가류 가사는 여항—시정 문화권에서 '초당문답' 계열로 널리 향유되었는데 그렇게 되기까지에는 그 이전 19세기 초에 나온 〈노인가〉(1840년경 『가사육종(歌辭六種)』에 이미 실림)류가 있었고, 동시대의 규방문화권에서도 신변탄식류 가사로 〈백발가라〉, 〈노탄가〉 같은 제목으로 향유되는 텍스트 문화적 환경이 조성되었다.

그런데 남석하(1773~1853)는 담양의 사족으로 노인가류가 유행하던 19세기 전반에 〈백발가〉를 창작했으므로 이 방면의 선구적 모습을 보인 사례일 뿐 아니라 향촌의 사대부로서 여항—시정가요의 단초를 여는 데 기여했다는 점은 특기할 만하다. 특히 사대부가사답지 않게 〈백발가〉에서 단락을 넘길 때마다 "이거시 뉘탓신가 백발(白髮)의 네탓시라"라는 민요나 잡가에서 흔히 볼 수 있는 후렴구를 즐겨 사용한다든지, 〈달거리〉 민요의 유형적 틀을 그대로 가져와 단락을 전개한다든지, 잡가에서 흔히 볼 수 있는 것처럼 7언 한시 어투를 노래 어구의 사설로 육화시키는 표현을 즐겨 사용한다든지, "먹고노새 먹고노새 절머실제 먹고노새 …… 朝露ㄱ튼 이人生이 안이놀고 무슴ᄒᆞ리" 같은 〈수심가〉 계열 어구를 표현하는 등 여러 장르의 혼합적 표현 어법을 능동적으로 활용하는 사례는 향촌의 사대부가사로서는 획기적인 사실이라 아니할 수 없다.

다음으로 교훈가사 가운데 농부가류에 해당하는 정해정의 〈민농가〉를 살펴보면, 이 작품은 청자가 농민("노농(老農)", "농부"로 표현됨)으로 설정되어 있으며, 사족(士族)들에게 귀농(歸農)을 권유하는 것이 아니라 농민에게 그들의 임무를 충실히 수행할 것을 권고하는 내용으로 짜여 있어, 농부가류의 세 유형인 권농가(勸農歌)형, 부농가(富農歌)형, 중농가(重農歌)형 가운데[19] 중농가형에 해당하는 가사임을 알 수 있다. 그러면서 〈농가월령가〉처럼 월령체 형식을 취하지 않고 과도한 조세에 시달리는 농민의 어려운 삶을 반영하고 있다는 점이 주목된다.

이 중농가형은 세 유형 가운데 문학사에서 가장 늦게(19세기) 나타난 것으로, 향촌사족의 위기의식이 가장 잘 드러나 있어 그 시대의 농민의 궁핍화와 참상을 읽어낼 수 있다는 점이 주목되는데, 이는 정해정의 작품에도 그대로 잘 드러나 있다.

4. 담양가사의 미적 가치

앞에서 살핀 바와 같이 담양가사는 교훈가사와 강호가사가 양대 주류를 형성하고 있다. 그리고 이 둘은 출과 처의 세계관과 가치관을 확고히 가진 사대부의 겸선 지향, 곧 수기와 치인의 유가적 이상을 동시에 이루려는 의식과 깊이 연관된다고 했다. 즉 그들은 벼슬길에 나가서나 강호자연으로 들어서도 겸선을 실천하려는 인식을 갖고 있어서 현실정치에 나아가면 왕도정치의 도덕적 이상을 사회에 구현하려 하고, 강호자연에 깊이 들어서도 자연의 아름다움을 완상하는 가운데 거기에 몰입하지 않고 망세(忘世)를 경계함으로써 도덕적 가치와 미적 가치를 분별하지 않는 미의식을 형성하게 되었다. 이는 도덕적 가치와 미적 가치는 분별되어야 한다는 서구적 미학과는 분명히 구분되는 것이다.[20] 사대부의 이러한 미학적 특징은

19) 길진숙, 『조선후기 농부가류 가사 연구』, 이화여대 석사학위논문, 1990에 이러한 유형을 설정하여 그 특색을 자세히 고찰한 바 있어 좋은 참고가 된다.

20) N. 하르트만(전원배 역), 『미학』, 을유문화사, 1971에 서구의 이러한 분별 인식이 잘

담양가사의 미학에도 그대로 구현되고 있음은 물론이다.

담양가사도 예외가 아니어서 문학이 이념의 텍스트와 미적 텍스트를 겸하는 것으로 인식하는 전통을 고수해 온 점을 확인할 수 있는데, 이는 이러한 사대부 미학을 바탕으로 하고 있기 때문이다. 즉 선(도덕적 가치)과 미(미적 가치)를 별개로 추구하지 않는 미학을 갖고 있어서 담양이라는 강호자연의 공간에 처해 있거나 그곳을 벗어나 벼슬길에 나아가 있으면서도 두 가지의 어느 쪽도 버리지 않으려는 의지를 가사문학 텍스트를 통해 내보이고 있는 것이다. 송강이 강원도 관찰사로 나아가 〈관동별곡〉을 지어내거나 정식이 용궁 현감으로 부임하여 그곳에서 〈축산별곡〉을 노래한 것도 이러한 미학을 드러냄이고, 남극엽이 평생을 벼슬길에 나아가지 않았음에도 사회적 실천 이념으로서의 도덕적 가치를 문학적으로 실현한 〈향음주례가〉와 〈충효가〉를 지어냄도 이러한 미학의 드러냄인 것이다.

이처럼 담양가사의 미학은 사대부의 유가적 미학을 기본 틀로 하여 구현된다는 공동점을 가지지만, 그것이 구체적인 텍스트 미학으로 실현되는 양상은 작품과 작가에 따라 차이를 가질 수밖에 없다. 그 기본 방향을 말한다면 강호가사 계열은 유가적 이념의 도덕적 가치도 중요하지만 그보다는 강호자연의 아름다움이라는 미적 텍스트로서 비중을 두고, 교훈가사 계열은 그 반대로 미적인 측면보다는 이념의 텍스트로서 비중을 두어 전자는 우아미가 구현되고, 후자는 숭고미가 구현되는 경우가 대부분이다. 그리하여 강호가사에는 미적 가치의 비중으로 인해 그 문학적 가치를 높이 인정받는 경우가 상당히 있었지만 교훈가사는 그 이념적 생경함을 그대로 표출함으로 인해 그동안 부당하게 문학적 가치가 폄하되어 온 것도 사실이다.

그러나 교훈가사에 대한 이러한 부당한 가치 평가는 지양되어야 할 것이다. 특히 담양가사 가운데 유도관의 〈경술가〉나 남극엽의 〈향음주례가〉

드러나 있다.

와 〈충효가〉, 작자미상의 〈효자가〉 같은 경우는 삼강오륜을 기본으로 하는 유가적 이념을 펴서 백성을 교화하고 민풍을 바로 잡으려는 의도로 창작된 것이어서, 늘 이념이라는 무게에 담아 도덕적 가치를 구현하려는 의지를 강하게 드러내므로 그 미적 표현에는 크게 관심을 가지지 않는 특징을 보인다. 충효 같은 유가적 덕목을 표현하는 일은 그 자체로 절대 이념의 표상이기 때문에 그에 대해 노래한다는 자체로 숭고한 미적 체험을 갖게 하는 것이다.

그러므로 거기에 서술상의 어떤 수사적 화려함을 덧붙이거나 정서 상관물로서의 다층적 이미지를 묘출해내는 잔재주를 연출하는 것은 오히려 절대적 가치를 훼손하는 일에 다름 아니고, 따라서 숭고미를 격하시키는 부작용만 초래하게 될 것이다. 교훈가사라는 이념적 텍스트는 화려한 수식을 피하고 고졸(古拙)한 서술로 일관하되, 오로지 진력하는 것은 그 표현하려는 문자 속에 성(誠)과 경(敬)을 새겨 넣어 이념의 절대 무게를 숭고하게 드러내는 데 있는 것이다.[21] 그 텍스트에는 도(道)의 표상이 강화될수록 숭고미가 드러나므로 중국의 정평 있는 전고 고사들을 끌어와 이념의 무게를 더하는 방법을 즐겨 사용하는 것도 이에 연유한다.

따라서 이러한 이유를 들어 표현미학상의 개성이나 참신성이 결여되어 있다는 평가를 하는 것은 부당한 가치 폄하라 아니할 수 없다. 이들 작품의 평가는 문채나 어휘, 수사 같은 표현미학보다 숭고미가 어떠한 구성적 긴밀성과 유기성을 가지고 무게 있게 표출되고 있느냐에 기준점을 두어야 할 것이다. 그리고 그러한 긴밀성을 통해 인간중심의 실천적 가치와 직결된 규범적인 선(善)의 완성을 어느 정도의 높은 수준으로 구현했느냐에 평가의 잣대를 디밀어야 할 것이다.[22]

---

21) 우리 문학사에서 이러한 숭고미를 가장 잘 구현한 작품으로는 노계 박인로를 들 수 있다.

22) 교훈가사의 주제나 모티프가 삼강오륜이나 향음주례 같은 유가적 덕목에 기반을 둔다고 하여 그 작품의 미학이 무조건 숭고미로 구현되는 것은 아니라는 점을 유의해야 할 것이다. 그러한 유가적 덕목에 대한 의식이 절대가치로 인식되느냐 상대가치로 인식되느냐에

교훈가사의 이러한 기준점과는 달리, 강호가사의 경우는 동양의 고전적 미의식과 유가적 덕목을 바탕으로 한다는 점은 같지만 그 표현 미학은 하나같이 우아미를 실현하는 것이므로, 작품의 미학적 평가는 산수의 아름다움이나 그에 대한 정취를 어떤 수준으로 구현했느냐에 따라 달라질 것이다. 즉 서술의 기법이나 구성의 긴밀도, 혹은 문채의 수준에서 판가름 나게 될 것이다.

연군가사의 경우는 임금에 대한 충(忠)이라는 '이념'에 무게 중심을 두는가 아니면 그를 그리워하는 충성된 '정취'에 무게를 두는가에 따라, 전자는 숭고미를 구현하게 되고 후자는 우아미를 구현하게 될 것이므로,[23] 그러한 미적 지향이 얼마나 잘 미학적으로 구현되었느냐에 따라 그 수준이 평가되어야 할 것이다. 이러한 관점에서 면앙정 송순이나 송강 정철의 강호가사나 연군가사에 나타난 미학이 검토되어야 할 것이다.

먼저 〈면앙정가〉에 나타난 미학(우아미)의 구현 수준을 살펴보면 이 역시 작품의 개성이나 창조성 혹은 참신성을 중시하지 않는 동양의 고전적 미의식에 바탕을 두고 있으므로 앞 시대의 〈상춘곡〉이나 크게 다를 바 없다고 판단하기 쉽다. 강호가사에 나타난 산수의 아름다움이나 그것을 느끼는 서술자의 정취가 하나같이 유가적 미의식에 기반을 두고 있기 때문이다. 그러나 모든 강호가사가 그러한 미의식에 바탕을 두고 우아미를 구현한다 하더라도 작품의 구성적 긴밀도나 문채의 수준은 상당한 차이가 있어 개별 텍스트에 구현된 미학의 수준은 작품마다 천차만별로 나타날 수밖에 없는 것이다.

그런 점에서 〈면앙정가〉는 강호가사의 미학적 짜임이나 문채의 수준을 확고하게 정립한 작품으로 그 빛을 발한다 할 것이다. 우선 작품의 주제인

따라, 곧 서술자의 태도에 따라 미적 지향이 분별될 것이다. 절대가치로 인식될 경우 숭고미 지향이 지배적일 것이고, 상대가치로 인식될 경우 우아미 지향이 지배적이 될 것이다.

23) 우리문학사에서 연군의 정을 노래한 시가작품의 쌍벽을 이루는 송강과 노계의 경우를 보면 전자가 우아미를, 후자가 숭고미를 구현한 최고의 수준의 작품으로 평가된다.

면앙정과 그 주변의 산수자연의 아름다움, 그리고 그에서 느끼는 정취(물아일체의 경지)를 효율적으로 노래하기 위해, 작품을 크게 2단 구조로 짜고 전반부(첫머리에서부터 "건곤(乾坤)도 가음열사 간대마다 경(景)이로다"까지)는 '경물(景物)의 조화로운 아름다움'을, 후반부(그다음부터 끝부분까지)는 그러한 아름다움을 완상하는 '자아의 흥취'를 노래했다. 그러면서 궁극적으로 물아일체의 경지를 전반부는 '물(物)의 관점'에 비중을 두고, 후반부는 '아(我)의 관점'에 비중을 두어 큰 틀을 짜고, 그러한 상부 구조 내에서 다시 전반부를 둘로 나누어 앞부분(첫머리에서부터 "원근창애의 머믄것도 하도할샤"까지)은 면앙정 자체와 그 주변의 경물을 원경(遠景)에서부터 근경(近景)으로 공간적 이동을 따라 경물의 조화로움을 노래하고, 뒷부분(그다음부터 "간대마다 경(景)이로다"까지)은 춘하추동 사계절의 아름다움을 시간적 순서를 따라 경물의 조화로움을 노래함으로써 그 조화의 아름다움이 시간적으로도 공간적으로도 두루 충만되어 있음을 서술해 놓았다.

그리고 후반부도 둘로 나누어 앞부분("인간(人間)을 써나와도 내몸이 겨를 업다" ~ "다믄한 청려장이 다뫼되여 가노미라")에서는 자연 경물을 완상하면서 그런 생활을 '좋아하는' 단계를 서술하고, 뒷부분(그다음부터 끝까지)은 술과 노래의 풍류생활을 보다 적극적으로 '즐기는' 단계를 서술했다. 이처럼 〈면앙정가〉는 작품 전체를 전반부와 후반부로 나누어 대등한 짝을 이루어 평형을 유지하도록 하고 그것을 다시 각각 앞부분과 뒷부분으로 짝을 이루도록 짜놓음으로써 작품이 균형과 조화를 완벽하게 이루도록 배려하고 있는 것이다.

이럴 경우 작품의 짜임새는 완정한 균제미를 이룬다하더라도 전반부와 후반부를 유기적으로 연결해 주는 긴밀한 구성에 있어서는 문제가 있어 보인다. 그러나 그러한 균제미를 넘어서는 또 하나의 내적 질서가 기저하고 있어 작품을 긴밀한 유기적 짜임새로 읽게 해준다. 그것은 점층적 방법에 의한 3단계로 "어떠한 것을 아는(知) 것이 그것을 좋아하는(好) 것만 못하고, 그것을 좋아하는 것이 즐거워하는(樂) 것만 못하다"(『논어』 옹야)

라고 한 고전적 악론(樂論)에 기반을 둔 짜임새로 읽혀지는 내적 질서이다. 작품의 전반부가 격물치지(格物致知)를 통해 자연 경물의 조화로운 아름다움을 알아가는[지(知)] 과정이고, 이어 후반부에서 그러한 앎을 통해 자연 경물의 아름다움을 좋아하게[호(好)] 되고, 나아가 물아일체의 진락(眞樂)에 이르러는 즐거움[낙(樂)]을 맛봄으로써 마침내 서술자가 그 최고의 지점인 신선의 경지에 이른다는 점층적 짜임으로 인해 전반부와 후반부의 구성은 유기적 긴밀성을 이루게 됨을 확인할 수 있다.[24]

그리고 무엇보다 이 작품은 과(過)나 불급(不及)이 없는 중화(中和)의 도(道)를 미학이자 시학으로 삼고 있다는 것이다. 작품의 짜임에서 자연의 아름다움을 노래할 때 어느 한 두 계절에 치우치지 않고 사계절을 대등한 평형으로 서술한다든지,[25] 앞서 살핀 바대로 작품의 전체적 구성을 짝을 맞추어 형평성을 이루도록 짠다든지, 하나하나 경물의 아름다움을 발견하는데 있어서도 어느 한쪽으로 편벽됨이 없이 "넙거든 기디마나 프르거든 히디마나", "안즈락 느리락 모드락 흣트락", "노프둧 느즈둧", "숨거니 뵈거니", "가거니 머믈거니", "나명성 들명성" "오르거니 느리거니", "여트락 디트락" 등등의 표현에서 보듯 중화의 아름다움을 최고의 가치로 기술하고 있다. 이것이 바로 〈면앙정가〉가 우아미를 높은 수준으로 구현하는 핵심적 원천이 되고 있으며, 객관적으로 존재하는 산수자연의 묘사를 넘어 그것이 형이상학적 의미를 갖게 하는 것이다.

송강의 〈성산별곡〉은 〈면앙정가〉의 이러한 미학을 전폭적으로 받아들이면서 그것을 형상화 방식이나 서술의 짜임새에서 한층 고도화된 서술기법을 보임으로써 강호가사의 수준을 최고 정점에 이르게 한다. 이를테면 산수자연의 경물을 묘사함에 있어서도 〈면앙정가〉는 사계절을 단순히 시

24) 김학성, 「송순시가의 시학적 특성」, 『한국고시가의 거시적 탐구』, 집문당, 1997 참조.
25) 강호가사의 서술 짜임에서 〈상춘곡〉은 그 주제상 필연적으로 봄이라는 한 계절에만 몰입하고 있는데, 이러한 편벽된 즐거움은 유가 미학의 전범이 될 수 없으므로 사계절을 고루 갖춘 〈면앙정가〉가 후대의 모델이 됨은 필연이었다고 보아야 할 것이다.

간적 순차에 의해 서술하지만 〈성산별곡〉에서는 춘하추동으로 이어지는 일 년의 시간 순차에다 하루의 시간상이라는 또 하나의 시간 순차를 대응되게 중첩시켜 놓음으로써 '봄 : 아침' → '여름 : 낮' → '가을 : 저녁' → '겨울 : 밤'의 시상 전개에 따른 서술 효과를 극대화시키고 있다.[26]

거기에다 〈면앙정가〉의 서술 전개는 작자의 인격이 투영된 단일 화자에 의해 시종일관 단순 구조의 서술로 진술되어 있어 작자가 전달하고자 하는 메시지가 분명하게 드러나지만, 〈성산별곡〉에서는 작품의 첫머리 부분("엇던 디날 손이 성산에 머믈며서 서하당 식영정 주인아 내말듯소")에서부터 작자의 존재는 직접 드러나지 않고 '손'이 '서하당—식영정 주인'에게 말을 붙이는 대화적 기법으로 시작하는 데다 서술자마저 '디날 손'으로 객체화시킴으로써, 이후의 서술이 부분에 따라서는 손의 목소리인지 주인의 목소리인지를 선명하게 파악해내기가 어려울 정도로 고도의 서술전략에 의한 서술 효과를 노리고 있다.

그리하여 서하당 식영정 주인이 누가 되든지 간에 또 손과 주인이 어떤 관계이든지 간에[27] 이러한 고도의 기법으로 인해 두 목소리 속에 작자인 송강이 전달하고자 하는 메시지가 녹아들어 문학적 진술 효과를 획득하면서 실제 독자에게 설득력 있게 소통될 수 있는 길을 열어두고 있는 것이다. 즉 손과 주인의 존재를 실제의 대화자 목소리로 지나치게 분별해 읽어내는 것은 송강의 고도의 서술기법에 의한 서술 의도를 그르칠 수 있으며,[28] 그만큼 작품의 심오한 뜻을 파악해내지 못하는 결과를 낳게 되는 것이다. 이러한 고도의 서술기법은 연군가사인 〈속미인곡〉에서도 나타나고

---

26) 김신중, 「四時歌의 時相 전개 유형 연구」, 『국어국문학』 제106호, 국어국문학회, 1991에 강호시가에서 사계절의 시간순서에 따른 전개의 질서를 탐구해 놓아 좋은 참고가 된다.

27) 최한선, 「성산별곡과 송강 정철」, 『고시가연구』 제5집, 한국고시가연구회, 1998에 손과 주인의 관계뿐 아니라 작품의 제작연대와 식영정 주인에 대한 논란 및 그 문제 해결에 대한 방향이 면밀하게 고찰되고 있어 좋은 참고가 된다.

28) 성무경, 앞의 책, 제1부 「가사의 시학」에 서술자 목소리에 대한 이러한 관점이 예리하게 제시되어 있다.

있으니, 갑녀와 을녀의 대화자 목소리가 어디까지가 갑녀의 목소리고 어디까지가 을녀의 목소리인지 쉽사리 분별하지 못할 정도로 고도의 서술기법을 구사하고 있음이 그것을 말해준다. 그러나 갑녀와 을녀의 두 목소리는 송강이라는 실제 작자와 친화력을 지니는 인격적 서술자의 목소리에 의해 조정되는 것이고, 동일인의 두 마음이 형상화된 것이라 보아야 한다는 점에서[29] 〈속미인곡〉의 두 여인을 통해 드러내는 작자의 문학적 형상화의 목소리가 얼마나 절절하고 공교로운지를 짐작할 수 있다.

〈관동별곡〉과 〈사미인곡〉, 〈속미인곡〉에 대해서는 선행 연구가 폭넓게 축적되어 있으므로 지면 관계상 여기서는 더 이상의 논의는 생략하기로 한다. 지금까지 필자는 담양가사의 유형 분포별 특징에서부터 그 문학사적 위상과 미학적 특징을 살펴보았다. 그리하여 담양가사는 유형적으로는 사대부가사인 교훈가사와 강호가사에 집중되어 산생되었고, 이는 담양이 다른 어떤 지역보다 올곧은 선비의 전통을 가진 고장임을 반영해 주는 것이라 보았다. 즉 담양 사대부들의 유가로서의 겸선 지향 태도가 사회 중심 지향의 교훈가사와 자연 지향 중심의 강호가사를 집중적으로 산생하게 되었다는 것이다.

그리고 담양가사의 문학사적 위상은 이서의 〈낙지가〉가 강호가사의 초석을 쌓은 것으로 평가되고, 이어서 송순의 〈면앙정가〉가 누정계 가사로서 문체 면에서나 긴밀한 짜임새의 면에서 탁월한 성취를 이루어냄으로써 강호가사를 확립하는 길을 열어놓았다고 보았다. 그리고 이렇게 확립된 가사를 송강이 발전적으로 계승하여 〈성산별곡〉을 통해 화법이나 어휘, 문채 면에서, 그리고 구성적 긴밀성의 면에서 눈부신 성취를 일구어냄으로써 강호가사의 획기적인 발전을 이룩해내었다고 평가했다.

또한 송강의 〈관동별곡〉과 〈사미인곡〉 및 〈속미인곡〉은 일찍이 동방의 〈이소〉로 높이 평가되어 많은 뛰어난 아류 작품들을 산생케 하는 전범

29) 성무경, 앞의 책 참조.

이 되었으며, 담양가사 가운데 유도관의 〈사미인곡〉도 그러한 연장선상에 있음을 살폈다.

담양가사 가운데 가장 많은 비중을 차지하는 교훈가사는 남석하의 〈백발가〉와 정해정의 〈민농가〉가 문학사적으로 주목되고 특히 전자는 향촌사대부로서 여항—시정가사인 백발가류의 단초를 여는 데 기여했음을 주목했다.

담양가사의 미학적 성취는 일찍이 선인들에 의해 동방의 〈이소〉로 혹은 가악의 절조로 칭송된 바 있는 송강의 작품을 비롯하여 면앙정 송순의 작품을 중심으로 그 형상화 기법이나 미학적 짜임새, 문채의 수준 등을 통해 그 탁월함을 논의했다. 이하 다른 작품에 대한 미학적 성취는 후일의 과제로 삼기로 한다.

성산별곡의 서술기법과 가치 평가

1. 가사의 서술전략과 평면성 벗어나기

우리의 가사문학은 운문적 전술 장르이므로 '직접적인 서술'을 중심으로 하면서도 '정감적으로 전달하기'에 집중하는 장르적 특징을 가진다. 이는 중국의 부(賦)와 여러모로 닮은 양식이라 하겠다. 즉, 중국의 부는 그 서술 특징으로 '직(直)'과 '포(鋪)', '부진(敷陳)'의 세 가지를 들 수 있는데,[1] 이 가운데 '직'은 홍만종이 가사의 평어(評語)로 언급한 '술(述, 서술함)'이나 '기(記, 기록함)'에 해당하는 직서(直敍)적 성격과 통하며, '포'는 가사의 '포장(鋪張, 펼쳐 늘임)', '역거(歷擧, 차례로 듦)'와 통하며, '부진(敷陳)'은 가사의 '성론(盛論, 성대하게 논의함)', '비술(備述, 두루 갖추어 서술함)', '비설(備說, 두루 갖추어 설명함)', '설진(說盡, 빠짐없이 다 설명함)'과 통하므로 두 양식은 유사 양식이라 할만하다.

가사나 부의 이러한 세 가지 공통 '서술' 특징은, 그 서술방법이 '직서적(直敍的)'이어서 시간의 추이에 따른 단선적 '과정(sequence)'만을 축(軸)으로 하는 스토리 전개를 보이기 쉽고, 그렇게 되면 서술의 '평면적'인 확장을 벗어날 수 없게 되므로, 자칫 서술의 전개가 지나치게 밋밋하여 독특한 태깔을 가지기 어렵다. 따라서 가사가 평면적이고 밋밋한 서술을 벗어나 고도의 문학성을 획득하려면 서술자의 직접적인 인격적 목소리를 유지하면서도 평면성을 벗어나 입체적 울림을 가져올 수 있는 전략적 목소리, 곧 **'단일 화자의 평면성 벗어나기'** 전략이 필요하게 되는데, 이는 입체적

1) 이에 대하여는 최한선, 「가사와 賦」, 『오늘의 가사문학』 15호 권두언, 고요아침, 2017 참조.

서술 지향을 띠는 '대화적 기법'이 가장 효율적인 방법이 될 것이다. 그리고 그 '대화적 기법'의 세부적인 방법도 여러 기술적이고 서술전략적인 목소리가 고안될 수 있는데, 이를테면 '대용서술(代用敍述)'이나 화법의 위반을 통한 단일 서술자 목소리로, '꿈'이라는 허구적 모티프를 활용한 대화적 목소리로, 혹은 단일 화자의 극적 독백체(dramatic monologue) 목소리로, 복수 화자의 직접적인 대화자 목소리를 통한 극화된(dramatized) 목소리로 서술하는 방식 등이 그에 해당한다.

다시 부연하면 가사가 아무리 어떤 메시지의 전달을 서술특징으로 하는 전술 장르라 하더라도 그 전달 자체가 중요한 것이 아니라 전달의 **효과**가 보다 중요하고 그 효과에 의해 문학성이 획득되는 것이므로, 전달 효과를 극대화하는 고도의 서술전략을 얼마나 수준 높게 구사하느냐에 문학 텍스트로서의 가치 평가를 가늠할 수 있는 것이다. 이미 눈치 채었을 테지만 송강은 이러한 고도의 서술전략을 여러 방법으로 탁월하게 구사한 가사의 절창을 내었으므로 우리 가사문학사에서 최고의 걸작을 낸 작가로 높이 평가 받게 된 것이다. 이를테면 〈사미인곡〉에서는 단일 화자가 극적 상황에서 발화하는 극적 독백체 목소리의 탁월함을 보였고, 〈관동별곡〉에서는 단일 화자를 기조로 하면서도 '꿈'이라는 허구적 모티프를 통해 '몽중선인(夢中仙人)'과의 대화적 기법을 통한 입체적 전달 효과를 보였고, 〈속미인곡〉에서는 선계(仙界) 여인의 복수 화자를 내세워 대화체의 극화된 목소리를 통해 연군이라는 세속적 욕망을 탈속(脫俗)의 고아(高雅)한 경지로 드높인 걸작을 낼 수 있었다.

이와 같이 송강의 3별곡에서 확인되듯이 〈성산별곡〉에서도 송강의 작품임을 전제한다면 '단일 화자의 평면성 벗어나기'라는 고도의 서술전략이 필수적으로 깔려 있을 것으로 예상된다. 그럼에도 우리는 그동안 〈성산별곡〉의 대화기법이나 서술전략에 대해 깊이 있는 천착을 하지 않았던 것이다. 따지고 보면 〈성산별곡〉에 대한 작자와 제작 연대, 찬미 대상에 대해 논란이 많았던 이유도 밋밋한 평면적 서술을 입체화하는 그의 고도한 서술전략을 유독 이 작품에서 깊이 있게 읽어내지 못한 탓이 컸다할 것이다. 송강의 그러한 고도의 서술전략을 일찍이 간파해낸 최한선 교수만이 제대로 된 해법을 찾아낼 수 있었던 이유이기도 하다.[2]

〈성산별곡〉에 나타난 송강의 서술전략을 올바로 적출(摘出)해 내려면 이미 최한선 교수가 예리하게 분석해 낸 방식대로 작품의 시작 부분과 끝 부분을 연관지어 깊이 있게 분석해 내는 것이 관건이 된다. 해당 부분을 인용하면

엇던 디날손이	星山의 머믈며셔
棲霞堂 息影亭	主人아 내말듯소
人生 世間의	됴흔일 하건마ᄂᆞᆫ
엇디 ᄒᆞᆫ江山을	가디록 나이녀겨
寂寞 山中의	들고아니 나시ᄂᆞᆫ고

라고 시작하여,

손인동 主人인동	다니저 ᄇᆞ려셔라
長空의 쎳ᄂᆞᆫ鶴이	이골의 眞仙이라
瑤臺 月下의	힝여 아니 만나신가
손이셔 主人ᄃᆞ려 닐오ᄃᆡ	그ᄃᆡ권가 ᄒᆞ노라.

라고 끝맺는다.

여기서 주목되는 것은 다른 가사 작품에서 찾아볼 수 없는 독특한 서술기법을 두 가지 측면에서 활용하여 고도의 서술 효과를 확보해 내고 있다는 것이다. 하나는 작품의 처음과 끝 부분의 진술방식이 '손'이 '주인'을 향해 '직접적 말 건네기'라는 동일한 표현방식을 활용함으로써 '텍스트의 완결성'을 보장받고 있다는 문학성적 측면이고, 다른 하나는 '손'과 '주인'의

---

2) 최한선, 「성산별곡과 송강 정철」, 『고시가연구』 제5집, 한국고시가연구회, 1998에 상론됨. 이하 인용의 출처는 이 논문에서 참고한 것이다.

관계 설정에 의한 대화기법이나 서술방식이 여타의 일반적 가사에서 볼 수 있는 '직접적 말 건네기' 방식과는 사뭇 다른, 독특한 방법에 의해 진술된 서술기법적 측면이다.

먼저 작품의 첫 문장과 끝 문장을 동일한 서술기법으로 표현함으로써 그러한 표현적 구성력이 가져오는 서술 효과는 예술 작품에서 고도의 미문예성, 곧 문학성을 확보하는 데에 흔히 활용되는 '수미쌍관(首尾雙關)'의 구성법에 해당한다. 작자는 이런 구조에 의해 작품의 완결성과 자족성을 보장받을 뿐 아니라 텍스트의 서술을 일상담론이 아닌 '문학담론'으로 읽게 하는 서술전략을 보이게 되는 것이다. 즉 현실의 일상언어로서의 목소리와 구분되는 문학의 소통 행위에 참여하기로 한 '양식화된 목소리'로 읽어줄 것을 주문하고 있는 것이다. 이 양식화된 목소리가 작자 자신의 진술을 예술적 작품으로 전환시키는 '완결된 목소리'로, 그리고 '자족적인 목소리'로 문학담론화하게 하는 인자(因子)가 된다. 그런 점에서 작품의 첫 부분과 끝부분에 진술된 '손'과 '주인'의 관계를 일상담론으로 읽어서는 안 되고 **문학담론**으로 읽어야 작자의 서술전략을 눈치 챌 수 있게 된다. 즉 '손'과 '주인'의 관계가 일상담론에서 말하는 주–객의 관계가 아니라 작자가 서술전략으로 내세운 문학담론으로서의 주–객 관계로 읽어야 한다는 것이다.

다음으로 〈성산별곡〉의 서술기법이 여타 가사 작품의 그것과는 판연히 다른 방식으로 운용되고 있다는 것이다. 거의 대부분의 가사는 실제 작자와 분별이 필요없는 실존적 성향의 '인격적 서술자'가 '인격적 청자'[3]에게 직접 말을 건네는 방식으로 서술이 이루어지는 까닭에 누가 누구에게 말하는지 분명히 드러난다. 이를테면 〈상춘곡〉에서 "홍진에 무친벗네 이내 생애 어떠한고"라고 한 작품의 서두 부분에서 자신의 향리인 태인(泰仁)

3) 인격적 서술자와 인격적 청자의 개념은 성무경, 『가사의 시학과 장르실현』, 보고사, 2000에 상론됨. '인격적 청자' 역시 실제 청자와 내포 청자의 분별이 필요 없는 가사의 청자에 적절하게 적용될 수 있는 개념이다.

에서 산수지락(山水至樂)을 즐기는 인격적 서술자인 작자 정극인이 갈등과 모함으로 가득 찬 사회 속에 묻혀 지내는 실제 청자이자 인격적 청자인 동류(同類)의 사대부층에게 직접적 말 건네기 방식으로 진술하고 있음을 쉽게 알아챌 수 있다. 이렇게 가사는 작자의 실존적 인격으로 말하는 방식이어서 대부분의 서술 주체는 1인칭 서술자인 '나'로 기술되는 특징을 보인다.

그런데 〈성산별곡〉의 경우는 작품 내내 '나'라는 1인칭 서술 시점을 단 한 번도 사용하지 않고 있다. 그 대신 작품의 첫머리에 "엇던 디날 손이 성산에 머믈며서 서하당 식영정 주인아 내말듯소"라고 하여 '손'이 '서하당 식영정 주인'에게 말을 붙이는 대화적 기법으로 시작하면서도 서술 주체, 곧 서술자로 제시된 '손'을 "디날 손"이라 하여 서술자 자신을 객체화함으로써 작자의 인격으로 말하는 1인칭 발화 방식을 피하는 화법을 작품 내내 보여준다. 거기에다 그 객체화된 '손'이 역시 객체화된 상대 인물 서하당–식영정 '주인'을 향하여 "주인아 내말듣소"라고 직접 발화하는 부분과 하나의 문장 안에 포괄되어 있어, 문장 전체가 직접 발화도 아니고 객체화된 인물의 간접 발화 서술도 아닌, 독특한 '**대용서술**(代用敍述, 자유간접화법이라고도 함)을 구사하는 '화법의 위반'을 선보이고 있어, 이로 인해 작품 내내 어디까지가 '손'의 목소리이고, 어디까지가 서술자의 목소리인지, 그리고 대화의 상대인 '주인'의 목소리인지 분간하기 어려운, 작자의 고도의 서술전략 속으로 빠져들게 된다.

이러한 대용서술을 진술기법으로 하는 작자의 서술전략을 제대로 파악하지 않은 채로 작품 전체를 대화의 주체에 따라 단순히 분석적 사고를 통해 제시한 김광조 교수의 경우[4]를 보면 다음과 같다.

4) 김광조, 「조선전기 가사의 장르적 성격 연구」, 서울대 석사학위논문, 1987.

작자 서술	엇던 디날손이	星山의 머믈며셔
손	棲霞堂 息影亭	主人아 내말듯소
	人生 世間의	됴흔일 하건마는
	엇디 ᄒᆞᆫ江山을	가디록 나이녀겨
	寂寞 山中의	들고아니 나시ᄂᆞᆫ고
주인	松根을 다시쓸고	竹上에 자리보아
	져근덧 올라안자	엇던고 다시보니

……(중략)……

	人心이 ᄂᆞᆺᄀᆞᆺᄐᆞ야	보도록 새롭거ᄂᆞᆯ
	世事ᄂᆞᆫ 구롬이라	머흐도 머흘시고
손	엇그제 비ᄌᆞᆫ술이	어도록 니건ᄂᆞ니
작자 서술	잡거니 밀거니	슬ᄏᆞ장 거후로니
	ᄆᆞᄋᆞᆷ의 ᄆᆡ친시ᄅᆞᆷ	져그나 ᄒᆞ리ᄂᆞ다
	거믄고 시욹언저	風入松 이야고야
	손인동 主人인동	다니저 ᄇᆞ려셔라
주인	長空의 ᄯᅥᆺᄂᆞᆫ鶴이	이골의 眞仙이라
	瑤臺 月下의	힝여 아니 만나신가
작자 서술	손이셔 主人ᄃᆞ려	닐오ᄃᆡ
손	그ᄃᆡ권가	ᄒᆞ노라.

이렇게 치밀하게 진술 주체를 따라 작품 전체를 분석해 놓았지만 이러한 발화 주체에 의한 서술 분단의 경계선이 얼마나 설득력을 가질지는 극히 미지수다. 작품 분석자의 시각에 따라서 얼마든지 서술 주체를 달리 볼 수 있고 그 발화의 구획도 얼마든지 다른 구획을 제시할 수 있기 때문이다. 실제로 최상은 교수[5]는 앞서의 서술 분단보다 훨씬 예리하고 치밀한 서술 구획을 보여주고 있는데 그 분석 결과는 상당히 다르게 나타난다. 그에 따르면 작품의 둘째 행부터 시작되는 '손'의 발화가 아홉째 행인 "나는 듯 드

5) 최상은, 「가사의 진술방식과 미의식」, 『조선 사대부가사의 미의식과 문학성』, 보고사, 2004 참조.

는 양이 主人과 엇더ᄒᆞ고"까지 이어지는 것으로 보고 있고, 바로 다음 이어지는 '주인'의 발화는 "滄溪 흰 믈결이 亭子 알페 둘러시니~"에서 시작하여 "ᄆᆞ옴의 ᄆᆡ친시름 져그나 ᄒᆞ리ᄂᆞ다"까지 이어지는 것으로 보고 있어 앞서 김광조 교수와는 발화 구획을 사뭇 다르게 분석하고 있다. 이런 차이로 인해 "松根을 다시쓸고 竹上에 자리보아"에서부터 "나ᄂᆞᆫ 됫 드ᄂᆞᆫ 양이 主人과 엇더ᄒᆞ고"까지의 발화 주체를 전자는 '주인'의 발화로 보는 데 비해서 최상은 교수는 '손'의 발화가 계속 이어지는 것으로 분석하고 있는 것이다.

그뿐이 아니다. 전자는 "엇그제 비즌술이 어도록 니건ᄂᆞ니"를 '손'의 발화로 보고 있지만 후자는 '주인'의 발화가 계속 이어지는 것으로 보고 있고, "잡거니 밀거니 슬ᄏᆞ장 거후로니, ᄆᆞ옴의 ᄆᆡ친시름 져그나 ᄒᆞ리ᄂᆞ다" 부분을 전자는 작자 서술 곧 서술자의 발화로 보고 있는 데 비해 후자는 '주인'의 발화가 이어지는 것으로 보고 있다. 왜 이런 엇갈린 분석이 나오는 것일까. 그것은 바로 송강의 고도의 서술전략에 연유함은 말할 것도 없다. 이는 작자 송강이 내포 작자로서 서술자가 되기도 하고, "디날 손"으로 객체화되기도 하고, "서하당–식영정 주인"으로 다시 대상화되기도 하여 이 셋은 결국 동일인의 서로 다른 객체적 발화가 되기도 하고 주체적 발화가 되기도 하는 융통성과 입체성을 갖기 때문이었음을 눈치 채게 되는 것이다. 한마디로 〈성산별곡〉에서 서술자와 손과 주인은 모두 작자 송강 자신에 해당하는 동일인이었던 것이다. 동일인이면서 동일인이 아닌 척 대화 기법과 대용서술을 아울러 구사한 탓으로 어디까지가 서술자의 발화인지, 손의 발화인지, 주인의 발화인지를 구분해내기가 어려웠던 것이다. 특히 대용서술은 '서술층위'의 진술에 서술 주체의 구분이 모호하게 상호 침투하여 혼합되어 있는 진술 현상을 보이기 때문이다.

그렇다면 작자 송강은 왜 이러한 대용서술과 대화기법을 자유자제로 운용한 것일까. 이런 기법의 운용이야말로 〈성산별곡〉이 일상담론이 아니라 문학담론의 텍스트이게 하는 묘처가 되기 때문이다. 즉 내포 작자인 서술자가 “디날 손”과 “서하당－식영정 주인”을 모두 객체화하면서 동시에 주관화하여 그 둘의 관계 사이에서 강한 서술 조정력을 행사할 때 사용하는 서술기법으로 텍스트의 문학성을 돋보이게 하는 형상화 기법이라는 것이다. 이런 기법에 의해 이 작품의 ‘실제 작자’인 송강은 텍스트 속의 ‘내포 작자’가 되어 서술의 조정력을 행사하는 중립의 입장을 취하면서, ‘디날 손’과 ‘서하당－식영정 주인’ 사이의 관계를 조정하게 되고, 나아가 대용서술을 통해 내포 작자의 의도대로 자유롭게 화법을 구사할 수 있게 되는 것이다. 따라서 이런 독특한 화법에 의해 작자의 존재는 직접 드러나지 않지만 작자의 의도에 의해서 때로는 ‘디날 손’의 입장에서, 때로는 ‘서하당－식영정 주인’의 입장에서 목소리를 겹쳐 냄으로써 서두 부분 이후의 서술자 목소리가 ‘손’의 입장에서 내는 목소리인지, ‘주인’의 입장에서 내는 목소리인지를 분간해내기가 어려울 정도로 고도의 서술전략에 의한 서술효과를 내고 있는 것이다.

2. 송강의 서술전략에 따른 작품분석

이러한 송강의 대용서술에 의한 고도의 서술기법을 염두에 두고 작품의 첫 문장부터 다시 면밀히 분석해 보자. “엇던 디날 손이 성산에 머믈며서 서하당 식영정 주인아 내말듯소”라는 진술에서 ‘손’을 굳이 ‘지날 손’이라 표현한 것은 등장인물이자 서술자를 객체화한 것이기도 하지만, 그 존재자는 붙박이로 성산의 자연 속에 오랫동안 묻혀 지내는 존재가 아니라 ‘지나가는’ 손이라고 형상화함으로써 ‘사회’(벼슬살이 곧 출(出)의 세계) 속에 진출해 있다가 이제 낙향하여 성산에 머물게 된 지가 그리 오래지 않은 존재라는 것을 감지해낼 수 있게 한다.

그리고 그 대화적 목소리의 상대 인물로 설정된 ‘서하당－식영정 주인’

역시 '손'의 목소리를 통해 성산이라는 '자연'(산수생활 곧 처(處)의 세계) 속에 머물러 거주한 지가 그리 오래지 않은 존재라는 사실을 "엇디 흔 江山을 가디록 나이녀겨 寂寞 山中의 들고 아니 나시는고"라는 발화에서 알아낼 수 있다. 즉 '어찌 하나의 강산, 곧 성산에서의 처(處)의 생활을 세월을 **쌓아 갈수록 낫**게 여겨 고요하고 쓸쓸한 산속에 묻혀 바깥 세상, 곧 출(出)의 세계로 나가시지 않는가'라는 진술내용에서 확인할 수 있다. 이러한 발화는 '출'에서 '처'의 생활로 접어든 지가 오래지 않은 사람에게나 맞는 표현이기 때문이다. 그것은 성산에서 서하당-식영정 주인 노릇을 붙박이로 오래한 김성원이나 임억령에게 어울리는 표현은 아니라는 것이다. 다시 말해 송강 같이 벼슬살이하다가 이제 성산으로 낙향하여 타의에 의해 산수 자연을 즐기며 '처'의 생활에 적응해 가는 과정에서 춘하추동 사계절의 승경을 접하며 날이 갈수록 그 생활이 '출'의 **생활보다 낫게** 여겨지는 심경(내면 세계)의 변화를 읽어낼 수 있는 것이다.

이러한 '손'의 목소리를 통해서 '주인'의 처지와 속내의 변화까지를 감지할 수 있게 하는 서술기법이야말로 대용서술의 장처(長處)라 할 것이다. 뿐만 아니라 이러한 화법을 통해 오랫동안 '출'의 세계에서 지내다가 타의에 의해 이제 '처'의 생활로 돌아와 임시로나마 서하당-식영정 주인이 되어 성산의 승경을 날이 갈수록 즐기며 적응해 가는 과정 속의 송강 자신의 모습을 생동감 있게 진술하기 위해 손과 주인의 관계로 설정해 놓은 고도의 서술책략이었음을 알아채게 한다. 그리하여 〈성산별곡〉에서 손과 주인은 송강 자신의 '현실적 자아'를 벼슬살이 하는 '사회 속의 자아'와 타의에 의해 벼슬살이에서 물러나 '자연 속의 자아'로 살아가는 또 하나의 자아의 양면 관계로 형상화하여 대화적 기법과 대용서술을 통해 자신의 처지와 심경의 변화 과정을 메시지로 전달함으로써, 자칫 밋밋하게 평면적으로 기술되기 쉬운 전술 장르의 가사 텍스트를 미문예적(美文藝的) 작품으로 품격을 높이는 데 성공했다 할 것이다. 결국 손과 주인은 별개의 존재가 아니라 사대부로서 '출'과 '처'를 반복해야 했던 송강의 두 자아, 곧 '사회 속의 자아'와 '자연 속의 자아'의 처지를 문학적으로 형상화한 동일인의 다른 표현이었던 것이다.

손과 주인의 관계를 이렇게 송강 자신의 '출'의 자아에서 '처'의 자아로 적응해 가는 과정으로 읽어낼 때 〈성산별곡〉의 작품 전개는 비로소 진면목을 드러내게 된다. 그 몇 가지 예를 들면,

松根을 다시쓸고	竹床의 자리보아
져근덧 올라안자	**엇던고 다시보니**
天邊의 썬는구름	瑞石을 집을사마
나는듯 드는양이	主人과 엇더훈고

이 대목에서도 "져근덧 올라안자 어떤고 다시보니"라는 진술에서 오랜 세월 성산에 머물며 풍광을 즐겨오던 사람의 모습이라기보다 이제 막 다시 체험하기 시작한 사람이 그 '처'의 생활에 익숙해져가는 과정에서 잠시지만 대나무 평상에 올라앉아 그 풍광이 얼마나 멋진가를 마음에 새겨두려고 **다시 보는** 모습이 더 잘 어울린다. 즉 처의 생활을 하지 않던 사람이 처의 풍경, 곧 눈앞에 새롭게 펼쳐지는 자연의 풍경을 음미하고 체험해가는 과정을 선명하게 떠 올릴 수 있는 것이다. 이렇게 산수 자연의 품에 안겨 서하당–식영정 주인 노릇하며 **처의 생활에 익숙해져가는 자아의 모습을** 하늘가에 떠 있는 구름이 무등산의 서석대를 집을 삼아 들락날락하는 모습과 비견되리 만큼 자연스러워져 간다는 자족(自足)의 생활을 형상화해 보인 것이라 해석해야 옳은 것이다. 이는 '출'의 세계와는 담쌓고 성산의 자연 속에 오랫동안 붙박이로 묻혀 지내는 김성원이나 임억령의 모습을 객체적 곧 찬미 대상으로 놓고 묘사한 것이 될 수 없는 근거이기도 하다.

山中의 冊曆업서	**四時를 모르더니**
눈아래 헤틴 景이	쳘쳘이 절로나니
듯거니 보거니	일마다 仙間이라

이 부분에서도 "산중에 책력업서 사시를 모ᄅᆞ더니"라고 하여 '처'의 생활에 익숙해져 가면서 복잡다단한 '출'(벼슬살이)의 세계를 잊어간다는 사정을 '책력이 없어 사계절의 어느 때인지를 모른다'는 미문예적 표현으로 술회하고, 그러한 '출'의 세계는 어떻게 돌아가는지 모르지만, 서하당－식영정의 주인 노릇하며 처의 세계, 곧 성산의 산수자연 속에서 살아가는 새로운 삶은 이제 많이 알게 되었다는 것이다. 그래서 눈앞에 전개되는 경치가 철따라 저절로 나타나는 것을 체험하게 되고, 듣는 것과 보는 것이 모두 신선이 된 경지와 같이 아름다워 마치 자신이 그러한 신선세계 속에 놓인 것 같다고 술회한 것이다. 그러나 그가 완상(玩賞)하는 자연은 가히 신선들이 생활하는 선계의 경지라 할 수 있지만 정작 자신은 신선세계의 삶을 즐기는 선옹(仙翁)이 아니라 아직 산 속에서 생활하며 외씨를 심는 '산옹(山翁)', 곧 '산골에 사는 늙은이'에 불과한 처지임을 다음과 같이 서술한다.

梅窓 아젹볃ᄒᆡ　　　　香氣예 ᄌᆞᆷ을ᄭᆡ니
山翁의 ᄒᆡ올일이　　　　곳업도 아니ᄒᆞ다
울밋 陽地편의　　　　외씨ᄅᆞᆯ 쌔허두고
ᄆᆡ거니 도도거니　　　　빗김의 달화내니
靑門 故事ᄅᆞᆯ　　　　이제도 잇다ᄒᆞᆯ다

이렇게 봄철이 되어 성산 기슭에서 외씨를 심는 자신의 모습을 청문 고사에 비겨 자신의 현실 상황을 서술한다. 한(漢)나라 때 소평(邵平)이 벼슬을 그만 두고 청문(장안성의 동남문) 밖에서 외씨를 심었다는 고사인데, 한나라가 진(秦)나라를 치므로 진에서 벼슬 살던 소평이 장안성 밖에서 외를 심고 지냈는데 오색으로 된 고운 외가 열려 사람들이 청문과(靑門瓜)라 일컬었다는 것이다. 이러한 고사는 벼슬살이하던 사람이 현실 사회의 사정에 의해 어쩔 수 없이 벼슬을 그만두고 산수자연 속에서 '처'의 생활을 하는 현재의 자신의 모습을 그대로 대변해 주는 것이기에 전고(典故)로 즐겨 활용되는 것이다. 여기서 눈 여겨 볼 것은 이러한 자신을 '**산옹**'[6] 곧 산속에서 생활하는 **늙은이**라 기술한 것이다. 이는 송강의 나이가 50대 이후라야 어울리는 표현으로, 그런 점에서 〈성산별곡〉의 제작 시기를 그보다 훨씬 젊은 20~40대의 청·장년 시절로 보는 기존의 추론에 동의하기 어렵고, 50대 초반의 낙향 시절에 지었다고 보는 최한선 교수의 견해가 정곡(正鵠)을 찌른 판단이었음을 확인할 수 있다.

이렇게 어쩔 수 없이 들어서게 된 송강의 '처'의 상황에서 현실적으로 취할 수 있는 가장 '이상적'인 삶의 모습은 철따라 새로운 아름다움으로 펼쳐지는 자연을 마음껏 누리는 것이었다. 다음의 진술이 그 점을 잘 보여준다.

> 芒鞋를 뵈야 신고　　竹杖을 흣더디니
> 桃花핀 시내길히　　芳草洲의 니어셰라
> 닷봇근 明鏡中　　절로그린 石屛風
> 그림애를 버들사마　　西河로 홈꾀가니
> **桃源은 어드매오　　武陵이 여긔로다**

---

6) 『松江歌辭』 가운데 현전하는 가장 오래된 판본인 의성본(李選本이라고도 함)에는 '산옹(山翁)'을 '선옹(仙翁)'으로 표기하고 있어 오늘날 이것을 따르는 경우도 있으나 이는 잘못으로 보인다. 현전하는 『송강가사』의 다른 판본(성주본, 관서본 등)을 비롯하여 〈성산별곡〉을 수록한 『서하당유고』본과 이성의(李聖儀) 소장(所藏) 필사본 『잡가』에는 모두 '산옹'이라 했지 '선옹'이라 한 곳은 없으므로 여기서는 '산옹'을 취한다. 유독 의성본에서만 '선옹'이라 표기한 까닭은 그 판본 간행에 개입한 송강 후손이 조상에 대한 흠모와 존경의 마음으로 그렇게 표기한 것으로 보인다. 실제로 송강의 후손 정민하는 송강 사후 백 여년이 흐르는 동안 '진선'(조상 송강을 지칭)이 이 세상에 존재했음을 세상 사람들이 알지 못한다고 탄식하는 시를 남기기도 했다. 그리고 의성본의 간행과정을 설명하는 기록에 그것이 이전에 간행된 여러 종의 판본(북관본, 황주본 등)과 대교(對校) 작업을 제대로 하지 않았음을 애석하게 생각한다는 글이 성주본의 후손 정천(鄭洊)의 근서(謹書)에 보이므로 의성본 표기의 완전한 신빙성을 의심하게 한다. 이런 점을 반영하여 앞으로 〈성산별곡〉에서 '선옹'은 '산옹'으로 반드시 고쳐야 할 것이다. 벼슬살이하다가 낙향하여 이제 성산생활에 적응해 가는 과정의 초입에 있는 봄의 시점에서 벌써 자신을 '선옹'이라 자칭한다면 사계절을 겪은 후 마지막 대목에서 '진선'으로 인정받는 결말의 절정 부분의 의미가 무색해지기 때문에 작품의 단락 전개상으로도 '산옹'이 옳은 표기임은 분명해 보이기 때문이다.

송강은 김성원이나 임억령과는 달리 산수자연의 생활을 자진에서 적극적으로 즐긴다고 하기보다는 정치 현실의 역학에 의해서 타의에 의해 '처'의 생활을 부득이 해야 하는 측면이 강한 것이므로, '출'에의 욕망을 떨쳐내기 위해서는 무엇보다 산수자연의 아름다움을 만끽하면서 그것을 '이상적인 경지'로 승화시켜 즐기는 것이 될 것이다. 그래서 짚신을 바쁘게 신고 대지팡이를 되는 대로 여기저기 옮겨 짚으며 산수자연의 승경을 부지런히 완상하면서 그러한 승경을 무릉도원의 이상적 공간으로 인식함으로써 강호생활 속에서도 완전히 떨칠 수 없는 '출'에의 욕망을 어느 정도 상쇄(相殺)할 수 있었던 것으로 보인다. 이렇게 의도적으로 자연의 승경을 허겁지겁 부지런히 체험하려는 모습 자체가 '처'의 생활을 오랫동안 관습적으로 해온 김성원이나 임억령의 모습이 아니라 이제 막 '처'의 생활에 익숙해 보려는 송강의 모습에 어울린다 할 것이다.

淸江의 ᄯᅥᆺᄂᆞᆫ 올히　　白沙의 올마안자
白鷗ᄅᆞᆯ 벗을삼고　　ᄌᆞᆷ ᄭᆡᆯ줄 모ᄅᆞ나니
無心코 閑暇ᄒᆞ미　　主人과 엇더ᄒᆞ니

여기서는 '맑은 강에 떠 있는 오리가 하얀 모래밭에 옮아앉아 갈매기를 벗을 삼고 잠을 깰 줄 모르는' 강호자연 속에서 한적을 즐기는 오리의 모습과, 이제 자연에 들어 서하당-식영정 주인 노릇을 하며 봄을 지나고 여름에 들어 자연의 한적한 풍광에 동화되어 가면서 '출'에 대한 욕망이나 미련을 어느 정도 떨치게 되는 나(주인의 입장)의 한적을 즐기는 모습을 비교할 때, 누가 더 한적을 즐긴다고 할 수 있을까 하고 수사적 의문을 던지는 대목이다. 이러한 비교 어법은 이미 한중진미(閑中眞味)를 오래도록 체감하며 자연 속에서 풍월주인으로 살아가는 사람에게는 불필요한 어법이거나 하나마나한 싱거운 비교가 될 것이다. 따라서 여기서의 '주인'은 역시 '처'의 생활에 어느 정도 익숙해져 가는 송강 자신을 객체화한 표현으로 보아야 자연 속에서 진정한 한적을 즐기는 오리와 비교하는 의미가 역동적으로 살아 움직이게 되는 것이다. 이렇게 해서 성산에서 가을을 지내고 겨울에 이르러서는

山翁의 이富貴ᄅᆞᆯ　　ᄂᆞᆷᄃᆞ려 헌ᄉᆞ마오
瓊瑤窟 銀世界ᄅᆞᆯ　　**ᄎᆞᄌᆞ리 이실셰라**

라고 하여 산수자연 속에서의 '처'의 생활이 이제는 상당히 익숙해져서 아름다운 성산(여기서는 아름다운 구슬로 만든 달나라의 '경요굴'로 미화하여 표현)의 풍광 속에서 풍성하게 마음의 기쁨을 누리며 살아가게 되었으니, 이런 호사로운 삶을 남들에게 소문내지 말아달라고 당부할 정도로 발전하게 된 것이다.

이처럼 〈성산별곡〉에서의 '사계절의 아름다운 풍광'은 단순히 '처'의 생활에서 누리는 대상으로서의 풍광을 완상하고 예찬하기 위한 것이 아니라 송강 자신이 봄에서 여름을 거쳐 가을과 겨울을 지나면서 철철이 새로운 볼거리를 넉넉하게 베풀어 주는 자연 속에서 무릉도원 같은 이상적 세계를 경험하면서 익숙해져 가는 과정을 실감나게 보여준 것이라 하겠다. 그런데 송강에게 이러한 자연 속의 삶은 아무리 이상적인 극치에 이른다 해도 끝내 부족한 것이 있다. 그것은 다름 아닌

山中의 벗이 업서　　漢紀ᄅᆞᆯ 빠하두고
萬古 人物을　　거ᄉᆞ리 헤혀ᄒᆞ니
聖賢도 만커니와　　豪傑도 하도할샤
하ᄂᆞᆯ 삼기실제　　곳無心 ᄒᆞᆯ가마ᄂᆞᆫ
엇디ᄒᆞᆫ 時運이　　일락배락 ᄒᆞ얏ᄂᆞᆫ고
모ᄅᆞᆯ일도 하거니와　　애ᄃᆞᆯ옴도 그지업다
箕山의 늘근고블　　귀ᄂᆞᆫ엇디 싯돗던고

라고 한 성산에서의 봄–여름–가을–겨울의 승경 완상에 이어 곧바로

서술한 대목의 진술에 잘 드러나는데, 한마디로 **'벗'이 없다**는 것이다. 이러한 서술은 "산중(山中)의 **책력(冊曆)업서** 사시(四時)를 모ᄅ더니"라고 한 진술과 수사적으로 대응되는 발화로서, 이는 바로 앞 대목에서 성산에서의 '처'의 생활이 이상적인 아름다움을 누리는 극치의 공간이어서 이러한 선계를 누가 찾아올까 두렵다는 술회와는 정면으로 배치(背馳)되는 것이다. 그러나 사대부가 이상으로 삼는 것은 '출'해서는 경국제민(經國濟民)의 왕도정치를 사회 속에서 실현하는 것이고, '처'해서는 안빈낙도(安貧樂道)의 한적(閑寂)을 자연 속에서 즐기면서, 이 두 가지 지향이 아울러 구현되기를 갈망하는 것이다. 즉 한편으로는 자연 속에서 신선 같은 삶을 평온하고 한적하게 누리기 위해 그것을 훼방할 벗이 찾아올까 두렵기도 하지만, 다른 한편으로는 사회 속에서 경국제민의 이상을 함께 도모할 벗과 완전히 단절된 삶을 산다는 것 또한 참아내기 어려운 진실한 심정인 것이다. 그런 점에서 이 두 심회는 상반되거나 이율배반적인 것이 아니다. 사대부라면 강호한적만 추구하는 독선(獨善)이 아니라 '身在江湖 心在闕內(몸은 강호자연에 있으나 마음은 임금이 계신 궁궐 안에 있다)'라 하여 '겸선(兼善)'을 추구하는 것이 이상이었기 때문이다.

그리하여 송강은 '처'의 삶에서 경국제민을 함께할 벗이 없는 심회를 서책에 기록된 수많은 성현과 호걸들이 시대의 운수에 따라 흥하기도 하고 망하기도 하며, 합리적으로 설명될 수 없는 일도, 애달픈 일도 한없이 많았던 옛일을 상고하여 위안을 삼는다. 특히 기산에 살던 늙은 명사(名士) 허유(許由)가 귀를 씻은 고사에서 사회 쪽은 늘 혼탁하기 마련이어서 임금 자리를 물려주겠다는 말을 듣고 귀를 씻었다는 그 일로 위안을 삼기로 하는 것이다. 그래서 "世事는 구롬이라 머흐도 머흘시고" 라고 하여 '세상일은 밝은 낮을 흐리게 하는 구름과 같기에 험하기도 험하구나'라고 탄식하며 사회 쪽으로 향하는 마음을 추스르게 되는 것이다. 그러나 그러한 마음의 위안만으로는 '출'을 향한 자아의 욕구를 완전히 제어하기 어려워 술잔을 실컷 기울이고 거문고 줄을 잡아 음악을 연주함으로써 "마음에 맺힌 시름"(경국제민의 욕구에서 오는 근심)을 다소나마 해소하게 된다고 다음과 같이 술회한다.

> 엇그제 비ᄌᆞᆫ술이　　어도록 니건ᄂᆞ니
> 잡거니 밀거니　　슬ᄏᆞ장 거후로니
> ᄆᆞᄋᆞᆷ의 ᄆᆡ친시름　　져그나 ᄒᆞ리ᄂᆞ다
> 거믄고 시ᄋᆞᆰ언저　　風入松 이야고야
> **손인동 主人인동　　다니저 ᄇᆞ려셔라**

이렇게 술과 음악을 매개로 하여 망아(忘我)의 경지에 듦으로써 "손인동 主人인동 다니저 ᄇᆞ려셔라"라는 자기 다짐에서 보듯 그 둘 사이의 분별의식을 버림으로써 '출'에의 욕구를 비로소 차단하여 보다 승화된 '처'에서의 삶의 가치를 찾게 된다. 그것은 곧 '출의 자아'인 '손'으로부터 '처의 자아'인 '주인'을 분별하지 않고 일심동체(一心同體)로 받아들일 때 비로소 가능한 것이고, 나아가 자연 속에 노니는 '학(鶴)'을 객체적으로 인식하여 그것만을 진선으로 인지할 것이 아니라 그것과 함께 유유자적한 '처'의 생활, 곧 선간(仙間)을 함께 누리는 '처의 자아'인 '주인' 곧 송강 자신도 '학'으로부터 분별하지 않고 동체(同體)로 받아들일 때 비로소 마음에 맺힌 시름을 잊을 수 있게 되는 것이다.

그러고 보면 성산에서 서하당—식영정 주인 생활을 하는 송강이 아무리 신선세계 같은 승경을 한적하게 누린다 한들 '출'에의 욕구를 버리지 않는 한 그 '주인'은 자연의 주인인 학처럼 될 수는 없는 것이고, 학과 같은 자연 속의 진정한 주인이 되려면 "손인동 主人인동 다니저 ᄇᆞ려셔라"라는 자기 다짐의 선언이 절대적으로 전제 되어야 하는 것이다. 그만큼 이 자기 다짐의 선언이 〈성산별곡〉에서 가장 중요한 포인트가 되는 것이다. 즉 '출'을 지향하는 자아와 '처'의 생활을 하며 한적한 삶을 살아가는 또 하나의 자아를 분별하지 않고, 다시 말해 전자로의 지향을 잊어버리고 후자의 가치를 인정하여 그 경계선을 허물어 버릴 때 비로소 성산이라는 자연의 진정한 주인이 되어 '출'에의 욕구에서 오는 고뇌와 갈등을 '다 잊어버릴' 수가 있는 것이다. 그렇게 '출'에의 욕구를 '처'의 생활에서 차단함으로써 성산 골의 진정한 주인이 되어 진선(眞仙)으로 확인받는 것으로 자기 위안을 삼아 마침내 작품을 다음과 같이 마무리한다.

長空의 썻는鶴이 　　이골의 眞仙이라
瑤臺 月下의 　　힝여 아니 만나신가
손이셔 主人드러 닐오듸 　　그듸긘가 ᄒᆞ노라.

이 마지막 결론 부분에서 보듯 서하당-식영정 '주인'으로서 성산 생활을 하는 '처'의 자아는 아직도 학을 자연 속의 진정한 주인으로 인식하는 분별의식을 버리지 못하고 있어서 '시름'에서 완전히 벗어나지 못하고 있으므로, '출'의 자아인 '손'이 '처'의 자아인 '주인'을 향해 '그대야말로 진선'이라고 인정함으로써 성산에서의 삶 또한 '학'과 같은 '진선'으로서 살아가는 가치가 있다는 자기 위안과 자기 만족으로 갈등과 고뇌를 비로소 해소하게 되고 작품을 완결하게 된다.

3. 성산별곡에서 진선체험의 의미

결국 〈성산별곡〉은 작자인 송강 자신이 사회 속에서 부침을 거듭하면서 일락패락하는 삶을 살다가 현실 정치의 역학에 의해 벼슬살이를 버리고 '지날 손'으로 성산에 들어와 '서하당-식영정 주인'으로 살면서 '산옹'이 되고, 이렇게 타의에 의한 것이긴 하지만 그곳의 산옹 생활은 선경 속에서 신선의 삶 같은 '처'의 생활을 즐겨나가게 됨으로써 마침내 자연 속의 진정한 주인인 '학'과 함께 하는 '진선'의 경지로 적응해가는 과정을 노래한 것으로 파악된다. 그런 점에서 작품의 전개는 '손=주인(산옹) → 학=진선'

의 상승관계로, 즉 승화 단계로 이해되는 것이다. 그런데 이러한 자아의 승화의 과정을 '손'과 주인간의 대화자 목소리로 일관되게 발화하지 않고, '손'의 일방적 발화에 의한 단일 서술자 목소리인 것처럼 진술함으로써, 거기다가 대용서술이라는 자유간접화법을 통해 발화자의 구획을 넘어서는 자유자재한 서술을 보임으로써 그들 사이의 관계 파악에 혼선을 빚게 했던 것이다.

여기서 유의할 것은 작자 송강이 이렇게 성산의 산골에 '디날 손'으로 들어와 서하당-식영정 주인으로 '산옹' 생활을 하면서 점차 자연의 승경에 동화되어 '학'과 같은 '진선'이 되는 경지를 맛보면서도 끝내 김성원이나 임억령처럼 벼슬살이의 욕구를 완전히 청산해내지는 못하는, 그래서 진정한 '처'의 삶을 종신토록 생활화하지 못하는 차별성을 보인다는 것이다. 그것은 '출'에의 욕구를 지니는 자아를 잊기 위해 술과 음악의 매개를 통해서야 겨우 망아(忘我)의 경지에 들어 '처'에서의 신선 같은 삶의 가치를 승화된 것으로 받아들일 수 있었던 과정이 잘 말해준다. 이렇게 술과 음악을 통해서야 겨우 '출'에의 욕구를 차단할 수 있었던 것은 그가 '처'의 세계로 들어선 지가 오래되지 않아 그 미련을 쉽게 떨치지 못하는 상황에서 지어진 것이고, 그래서 진선으로 자기 확인을 받고나서도 끝내 '출'에의 욕구를 완전히는 청산하지 못하는 송강의 고뇌를 읽어낼 수 있는 것이다.

이러한 욕구불만과 고뇌를 해소하기 위해 〈성산별곡〉에서 스스로 진선으로 확인받은 입장에서, 뒤이어 〈사미인곡〉과 〈속미인곡〉을 잇달아 창작함으로써 마침내 진선이 된 관점에서 지상으로 적강(謫降)한 선계여인으로 '문학담론화'[7]하여 선취(仙趣)가 가득한 절절한 연군지정을 읊게 되는, 그래서 '출'에의 욕구를 결국 터트리고 마는 작품 창작의 선후와 인과 과정을 이해할 수 있게 한다. 그리고 〈성산별곡〉에서 '처'의 생활을 하는

7) 임금을 '미인'에 비기고 임금을 그리워하는 신하를 여인으로 분장하여 문학담론화 하는 기법은 『시경(詩經)』과 『초사(楚辭)』 이래 왕조사회에서 면면히 지속된 문학전통이었다.

자아를 '산옹'이라 하여 '성산에서 사는 늙은 이'이라 표현한 것은 그가 청 · 장년의 시기가 아니라 50대로 접어든 만년에 지었음을 말해주는 결정적 근거라 할 것이다.

그뿐 아니라 〈성산별곡〉에서의 춘－하－추－동 사계절의 승경을 읊은 것은 사계절의 풍경의 변화를 단순히 미학적 구성을 위한 시간적 순차에 의해 평면적 나열식으로 서술한 것이 아니라 50세라는 만년에 성산으로 낙향하여 '처'의 생활을 하면서 춘－하－추－동 사계절을 실제로 경험해 나가면서 '손'에서 '주인'으로 그리고 마침내는 '진선'의 삶으로 만족하며 살아가야 하는 그 변화의 내면 풍경을 읊조린 실체적 구성이라는 것이다. 그래서 50세에 낙향하여 성산에서 '처'의 생활을 하며 사계절을 차례로 경험한, 적어도 일 년여의 시간 경험을 거친 후에 〈성산별곡〉을 지었다는 추정이 가능하다는 것이다.

이런 사정을 종합적으로 감안해 보면 〈성산별곡〉의 제작 시기는 50세에 성산으로 낙향하여 52세에 양 〈미인곡〉을 짓기 이전 사이의 시기라는 추정을 한 최한선 교수의 판단이 정확한 것이고, 탁견이었음을 확인케 한다. 그러고 보면 〈성산별곡〉이 양 〈미인곡〉를 짓기 직전에 지었으므로 이 세 작품은 연작 시리즈라 할 만하다. 즉 〈성산별곡〉에서 '진선'으로 되어가는 과정을 읊은 다음, 오래지 않아 그 진선이 지상으로 적강한 선녀의 입장에서 연군지정을 읊은 〈사미인곡〉을 짓고, 그것으로도 성에 차지 않아 못다 한 심회를 적강한 두 선녀의 입장으로 강화하여 자신의 두 마음을 문학담론으로 형상화한 〈속미인곡〉을 연속적으로 지어나갔을 것으로 추정되는 것이다.

4. 성산별곡의 가치 평가

지금까지 송강이 구사한 고도의 서술전략을 통해 텍스트를 분석한 결과

〈성산별곡〉의 작자 문제와 제작 시기, 찬미 대상을 둘러싼 논란에 대한 명확한 해결점을 찾아내었다고 단언할 수 있게 되었다. 즉 〈성산별곡〉의 작자는 송강이 분명하며, 제작 시기는 그가 50세에 성산으로 낙향하여 일 년여의 시간 경험을 가진 뒤에 지어졌으며, 그 찬미 대상은 김성원이나 임억령이 아니라 송강 자신의 성산에서의 삶을 읊은 것으로 처음에는 '지날 손'으로 들어와 '처'의 생활에 차츰 적응해 가면서 서하당-식영정 주인이 되어 마침내 성산에서 사계절의 승경을 즐기며 장공을 나는 '학'으로, 혹은 '진선'이 된 기분으로 살아가는 모습을 확인하는, 그래서 '처'에서의 자기 모습을 '진선'이라고 스스로 확인받는, 자기 위안의 문학적 표현이었음을 알아낼 수 있었다. 이러한 문제 해결은 최한선 교수가 이미 오래전에 명확하게 해결해 놓았던 것인데 그동안 주목받지 못하고 영원히 묻혀 질 뻔 했던 것이다. 이제 이런 문제가 해결된 이상 앞으로는 대입 수능을 위한 참고 자료의 활용과 고전 교육에 있어서 〈성산별곡〉에 대한 잘못된 이해는 시급히 시정되어야 할 것이다.

그동안 〈성산별곡〉에 대해 잘못 이해한 근본 원인은 손과 주인의 대화자 목소리를 별개 인물 간의 대화적 목소리로 분별하여 작품을 이해한 탓이 컸다 할 것이다. 이런 접근법은 오히려 작품의 실상을 해칠 수 있는 분석주의의 오류라 할 것이다. 이 작품에서 서술전략으로 운용된 대화기법은 다른 강호가사에서 찾아볼 수 없는 독특하고도 긴요하게 즐겨 활용된 '대용서술'을 바탕으로 한 것이어서, 그 '서술층위'의 진술에 있어서 서술주체의 구분이 모호하게 상호 침투하여 혼합되어 있는 진술 현상을 보였던 것이고, 그 때문에 작품 이해에 혼선을 가져왔던 것이다. 〈성산별곡〉의 진술특성은 기존의 작품 분석처럼 손과 주인간의 대화자 목소리와 내포 작자인 서술자가 중간 중간에 개입하는 그런 서술로 분석이 가능한 텍스트가 아니었던 것이다. 그런 점에서 대화기법과 대용서술을 서술전략으로 활용하면서 분석이 쉽지 않을 만큼 고도의 서술 효과를 확보하여 문학성을 최고조로 승화시킨 송강의 또 하나의 명작이 되었다 할 것이다.

그럼에도 〈성산별곡〉에 대한 평가는 예나 지금이나 지나치게 평가절하되어 왔다. 송강의 다른 가사 작품이 그 문학적 탁월성을 인정받아 왔음에도 불구하고 유독 이 작품에는 인색한 평가를 하게 된 이유를 찾아보기로 한다.

고전 비평에서 일찍이 김만중은 『서포만필(西浦漫筆)』에서 〈관동별곡〉과 〈전후미인곡〉을 콕 찍어 '해동의 진문장(眞文章)'은 이 세 편뿐이라고 극찬한 바 있지만 〈성산별곡〉은 그 반열에서 제외시켰다. 홍만종 역시 『순오지(旬五志)』에서 〈성산별곡〉은 아예 논평 대상에서 제외하고 다른 작품만을 대상으로 하면서 〈속미인곡〉이 〈사미인곡〉에 비해 '語益工 意益切(말이 더욱 공교하고 뜻이 더욱 절실함)'하다고 그 문학적 형상화나 서술기법, 주제의 깊이에서 탁월함을 지적한 바 있다. 김춘택 또한 송강의 전후미인사(前後美人詞, 사민인곡과 속미인곡)가 둘 다 그 뜻이 곧고 바르며 그 말이 우아하고 곡진하며, 그 정조(情調)는 비장하면서도 바르다고 높이 평가하면서 다른 작품은 언급하지 않고 있다. 그러나 앞의 작품 분석에서 살핀 바와 같이 〈성산별곡〉 역시 이들 작품에 비해 조금도 뒤지지 않는 고도의 서술기법을 구사하고 있어 이들 3별곡과 어깨를 나란히 하는 걸작으로 평가하지 않을 수 없게 한다.

이처럼 같은 수준의 송강 작품임에도 불구하고 해동의 진문장 속에 끼어들 수 없었던 것은 송강의 작품이 의심되거나 작품의 문학적 형상화 수준이 낮아서가 아니라 다른 평가 기준이 작용한 탓이라 할 것이다. 즉 정약용이 『목민심서(牧民心書)』에서 언급한 "나라를 걱정하고 임금을 그리워하며 백성을 사랑하지 않는 시는 시가 아니다"라는 왕조시대의 보편적인 문학 평가 기준 때문이라는 것이다. 앞의 세 작품은 그러한 기준에 꼭 들어맞지만 〈성산별곡〉은 나라와 백성을 사랑하거나 임금을 순수한 감정으로 그리워하는 대목을 찾아볼 수 없으며, 성산에서의 '처'의 생활과 자기 고뇌, 그리고 진선처럼 살아가는 자기 위안만 서술했기 때문이다. 즉 〈성산별곡〉은 성산의 선경 속에서 진선 같은 삶을 살면서도 끝내 임금과 나라를 사랑하는 심정의 표출이 없었던 탓에 사대부들이 늘 곁에 두고 회자(膾炙)하기에는 결격(缺格)이었던 것이다.

그런데 〈성산별곡〉에 대한 푸대접은 현대에도 계속되고 있으니 그 이유는 두 가지다. 하나는 〈성산별곡〉이 당시에 '식영정 사선(四仙)'이라 불린 임억령, 김성원, 고경명, 송강 자신과 함께 지은 한시 〈식영정잡영(息影亭雜詠)〉 20수를 부연 설명하고 탈태시킨 정도에 불과해서 창작 텍스트로서 갖춰야 할 창의(創意)가 부족하다는 것이고, 다른 하나는 송순의 〈면앙정가〉와 비교할 때 그 구사하는 어휘나 사계절의 서술 구성, 그리고 지엽적인 표현기교나 문체 면에서 닮은 점이 많다는 이유를 들어 〈면앙정가〉의 절대적인 영향을 받아 창작되었다는 점이다. 이런 평가 기준은 모두 잘못된 것이다. 비교문학적 관점에서의 가치 평가는 소재나 모티프, 구성, 주제, 수사적 표현, 어휘 구사의 측면에서 유사하다는 이유로 낮게 평가하지도 않으며 모방작이라 하지도 않는다. 문제는 그런 측면이 유사성을 넘어서 작품의 근간이나 틀을 형성하는 **'구조적'**인 측면에서까지 모방이나 절대적인 영향을 받을 때 모방작, 혹은 아류작(亞流作)으로 낮게 평가하게 되는 것이다.

그런 점에서 〈성산별곡〉이 〈식영정잡영〉이나 〈면앙정가〉에서 다루어진 소재나 모티프, 정감 표현, 문체, 수사, 부분적 구성 면에서 닮은 점이 있다고 해서 그것이 창의성이 없다는 근거가 될 수는 없다. 오히려 그러한 측면들을 선행(先行) 작품들과 공유하면서 그것을 넘어서는 문학담론으로 형상화하고 창의성을 발휘함으로써 걸작이 되었다고 보는 것이 옳은 판단일 것이다. 그런 관점에서 다시 살펴보면 〈성산별곡〉이 〈식영정잡영〉을 부연 설명하고 탈태시킨 정도에 불과해 창의성이 없다는 잘못된 평가는 김갑기 교수에서 비롯되었다. 그는 〈성산별곡〉이 성산에서의 사시(四時)의 풍광을 읊은 부분이 중심이 되는데 그 부분은 〈식영정잡영〉에서 읊어진 이십영(二十詠)의 장관을 거의 그대로 옮겼다고 본 것이다.[8] 그러나 〈식영정잡영〉에서는 사시 풍광이 중심 모티프가 되어 그에 대한 한가로운 정서적 영탄이 주류를 이루지만, 〈성산별곡〉에서는 사시 풍광이 영탄의 대상으로 머물기보다 그 안에서의 내면 심경의 변화와 갈등, 고뇌가 중심을 이루기 때문에 소재나 모티프만 공유할 뿐 그 노래하는 방법이나 태도에서 볼 때 쉽사리 파악하기 어려울 정도로 고도의 서술전략과 문학적 형상화 담론을 구사했다는 면에서 완전히 창의적인 것이라 하는 게 옳을 것이다.

이런 점은 〈면앙정가〉와의 대비에서도 마찬가지다. 〈성산별곡〉이 사계절의 승경을 순차적으로 읊어가는 구성은 선행 작품인 〈면앙정가〉와 공유하지만, 그 구조적인 운용 방식은 전혀 달리하는 창의성을 보인다는 점에서 큰 차이가 있기 때문이다. 즉 산수자연의 경물을 묘사함에 있어서 〈면앙정가〉는 사계절의 풍경의 변화를 단순히 대상화하여 미학적 구성을 위한 시간적 순차에 의해 평면적 나열식으로 서술하지만, 〈성산별곡〉은 춘하추동으로 이어지는 일 년간의 시간 경험을 단순히 형상화하는 데 그치지 않고 자신의 내면적 변화와 연계하여 체험적 순차로 진술해 감으로써 '손'에서 '산옹'으로 그리고 하늘을 나는 '학'처럼 유유사적하며 자연의 풍류를 즐기는 '진선'의 경지로 변화 적응해 가는 역동적 과정을 보여준다는 점에서 근본적인 구조적 차이를 보인다는 것이다.

그리고 〈성산별곡〉에서 어휘 구사나 문체, 수사 면에서 〈면앙정가〉와 부분적 유사성을 찾아볼 수 있지만, 그것을 운용함에 있어서는 〈면앙정가〉에 보이는 서술의 평면성, 밋밋한 진술을 넘어 고도의 서술기법인 대화체와 대용서술을 활용함으로써 독특한 태깔을 보였다는 것, 한 번도 일인칭 서술을 사용하지 않으면서 '출'의 자아와 '처'의 자아로 객체화하여 양면지향의 고뇌와 갈등을 해소해 나가는 서술의 입체성을 보이고, 그렇게 하여 자기 위안의 문학이라는 강호가사의 새로운 국면을 개척했다는 점에서

---

8) 김갑기, 「송강 정철의 국·한문 시가 대비 – 〈식영정잡영〉과 〈성산별곡〉을 중심으로 –」, 『송강 정철 연구』, 이우출판사, 1985 참조.

오히려 작자의 뛰어난 창의성을 맛보게 한다.

결론적으로 송강은 기존의 서술미학을 문학전통으로 받아들이면서도 그 형상화 방식이나 구조적 측면에서는 한층 고도화된 서술기법과 문학성을 보임으로써 강호가사의 수준을 최고 정점에 이르게 했다고 평가할 수 있다. 순전히 서술기법과 문학적 형상화의 측면으로만 평가한다면 '손'과 '주인', '진선'의 설정이 모두 송강 자신을 지칭한다는 사실을 쉽사리 눈치채지 못하게 할 정도로 고도의 서술전략을 짜놓은 〈성산별곡〉이야말로 해동의 진문장으로 평가받은 송강의 3별곡을 넘어서는 걸작 중의 걸작이라 할 만하다.

語文叢書 [2]-7

編輯後記

요즈음 우리는 인문학의 위기 시대라는 말을 많이 한다. 세상이 온통 취업과 연관된 실용학문 쪽으로만 휩쓸리고 학문 중의 학문이면서 모든 학문의 기초가 되는 인문학은 관심이나 지원 면에서 엄청나게 소외되는 현상을 보이고 있으니 그런 위기를 실감하는 것은 당연한 것이다. 인문학의 위기 가운데서도 가장 심각한 문제는 우리 어문 곧 '국어의 위기시대'를 맞고 있다는 것이다. 그 위기는 현재에도 질적인 것과 양적인 것의 양면에 걸쳐 진행되고 있어 우려를 더하게 한다.

먼저 양적인 면에서 보면, 지구상의 언어는 4,000여 종이 있고, 지방어(地方語)까지 합치면 6,570여 종이라 한다. 그런데 세계의 언어 사용자 인구를 보면, 중국어, 영어, 스페인어, 힌두어, 포르투갈어, 러시아어, 일본어 등이 억대 단위의 언어로 사용되고 있고, 한국어는 남(南)과 북(北), 해외동포 등을 합쳐 7,500만 이상이 사용하고 있어 언어사용인구로 본다면 상위권 언어 15종 중 12위를 차지하고 있어 그 숫자에서 가히 세계적인 세력의 반렬에 든다고 자부할 수 있다. 더구나 최근에는 '방탄소년단(BTS)' 등의 가수와 영화 · 드라마 등 문화–예술적인 방면에서 한류(韓流)의 대대적인 류행을 타고 한국어를 배워 사용하고자 하는 인구가 상당히 늘어나고 있다는 고무적인 현상을 보이고 있어서 국어 사용의 장래가 밝다고 할 수 있다.

그러나 그 밝은 측면 못지않게 크게 우려되는 측면이 엄존(儼存)하고 있는데 그것은 다름 아닌 '외래어 남용' 현상과, 기회만 있으면 영어를 '공용어'로 하자는 주장을 하는 세력이 만만치 않다는 것이다.

이 두 현상의 공통점은 한마디로 '국어 죽이기'라고 할 수 있다. 우리 주변을 돌아보면 엄연히 우리 국어가 있음에도 영어나 불어 등으로 대체하여 사용하면 더 멋있어 보이고 지성인처럼 행세할 수 있다는 잘못된 류행에 휩쓸려 외래어나 외국어를 남용함으로써 점점 더 우리 국어의 사용 범주를 옹색하게 만들고, 전 국민이 영어를 다 잘할 줄 알면 마치 국제화-세계화가 저절로 이루어지고 경제적으로나 문화적으로 선진대열에 합류할 수 있다는 논리로 영어 공용어론을 주창함으로써 우리 국어의 기반을 뿌리 채 흔들려 하고 있는 것이다.

이런 논리는 과거 식민지배를 당한 영향으로 전 국민이 영어를 잘하는 방글라데시나 필리핀, 인도 같은 나라가 아직도 경제적으로 빈곤 국가를 면치 못하고 있고 문화적으로도 후진국임에 비해, 전 국민이 영어를 잘하지 못해도 경제적-문화적으로 선진 대열에 있는 일본을 보면 그런 주장이 얼마나 불당하고 허위인지 금방 드러난다. 문제는 지금도 영어의 지배나 혹은 다른 이유로 15일마다 한 종 꼴로 언어가 사라지고 있고, 이런 추세라면 앞으로 백년 이내에 세계 언어의 절반 내지 90%가 사라진다는 비극적 예측이 나오고 있다는 것이다. 이는 머지않아 영어, 스페인어, 중국어, 일본어 같은 경제대국 혹은 강국의 언어 외에는 사어(死語)가 된다는 엄혹(嚴酷)한 현실을 말해준다 할 수 있다. 그런 점에서 우리는 외래어-외국어 남용이나 영어 공용어론 같은 '국어 죽이기' 대열에 합류해서는 절대 안 될 것이다. 그것은 우리 국어를 아무런 의식 없이 우리 스스로가 사어로 만드는 행위이고, 그로 인해 만약 우리 국어가 사어로 전락된다면, 그 순간 우리의 민족문화적 정체성은 지구상에서 완전히 소멸될 것이기 때문이다. 우리는 자국어(自國語)로 5천년의 역사를 살아왔으므로 국어를 가지고 사고하고 소통하고 정감을 나누도록 운명 지어진 민족이다. 고로 국어를 버리는 일은 자기 나라를 버리는 일이다.

이렇게 언어 사용의 세력화에 있어서 양적인 면의 약세도 문제지만 그에 못지않게 중요한 것은 질적인 면에서의 사용 수준이다. 언어는 의사 표현의 도구로만 사용한다고 강한 언어가 되는 것은 아니다. 그 언어를 질적으로 높은 수준으로 구사(驅使)하는 '의미의 깊음'이 있어야 하고, 거기에 더하여 그 깊음을 '뿌리'로 해서 국어의 '꽃'(미적 표현물)인 '국문학'을 풍성하게 피어내야 하는 것이다. 국어를 의미상으로 높은 수준으로 구사하려면 우리말의 어휘나 조어(造語)상으로 절대다수를 차지하는 것이 한자어이므로 표의(表意)의 구실을 하는 한자와 표음(表音)의 구실을 하는 한글을 병행(竝行)하여 표기문자로 사용해야 한자를 통한 '의미의 깊음'이 실현될 수 있는 것이다. 한글전용으로는 국어의 발음만 알 수 있을 뿐 그 저변(低邊)에 깔려 있는 '의미의 깊음'은 음미해 낼 수 없는 경우가 허다하기 때문이다.

또한 국어를 의미상으로 높은 수준으로 구사하여 문학의 꽃을 아무리 훌륭하게 피워냈다고 해도, 그 피워낸 꽃의 '아름다운 가치'를 발견해내지 못한다면, 우리의 문학 곧 국문학이 어째서 다른 나라 문학과는 특별히 다른 미적 가치를 지녔는지를 알지 못하므로 그 문학이 없는 거나 마찬가지가 될 것이다. 여기서 우리는 영국의 문학 담론(談論) 형성에서 셰익스피어 문학의 '가치' 발굴이라는 지속적인 국가 정책이 기여한 공로를 상기할 필요가 있을 것이다. 영국 역사가 토마스 칼라일이 "인도를 다 주어도 셰익스피어와는 바꾸지 않겠다"는 오만(傲慢)에 찬 발언을 할 수 있었던 것도 셰익스피어 작품 자체가 그만한 가치를 가졌다고 하겠으나, 그보다는 셰익스피어 작품이 잠재하고 있는 '가장 영국적'인 미적 가치를 끊임없이 높은 수준으로 발견해 낸 셰익스피어 연구자들의 그 가치 발굴의 질적 공로가 더 크다 할 것이다.

이런 두 가지 측면을 고려하여 우리 한국어문교육연구회(韓國語文敎育硏究會)와 사단법인 한국어문회(韓國語文會)에서는 10여년 전부터 『어문총서(語文叢書)』라는 간행물을 고유 목적사업으로 정하고 그것을 두 가지 계열로 나누어 발간하기로 기획하여 국어와 국문학의 발전에 기여하고자 지속적으로 실천하고 있다. 하나는 우리 국어의 '의미의 깊음'을 전 국민이 높은 수준으로 구사할 수 있도록 하기 위한 운동의 일환으로 어문운동과 어문정책에 관한 글들을 모아 출판하는 것이고, 둘은 국어학과 국문학의 각 분야에 걸쳐 국어와 국문학의 독특한 체계와 아름다움의 가치를 발견해내는 훌륭한 역저(力著)들을 발간하여 해당 분야에 기여하는 성과물을 내는 것이다.

이번에 간행하기로 결정한 김학성(金學成) 선생의 저술 『가사의 쟁점과 미학』은 두 번째 계열에 속하는 것으로, 국문학의 고전시가 장르 가운데 장가(長歌)를 대표하는 가사문학에 관한 순수 단독 연구서다. 그동안 이 분야의 연구가 자료의 발굴과 전거 문헌(典據文獻), 작자 소개, 창작 배경이나 감상 및 작품 해설 같은 기초적인 문헌 실증적 연구나 인상비평(印象批評) 수준에 머물렀던 것을, 여기서 본격적인 리논 구축과 작품의 정밀한 구조분석을 시도함으로써 가사문학의 가치 탐구에 거보(巨步)를 내딛었다고 생각한다. 전반부에서 가사를 둘러싼 여러 쟁점들을 부각하여 그 해결을 모색한 것도 중요한 성과이지만, 특히 후반부에서 가사의 문학성과 미적 가치의 발굴에 심혈을 기울인 것은 앞으로 가사문학의 개별 작품 연구에 훌륭한 길잡이 역할을 할 것으로 사료된다. 정년 퇴직 이후에도 학문적 열정을 놓지 않고 이런 괄목할 업적을 낸 김학성 선생께 아낌없는 경의를 표한다.

이 저서는 처음부터 독자적인 기획으로 새로운 연구 성과를 학계에 보고하는 것이어서 그만큼 더 값지고 주목에 값한다고 생각한다. 이 연구물을 기폭제로 하여 앞으로 국어학과 국문학의 각 분야에서 참신하고 뛰어난 연구 저술물이 속간(續刊)되어 나올 수 있도록 사계(斯界)의 신예학자(新銳學者)나 석학(碩學)들이 뒤를 이어 많이 참여해줌으로써 셰익스피어 가치 발굴에 버금가는 학문적 성취가 지속적으로 이루어지기를 기대해 마지않는다. 끝으로 어려운 가운데 출판을 맡아 준 월인에 고마움을 전한다.

2019년 11월 15일
語文叢書 編纂委員會 委員長
南基卓

찾아보기

[ㄱ]

[ㄴ]

[ㄷ]

[ㅁ]

[ㅂ]

[ㅅ]

[ㅈ]

[ㅊ]

가사의 쟁점과 미학

초판 1쇄 인쇄 • 2019년 12월 23일
초판 1쇄 발행 • 2019년 12월 30일

지은이 • 김학성
발행인 • 박성복
발행처 • 도서출판 **월인**
서울특별시 강북구 노해로25길 61
등　록 • 제6－0364호
등록일 • 1998년 5월 4일
전　화 • (02) 912-5000
팩　스 • (02) 900-5036
www.worin.net

ISBN 978-89-8477-676-0 93810

☞ 값은 뒤표지에 있습니다.